EDIÇÕES BESTBOLSO

História concisa da Revolução Russa

Nascido em Cieszyn, na Polônia, em 1923, Richard Pipes deixou Varsóvia após a invasão alemã na Segunda Guerra Mundial e mudou-se para os Estados Unidos. Historiador emérito da Universidade de Harvard, o autor é especialista em história da Rússia. No início da década de 1980, foi consultor do governo norte-americano para assuntos soviéticos e do Leste Europeu. Em 1992, Pipes testemunhou no Tribunal Constitucional Russo contra os crimes do Partido Comunista soviético. Politicamente, entretanto, define-se como um anarquista conservador. Richard Pipes também é autor de *Propriedade e liberdade* e *O comunismo*.

RICHARD PIPES

HISTÓRIA CONCISA DA REVOLUÇÃO RUSSA

Tradução de
T. REIS

Revisão de tradução
BRUNO GOMIDE e
MARIA LUIZA BRILHANTE DE BRITO

10ª edição

EDIÇÕES
BestBolso
RIO DE JANEIRO – 2024

CIP-Brasil. Catalogação-na-fonte
Sindicato Nacional dos Editores de Livros, RJ.

Pipes, Richard, 1923-
P735h História concisa da Revolução Russa / Richard Pipes; tradução de
10ª ed. T. Reis. – 10ª edição – Rio de Janeiro: BestBolso, 2024.

Tradução de: A Concise History of the Russian Revolution
Inclui bibliografia
ISBN 978-85-7799-090-0

1. União Soviética – História – Revolução, 1917-1921. I Título.

CDD: 947.0841
08-3558 CDU: 94(47)

História concisa da Revolução Russa, de autoria de Richard Pipes.
Título número 084 das Edições BestBolso.
Nona edição impressa em agosto de 2023.

Título original norte-americano:
A CONCISE HISTORY OF THE RUSSIAN REVOLUTION

www.edicoesbestbolso.com.br

Design de capa: Rafael Nobre com foto de Slava Katamidze intitulada "1st May Parade, 1917" (Getty Images).

Mapa das páginas 6 e 7: adaptação do original por Bruno Camurati.

Impresso no Brasil

ISBN 978-85-7799-090-0

Para Mark, Sarah e Anna

IMPÉRIO RUSSO EM 1900
Ilhas Franz Josef
NORUEGA
OCEA
IMPÉRIO GERMÂNICO
SUÉCIA
Berlim
Golfo de Bothnia
MAR BÁLTICO
Viena
Finlândia
MAR DE BARENTS
Revel
Helsinque
Múrmansk
Budapeste
Varsóvia
Riga
AUSTRO-HÚNGARO
Polônia
Vilno
São Petersburgo
Novaia Zemlia
MAR BRANCO
Pskov
SÉRVIA
Brest-Litovsk
Novgorod
Minsk
Arcangel
MAR DE
Smolensk
Sofia
BULGÁRIA
ROMÊNIA
Kíev
Briansk
Vologda
Bucareste
Rio Dnieper
Moscou
Rio Divna
Odessa
Círculo Polar Ártico
Gallipoli
Poltava
Riazan
Constantinopla (Istambul)
Ninji-Novgorod
Khárkov
Lípetsk
Simferopol
Penza
Rio Volga
Montes Urais
Criméia
Donetsk
IMPÉRIO OTOMANO
MAR DE AZOV
Kazán
MAR NEGRO
Don
Sarátov
Simbirsk
Perm
Sibéria Ocidental
Stravopol
Tsarítsin (Volgogrado)
Samara
Ufa
Iekaterinburgo
IMPÉRIO
Rio Ural
Tobolsk
Cordilheira do Cáucaso
Ástrakahan
Orenburg
Tíflis
Rio Irtysh
Rio Obi
Erivan
Orsk
Omsk
Rio Ishim
Ferrovia Transiberiana
Tomsk
MAR CÁSPIO
Baku
Novosibirsk
Bagdá
MAR DE ARAL
Barnaul
Rio Amu Daria
Rio Syr Daria
Turcomenistão
Semipalatinsk
Terã
Achkhabad
Lago Balkhach
Bukhara
PÉRSIA
Tachkent
Rio Ili
Samarkand
Vernyi
Fergana
AFEGANISTÃO
C
Cabul
ÍNDIA BRITÂNICA
0 200 400 600 800 1000 Milhas

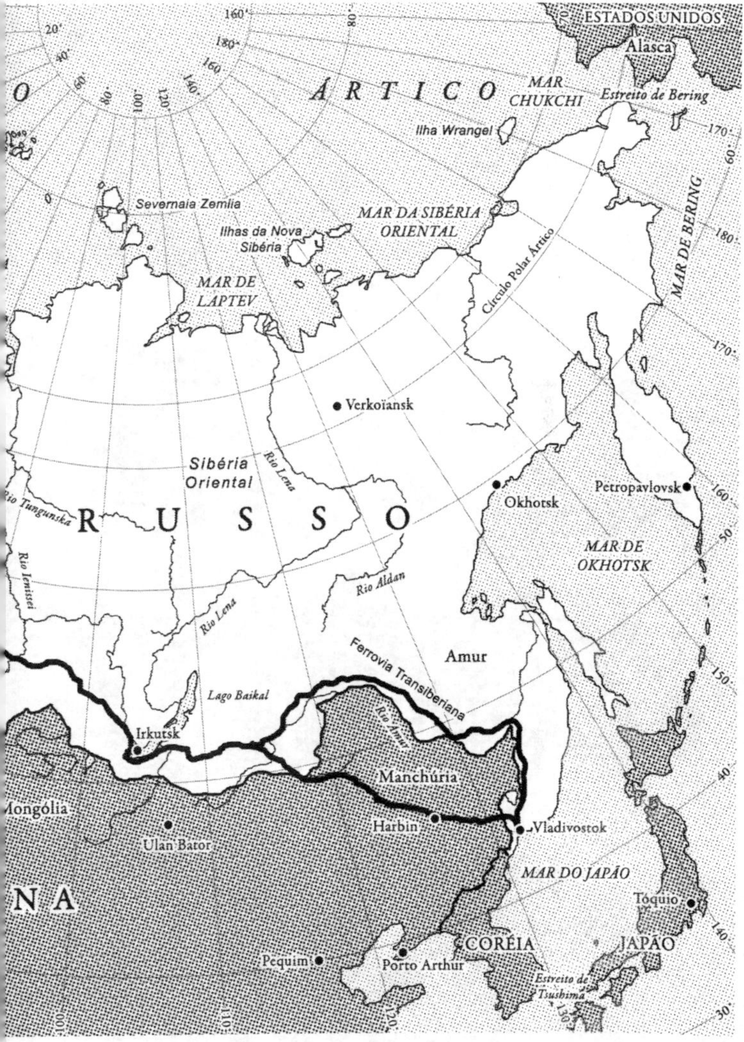
ESTADOS UNIDOS
Alasca
ÁRTICO
MAR CHUKCHI
Estreito de Bering
Ilha Wrangel
Severnaia Zemlia
MAR DA SIBÉRIA ORIENTAL
Ilhas da Nova Sibéria
MAR DE BERING
Círculo Polar Ártico
MAR DE LAPTEV
Verkoïansk
Sibéria Oriental
Rio Lena
Rio Tungunska
R U S S O
Okhotsk
Petropavlovsk
MAR DE OKHOTSK
Rio Ienissei
Rio Aldan
Rio Lena
Ferrovia Transiberiana
Amur
Lago Baikal
Rio Amur
Irkutsk
Manchúria
Mongólia
Ulan Bator
Harbin
Vladivostok
MAR DO JAPÃO
NA
Tóquio
COREIA
JAPÃO
Pequim
Porto Arthur
Estreito de Tsushima

Sumário

Introdução 11

Parte I: *A agonia do Antigo Regime*

1. A Rússia em 1900 19
2. A experiência constitucional 48
3. A Rússia na guerra 73
4. A Revolução de Fevereiro 92

Parte II: *Os bolcheviques conquistam a Rússia*

5. Lênin e as origens do bolchevismo 115
6. O golpe de outubro 127
7. A construção do Estado unipartidário 164
8. A revolução internacionalizada 181
9. O comunismo de guerra 210
10. Terror Vermelho 231

Parte III: *A Rússia sob o regime bolchevique*

11. A Guerra Civil 253
12. O novo império 293
13. Comunismo de exportação 305
14. Vida espiritual 331
15. Comunismo em crise 359
16. Reflexões sobre a Revolução Russa 393

Glossário 421
Cronologia 423
Referências bibliográficas 428
Leituras adicionais 428

Introdução

A palavra "revolução" guarda uma etimologia interessante. Em resposta aos sociólogos soviéticos, os camponeses russos disseram que, para eles, o termo significava *samovólschina*, algo que se aproxima a "fazer o que se quer". Na publicidade moderna, "revolucionário" é o "radicalmente inovador" e, por ilação, "aperfeiçoado". Já no discurso cotidiano, a expressão quer dizer "drasticamente diferente". Assim, seria difícil imaginar que o vocábulo foi pela primeira vez empregado em estudos de astronomia e astrologia.

"Revolução" deriva do latim *revolvere* – "revolver, girar" – cuja origem se associa ao movimento dos planetas. O grande tratado de Copérnico, que deslocava a Terra do centro do universo, intitulou-se *Sobre a revolução dos corpos celestes*. Da astronomia, o verbo passou ao vocabulário dos astrólogos, que reivindicavam a habilidade de predizer o futuro a partir do estudo do céu. No século XVI, a serviço de príncipes e generais, eles se referiam à "revolução" para designar eventos abruptos e imprevistos, determinados pela conjunção dos planetas – ou seja, por forças fora do alcance humano. Dessa forma, de um significado científico, concebendo regularidade e repetição, ao relacionar-se às questões sociais o termo passou a indicar o oposto, sobretudo, o repentino e o imprevisível.

A palavra "revolução" ingressou no jargão político em 1688-1689, quando da queda de Jaime II, sucedido por Guilherme III e pela rainha Mary. O preço pago pela Coroa foi a Declaração de Direitos, mediante a qual o novo monarca comprometeu-se a não alterar leis ou impor taxas sem aprovação parlamentar. O processo, que afetou a constituição política do país e acabaria por levar a soberania popular na Inglaterra ao triunfo, sagrou-se na história como a Revolução Gloriosa.

Decorrido um século, a Revolução Americana teve implicações mais amplas, afirmando a independência da nação e alterando o relacionamento entre os indivíduos e o Estado. Nela, a combinação dos princípios da soberania popular e da liberdade individual resultou no direito à autodeterminação nacional. Todavia, o evento manteve-se confinado à arena política. A cultura dos Estados Unidos, seu sistema judiciário, suas garantias de vida e propriedade – todos herdados da Grã-Bretanha – permaneceram intocados.

A primeira revolução moderna ocorreu na França. Em sua fase inicial, o movimento foi espontâneo e inconsciente: em junho de 1789, quando os representantes dos três Estados fizeram o "Juramento do Jeu de Paume", ato de desafio que desencadeou a Revolução, o que se tinha em vista era uma "regeneração nacional". Ocorre que a liderança rebelde passou às mãos de ideólogos que viam no colapso da monarquia uma oportunidade única para pôr em prática os ideais do Iluminismo – algo muito além do escopo político limitado das revoluções inglesa e americana, aspirando nada menos do que à criação de uma nova ordem social e, mesmo, uma nova geração de seres humanos. No poder, os jacobinos imaginaram e puseram em prática medidas que por sua ousadia de concepção e brutalidade de execução anteciparam o regime comunista na Rússia. Daí em diante, "revolução" aludiu a planos grandiosos de transformação do mundo – não mais a mudanças que aconteciam, mas a mudanças que se realizavam.

No século XIX, a Europa testemunhou a emergência de revolucionários profissionais, intelectuais que devotavam tempo integral ao estudo da história de levantes anteriores, à procura de linhas mestras táticas e à análise de sua própria época, em busca de sinais de rebelião; quando os movimentos se desencadeavam, eles intervinham, procurando conduzir os sentimentos voluntários em objetivos conscientes. Esses intelectuais radicais anteviam um futuro marcado por conflitos violentos e o progresso condicionado à destruição do sistema tradicional de relações sociais. Sua meta era libertar a "verdadeira" natureza dos homens, suprimida pela propriedade privada e pelas instituições dela derivadas. Comunistas e anarquistas imaginaram a revolução como um processo de completa transformação, não só de toda ordem política e socioeconômica preestabelecida, mas da própria existência humana. Segundo Liev Trótski, o que eles queriam era "virar o mundo".

Essa tendência alcançou o apogeu na Revolução Russa de 1917. Embora o colapso da monarquia tenha decorrido de fatores internos, os bolcheviques, vencedores da batalha pós-czarista pelo poder, eram internacionalistas, adeptos de idéias comuns a todos os intelectuais radicais no Ocidente. Eles não assumiram o poder para mudar a Rússia, mas o mundo, vendo seu próprio país como o "elo mais fraco na cadeia do imperialismo", nada mais que um trampolim para um levante global que alteraria totalmente a condição de vida dos povos, para reencenar o sexto dia da Criação.

Todas as revoluções pós-1789 tiveram causas numerosas e complexas. Influenciados pela ideologia socialista e pelo modo de pensar sociológico, os observadores do século XX tendem a atribuí-las às reivindicações das massas, a atos de desespero, não passíveis de julgamento. Nos países anglo-saxões, em que a polarização ideológica nunca foi muito forte, esse pensamento atraiu muitos estudiosos. Mas a noção de que toda revolução é inevitável e, por conseguinte, justificada, é apenas em parte verdadeira. Claro que em um país cujo governo esmera-se em refletir os desejos da maioria do povo, onde os gabinetes se sucedem pacificamente ante os votos de desconfiança e reina a prosperidade, revoluções violentas são desnecessárias e improváveis; cada eleição é uma sublevação incruenta. Mas esse truísmo não referenda seu oposto: que, por meio de levantes violentos, a população sempre pretenda uma mudança completa do sistema político e econômico – isto é, uma "revolução", no sentido jacobino e bolchevique do termo. Historiadores observam que rebeliões populares são conservadoras, objetivando a restituição de direitos tradicionais injustamente cancelados; mirando o passado, suas intenções são específicas e limitadas. Os *cahiers des doléances* – listas de queixas – apresentados pelos camponeses franceses, em 1789, e, com outro nome pelos camponeses russos, em 1905, elencavam reivindicações concretas que o sistema vigente bem poderia ter satisfeito.

São os intelectuais radicais que transformam as demandas imediatas em uma força destrutiva que tudo consome. Eles não desejam reformas, mas a obliteração completa do presente, para criar uma ordem inédita, fundamentada numa mítica Idade Dourada. Originários em sua maioria da classe média, os revolucionários profissionais consideram-se os únicos a expressar os verdadeiros interesses das "massas", cujas modestas reivindicações eles desprezam. Pela insistência de que nada pode ser mudado para melhor a menos que tudo seja mudado, convertem as revoltas populares em revoluções. Essa filosofia, mistura complicada de idealismo e luxúria pelo poder, abre as portas a um conflito permanente. E uma vez que a sobrevivência das pessoas comuns vincula-se a um ambiente estável e previsível, todas as revoluções pós-1789 têm terminado em desastre.

Demandas populares, portanto, explicam apenas em parte as revoluções, que não se realizam sem a infusão de idéias radicais. Seria difícil imaginar as revoltas que sacudiram a Rússia depois de fevereiro de 1917 sem o colapso da ordem pública, pressionada por uma guerra mundial que o governo em exercício não podia enfrentar. O que levou o país a uma torrente sem limite da utopia extrema foi o fanatismo dos intelectuais que, em outubro de 1917, tiraram vantagem da crescente anarquia para assumir o poder em nome do "povo", sem ousar uma única vez sequer, nem então ou durante os setenta anos seguintes, obter um mandato popular.

A Revolução Russa constituiu-se no acontecimento mais importante do nosso século. Não só desempenhou um papel decisivo em impedir a restauração da paz depois da Primeira Guerra Mundial, como teve relação direta com o surgimento, na Alemanha, do nacional-socialismo e com a eclosão da Segunda Guerra Mundial, que o triunfo do nazismo tornou inevitável. Após a vitória dos Aliados, em 1945, o regime comunista que emergira da Revolução manteve o mundo em um estado de tensão permanente, chegando às vezes à iminência de outro conflito global. Hoje, decerto, tudo isso parece estar relegado ao passado. Ainda assim, para evitar que os fatos se repitam, é imprescindível conhecê-los, pois há uma questão importante implícita na história de todas as revoluções: a razão humana será capaz de conduzir a humanidade de suas imperfeições conhecidas para uma perfeição imaginada? O desastre indubitável da Revolução Russa, em 1991, quando a União Soviética acabou e seu Partido Comunista foi declarado fora da lei, pode ser interpretado como prova conclusiva de que a utopia inevitavelmente conduz a seu exato oposto, que a procura pelo paraíso na terra termina no inferno; mas esses eventos também podem ser vistos como reveses temporários na busca da humanidade por uma existência ideal.

Para o autor destas linhas, que estudou o assunto durante a maior parte de sua vida, a Revolução Russa descortina uma tragédia, cujas cenas se sucedem inexoravelmente a partir da mentalidade e do caráter de seus protagonistas. Alguns podem sentir-se reconfortados, imaginando-a como resultado de grandes forças econômicas e sociais "inevitáveis". Mas as condições "objetivas" não agem; são apenas uma abstração que dá origem às decisões subjetivas tomadas por relativamente poucos homens profissionalmente ativos na política e na guerra. A "inevitabilidade" dos fatos só aparece na análise retrospectiva. Os documentos nos quais me baseei mostram indivíduos perseguindo seus próprios interesses e suas aspirações, incapazes ou não-desejosos de fazer concessões às conveniências e aspirações dos demais. Em muitas ocasiões, o autor sentiu-se tentado a admoestar os protagonistas, concitando-os a parar e pensar, à medida que caminhavam direto para a catástrofe que no fim engolfaria vitoriosos e vencidos. Sai-se mais humilde dessa experiência, e menos otimista quanto à capacidade da humanidade de mudar-se a si mesma.

O presente livro é um resumo de *Russian Revolution* (1990) e *Russia under the Bolshevik Regime* (1994), que descrevem em detalhes e com farta documentação a história dos "Tempos Turbulentos",* entre 1899 e 1924. Mesmo considerando a importância dos pormenores, muitos leitores interessados na matéria não encontrariam tempo para

*A expressão "Time of troubles" (Smútnoie vrêmia, em russo, "Tempos turbulentos", em português) originalmente se refere ao período de crise política na sociedade russa entre 1598 e 1613. O que o autor fez foi estender essa referência aos tempos da Revolução Russa, sugerindo uma analogia entre as duas épocas. (*N. do RT.*)

ler dois volumes, totalizando 1.300 páginas, com 4.500 referências. Tendo isso em mente é que escrevi *História concisa*, mantendo o padrão e omitindo o que podia ser omitido, condensando o restante e limitando referências a não mais que o mínimo.*

Todas as informações podem ser verificadas nas obras originárias. Novas informações têm suas fontes indicadas.

Richard Pipes

*A seqüência dos primeiros quatro capítulos de *The Russian Revolution* foi alterada, e o Capítulo 5 de *Russia under the Bolshevik Regime* ("Communism, Fascism, National-Socialism") foi omitido. A parte conclusiva de *The Russian Revolution* ("Reflections on the Russian Revolution") foi reproduzida quase na íntegra.

Parte I

A agonia do Antigo Regime

1
A Rússia em 1900

Na virada do século XX, a Rússia apresentava contrastes surpreendentes. Anatole Leroy-Beaulieu, estudioso francês daquela época, comparou-a a "um castelo, cuja construção se estendera por muitos anos, ao longo dos quais os estilos mais dissonantes se misturaram, ou ainda àquelas casas, erguidas por etapas, sem uma planta para garantir sua unidade e conveniência". Oitenta por cento da população era de camponeses que, nas províncias da Grande Rússia, levavam praticamente a mesma vida de seus ancestrais na Idade Média. No outro extremo, escritores, artistas, compositores e cientistas mantinham contato estreito com os países do Ocidente. Uma vigorosa economia capitalista – a Rússia liderava a produção mundial de petróleo e a exportação de cereais – coexistia com um regime de censura política e um governo arbitrário e policial. Aliado à França democrática, o país reivindicava o *status* de grande potência mundial, mas, ao mesmo tempo, preservava um sistema autocrático, que não dava voz à população e punia com severidade qualquer expressão de descontentamento. A Rússia era a única das grandes nações a não ter Constituição nem Parlamento. Essas contradições davam a impressão, pelo menos às classes mais instruídas, de que essa realidade, possivelmente, não continuaria assim por muito tempo e que, com o advento do novo século, a Rússia alcançaria a modernidade, acompanhando a Europa Ocidental, talvez ultrapassando-a. Por motivos que serão pormenorizados a seguir, os camponeses também esperavam grandes mudanças, mais econômicas que políticas. O sentimento, expresso por Jules Legras, outro visitante francês, apontava para uma Rússia "inacabada" e refletia expectativas de mudança que uns viam com entusiasmo e outros com apreensão.

O CAMPESINATO

Na sua última fase czarista, a agricultura forneceu a base econômica e social da Rússia. Cerca de quatro quintos da população consistiam em camponeses, que cultivavam a terra e, nas províncias do norte, sem prejuízo dessa atividade, buscavam novas ocupações industriais. Sobrevoando a Rússia Central, um balonista divisaria uma interminável paisagem de campos cultivados, divididos em faixas estreitas, intercalados com florestas e pastagens, separadas, a cada 5 ou 10 quilômetros, por aldeias de cabanas de madeira. Havia poucas cidades, pequenas e distantes entre si.

Numa extensão que um ocidental dificilmente poderia conceber, a Rússia rural era um mundo à parte, não integrada à sociedade nem às engrenagens administrativas. Seu relacionamento com a burocracia e a classe instruída assemelhava-se ao dos nativos africanos e asiáticos com seus governantes coloniais. Permanecendo leal à antiga cultura moscovita, à sua aldeia ou, no máximo, ao cantão – *vólost* –, o campesinato vivia à margem da ocidentalização a que Pedro, o Grande, sujeitara a elite do país. Os homens usavam barbas, falavam um idioma próprio, seguiam sua lógica, perseguiam seus interesses sem nada em comum com os agentes do poder, que não usavam barbas, ou com os fidalgos proprietários de terra, que cobravam impostos, aluguéis e suprimentos, sem dar nada em troca.

Até 1861, cerca de metade dos camponeses russos compunha-se de servos, submetidos à autoridade arbitrária de seus senhores, enquanto os demais submetiam-se ao Estado e à Coroa, representados pelos oficiais do governo. Embora os servos não tivessem direitos civis, eles não eram escravos, pois, antes de tudo, não podiam ser negociados em público. Trabalhavam em lotes individuais, entregando parte do cultivo ao senhor, como pagamento da renda, vendendo o restante ou guardando-o para consumo familiar. Estavam amarrados ao solo e cumpriam suas obrigações, fosse realizando trabalhos (geralmente, três dias por semana) e entregando a produção correspondente, ou saldando-a em dinheiro. Desprotegidos pelas leis, eles desfrutavam, porém, de salvaguardas garantidas pelos costumes, que nem os senhores nem as autoridades sentiam-se livres para ignorar.

Foi o czar Alexandre II quem assinou, em fevereiro de 1861, o decreto que liberou os servos, dando-lhes terra, ainda que sob uma hipoteca que beneficiaria os antigos senhores por 49 anos, compensando-os pelos bens perdidos. Tendo durado mais de 250 anos, a servidão deixou o legado de um campesinato apartado da sociedade, imbuído do sentimento de que o mundo era um lugar sem lei, onde só se poderia sobreviver à custa da força e da esperteza. Essa mentalidade tornou muito difícil transformá-lo em cidadão.

A vida do homem do campo girava em torno de três instituições: a casa – *dvor* –, a aldeia – *deriévnia* ou *sieló* – e a comuna – *mir* ou *obschina*.

A casa, a unidade básica da vida rural russa, constituía uma sociedade familiar: pai e mãe, filhas solteiras, filhos casados com suas mulheres e crianças; entre seis e dez componentes, em média. Sob as condições climáticas prevalecentes na Rússia, com uma curta estação de cultivo que exigia breves mas intensos esforços de trabalho, na primavera e no outono, famílias numerosas alcançavam um desempenho melhor. A organização da casa tinha um cunho estritamente autocrático, com o cabeça – *bolchak* – desfrutando de autoridade total sobre os componentes e pertences do grupo. Com sua morte, a propriedade comum era dividida, os filhos mudavam-se para estabelecer suas próprias casas, provocando uma descontinuidade em forte contraste com os hábitos predominantes no norte da Europa e no Japão. As aldeias russas viviam em fluxo permanente.

Duas características da família merecem ser enfatizadas, porque explicam muito do comportamento social do camponês russo. Seus integrantes não tinham propriedade privada, exceto sobre bens de uso pessoal, já que todos os pertences estavam à disposição do *bolchak*. Também não tinham direitos pessoais: seus interesses estavam subordinados aos da sociedade familiar. Portanto, o camponês da Grande Rússia não tinha oportunidade de adquirir nem o sentido de direitos individuais nem o de propriedade privada – qualidades indispensáveis à cidadania moderna. Ele estava acostumado a viver sob a autoridade arbitrária do *bolchak* e a aceitar a propriedade coletiva dos meios de produção.

A aldeia russa era uma aglomeração de casebres de troncos de madeira alinhados ao longo de uma estrada que atravessava a vila. Não havia órgãos formais de autogestão. O chefe da aldeia – *stárosta* – era indicado, não raro contra a sua vontade, por funcionários do governo, que também podiam demiti-lo, em mais uma oposição ao que predominava na Europa Ocidental e no Japão. A aldeia russa caracterizava-se pela instabilidade e desestruturação.

A comuna não existia só na Rússia – outras partes do mundo mantiveram instituições similares, em períodos anteriores da História. Mas, por volta de 1900, para todos os efeitos práticos, elas só existiam na Rússia, consistindo num sistema de organização de controle e cultivo da terra totalmente diverso das concepções modernas de propriedade.

A comuna era uma associação de camponeses que recebiam, cada qual, uma porção de terra. Embora, sob muitos aspectos, o seu território coincidisse com o da aldeia, não havia identidade entre ambos, posto que muitos aldeões não tinham acesso à terra; professores rurais e padres não pertenciam à comuna. Em algumas regiões, uma aldeia maior podia conter mais de uma comuna. A comuna "repartia" a terra de que dispunha em muitas faixas estreitas, por períodos variados, ditados pelo costume local, usualmente entre 10 e 15 anos, de acordo com as mudanças de tamanho das famílias, causadas por mortes, nascimentos e partidas. O propósito de tais reassentamentos era assegurar a toda família uma terra arável o suficiente para alimentar seus integrantes e pagar seus impostos. As faixas se distribuíam conforme a qualidade do solo e a distância da aldeia.

Nas províncias centrais da Rússia, em 1900, o sistema comunal tornara-se praticamente único. As fazendas individuais só prevaleciam nos limites do império – no que tinha sido a comunidade polaco-lituana, na Ucrânia, e nas regiões cossacas, no sudeste. Entretanto, o fato de participarem de uma comuna não impedia seus componentes, individualmente ou em associação, de comprar terra não-comunal de senhores que a possuíssem, ou de outros proprietários privados. Às vésperas da Revolução, esses camponeses-proprietários controlavam tanta terra quanto os seus antigos senhores e mercadores.

Todas as questões da comuna eram discutidas pela assembléia da aldeia, composta exclusivamente pelos chefes das famílias, cujas decisões, valendo para todos, versavam sobre o calendário do trabalho agrícola, a distribuição de taxas e as disputas entre famílias. Também se decidiam questões religiosas e, mais tarde, quando a Rússia passou a ter um Parlamento, as filiações partidárias que comprometiam todos os integrantes a votar no mesmo partido.

A comuna, porém, tinha muitas desvantagens. O sistema de loteamento desperdiçava grande parte do tempo do camponês, forçando-o a mudar-se, com seus animais e equipamentos, de um lugar para outro. As repartições encorajavam-no a investir o mínimo e extrair o máximo da terra, contribuindo para a exaustão do solo. Finalmente, com seu igualitarismo que nivelava a todos por baixo, o sistema inibia o desenvolvimento da agricultura.

Ainda assim, a comuna sobreviveu a todos os desafios, graças à proteção dos funcionários governamentais; de fato, a legislação que tinha em vista assegurar o pagamento dos tributos e outras obrigações do Estado só não permitia que o governo ficasse com o que fosse impossível. A adesão dos camponeses, temerosos do desemprego maciço contra o qual, em tese, a comuna os garantia, tinha raízes mais profundas, regadas por sua crença quase religiosa de que o ar, a água e a terra foram criados para benefício de toda a humanidade, não podendo ser possuídos. O sistema assegurava-lhes, sempre em teoria, que cada um teria acesso a seu lote, em apoio à visão de que seria justo e inevitável que toda a terra deveria ser tomada dos proprietários privados e entregue às comunas. Na virada do século, os camponeses russos acreditavam que o czar acabaria por realizar uma grande "repartição" nacional entre as comunas de toda a terra em mãos de particulares. Imaginando-se em um tempo anterior, quando vastos territórios ainda estavam disponíveis, o camponês russo tornou-se potencialmente recrutável pelos intelectuais revolucionários.

Não restava qualquer dúvida sobre a grave e intensa crise agrária que o país atravessava, sobretudo devido à superpopulação. Com um índice de natalidade 15 a 18 vezes superior ao de mortes, por mil habitantes, a Rússia apresentava o mais alto crescimento demográfico da

Europa. Um lote de terra, que à época da Emancipação, na década de 1860, alimentava duas bocas, quarenta anos depois tinha de alimentar três; o resultado foi a emergência de uma classe rural sem terra, ou pobre, que a comuna deveria evitar. No passado, as conquistas imperiais forneceram terras à população que crescia, mas agora, alcançados os limites da expansão fácil, se pretendesse novas anexações, a Coroa ver-se-ia diante do risco de uma guerra geral. Por outro lado, apegado a seus hábitos, era difícil o homem do campo abandonar a agricultura extensiva pela intensiva, que lhe permitiria aumentar os frutos lidando com áreas menores. O desenvolvimento industrial, embora rápido, só podia absorver uma fração do excesso da população rural. E a emigração para além-mar, que já salvara a Europa de dificuldades similares, não parecia ser a solução, em parte porque o russo não concebia viver num país que não professasse a fé ortodoxa e, em parte, porque também não cogitava de remover suas raízes e sair em busca da sorte no estrangeiro. Assim, a cada ano, intensificavam-se as pressões que conduziam ao perigo de uma explosão camponesa.

A classe trabalhadora industrial russa originou-se do campesinato. Sua maioria consistia em empregados deslocados do plantio e contratados *pro tempore* em ferrovias e tecelagens. Por essa razão, a maior parte das fábricas instalava-se no campo, pela proximidade da força de trabalho. Apenas as minas e as empresas de tecnologia avançada, nos setores de máquinas e metalurgia, situadas nos Urais, na Ucrânia e em São Petersburgo, empregavam operários especializados, não-sazonais, econômica e psicologicamente distanciados da aldeia. Por essa época, não deveria haver mais do que um milhão de trabalhadores fabris em tempo integral, para cerca de cem milhões de camponeses. A legislação czarista proibia a organização sindical, e mesmo os modestos esforços visando à formação de círculos educacionais ou associações de ajuda mútua enfrentavam severa punição.

Em que pese sua importância crucial para a história da Rússia moderna, a mentalidade do camponês nunca foi objeto de estudos sérios; vistos pelos intelectuais urbanos como atrasados e ignorantes, o que os lavradores revelavam era um tipo de inteligência adaptada às condições a que estavam submetidos, de um clima rígido e de um governo que só os via como objetos de exploração, e diante dessa circunstância acharam-se isolados e sem nenhum tipo de solidariedade. Sobre o patriotismo dos camponeses, Liev Tolstói comentou:

> Nunca ouvi gente do povo manifestar sentimentos patrióticos; pelo contrário, freqüentemente ouvi os homens mais sérios e respeitáveis dentre as massas declararem indiferença absoluta ou mesmo desdém por qualquer espécie de patriotismo.

Os sentimentos religiosos e a inata xenofobia do camponês tornaram possível despertá-lo contra as invasões estrangeiras, sem todavia levá-lo a maiores sacrifícios em benefício da nação. Durante a Revolução e a Guerra Civil, os generais russos decepcionaram-se sempre que tentaram reunir os camponeses contra os comunistas, utilizando-se de lemas patrióticos; apelando pelo ressentimento de classe e pela voracidade, os comunistas foram mais eficazes.

No início do século XX, o camponês russo não diferia muito do da Europa Ocidental, no século XVIII. As novidades introduzidas no século XIX, que transformaram os sujeitos rurais passivos em cidadãos ativos – educação universal, criação de um mercado nacional, partidos políticos –, nada disso existia na Rússia de 1900. Como resultado, o camponês russo não estava nem socializado nem politizado. Permanecia um estranho.

AS INSTITUIÇÕES OFICIAIS

O governo da Rússia, na virada do século, apresentava as mesmas contradições do país. No topo, uma máquina burocrática pesada, que reclamava poder sem limites; abaixo, uma população abandonada a seus próprios esquemas. Entretanto, apesar de viver sob um regime autocrático, o russo médio tinha menos contato com seus governantes e sentia menos o impacto da política do que o cidadão de nações democráticas, como a Inglaterra, a França ou os Estados Unidos. Isso se tornou evidente durante a Primeira Guerra Mundial, quando o czarismo teve maior dificuldade em mobilizar a população para o esforço de guerra do que as democracias ocidentais.

Até 1905, a Rússia era governada por uma monarquia absolutista. Todo o poder emanava do imperador. O código penal punia qualquer questionamento à sua autoridade, bem como a expressão de desejos de mudanças no governo. Todas as propostas tendentes a incluir os representantes da população no processo de tomada de decisões, mesmo em caráter apenas consultivo, eram rejeitadas, incluindo aquelas originárias nos círculos oficiais. O czar detinha a autoridade política como propriedade da dinastia, sendo seu dever passá-la adiante, intacta, para o herdeiro.

O absolutismo, é claro, predominara no restante da Europa continental até o século XIX, quando cedeu lugar à soberania popular. Na Rússia, esse regime não só sobreviveu, como assumiu formas mais extremadas. Mesmo em seu auge, os reis ocidentais nunca deixaram de respeitar a propriedade privada de seus súditos, considerando uma marca de tirania qualquer violação dos direitos a ela correspondente. O princípio subjacente ao sistema político ocidental foi articulado por um jurista espanhol do século XV, segundo o qual "ao rei é confiada exclusivamente a administração do reino, e não o domínio sobre as coisas, pois a propriedade e os direitos do Estado são públicos, e não podem ser patrimônio privado de ninguém".[1] A propriedade fornecia, portanto, uma limitação efetiva à autoridade real, mesmo aquela que não reconhecia limitações formais. Na Rússia, como nos então chamados "despotismos orientais", o czar governava e possuía seus domínios, reivindicando toda a terra e os recursos materiais; o monarca monopolizava a venda no atacado, a importação, a exportação e, como se não bastasse, ainda exigia serviços perpétuos de seus vassalos. A classe mais alta servia-o diretamente, no Exército ou na burocracia, enquanto os demais cultivavam sua terra ou a de seus servidores. Essa forma de regime "patrimonial" representava o tipo mais extremo de autocracia.

---

[1]Referência no fim do livro. (*N. do E.*)

A dissolução desse sistema foi lenta, iniciando-se em meados do século XVIII. Em 1762, a Coroa dispensou os nobres do serviço compulsório e passou a outorgar-lhes títulos da terra que, até então, eles detinham o controle. A noção de propriedade privada lançou raízes durante o século XIX, tornando-se mais respeitada pelas autoridades que os direitos individuais de seus detentores. A abolição da servidão, em 1861, destruiu os últimos vestígios da estrutura social anterior. O patrimonialismo, porém, sobreviveu no domínio da autoridade política. O czar continuou a tratar a soberania como privilégio seu, recebendo lealdade tanto da burocracia quanto das Forças Armadas, cujos integrantes lhe juravam obediência pessoal. Os funcionários do governo continuaram a ser vistos como servidores privados do czar.

Tal regime requeria um autocrata, não apenas nominal, mas dotado da personalidade conveniente, isto é, alguém que desfrutasse das prerrogativas do poder e soubesse usá-las. Mas, em 1900, a Rússia era governada por um homem que carecia de qualquer qualidade exigida pelo mando de que de fato dispunha, à exceção do senso de dever. Nicolau II tinha inteligência limitada e vontade débil, defeitos que tentava compensar com explosões ocasionais de teimosia. Ele não gostava do poder nem de suas regalias. Em confidência a um ministro, certa vez, chegou a dizer que mantinha as rédeas do Estado, não por prazer, mas porque o país precisava disso. À exceção de sua esposa e filhos, ele só se importava com a Rússia e com o Exército; afora os exercícios que praticava ao ar livre, tudo o mais deixava-o indiferente. Testemunhas concordam que ele jamais pareceu tão feliz quanto depois de ter abdicado do trono.

Sua mulher, Alexandra Fiódorovna, tinha outro estofo. Nascida na Alemanha e neta da rainha Vitória, não tardou a assimilar as tradições de seu país de adoção. Ciente da fraqueza do marido, instava-o sempre a agir como um verdadeiro autocrata, a ser um outro Pedro, o Grande. "Você e a Rússia são um e o mesmo", teria dito a ele; ou "a Rússia ama o açoite". Caso tivesse escapado à sua influência, Nicolau poderia ter se rendido às pressões públicas e concordado em desempenhar o papel do monarca formal, talvez evitando a Revolução.

A questão que se coloca é: por que Nicolau – e não apenas ele, mas também muitos outros russos que se preocupavam com o país – insistiu em preservar um regime político ultrapassado, e ainda enfrentando uma oposição cada vez maior, proveniente da elite educada? Liberais e radicais da época argumentavam que a obstinação do monarca era em causa própria. Mas, em virtude dos acontecimentos que se sucederam, esse assunto merece alguma reflexão.

A resistência em substituir a autocracia por uma monarquia constitucional apoiava-se em dois argumentos.

Dizia-se, em primeiro lugar, que a Rússia era muito extensa e etnicamente diversificada, o que inviabilizava um parlamentarismo efetivo. A população não estava integrada, vivia espalhada, recolhida em comunidades que desconheciam o sentido de nação ou Estado. Tendo aderido a um tipo de anarquismo primitivo, o campesinato tornara-se incompatível com a cidadania responsável; muito provavelmente ele interpretaria a oposição parlamentarista à Coroa como um sinal de que o governo fraquejava e que o confisco das terras privadas (isto é, não-comunais) poderia ficar impune. Para manter-se unido, o país carecia de uma autoridade pessoal e forte, distante de conflitos raciais e partidários, não restringida por formalidades constitucionais.

Em segundo lugar, argumentava-se que as instituições parlamentares quase com certeza seriam dominadas por liberais e socialistas, ferrenhos adversários de um monarca que se tornaria constitucional. Políticos amadores, com a cabeça repleta de idéias utópicas aprendidas na literatura ocidental, não ficariam satisfeitos enquanto a monarquia não fosse abolida, substituída por uma república, na qual exerceriam o poder total. O resultado seria anarquia e Guerra Civil.

EMBORA OS FATOS tenham provado que muitas dessas preocupações se justificavam, os monarquistas não tinham outra receita para resolver a crise política a não ser a repressão. Nesse sentido, a Coroa arregimentava o serviço público, a polícia de segurança, os grandes proprietários de terra, o Exército e a Igreja Ortodoxa.

Sob muitos aspectos, a burocracia russa era sem similar. Originária dos quadros domésticos dos príncipes medievais, continuou a agir como serviço pessoal do monarca, e não como um corpo de funcionários públicos da nação. Um serventuário russo obedecia à vontade do monarca e a de seus superiores imediatos, podendo ser dispensado sem motivo e sem ter a quem recorrer. Por outro lado, não podia sequer demitir-se sem permissão. Tudo isso levava ao servilismo. Em contrapartida, nas relações que mantinha com o povo, ele era intocável. Como representante da autocracia, não podia ser levado a julgamento, a menos que seus chefes consentissem. É óbvio que era raro isso ocorrer, pois um mau comportamento do empregado refletia-se negativamente sobre aqueles que o haviam indicado e, em última instância, sobre o próprio czar. Também é evidente que isso contribuía decisivamente para generalizar maus-tratos e corrupção.

Embora em São Petersburgo os ministérios contassem com muitos funcionários públicos honestos e qualificados, carreiristas inescrupulosos ocupavam os postos inferiores. O sistema russo de admissão no serviço público não exigia diploma escolar nem exames de aptidão, bastando ao candidato ser alfabetizado e conhecer as quatro operações. Na verdade, para ingressar no quadro e ser promovido, bastavam duas qualificações: obediência e lealdade plenas.

Talvez o traço mais surpreendente do serviço público russo fosse o sistema de postos introduzido por Pedro, o Grande, em 1722. Cada funcionário tinha de ocupar um posto, ou *tchin*, dentre os 14 existentes, começando do mais baixo, é claro, e fazendo carreira à medida que galgava os degraus superiores. Originalmente, à obtenção do oitavo posto correspondia a nobreza hereditária, mas, por volta de 1900, era necessário alcançar o décimo quarto para fazer jus a tal honraria. A intenção de Pedro fora estabelecer a equivalência entre os avanços de responsabilidade e os postos. Seus sucessores, entretanto, perverteram o sistema. Catarina, a Grande, que assumiu o trono mediante um golpe que resultou na morte de seu marido, Pedro III, procurou garantir sua posição comprando a nobreza e a burocracia. No seu reinado, a conquista dos postos mais altos passou a ser por antiguidade; depois de servir por um período determinado, geralmente três ou quatro anos, recebia-se uma promoção automática. Como o costume atribuía funções administrativas apenas aos que tinham *tchin*, o funcionalismo russo converteu-se numa casta fechada. À exceção dos postos mais altos, para os quais as indicações eram feitas diretamente pelo czar, ninguém poderia manter uma posição no governo sem *tchin*. As conseqüências disso foram o distanciamento e o isolamento do serviço público da sociedade e o afastamento dele dos talentos daqueles que não integravam o quadro da carreira.

Guardados alguns traços peculiares, os ministérios da Rússia – principais órgãos executivos – não diferiam substancialmente dos ocidentais. Até 1906, não existiam gabinetes ou primeiros-ministros, de forma que os encarregados de cada pasta reportavam-se diretamente ao czar, agindo sob suas instruções, sem consultas aos demais. Essa prática decorria do medo de que discussões de gabinete pudessem colocar em xeque as ordens imperiais, usurpando prerrogativas da Coroa. A falta de uma política coordenada causou considerável desordem na administração.

As províncias sofriam permanente falta de pessoal. Embora a Rússia czarista tivesse a reputação de uma tirania, uma imagem de autoridade arbitrária, ou mão pesada, a grande maioria dos cidadãos raramente entrava em contato com o Estado. Medidos em proporção ao território ou à população, o número de funcionários era apenas uma fração dos que havia na França ou Alemanha contemporâneas. O sistema funcionava graças à coação fiscal. Sem os recursos necessários à administração dos imensos domínios, o Tesouro apoiava-se numa combinação de autoridade arbitrária, investida em governadores provinciais, e autogestão, institucionalizado na comuna de camponeses.

Por conseguinte, a ilimitada autoridade czarista tinha pouco alcance. Para todos os efeitos práticos, o governo imperial terminava nas 89 capitais de províncias onde residiam os governadores e seus quadros, abaixo dos quais existia um vácuo administrativo. As repartições inferiores recebiam visitas relâmpago dos representantes governamentais, quase sempre interessados na coleta de dívidas de impostos, e que logo sumiam de vista. Os funcionários dos ministérios mandados para as capitais prestavam contas a seus escritórios-sede, sem cooperação mútua.

O ministro do Interior, responsável pela pasta mais importante, encarregava-se de administrar o país e garantir a segurança doméstica; nomeava os governadores, cujos poderes discricionários os faziam semelhantes aos sátrapas orientais. Por exemplo, podiam requerer que a área sob sua jurisdição fosse posta sob Salvaguarda Reforçada, ou Extraordinária, um tipo de lei marcial que o autorizava a suspender direitos civis e fechar instituições privadas. O ministério também era responsável pela supervisão dos elementos não-ortodoxos, inclusive os judeus, pela censura e pelo gerenciamento das penitenciárias.

Mas não resta dúvida que a maior fonte do seu poder residia na administração da polícia política. Estabelecido em 1880, depois de uma tentativa terrorista quase bem-sucedida contra a vida de Alexandre II, o Departamento de Polícia dividia-se em dois ramos distintos – um para manter a lei e a ordem e um outro para proteger o Estado. Voltado exclusivamente para a manutenção do *status quo*, operava mediante vigilância aberta ou secreta, busca e captura, aprisionamento e atos administrativos – isto é, sem julgamento – determinando o exílio de pessoas por períodos superiores a cinco anos. Por intermédio de uma rede de agentes, se inseria em cada faceta da vida do país e, por meio de ramificações estrangeiras, chegava a acompanhar os passos dos emigrados. Na década anterior à Primeira Guerra Mundial, tais medidas, envolvendo milhares de funcionários do governo, eram consideradas essenciais para conter uma onda sem precedentes de terrorismo político, provocada por extremistas radicais. No período final da Rússia czarista, essas redes de agentes constituíram-se num verdadeiro protótipo das modernas polícias de Estado.*

Para o exterior, a burocracia imperial exibia uma imagem de unanimidade perfeita; seus desacordos nunca transpareceram ao público. O sigilo sob o qual operava, na maior parte do tempo, reforçava essa impressão. Na realidade, duas facções digladiavam-se. Concentrados nos Ministérios da Justiça e das Finanças, os conservadores-liberais

---

*Outros países também tiveram sua polícia de segurança. Mas, como no caso do FBI, dotadas de poderes restritos à investigação de atividades potencialmente subversivas, sem autoridade para punir.

admitiam que a Rússia precisava de um governo central forte, mas consideravam o sistema vigente anacrônico e sem esperanças; queriam que a Rússia fosse governada por leis criadas pelo autocrata, que não tinha de prestar contas a ninguém, mas que ainda assim deveria ser obrigado a observar seus próprios regulamentos. Eles defendiam a cooptação dos conservadores, ainda que em caráter meramente consultivo, como forma de fortalecer o governo. Pretendiam abolir as leis que mantinham os camponeses vinculados às comunas, quebrando o isolamento em que viviam e submetendo-os a tribunais rurais especiais. Com esse conjunto de medidas, acreditavam que os russos aos poucos se aproximariam de formas de governo mais modernas.

Seus oponentes reacionários consideravam a população propriedade do monarca, e qualquer sinal de iniciativa que partisse dela era "insubordinação". O governo, segundo esse ponto de vista, não poderia submeter-se à regra da lei, pois isso fatalmente o enfraqueceria, abrindo as comportas da inquietação popular. Um ministro do Interior assim se expressou:

> A população esparsa da Rússia, espalhada sobre um território imenso, o distanciamento inevitável dos tribunais (...), o baixo nível econômico do povo e os costumes patriarcais da classe agrária, tudo isso cria condições que tornam inevitável o estabelecimento de uma autoridade cujas atividades *não sejam restringidas pelo formalismo excessivo*, uma autoridade prontamente apta a restaurar a ordem e, tão rapidamente quanto possível, capaz de sanar violações dos direitos e interesses da população.[2]

Os russos que faziam parte dessa corrente não se opunham a mudanças, mas insistiam em que fossem iniciadas e implementadas pelo governo, quer dizer, de cima para baixo.

Por trás dessa atitude estava a convicção de que a "sociedade" – isto é, todos os que não serviam ao governo – era inimiga do Estado. Essa percepção dominava o Departamento de Polícia, a ala mais reacionista da facção reacionária. De acordo com o seu último chefe, a perspectiva da polícia de segurança czarista fundamentava-se nas seguintes proposições: "Existe o povo e existe a autoridade do Estado, este último sob ameaça constante do primeiro (...). Por essa razão, qualquer ocorrência pública assume o caráter de ameaça à autoridade do Estado. Como resultado, a proteção do Estado (...) volta-se para uma guerra contra toda a sociedade (...)".[3] Predominando no Ministério do Interior e em todas as suas ramificações, essa postura impedia as reformas. Infelizmente para a Rússia, intelectuais radicais, sobretudo terroristas, agiram com o intuito de beneficiar os reacionários.

Mesmo assim, é óbvio que as posições anti-reformistas não poderiam manter-se por muito tempo. Ambicionando tornar-se uma nação grande e poderosa, a Rússia foi forçada a implementar a educação superior, incompatível com um regime que tratava o povo como crianças desobedientes. Aleksandr Herzen, escritor político de meados do século XIX, expressou essa contradição da seguinte forma:

> Eles nos dão uma educação ampla, inculcam-nos desejos, estimulam nossos esforços, nos descortinam os sofrimentos do mundo contemporâneo, e gritam "Permaneçam escravos, mudos e passivos, ou perecerão".[4]

No fim do século XIX, o desenvolvimento econômico, particularmente o surgimento da empresa capitalista, também agiu contra a sobrevivência do Estado policial burocrático. Embora de forma relutante, a Rússia czarista enveredou por esse caminho cheia de temores de atingir a ordem agrária e suas promessas de estabilidade. Os efeitos desestabilizadores da industrialização pareciam tão assustadores que, trinta anos depois de sua invenção, as estradas de ferro praticamente inexistiam no Império. Mas o czarismo não teve escolha a não ser imitar o mundo ocidental. Na segunda metade do século XIX, o Tesouro cobrira um grande déficit com empréstimos estrangeiros. Homens de visão perceberam que a Rússia não poderia crescer, a menos que desenvolvesse suas próprias indústrias e gerasse condições que a tornassem independente do capital estrangeiro. Precursor da industrialização, o ministro das Finanças Serguei Witte defendia o argumento de que, se o país não desenvolvesse uma base industrial, permaneceria dependente e incapaz de aspirar o *status* de grande nação.

Em 1897, sob sua iniciativa, a Rússia adotou o padrão ouro. A partir de então, todas as notas de banco tinham de ser lastreadas pelo metal depositado no Tesouro, podendo ser convertidas em moedas de ouro. A reforma deu ao país uma das mais estáveis moedas correntes do mundo e encorajou os investimentos estrangeiros. Entre 1892 e 1914, mais de 1 bilhão de dólares americanos – equivalentes a 20 bilhões, em 1995 – foram aplicados em diversos empreendimentos. Num surto rápido de desenvolvimento, ainda que pequeno em termos de economia nacional, a indústria, combinada com a mineração e a agricultura, elevou a Rússia ao quinto lugar entre as nações mais ricas do mundo.

Conforme advertiram os reacionários, a política de favorecimento industrial foi adversa ao regime autocrático. Controladores estrangeiros dos títulos russos pressionaram o governo a agir de maneira legal, mediante a depreciação do valor de câmbio de suas obrigações; assim, o país era punido pelos excessos cometidos com a elevação das taxas que tinha de pagar pelos empréstimos contraídos. Igualmente importante foi o fato de que os homens de negócio, nacionais e estrangeiros, passaram a assumir atitudes que afetavam o emprego, os transportes e os investimentos de capital, ultrapassando a monarquia, que pretendia ser a única autoridade no país. A incompatibilidade entre o capitalismo e a autocracia tornou-se cada vez mais clara, evidenciando aos olhos do povo a precariedade do *status quo*.

Além do apoio da burocracia e da polícia, o regime contava com um suporte muito mais importante: o das Forças Armadas.

Com 1,4 milhão de homens, a Rússia dispunha do maior Exército permanente do mundo, superior à soma dos que a Alemanha e a Áustria-Hungria – seus dois mais prováveis inimigos – mantinham. Uma força assim, tão grande e dispendiosa, era defendida por três razões. Em primeiro lugar, devido às grandes distâncias e à rede ferroviária incipiente, que dificultavam as mobilizações: estimava-se que, enquanto a Alemanha poderia estar pronta para a luta em 15 dias, a Rússia precisaria de mais de três meses. Posto que a sabedoria convencional contemporânea sustentava que a próxima guerra seria decidida em questão de semanas, a rapidez assumia importância crítica. O segundo argumento fundamentava-se na falta de dinheiro e no descaso dos civis, fatores que haviam determinado o fracasso dos oficiais profissionais em desenvolver um sistema efetivo de reservas, indispensável ao incremento do poderio de um Exército nacional. Por último, cabe ressaltar que o Exército russo, tradicionalmente, era usado para reprimir conflitos; na Rússia européia, em 1903, um terço da infantaria e dois terços da cavalaria participaram de operações repressivas. Em 1905 e em 1917, a Revolução provavelmente não teria ocorrido se o Exército não estivesse lutando nas fronteiras.

A tradição militar russa impunha que o Exército permanecesse afastado das atividades políticas, vistas pelos oficiais como abaixo de sua dignidade profissional. O conceito de que desfrutavam os políticos não diferia muito, embora eles fossem objeto de lealdade, quando acontecia estarem no exercício de postos de poder. Foi assim com a monarquia e, depois de sua queda, com o Governo Provisório e com os bolcheviques.

O quarto pilar da autoridade czarista, os senhores de terra, estava desgastado. Durante o auge da autocracia patrimonial, nos séculos XVI e XVII, os latifundiários – *dvoriânstvo* – haviam sido o braço direito da Coroa. Os czares concediam-lhes terras e servos em troca de serviços perpétuos, principalmente nas Forças Armadas. Mas, aos poucos, os latifundiários foram se emancipando da pesada mão do Estado. Ao longo do século XVIII, tirando vantagem de uma sucessão de monarcas fracos, os *dvoriânie* começaram a afrouxar os termos do serviço até que, finalmente, em 1762, conseguiram escapar completa e definitivamente. A propriedade que detinham tornou-se incondicional. Embora a pobreza forçasse muitos deles a permanecer no serviço ativo, os ricos converteram-se numa classe de parasitas, desfrutando privilégios e direitos já consagrados no Ocidente, mas sem as responsabilidades correspondentes. Os mais prósperos voltavam-se para a cultura; os primeiros autores e o primeiro público da literatura e da arte russa provinham quase inteiramente dessa classe de ricos agricultores.

No início do século XIX, muitos jovens de famílias de latifundiários caíram sob a influência das idéias ocidentais, liberais e abolicionistas. Em dezembro de 1825, alguns oficiais da melhor estirpe pretenderam abolir a autocracia e instaurar uma monarquia constitucional, ou uma república. A chamada Revolta Dezembrista foi rapidamente sufocada, mas significou o começo do declínio da nobreza; chocada com a traição da classe que mais a apoiava, a monarquia deixou de confiar nela, escorando-se cada vez mais na burocracia estatal. O Edito de 1861, que emancipou os servos, foi o golpe de misericórdia nos senhores de terra. Incapazes de explorar lucrativamente suas propriedades sem o trabalho servil e desacostumados a viver de acordo com suas posses, eles se endividaram e acabaram por perder os bens que possuíam. Politicamente, dividiram-se, tornando-se reacionários, em parte, ou juntando-se à *intelligentsia* liberal. A última legislação imperial tendia a favorecer a abolição dos privilégios e a igualdade dos cidadãos. Por volta de 1900, o *status* de *dvoriânstvo* não garantia recompensas significativas nem implicava lealdade política: basta dizer que a família de Lênin tinha origem na nobreza hereditária.

Existia ainda a Igreja Ortodoxa, o corpo eclesiástico do reino, representando aproximadamente 55% da população.* Desde o reinado de Pedro, o Grande, a Igreja russa perdera sua independência, passando a ser administrada por funcionários laicos, especialmente designados; mais tarde, sob Catarina, a Grande, suas ricas possessões foram seqüestradas. A Igreja nunca se rebelou contra tais medidas: fiel à sua herança bizantina, manteve o apoio leal à monarquia, permanecendo afastada da política. Também passou ao largo dos conflitos sociais e das disputas ideológicas que agitavam o país, concebendo a salvação das almas como sua única e exclusiva missão. Pregando a submissão aos poderes, a Igreja servia como uma firme escora do regime. Em recompensa, o Estado confiava ao clero grande parte da educação elementar, pagava subsídios e proibia a prática de outros credos.

---

*Nominalmente, cerca de 75% dos habitantes da Rússia professavam a religião cristã ortodoxa, mas, desses, muitos pertenciam aos Velhos Crentes, apartados no século XVII, enquanto outros se haviam juntado a seitas divergentes. Estimava-se que cerca de um em cada quatro cristãos agia fora da Igreja Ortodoxa oficial.

Mas mesmo nesse corpo leal as fissuras começaram a aparecer, na virada do século, sob a forma de um clero liberal que defendia a independência em relação ao Estado e uma participação mais ativa na vida política e social do país.

Ninguém duvida de que a maioria dos russos, sobretudo os camponeses, observassem fielmente os ritos da religião, com seus sacramentos, jejuns e dias santos. A profundidade desse comprometimento, porém, é uma questão controversa: como os acontecimentos demonstrariam, a fé do povo russo não era tão forte como a dos católicos romanos, dos judeus ou dos muçulmanos do império. A religiosidade ortodoxa russa parece ter se apoiado mais na observância dos rituais do que na firme adesão aos ensinamentos éticos do cristianismo.

A INTELLIGENTSIA

Por que usar o termo – *intelligentsia* – quando dispomos de palavras como "intelectuais", ou "intelectualidade"? A resposta está em que precisamos de expressões diferentes para designar fenômenos distintos – nesse caso, para distinguir aqueles que contemplavam passivamente a vida, dos ativistas determinados a transformá-la. Sucintamente, Marx definira-se pela segunda posição, quando escreveu: "Os filósofos têm apenas interpretado o mundo de vários modos; a questão, porém, é mudá-lo." *Intelligentsia* indica intelectuais que ambicionam o poder para mudar o mundo. Sua origem etimológica é latina, passando do idioma alemão para o russo, no século XIX, e para o inglês, após a Revolução de 1917.

Conflitos e ressentimentos ocorrem em qualquer sociedade e são resolvidos pacificamente, ou explodem em revolução, dependendo da existência ou não de instituições democráticas capazes de encaminhar reivindicações por vias legais, e da presença ou ausência de uma *intelligentsia* determinada a atiçar as chamas do descontentamento popular, com o propósito de alcançar o poder. É a *intelligentsia* radical, formada por "administradores profissionais da revolução", que transforma reivindicações específicas e, portanto, remediáveis, na intransigente rejeição do *status quo*. Rebeliões acontecem; revoluções são feitas.

Mas, para que a *intelligentsia* consiga emergir, são necessárias duas condições. A primeira delas é a ideologia materialista, que não vê seres humanos como criaturas dotadas de uma alma imortal, mas apenas como entidades físicas moldadas pelo meio. Um tal sistema de idéias torna possível sustentar que o reordenamento moral do habitat humano possa produzir uma nova raça de criaturas perfeitamente virtuosas. Munidos dessa crença, os membros da *intelligentsia* justificam suas ambições políticas e são elevados ao *status* de engenheiros sociais.

A segunda condição aparece nas oportunidades econômicas que asseguram independência à *intelligentsia*. A dissolução das classes sociais tradicionais, o aparecimento de novas profissões liberais (como o jornalismo e o ensino universitário) e, paralelamente, uma economia industrial carente de especialistas, e um público leitor culto, tudo isso somado a garantias de liberdade de expressão e associação, emancipam os intelectuais da sujeição ao *establishment*, habilitando-os a assumir grande influência sobre a opinião pública, seu principal meio de alavancagem política.

Os intelectuais, como grupo específico, surgem na Europa durante o século XVI, conectados à sociedade secular emergente e ao progresso científico. De início, são pensadores laicos que se aproximam das questões filosóficas tradicionais sem valer-se da teologia e da Igreja, detentora do monopólio da reflexão, no mundo pós-clássico. A exemplo dos filósofos da Grécia e de Roma antigas, eles se outorgavam a missão de ensinar virtude e sabedoria – mostrando aos homens como reprimir suas paixões e aceitar a vida, incluindo a inevitabilidade da morte.

Mais tarde, impressionado pelos avanços da ciência e pelas possibilidades aparentemente ilimitadas inerentes ao método científico, surgiu um outro tipo de intelectual, que a partir desses instrumentos começou a cogitar mais amplamente o domínio da natureza. O método científico (empírico) só levava em conta aquilo que podia ser observado e mensurado. Daí, questionavam-se os ensinamentos religiosos e metafísicos a respeito da alma imortal e das idéias inatas, que não podiam ser identificadas pela observação científica.

O primeiro a discorrer sobre as implicações filosóficas dessa abordagem foi John Locke, em 1690, no seu *Essay Concerning Human Understanding*. Os escritos políticos de Locke forneceram os fundamentos das constituições liberais da Grã-Bretanha e dos Estados Unidos, mas, inadvertidamente, seu tratado filosófico alimentou uma corrente de pensamento político muito diferente e intolerante. Nele, o autor desafiava o axioma da teologia e da filosofia ocidentais, pelo qual o homem já vinha ao mundo formado espiritual e intelectualmente, dotado de idéias imutáveis sobre o conhecimento de Deus e o sentido do certo e do errado, e essa noção favorecia uma teoria política conservadora: a de que os princípios de governo eram os mesmos, em todas as épocas e para todas as nações. Locke argüiu que o ser humano nasce como uma *tábula rasa*, onde sensações físicas e experiências vão escrevendo as mensagens que o tornam aquilo que é. Não existe o livre-arbítrio: ninguém pode rejeitar as idéias que os sentidos inscrevem em sua mente, tanto quanto o espelho não pode "recusar, alterar ou obliterar as imagens (...) que os objetos postos à frente" produzem.

A teoria do conhecimento de Locke, ignorada em seu próprio país, foi apropriada e desenvolvida na França, por pensadores radicais. Em *De l'esprit* (1758), Claude Helvétius baseou-se na epistemologia de Locke para sustentar que um meio ambiente tornado perfeito pela educação e pela legislação inevitavelmente produzirá seres humanos perfeitos. Portanto, compete à ordem política e social não apenas criar condições ótimas nas quais a humanidade possa realizar seu potencial, mas tornar a humanidade "virtuosa". O bom governo não assegura, simplesmente, "a maior felicidade da maioria" – uma fórmula atribuída a Helvétius – mas, literalmente, remodela o homem. Tal proposição inédita constituiu a premissa das ideologias liberal e radical dos tempos modernos e referendou a intervenção de longo alcance do governo na vida dos cidadãos.

A idéia exerceu atração irresistível sobre os intelectuais, pois permitiu que abandonassem a posição de observadores passivos, assumindo a de reguladores da vida. Seus conhecimentos superiores sobre o que seria racional e virtuoso levou-os a aspirar o *status* de "educadores" da humanidade. Enquanto as pessoas comuns adquirem informações específicas, para viver de suas ocupações particulares, os intelectuais – e somente eles – reivindicam o conhecimento "em geral"; graças às "ciências" humanas – ciência econômica, ciência política, sociologia – sentem-se à vontade para considerar irrelevantes e rejeitar práticas e instituições criadas há milênios por tentativa e erro. Essa revolução filosófica transformou alguns intelectuais na *intelligentsia*, envolvida em atividades políticas e, como outros políticos, preocupada em consagrar seus interesses, sob a capa do trabalho para o bem comum.

As premissas contidas nas idéias de Locke e Helvétius têm dupla aplicação. Em países onde existem instituições democráticas e a liberdade de expressão é garantida, a *intelligentsia* trata de atingir seus objetivos por meio da influência sobre a opinião pública e, assim, obter alterações na legislação. Onde tais instituições e garantias inexistem, ela se funde numa casta dedicada ao ataque ininterrupto da ordem vigente, com vistas a desacreditá-la, pavimentando assim o caminho para a mudança revolucionária. Foi o que aconteceu na França pré-1789, e na Rússia czarista, antes de 1905.

Precondições subjetivas e sociais do surgimento da *intelligentsia* revolucionária apareceram, pela primeira vez, nas associações literárias e clubes "patrióticos" da França, por volta de 1760 e 1770. Nesses locais de reuniões, os participantes procuravam forjar um consenso ideológico no qual as idéias não eram julgadas por sua relação com a realidade, mas com princípios teóricos que definiam *a priori* a racionalidade e a virtude. Para os membros de tais clubes, a política não consistia numa simples opção entre o melhor e o pior, sujeita à experiência prática, mas na decisão do que em princípio é bom e mau. As discussões tornavam-se altamente personalizadas, e de tal forma que os adeptos de opiniões julgadas incorretas não estavam apenas errados; dada a evidência da verdade, que só a má vontade poderia ignorar, eles também eram considerados maus.

Embora sem precedentes e inspirada pelo ideário que ela própria produzira, a *intelligentsia* francesa do final do século XVIII alegava agir em benefício do "povo" – não o povo de carne e osso, mas uma abstração que ela concebera na mente; não pessoas como eram de verdade, mas como poderiam e deveriam ser. Uma das características definidoras do radicalismo moderno é essa crença de que a humanidade, tal como está constituída, não passa de um produto imperfeito, um exemplar falho do projeto real. O intelectual radical tem a pretensão de conhecer melhor do que ninguém o interesse do povo, porque é o único que entende o seu ser "verdadeiro", ou ideal.

Inicialmente na França, e depois em outros países da Europa continental – entre os quais a Rússia –, são grupos assim que transformaram rebeliões em revoluções, protestos populares por questões específicas em completa rejeição à ordem social e política. No início do século XX, não havia nada que empurrasse a Rússia inexoravelmente em direção à revolução, exceto essa coisa rara: a presença de um corpo de revolucionários profissionais, numeroso e fanático. Até hoje, nenhum documento que tenha vindo à luz deu conta de que os camponeses ou os trabalhadores desejassem, muito menos exigissem, a abolição do czarismo e uma completa transformação da Rússia. Foi a *intelligentsia*, com suas campanhas de agitação orquestradas, ao longo de 1917, que transformou um "fogo" local – o motim da guarnição militar de Petrogrado – numa conflagração nacional. Uma classe em permanente oposição, hostil a todas as reformas e acordos, impediu a solução pacífica dos males da Rússia, para pôr abaixo todo o sistema existente de relações humanas e construir, sobre suas ruínas, o mundo que correspondia ao seu próprio projeto.

Tanto na teoria como na prática, o socialismo e o comunismo postulavam que, até então, a humanidade só conhecera formas irracionais de organização; o passado inteiro da humanidade resume-se a um longo desvio, na estrada que conduz ao seu verdadeiro destino, e que a missão daqueles que detinham tal conhecimento era construir algo bem diferente. Robert Owen, socialista inglês dos primórdios, expressou com clareza essa concepção, quando falou em mudar "esse asilo de lunáticos em um Mundo Racional".[5]

Aos 23 anos, já tendo compreendido as implicações das teorias de Locke e Helvétius, Marx escreveu que "o pleno desenvolvimento do homem (...) depende de *educação* e *meio*", e que

> se o homem extrai todo o seu conhecimento, suas sensações etc. do mundo dos sentidos e da experiência que deriva dele [então] o mundo empírico deve ser organizado de modo que o homem vivencie e habitue-se ao que é realmente humano (...). Se o homem é formado pelo meio, o meio deve ser humano.

A receita para as mudanças mais radicais na condição humana estava dada – mas não para ser aviada *por* gente comum, cega, mas, sim, justamente *para* essas pessoas.

As evidentes e ilimitadas ambições dos socialistas radicais também transpareciam nas reflexões de Liev Trótski. Em 1924, referindo-se ao novo homem que a ordem revolucionária faria surgir, ele escreveu:

> O homem, enfim, deverá começar a harmonizar-se seriamente (...). Antes, tentará dominar a semiconsciência e os processos orgânicos inconscientes – a respiração, a circulação do sangue, a digestão, a reprodução – (...) subordinando-os ao controle da vontade racional. Com o objetivo de controlar suas emoções, o homem será capaz de tornar seus instintos transparentes, elevando-os à altura da consciência, (...) para criar um tipo sociobiológico superior, um super-homem (...) incomparavelmente mais forte, mais sábio, mais perspicaz. Seu corpo terá mais harmonia, seus movimentos mais ritmo, sua voz mais melodia. As formas de vida vão adquirir uma teatralidade dinâmica. O tipo humano médio ascenderá à altura de um Aristóteles, um Goethe, ou um Marx, além de cuja crista outros picos surgirão.

Tais pensamentos, que não foram formulados por um adolescente sonhador, mas pelo correligionário de Lênin, um dos principais organizadores do triunfo bolchevique, em 1917-1920, desvendam o psiquismo daqueles que realizaram a maior revolução dos tempos modernos, objetivando nada menos do que reencenar o sexto dia da Criação, para aperfeiçoar o seu produto defeituoso. A missão do homem consistia em refazer-se. Assim, podemos entender o que um influente radical russo pretendeu dizer, em 1860, quando afirmou que "o homem é deus para o homem".*

Por volta de 1900, as condições na Rússia – sem liberdade de expressão nem instituições representativas – eram bastante semelhantes às da França pré-1789. Emergindo em torno de 1860, sua *intelligentsia* lembrava muito os filósofos franceses do século anterior, consistindo em uma casta fechada a cujo círculo só se tinha acesso mediante compromisso com o materialismo, o socialismo e o utilitarismo – crença de que a moral das ações humanas é determinada pela extensão da dor ou do prazer que produzem, e que o bom governo deve ser hábil em garantir a maior felicidade para o maior número de indivíduos. Independentemente do seu grau de instrução, ninguém que acreditasse em Deus e na imortalidade da alma, nos limites da razão humana e no proveito da transigência, no valor das tradições e no amor à pátria poderia integrar-se à *intelligentsia* ou ler com regularidade suas publicações.

A partir de 1870, centenas de estudantes abandonaram as classes universitárias para "ir ao povo" e inculcar nele suas idéias. Encontraram-no muito indiferente: o camponês acreditava com fé em Deus e no czar, e não via nada de errado na exploração do próximo. Todavia, essa evidência não levou os radicais a alterar sua visão, mas, sim, a recorrer à violência. Em 1879, cerca de trinta intelectuais – em uma nação de cem milhões – nomearam-se "Vontade do Povo", formando uma organização terrorista clandestina com a intenção declarada de assassinar Alexandre II. Foi o primeiro grupo na história especificamente dedicado ao terror político, protótipo de numerosos partidos

---

*Os radicais não eram os únicos a desaprovar o gênero humano; nas fileiras dos liberais, vicejava um pensamento equivalente. O utopista científico H. G. Wells, autor de *The Shape of Things to Come*, prognosticou que a educação e a disciplina social transformariam totalmente o indivíduo. "Geração após geração", escreveu ele, "o homem constituirá uma nova espécie, diferindo cada vez mais daquele ser frágil, trágico, patético, cruel, fantástico, absurdo e, por vezes, completamente horrível que se intitulou, num capricho de estúpida arrogância, *Homo sapiens*." (Nova York, 1933, p. 426). Compare-se essa citação com o que Michel de Montaigne afirmou no século XVI, quando a ciência ainda não sufocara a religião e o humanismo filosófico: "Nada supera em beleza e legitimidade a atitude do homem que age bem e adequadamente (...). Nossa pior doença consiste em desdenhar de nosso ser."

terroristas que surgiriam na Europa, no Oriente Médio e alhures, na segunda metade do século XX. Partindo da premissa de que a violência antigovernamental desmoralizaria as autoridades e, ao mesmo tempo, destruiria a admiração das massas pelo czar, eles fracassaram inúmeras vezes, antes de conseguirem eliminar o soberano. Entretanto, as conseqüências foram opostas ao que esperavam: as massas não se sublevaram e, revoltadas com o assassinato, a sociedade culta voltou as costas ao radicalismo. Ao contrário de render-se, o governo intensificou a repressão.

No rastro da falência do terrorismo, na última década do século XIX, surgiu o movimento socialdemocrata russo. Os SDs baseavam-se nas teorias de Marx, considerando o terrorismo inútil. Para eles, a transformação político-social resultaria de mudanças fundamentais nas relações econômicas – uma evolução que não podia ser acelerada. Mesmo que os terroristas conseguissem derrubar o czarismo, não poderiam construir o socialismo democrático sobre as ruínas de um regime que ainda não incorporara os fundamentos econômicos indispensáveis para isso. O capitalismo russo engatinhava e teria de ultrapassar uma etapa de democracia burguesa, antes que o acirramento das contradições que lhe eram inerentes conduzisse à revolução socialista. O processo exigia paciência e uma cuidadosa adaptação tática à realidade socioeconômica, mais do que heroísmo temerário.

A estratégia socialdemocrata desdobrava a revolução em duas fases. Inicialmente, os socialistas ajudariam a burguesia emergente a derrubar o czarismo e a introduzir no país um regime tipicamente ocidental, que assegurasse liberdades civis e políticas. A seguir, tirando vantagem dessas liberdades, eles organizariam a classe trabalhadora – esta mais adequada à revolução do que o campesinato – para o dia inevitável em que, levado ao desespero pelo empobrecimento, o proletariado se levantaria em armas contra os seus exploradores.

Como os radicais que tentaram conduzir os camponeses por volta de 1870, os socialdemocratas da última década do século XIX logo se frustraram diante da atitude dos que pretendiam representar. Contatos mais estreitos com os trabalhadores industriais revelaram que, sem qualquer radicalismo, seu principal interesse estava na organização de sindicatos, que a legislação vigente proibia. Para os revolucionários, essa atitude nada mais era que acomodação ao *status quo*, mas a maioria dos socialistas aceitou o fato, dedicando-se a ajudar os trabalhadores nas lutas por melhorias salariais. De suas fileiras surgiu a facção menchevique. Liderada por Lênin, fundador da facção bolchevique, a minoria concluiu que, se abandonados a si mesmos, os trabalhadores jamais ultrapassariam os marcos do reformismo; era indispensável organizar um grupo de tutores profissionais que, em tempo integral, tratasse de incutir neles o fervor revolucionário. Embora fosse conhecida apenas em pequenos círculos de iniciados, essa idéia teria profundos efeitos em toda a história do século XX.

OS PARTIDOS POLÍTICOS russos começaram a tomar forma à margem da lei, na virada do século.

Descendente direto da "Vontade do Povo", o Partido Socialista-Revolucionário, organizado formalmente em 1902, era tido como o mais radical. Os SRs diferiam dos socialdemocratas em muitos aspectos importantes, sobretudo, porque não distinguiam nitidamente, como os SDs, os camponeses dos trabalhadores industriais, considerando ambas as classes potencialmente revolucionárias. Para os SDs, excetuando-se os sem-terra, o homem do campo tinha uma mentalidade "pequeno-burguesa", reacionária e inimiga do trabalho. A propaganda SR que alcançava as aldeias exigia o fim da propriedade privada da terra e sua transferência para as comunas – a "socialização da terra". Tal programa atendia aos desejos do campesinato, de tal sorte que os SRs desfrutavam de popularidade sem rival e tinham o maior número de seguidores políticos no país. No entanto, sua força revelou-se efêmera, dado que o nível de organização que possuíam era muito inferior ao dos SDs.

Os SRs dedicavam-se principalmente ao terror político. Como seus precursores de vinte anos antes, eles acreditavam que o regime czarista apodrecera até a raiz, podendo ser solapado com ataques que atingissem seus funcionários. Menosprezando a estratégia perseverante de seus concorrentes socialdemocratas, chegaram a atrair para suas fileiras muitos jovens intrépidos, homens e mulheres, prontos a sacrificarem suas vidas pela causa. Suas ações, que brutalizavam ainda mais a vida política russa, pareciam cercadas por uma aura romântica, representando para alguns jovens um ritual de passagem à idade adulta. As decisões eram tomadas por uma "Organização de Combate" ultra-secreta, mas muitas células locais dos SRs agiam por iniciativa própria. O primeiro ato de terror político perpetrado pelos SRs foi o assassinato, em 1902, do ministro da Educação. Daí por diante, e até serem esmagados, em 1908-1909, os terroristas SRs enfrentaram as forças da lei e da ordem numa batalha incessante.

Trataremos do Partido Socialdemocrata no Capítulo 5. Aqui, basta dizer que, à diferença dos SRs, que concebiam a sociedade dividida em "exploradores" e "explorados", os SDs definiam as classes a partir da sua relação com os meios de produção, e consideravam os trabalhadores industriais – "proletariado" – como a única verdadeiramente revolucionária. Os SDs pretendiam nacionalizar a terra agrícola antes de coletivizá-la, a fim de transformar o camponês num empregado do Estado. Ao contrário dos SRs, eles aceitavam a "burguesia" como aliada, no primeiro estágio da Revolução. Para eles, o tempo do terror chegaria *depois* de alcançarem o poder, quando tivessem à sua disposição todo o aparato repressivo do Estado.

Participar ativamente em qualquer desses dois partidos radicais dependia do temperamento de quem fizesse a escolha: em geral, os mais arrojados e aventureiros mostravam preferência pelos SRs. Os militantes eram basicamente estudantes universitários ou recém-formados. De acordo com um socialdemocrata:

> No fundo, a atividade das células SRs diferia pouco da prática SD. Ambos os partidos consistiam em pequenos grupos da *intelligentsia*, organizados em comitês, pouco vinculados às massas, vistas sobretudo como destinatárias da agitação política.

A principal organização liberal russa, o Partido Constitucional-Democrático, criado em 1905, tinha composição social e programa diferentes das organizações radicais. Sua liderança estava nas mãos dos senhores de terra e de intelectuais, entre os quais contavam-se alguns socialistas desiludidos. A maioria dos acadêmicos, advogados e médicos filiaram-se a essa agremiação. Devido à eminência de seus líderes, que pertenciam a famílias aristocratas de grande reputação, a polícia não ousava tratar os liberais com o mesmo rigor com que perseguia a juventude socialista. Driblando as leis que proibiam atividades políticas, eles mantinham encontros sob o disfarce de conferências profissionais e eventos sociais. Agindo dentro do sistema, esperavam melhorar a Rússia gradualmente, elevando os padrões culturais e econômicos da população. As ações repressivas do governo, no entanto, intensificadas durante o reinado de Alexandre III, empurraram-nos direta e profundamente para o campo da oposição. Com alguma justiça, os cadetes vangloriavam-se de ser o grupo liberal mais radical da Europa.

O movimento tomou forma organizada em 1902, quando um ex-teórico marxista, Piotr Struve, fundou na Alemanha o jornal *Liberdade*. Como editor do periódico, ele impôs a si mesmo a tarefa de unificar os grupos de oposição russos, da direita conservadora à esquerda radical, sob o lema "Abaixo a autocracia!". Dois anos depois, com essa plataforma, surgiu a União da Libertação, uma associação aberta a todas as organizações que combatiam a autocracia e que viria a desempenhar um papel decisivo no desencadeamento da primeira revolução, em 1905.

No início do século XX, milhares de homens e mulheres russos estavam comprometidos com as mudanças fundamentais. Os revolucionários profissionais, uma nova estirpe cujo objetivo de vida era derrubar, pela violência, todas as instituições existentes, constituíam boa parte desse enorme contingente. Superando as eventuais discordâncias táticas e estratégicas – o engajamento no terror, a "socialização" ou a "nacionalização" da terra, o tratamento a ser dado ao camponês, aliado ou inimigo do trabalhador –, todos se mantinham unidos em torno de uma questão central: o regime político, econômico e social existente deveria ser tratado com total intransigência; teria de ser destruído, raiz e galhos, não apenas na Rússia, mas em todo o mundo.

Uma tal *intelligentsia*, por si só, tornava o levante social um problema de alto risco. Assim como os advogados produzem litígios e os burocratas papel, os revolucionários produzem revolução. Em cada caso, há uma profissão interessada em promover situações que demandem sua habilidade particular. A *intelligentsia* rejeitou qualquer acordo com os governantes, exacerbando o descontentamento, bloqueando as reformas e tornando improvável a solução pacífica dos impasses com que a Rússia se deparava.

2
A experiência constitucional

A REVOLUÇÃO DE 1905

Os fatos históricos não têm começo nem fim muito nítidos: surgem e desaparecem imperceptivelmente, e os historiadores não podem precisar suas datas com exatidão.

Pode-se considerar o levante de dezembro de 1825 o marco inicial da Revolução Russa. Mas também poderíamos situá-lo nos anos 1870, quando a mesma classe estudantil, desafiando as autoridades, "foi ao povo". Ou, ainda, no período entre 1879-1881, marcado pela campanha de terror político da "Vontade do Povo". De um ponto de vista conservador, seria mais correto considerar os anos de 1902 a 1904, época em que os três principais movimentos políticos interessados na derrubada da autocracia – o socialismo-revolucionário, a socialdemocracia e os liberais – organizaram-se como partidos. Não se pode deixar de mencionar as perturbações da ordem provocadas pelos estudantes universitários, em fevereiro de 1899. A desordem que desde então se desencadeou manteve-se como fluxos e refluxos da maré, sem amainar, até 1905-1906, ocasião em que a monarquia viu-se forçada a recuar, diante da greve geral, e conceder uma Constituição.

Muitos contemporâneos, incluindo policiais, consideraram aqueles distúrbios qualitativamente diferentes de quaisquer outros que antes ocorreram. Sua causa imediata não poderia ser mais trivial; e o fato de gerar conseqüências tão graves atesta o abismo que separava os governantes da Rússia da elite culta.

Todos os anos, no dia 8 de fevereiro, comemorava-se a fundação da Universidade de São Petersburgo, com cerimônias após as quais os estudantes em massa corriam para o centro da cidade, invadindo cafés e restaurantes, dando vivas e entoando canções.* A polícia via esses festejos com descontentamento; ainda que não tivessem a mínima conotação política, careciam de autorização, constituindo-se num ato de "insubordinação" aos olhos do aparelho repressivo. No início de 1899, a autoridade policial competente instou o reitor a advertir os estudantes de que tais brincadeiras não seriam mais toleradas; os infratores estariam sujeitos à prisão e teriam de pagar multas consideráveis. Diversos avisos a respeito foram espalhados pela universidade. Em protesto, os estudantes cancelaram as cerimônias formais e, cantando a *Marseillaise*, rumaram para o centro da cidade. A polícia montada obstruiu as pontes e preparou-se para enfrentá-los. No tumulto que se seguiu, os estudantes atiraram bolas de neve e pedaços de gelo na polícia, que reagiu com chicotes. Sob um regime menos inseguro, um distúrbio menor desse tipo se resolveria rapidamente e de forma indolor. Na Rússia czarista, onde o governo e a classe culta encaravam-se como inimigos mortais, logo degenerou numa crise.

Insuflados, os estudantes reuniram-se em assembléias, sob a liderança de militantes organizados em torno de um Fundo de Assistência Mútua, ávidos por explorar o incidente e radicalizar o corpo estudantil.

---

*A não ser que haja observação em contrário, todas as datas anteriores a fevereiro de 1918 correspondem ao "Velho Estilo" (VE) – isto é, estão em conformidade com o calendário juliano, 12 dias atrasado em relação ao calendário gregoriano, ocidental, no século XIX, e 13 dias, no século XX. A partir de fevereiro de 1918, todas as datas correspondem ao "Novo Estilo" (NE) – ou seja, estão de acordo com o calendário gregoriano, adotado pelo governo soviético. Quando duas datas forem mencionadas – por exemplo, 10/23 de junho – a primeira diz respeito ao Velho Estilo, e a segunda ao Novo Estilo.

Assim, multiplicaram-se os apelos a todas as universidades da nação para que entrassem em greve, apoiando os colegas de São Petersburgo. O ataque da polícia, afirmavam, não era um fato isolado, mas outra manifestação da ilegalidade que perpassava a Rússia autocrática e que só poderia ser remediada com a derrocada do regime. Cerca de 25 mil estudantes – mais de 70% dos inscritos nas instituições de ensino superior – decidiram-se pelo boicote. Seus líderes foram presos, mas as autoridades também designaram uma comissão, que ficou encarregada de investigar as causas do distúrbio. Apaziguados por essa segunda providência, os estudantes retornaram às salas de aula.

O episódio representa um microcosmo da tragédia que marcou o fim da Rússia imperial, ilustrando em que extensão a revolução resultou, não tanto de condições insuportáveis, mas de atitudes inconciliáveis. O governo optou por tratar uma expressão inócua de espíritos jovens como um ato de sublevação. Os intelectuais radicais, por sua vez, transformaram as queixas dos estudantes contra os maus-tratos de que foram vítimas nas mãos da polícia numa rejeição completa do "sistema". Seria um absurdo óbvio insinuar que as demandas estudantis, origem da greve de fevereiro de 1899, só poderiam ser satisfeitas com a derrubada da monarquia absoluta. A técnica de traduzir reivindicações específicas em questões políticas gerais converteu-se em estratégia padrão operacional na Rússia, tanto para os radicais como para os liberais. A presunção de que nada poderia melhorar enquanto o regime permanecesse firme frustrou acordos e reformas; a revolução tornou-se uma precondição necessária ao progresso.

A partir de julho de 1899, o governo decretou que os estudantes culpados de grave erro de conduta perderiam sua dispensa militar. Assim, quando novas desordens universitárias eclodiram, em dezembro de 1900, na cidade de Kíev, o ministro da Educação determinou o engajamento à tropa de 183 estudantes. Em retaliação, um estudante terrorista atirou no ministro, ferindo-o mortalmente. As greves sobrevieram e as universidades russas transformaram-se em foco de oposição permanente; a atmosfera politizada inviabilizou o ensino e a pesquisa.

Em abril de 1902, o terror dos socialistas-revolucionários alcançou o ministro do Interior. Nicolau indicou para o cargo um reacionário intransigente, cuja vida profissional transcorrera no próprio Ministério e no Departamento de Polícia. Mais do que qualquer outro país até então, nos dois anos em que Viatcheslav Plehve o exerceu, a Rússia aproximou-se de um Estado policial, totalitário, no sentido moderno do termo. Plehve sufocou todas as manifestações públicas e infiltrou agentes policiais por toda parte. Seu maior triunfo foi colocar um de seus homens na "Organização de Combate" dos SRs, que dirigia as principais ações terroristas, frustrando muitas tentativas de assassinato.

Nessa época, o crescimento da influência da polícia pode ser demonstrado pelos sindicatos sob sua tutela. O esquema de vigilância e neutralização das incipientes entidades operárias foi concebido por S. V. Zubátov, um dos mais hábeis elementos da Okhrána – ramo da polícia de segurança encarregado de proteger altos funcionários do governo. Ele sustentava que o movimento sindical, de caráter econômico ou cultural, era de cunho apolítico, embora com tendência radical, dependendo apenas da postura das autoridades, que poderiam empurrar os trabalhadores para os braços dos revolucionários. Protegido por poderosas figuras da corte, Zubátov organizou sindicatos sob a responsabilidade da polícia, atraindo muitos trabalhadores. Seu esquema tinha o inconveniente de envolver as autoridades em greves ilegais decretadas por seus próprios sindicatos. Plehve imaginou esse perigo, mas, curvando-se às pressões de seus superiores, foi compelido a endossar o plano.

O REGIME CZARISTA já acumulara uma experiência considerável, lidando com descontentamentos internos e, sem dúvida, poderia ter evitado maiores problemas não fosse pelo erro de julgamento em virtude do qual envolveu-se numa guerra com o Japão. O conflito acarretava dois riscos. De um lado, o envio do Exército para o Extremo Oriente deixava o governo sem forças para acabar com as desordens; de outra parte, uma eventual derrota baixaria ainda mais o seu prestígio aos olhos da população. Alguns monarquistas, porém, consideravam mais atraente a perspectiva de uma vitória rápida e decisiva, capaz de garantir o apoio popular de que o czarismo carecia, para isolar seus oponentes.

Na abertura dos arquivos depois de 1917, quando diversos documentos secretos tornaram-se conhecidos, ficou claro que a Rússia fora responsável pelo desencadeamento das hostilidades.

Na tentativa de concretizar seu grande projeto de industrialização, Witte persuadira Alexandre III a construir uma ferrovia, através da Sibéria, ligando a Rússia central ao oceano Pacífico e à China. Iniciada em 1891, a Transiberiana só se concluiu 25 anos depois, sendo, ainda hoje, a mais longa linha ferroviária contínua do mundo – 9.441 quilômetros. Witte acreditava que a ferrovia substituiria o canal de Suez como via preferencial de escoamento de produtos da Europa para o Extremo Oriente, habilitando a Rússia a estabelecer seu domínio sobre aqueles mercados mais distantes. Entre o lago Baikal e o porto da cidade de Vladivostok, a rota pôde ser encurtada graças à permissão obtida por Witte, de Beijing, para que o último segmento do percurso atravessasse a Manchúria, mantida a soberania chinesa.

Contudo, os russos não tardaram a violar os termos do acordo, deslocando numerosas unidades militares e policiais para a região, alegando que precisavam garantir a segurança da ferrovia; na realidade, o estabelecimento de uma forte presença militar prenunciava a anexação do território. Em janeiro de 1903, depois de longas deliberações, Nicolau II rendeu-se aos conselheiros que insistiam nessa proposta. A divergência suscitada com os japoneses poderia ser equacionada mediante uma divisão de esferas de influência; os próprios nipônicos aceitaram a ocupação da Manchúria, em troca do reconhecimento de suas reivindicações na Coréia. Um acordo tornou-se impossível, tamanho era o desprezo que os russos devotavam ao Japão, a cujo povo chamavam de "macacos", ou "pequenos gorilas", que sufocariam com seus barretes.

Em 8 de fevereiro de 1904, sem prévia declaração de guerra, a base naval de Porto Arthur, arrendada pela Rússia à China, foi atacada e sitiada. O afundamento de alguns navios e o apresamento dos demais permitiu aos japoneses neutralizar a esquadra russa no Pacífico, assegurando-lhes o domínio sobre o mar da China. As campanhas terrestres que se seguiram na Manchúria, a milhares de quilômetros do centro da Rússia, causaram sérios problemas logísticos, agravados pelo fato de que a ferrovia Transiberiana ainda não fora completada.

O conflito já durava seis meses quando os SRs concretizaram um de seus principais objetivos: assassinar Plehve. O crime pôs Nicolau diante da difícil situação de escolher outro reacionário para ocupar o cargo, ou ceder à pressão popular, nomeando um liberal. As más notícias da Manchúria, onde o inimigo mantinha a iniciativa, levaram o soberano a optar pela via da reconciliação. Ele indicou o príncipe P. D. Sviatopolk-Mirski, burocrata de carreira, cujos pontos de vista eram muito diferentes dos de seu antecessor. O novo ministro concluiu que a Rússia não poderia mais ser governada exclusivamente por métodos policiais; para isolar a esquerda radical, a monarquia tinha de ganhar a confiança de seus súditos e o conceito de crime político deixar de ser aplicado a manifestações de opinião, referindo-se apenas ao terrorismo e ao incitamento à violência. Abandonando os traços mais odiosos da administração de Plehve e apelando para a "confiança", Mirski pôs mãos à obra a fim de ganhar o apoio público.

Os liberais receberam bem a sua nomeação. Os militantes do partido estavam integrados às comissões locais de autogestão – *ziêmstva* – introduzidas em 1864, na era das reformas, para dar à população uma oportunidade de melhorar suas condições econômicas e culturais. Os *ziêmstva* eram eleitos pelos senhores de terra e por camponeses residentes na área e atraíam os intelectuais que não consideravam necessárias à Rússia mudanças violentas no regime, mas, sim, melhorias pacientes e graduais, na base da pirâmide social; evolução, em vez de revolução. Mas, mesmo sem dispor de poderes administrativos, eles eram vistos pelos burocratas do Ministério do Interior como um incômodo, que interferia em sua cadeia de comando. Por isso, nas décadas de 1880 e 1890, muitas de suas prerrogativas foram cassadas e seus líderes mais ousados sofreram perseguição. O resultado foi a politização de seus funcionários, que mesmo com relutância verificavam a impossibilidade do trabalho legal, no âmbito do sistema. Nos primeiros anos do século XX, o movimento liberal nascente encontrou seu suporte mais sólido nos deputados eleitos para as comissões locais de autogestão.

Temendo que os *ziêmstva* se convertessem em núcleos de um partido político, o governo, desde o início, restringiu sua atividade à província, proibindo seus representantes de promover reuniões que extrapolassem esse âmbito. Na última década do século XIX, o estratagema dos encontros profissionais e privados levou à subversão da ordem. Contatos pessoais se estabeleceram e formulou-se um programa comum de ação.

A nomeação do novo ministro do Interior e a confiança que ele declarara na sociedade convenceram os líderes provinciais de que chegara o momento de convocar abertamente uma conferência nacional. Mirski, a quem procuraram para obter permissão, deu-lhes uma resposta confusa, interpretada como sinal verde, desde que se mantivesse certa discrição. Assim, no início de novembro de 1904, representantes de *ziêmstva* de todas as partes da Rússia convergiram para São Petersburgo, reunindo-se nas casas de liberais proeminentes. A polícia não interferiu. Os participantes dividiram-se em duas facções, a mais conservadora sustentando que, para estar de acordo com a tradição russa, a mudança constitucional deveria limitar-se à criação de um órgão consultivo do czar; outros, com um perfil mais nitidamente liberal, defendiam um Parlamento com funções legislativas. Na votação, estes últimos ganharam pela margem de quase dois para um. Os Estados Gerais, na França de 1789, tiveram conseqüências semelhantes. Pela primeira vez na história russa, uma assembléia discutiu livremente mudanças na Constituição, expressando-se a favor de limitações à autoridade imperial.

Nas semanas seguintes, a União da Libertação, em contato estreito com os *ziêmstva*, organizou uma campanha nacional de "banquetes"; ainda segundo o modelo francês da revolução de 1848, embora aparentemente privadas, essas reuniões aprovaram resoluções favoráveis a uma Constituição e um Parlamento, chegando, em alguns casos, a exigir a convocação de uma Assembléia Constituinte. Confusas, em virtude das instruções contraditórias que recebiam, as autoridades observavam esses eventos sem tomar qualquer iniciativa.

Atingido pela crescente provocação, o governo procurou o apaziguamento, mediante concessões frágeis, incapazes de satisfazer a opinião de quem quer que fosse. A Coroa apostava na procrastinação de medidas mais eficazes, na esperança de que uma virada da sorte, na frente oriental, garantisse intacta sua permanência no poder. Em outubro de 1904, a esquadra báltica cruzou meio mundo para socorrer Porto Arthur. Mas as notícias provenientes do campo de batalha passavam de mal a pior. Em dezembro, enquanto a força de socorro naval deixava a costa da África, a guarnição de Porto Arthur se rendeu; 25 mil soldados foram feitos prisioneiros e os japoneses capturaram o que restava da esquadra russa, no Pacífico.

Até então, as massas tinham se mantido distantes dos tumultos políticos. As pressões em prol de mudanças constitucionais emanavam quase tão-somente de estudantes universitários, dos revolucionários profissionais e dos senhores de terra, nas províncias. A situação mudou drasticamente em 9 de janeiro de 1905, a reboque de acontecimentos que seriam conhecidos como "Domingo Sangrento". Se o Congresso *Ziêmstvo* de 1904 foi o Estados-Gerais da Rússia, então o Domingo Sangrento foi seu dia da Bastilha.

O mais notável ativista dos sindicatos tutelados pela polícia, dotado de personalidade carismática, o padre Gueórgui Gapón procurava inculcar nos trabalhadores os princípios do cristianismo. Embora aos olhos dos radicais, incomodados com sua popularidade, ele não passasse de um agente da polícia, o sacerdote atingiu tamanha identidade com os operários e suas reivindicações que, ao final de 1904, tornara-se impossível dizer se a polícia o estaria usando, ou se era ele quem se valia dela; nessa época, não havia outro líder trabalhista mais proeminente na Rússia.

Impressionado com a efervescência causada pelo Congresso *ziêmstvo* e pela campanha de banquetes, Gapón acercou-se da União da Libertação, em São Petersburgo, e acabou propondo objetivos políticos aos sindicatos sob sua influência, até então dedicados apenas a atividades culturais e espirituais. De acordo com suas memórias, ele temia que os intelectuais liberais fracassassem, caso não recebessem apoio dos trabalhadores. No final de dezembro de 1904, após vários de seus adeptos serem demitidos da maior instalação industrial da cidade, explodiu uma greve que em 7 de janeiro já envolvia 120 mil operários. Apropriando-se das reivindicações recém-aprovadas, Gapón planejou um cortejo que apresentaria ao czar uma petição, instando-lhe que convocasse uma Assembléia Constituinte e aceitasse outras solicitações da União da Libertação.

A marcha foi autorizada pelas autoridades, que proibiram, todavia, sua aproximação do Palácio de Inverno, apesar de o czar já o ter deixado, no dia anterior, dirigindo-se à sua casa de campo. Na manhã do domingo, 9 de janeiro, partindo de diferentes pontos da cidade, carregando ícones, os trabalhadores movimentaram-se em direção ao centro, sem a interferência da polícia. A multidão mantinha-se calma, numa aparente procissão religiosa. Porém, ao se deparar com as tropas que obstruíam o caminho do palácio e sob pressão dos que vinham atrás, sua vanguarda não conseguiu se dispersar, conforme a ordem e, em conseqüência, os soldados abriram fogo, matando duzentos e ferindo oitocentos.

O massacre dos que participavam da manifestação pacífica provocou uma onda de indignação que varreu o país. O governo foi alvo de repúdio geral; organizações de quase todos os matizes protestaram e centenas de milhares de trabalhadores entraram em greve. O Exército e a polícia reprimiram cruelmente os levantes que se seguiram, acarretando inúmeras mortes.

Nicolau, que jamais tivera um caráter resoluto, vacilou e, após alguma hesitação, diante dos argumentos de seus conselheiros mais liberais, concordou em convocar um conselho consultivo de "homens valorosos", a serem escolhidos pela nação. Consentiu também em submeter à apreciação desses homens "sugestões" sobre diversas melhorias. Um ano antes, tais medidas talvez fossem eficazes, mas agora não bastavam. Os liberais, encorajados pelo apoio maciço ao seu programa, criaram uma União das Uniões, aglutinando várias associações profissionais, de advogados, médicos, professores, engenheiros etc., para exigir o fim da autocracia e um novo regime constitucional.

Seu presidente, o historiador Pável Miliukóv, teria um importante papel a desempenhar no partido liberal.

O golpe fatal nas esperanças da monarquia em salvar suas prerrogativas autocráticas sobreveio com o colapso da marinha. Reunidos os navios que permaneciam no mar Negro aos da esquadra báltica, as ordens eram para seguir em direção ao Extremo Oriente, mesmo depois da queda de Porto Arthur. Os japoneses os esperavam no estreito de Tsushima, entre a Coréia e o sul do Japão. Valendo-se de dados obtidos pelo seu serviço secreto e com barcos mais velozes, em maio de 1905, eles mandaram os russos para o fundo do mar. O fim da guerra desastrosa veio com um tratado de paz, negociado graças à intermediação do presidente norte-americano Theodore Roosevelt; em Portsmouth, New Hampshire, o apoio dos Estados Unidos e o talento de Serguei Witte permitiram que a Rússia se saísse razoavelmente bem.

De regresso a seu país, Witte teve de lidar com uma greve de âmbito nacional. Depois do fracasso de Tsushima, a União das Uniões decidira-se pela paralisação, convicta de que tal medida obrigaria o monarca a recuar diante das exigências que lhe fossem apresentadas. A preparação do movimento foi facilitada por uma surpreendente decisão oficial, anunciada no fim de agosto de 1905, de atenuar o rigor administrativo nas universidades. Aparentemente tomada com a intenção de acalmar os estudantes no ano letivo que se avizinhava e evitar confrontos, a ordem revogou as disposições do severo Estatuto Universitário, de 1884, devolvendo às faculdades o direito de eleger reitores e permitindo reuniões do corpo discente; além disso, a polícia ficava proibida de entrar nos *campi*.

Ofuscados até então pelos liberais, os radicais exploraram essas concessões. Eles formularam uma estratégia para o novo ano acadêmico, visando a transformar as universidades em centros de atividade revolucionária, com a realização de encontros políticos dos quais deveriam participar os trabalhadores das fábricas próximas. A princípio, desconfiados dos jovens intelectuais, os operários suspeitaram da iniciativa, mas sentindo-se tratados com inusitado respeito, encorajaram-se e aceitaram participar. Os trabalhos acadêmicos foram interrompidos, à medida que as universidades transformavam-se em arenas de agitação política; professores e estudantes que reivindicavam o retorno à normalidade eram hostilizados e sofriam intimidações. A esperança de que um regulamento menos rigoroso aplacaria os ânimos provou-se uma miragem: tudo o que se conseguiu foi proporcionar um amparo legal aos elementos mais radicais.

No fim de setembro, a Rússia central foi assolada por novas greves, deflagradas pelos gráficos de Moscou, que logo receberam a adesão dos de São Petersburgo. A seguir, os ferroviários pararam os trens. As reivindicações eram econômicas, mas a União das Uniões usou sua influência para os sindicatos não perderem de vista os objetivos políticos. Milhares de estudantes e operários ocupavam os salões de leitura nas universidades, coordenando as ações do único lugar em que as reuniões políticas podiam se realizar sem a interferência da polícia. Em 8 de outubro, a União das Uniões votou pela instalação de comitês de greve em todo o país, como medida preliminar à greve geral.

Em 9 de outubro, Witte encontrou-se com o czar. Com franqueza incomum, apresentou ao soberano duas alternativas: nomear um ditador militar ou fazer concessões políticas. É claro que, ciente das preferências do czar, o ministro não poderia omitir a primeira hipótese; mas ele bem sabia que com o exército distante a alternativa estava fora de questão. As concessões foram apresentadas em um memorando que refletia as premissas e o programa da União da Libertação. Repetindo quase textualmente as palavras de Struve, publicadas nas páginas de *Liberdade*, Witte escreveu: "O governo deve assumir o lema da 'liberdade'. É o único caminho para salvar o Estado." A situação era crítica. A radicalização tornara-se tão perigosa que a própria base do Estado corria perigo.

> Não se pode interromper o avanço do progresso humano. O ideal de liberdade triunfará, pela reforma ou pela revolução, embora, nesse caso, gerado nas cinzas de milhares de anos de história destruída. Ensandecida e impiedosa, a rebelião russa arrastará e transformará tudo em pó. A Rússia que surgirá desse processo sem precedentes é algo que transcende a imaginação: os horrores da *bunt* [rebelião] extrapolarão todos os parâmetros conhecidos.

> É possível que a intervenção estrangeira despedace o país. As tentativas de pôr em prática os ideais do socialismo teórico – elas falharão, mas serão feitas, sem dúvida – acarretarão a destruição da família, dos diferentes credos religiosos, da propriedade privada e de todos os fundamentos da lei.

Para impedir tal catástrofe, Witte propunha que Nicolau isolasse os radicais, assumindo o Movimento Liberal e atendendo às suas demandas: uma Constituição e um Parlamento legislativo, eleito pelo voto democrático, com autoridade para nomear ministros. Além disso, reivindicava melhorias para os trabalhadores e as minorias étnicas, assim como a mais ampla liberdade de expressão, imprensa e reunião.

Nicolau considerou o plano revolucionário e hesitou em adotá-lo; estava convicto de que ele significava a quebra da promessa que fizera no dia da coroação, a de manter a autocracia, e temia que acabasse provocando tumultos ainda maiores.

Mas os fatos se precipitaram e logo ele não teve escolha. Na segunda semana de outubro, os serviços essenciais aderiram à greve e a Rússia inteira parou. Em 13 de outubro, um comitê de greve reuniu-se no Instituto Tecnológico de São Petersburgo; quatro dias depois, adotou o nome de Soviete dos Deputados de Trabalhadores. Destinada a um importante papel, no futuro, a liderança da nova instituição estava nas mãos da *intelligentsia* radical: os membros do seu comitê executivo foram designados pelos partidos socialistas. Foi este o precedente do Soviete de Petrogrado, em 1917.

A agonia de Nicolau continuava. Ele indagou ao governador-geral de São Petersburgo se a restauração da ordem resultaria em muitas baixas, recebendo uma resposta negativa. Diversas vezes, consultou Witte e outros conselheiros, inclusive seu primo, o grão-duque Nikolai Nikoláievitch, a quem propôs que assumisse o comando das tropas e impusesse a ditadura, o que foi recusado sob a alegação de que não havia forças disponíveis para tal; o nobre chegou a ameaçar suicidar-se, caso o czar não concedesse liberdades políticas ao país.

Em 17 de outubro de 1905, Witte apresentou ao czar um manifesto que reproduzia as resoluções do congresso *ziêmstvo* realizado em

Moscou, garantindo direitos civis e um Parlamento legislativo – Duma – eleito pelo voto universal. Assinado por Nicolau naquela mesma tarde, o documento tornou-se conhecido como o Manifesto de Outubro. Nele, o czar prometia:

1. Dar à população liberdade civil [baseada] nos princípios de inviolabilidade genuína da pessoa e liberdade de consciência, discurso, reunião e associação;
2. (...) ampliar, no futuro, por meio de legislação, o direito de voto universal;
3. Estabelecer a regra inviolável de que nenhuma norma terá força de lei sem a aprovação da Duma, e que representantes do povo devem poder supervisionar e avaliar a legalidade dos atos praticados pelas autoridades a quem nomeamos.

Foi o fim da autocracia na Rússia. À noite, Nicolau escreveu em seu diário: "Depois de tal dia, a cabeça me parece ter crescido, está pesada, e os pensamentos se confundem. Possa o Senhor nos ajudar a salvar e pacificar a Rússia."

Para facilitar a compreensão histórica dos dez anos de experiência constitucional, dois aspectos do Manifesto de Outubro merecem comentários.

Em primeiro lugar, o fato de Nicolau tê-lo assinado sob pressão; por isso, o monarca não se sentia moralmente obrigado a respeitar o que seu texto estabelecia. Em segundo lugar, o documento não se referia expressamente a uma "Constituição". Não se tratou de um engano. Nicolau evitou a palavra abominável, para manter a ilusão de que permanecia autocrata, mesmo depois de criar um corpo representativo com poderes legislativos. Seus conselheiros liberais, inclusive Witte, o tranqüilizaram, garantindo que sempre haveria a possibilidade de ele revogar o que concedera. Tal desfecho – a noção absurda de um autocrata limitado – prolongaria os problemas, de forma interminável, nos anos seguintes.

A proclamação do manifesto, lido nas igrejas, provocou manifestações alvoroçadas de multidões jubilosas. Produziu também sangrentos *pogroms* contra judeus e intelectuais, acusados de forçar o czar a desistir de suas prerrogativas. As autoridades não instigavam as violências, mas não moviam uma palha para evitá-las. Tal omissão produziu um resultado inesperado. Seguindo sua própria lógica, os camponeses raciocinaram assim: se a polícia fracassa em proteger os judeus dos espancamentos e pilhagens, isso nos confere uma licença para realizar *pogroms* contra os proprietários de terra. Seu propósito era varrê-los do campo, mediante a aquisição de seus bens a preços aviltados. Aterrorizado com a continuação dos tumultos, Nicolau sentiu-se traído por seus conselheiros, que lhe haviam assegurado a pacificação.

O ato final da Revolução de 1905 aconteceu em Moscou. A 6 de dezembro, o Soviete da cidade, dominado pelos bolcheviques, conclamou uma insurreição armada para derrubar o governo czarista, convocar uma Assembléia Constituinte e proclamar uma república democrática. A ação estava alicerçada na estratégia formulada por Aleksandr Helphand – cognominado Parvus – que veio a ser conhecida como "revolução permanente" e foi determinante para o triunfo dos leninistas, em 1917. Parvus argumentava que os socialistas não deveriam permitir que o primeiro estágio da Revolução consolidasse o governo "burguês", mas proceder de vez para realizar a sua segunda etapa, a fase socialista. Witte esmagou o levante de Moscou e Parvus emigrou para a Alemanha.

Nomeado presidente do Conselho de Ministros – cargo equivalente a primeiro-ministro, embora não designado pela Duma –, Witte fez inúmeras tentativas para integrar ao gabinete elementos representativos da opinião pública. Fracassou sempre, e chegou a cogitar que eles temiam ser assassinados. Liberais e liberais-conservadores impuseram condições impossíveis para participarem do governo, que acabou composto por oficiais indicados por *tchin*. Witte abandonou seu cargo em abril de 1906, quando percebeu que perdera a confiança do czar.

O ano de 1905 marcou o apogeu do liberalismo russo – o triunfo de seu programa, sua estratégia, sua tática. Os socialistas foram meros coadjuvantes. A vitória liberal, porém, era tênue. Mas os fatos mostrariam que eles constituíam uma minoria da *intelligentsia* e logo foram apanhados no fogo cruzado mortal entre conservadores e extremistas radicais.

A Revolução de 1905 alterou substancialmente as instituições da Rússia, mas deixou intocados os modos de se fazer política. A monarquia continuou a ignorar as implicações do Manifesto de Outubro, fazendo de conta que tudo continuava como antes. Embora o novo Parlamento tivesse o poder de vetar leis, Nicolau acreditava que ele não passava de um corpo consultivo. Apoiado pelas maltas urbanas, o monarca sentia-se ávido por punir aqueles que o humilharam. Por outro lado, mais, e não menos, radical, a *intelligentsia* socialista redobrara sua determinação de explorar as concessões do Manifesto de Outubro e acelerar a fase socialista da Revolução. A terrível debilidade dos vínculos que mantinham coeso o poderoso Império Russo tornou-se aparente para todos, exigindo do governo uma autoridade mais firme e assinalando para os radicais, e mesmo para muitos liberais, a oportunidade de um golpe de misericórdia no sistema. Assim, a Duma não era o lugar dos acordos, mas a arena de combates. As vozes sensatas que clamavam pela cooperação viam-se difamadas por ambos os lados.

Enfim, a Rússia não ganhou mais do que uma pausa para respirar.

STOLÍPIN

As posturas da monarquia e da oposição, após o processo de 1905, não pressagiavam nada de bom para a nova ordem constitucional. Ambos os lados careciam da boa vontade essencial ao sucesso de qualquer acordo contratual ou de uma Constituição.

Segundo o espírito da época, a Coroa estava preparada para viver com uma Constituição que mantivesse a autocracia incólume. A Duma era considerada não uma parceira, mas um fator de complicação das responsabilidades administrativas que cabiam à burocracia. Para os partidos, independentemente de seu matiz, a Constituição resumia-se a um episódio no avanço inexorável da Rússia em direção à completa democratização.

Durante o meio ano seguinte à proclamação do Manifesto de Outubro, especialistas do governo elaboraram uma legislação que institucionalizaria suas promessas. Em novembro de 1905, a censura foi abolida; pela primeira vez vigorou o direito de livre publicação. As leis anunciadas em março de 1906 garantiam a liberdade de reunião e associação, tornando possível, também de forma inédita no país, a organização aberta de sindicatos e partidos políticos. Contudo, a prática de impor a lei marcial nas províncias onde ocorressem turbulências permaneceu inalterada, permitindo aos burocratas violar essas liberdades sempre que pressentissem algum risco iminente à segurança do Estado.

Em abril de 1906, as Leis Fundamentais vieram a público. O texto constitucional era um documento conservador, referindo-se ao czar ainda como "autocrata". A Rússia passou a ter um Parlamento de duas câmaras. O Conselho de Estado – a Câmara Alta – reunia personalidades indicadas por compadrio e representantes da Igreja e das Assembléias da Nobreza. A Duma de Estado – a Câmara Baixa – constituía-se exclusivamente de representantes eleitos, escolhidos mediante um processo complicado que visava a favorecer a predominância dos elementos mais conservadores. Além da assinatura do monarca, todos os projetos de lei tinham de passar pelas duas câmaras, que também aprovavam o orçamento anual. A promessa de submeter à legislatura a legalidade das ações dos funcionários públicos era cumprida, embora de modo limitado, pela Duma, habilitada a questionar os ministros de Estado. O conjunto da burocracia permanecia isento de controle parlamentar.

Para grande decepção dos liberais – além de fonte de constantes atritos – a Coroa retinha o poder de nomear os ministros, reservando-se ainda as prerrogativas de declarar a guerra e fazer a paz.

Duas outras disposições das Leis Fundamentais de 1906 merecem destaque. Os parlamentares tinham um mandato de cinco anos, mas estavam permanentemente sujeitos à dissolução da Duma, o que poderia ocorrer a qualquer tempo, por decisão da Coroa. Na Inglaterra moderna, como em outras monarquias constitucionais, nenhum soberano sonharia ir contra essa prerrogativa, a menos que o governo perdesse um voto de confiança. Conforme se verá, na Rússia o poder de dissolução era usado para punir parlamentos agressivos. Permitindo ao governo legislar por decreto em casos de emergência e quando a

Duma não estivesse em sessão, o Artigo 87 das Leis Fundamentais também era usado em demasia. Na prática, o monarca valia-se dessa cláusula quando suspeitava que seus desejos seriam contrariados.

Talvez a prerrogativa mais importante da Duma fosse a imunidade parlamentar garantida a seus membros. Deputados liberais e radicais valeram-se desse direito para criticar o regime em discursos acalorados e não raro inflamados, baixando ainda mais o prestígio da Coroa, despindo-a de sua aura de onisciência e onipotência, cultivada com tanto esmero, e que a população considerava como a marca do bom governo.

Dependendo do critério utilizado, as Leis Fundamentais podem ser vistas como um avanço significativo ou como uma enganosa meia-medida. Segundo o padrão das democracias avançadas, vigente em países industrializados, a Constituição da Rússia deixava muito a desejar. Mas se considerarmos suas próprias tradições, ela significou um passo gigantesco em direção à soberania popular e à divisão dos poderes do Estado. Pela primeira vez, a Coroa permitiu que representantes eleitos por seus súditos propusessem ou vetassem projetos legislativos, examinando o orçamento, criticando sua política e interrogando seus ministros. A experiência constitucional falhou em estabilizar o país, não apenas por causa da Constituição, mas pela falta de vontade da Coroa e do Parlamento em respeitar seu espírito e suas determinações.

OS CONFLITOS ECLODIRAM desde o dia em que a Duma abriu as portas. Em virtude dos socialistas-revolucionários e socialdemocratas terem boicotado as eleições, os democratas-constitucionais apareceram como radicais. Egressos da União de Libertação e formalmente organizados em outubro de 1905, os cadetes adotaram uma estratégia de confronto, na esperança de garantir um controle permanente sobre os eleitores trabalhadores e os camponeses. Tendo ganho o maior número de cadeiras, incluindo todas as de São Petersburgo e Moscou, eles partiram para uma ofensiva imediata, tratando as Leis Fundamentais como simples redação preliminar da verdadeira Constituição, que transformaria a monarquia constitucional em democracia parlamentar.

A exemplo dos Estados Gerais, na França de 1789, tentaram forçar a monarquia a cair de joelhos; em sessões tumultuadas, exigiam o fim da Câmara Alta, o direito de nomear ministros, a expropriação de vastas propriedades de terra e a anistia para os prisioneiros políticos, entre os quais os condenados por crimes de terrorismo.

Em 8 de julho de 1906, perturbada por esse comportamento intransigente, a Coroa decidiu pela dissolução da Duma e convocou novas eleições. A medida talvez violasse o espírito da Constituição, mas era perfeitamente legal. Não obstante, os deputados cadetes retiraram-se para a cidade finlandesa de Víborg, fora do alcance da polícia russa. De lá, apelaram à população para que se recusasse a pagar impostos, desconsiderando o pleito convocado pelo czar. Inconstitucional e inútil, o Manifesto de Víborg não teve nenhuma repercussão popular, resultando apenas na cassação de seus signatários, muitos dos quais eram conhecidos políticos liberais.

Enquanto o país elegia a Segunda Duma, São Petersburgo buscava alguém com pulso forte, capaz de domar os políticos rebeldes. A escolha recaiu sobre Piotr Stolípin, governador da província de Sarátov, que se tornara famoso durante a repressão aos distúrbios camponeses, em 1905-1906. Sem dúvida, foi uma escolha muito feliz, e Stolípin provou ser o estadista mais notável deste último período da Rússia Imperial.

Descendente de antiga família de servidores nobres, Stolípin era totalmente devotado à monarquia. Ao mesmo tempo, estava convencido de que a Rússia não poderia mais ser governada à velha maneira patrimonial, como se fosse propriedade da nobreza. Para sobreviver, a Coroa tinha de construir uma sólida base de apoio social e conduzir o país, não por comando, mas por consenso. Comparável a Bismarck, mesmo sendo um conservador determinado, Stolípin tinha certeza de que a monarquia precisava conformar-se à dissolução do sistema de Estado tradicional e adaptar-se ao surgimento da nação moderna.

Buscando a cooperação da Duma, tratou de formar um bloco que o apoiasse lealmente, isolando a esquerda. Não se limitando às manobras parlamentares, ele cogitou criar uma classe de agricultores proprietários de terra, capazes de exercer função estabilizadora, semelhante à que fora posta em curso na França e em outros países continentais.

Com esse objetivo, tentou enfraquecer e, por último, abolir a comuna, transformando seus lotes em propriedade privada. Stolípin alimentava outros planos ambiciosos, com vistas à modernização dos serviços sociais russos e à completa eliminação dos vestígios remanescentes do regime policial-burocrata.

Não lhe faltou apoio, enquanto a monarquia se sentiu ameaçada pela desordem social e pelo Parlamento rebelde. Mas, à medida que a pacificação do país ia sendo por ele conquistada, crescia a hostilidade que, no fim, destruiu-o politicamente. Saltando do posto de governador para o cargo de primeiro-ministro, numa quebra drástica do ritmo de carreira, Stolípin não desfrutava da simpatia dos burocratas. A corte, por seu turno, via com apreensão suas manobras parlamentares, suspeitando que advogava em causa própria. Finalmente, os radicais da esquerda desprezavam-no pelo rigor com que tinha esmagado o movimento revolucionário.

Tão logo foi nomeado ministro do Interior – em abril de 1906 – e presidente do Conselho de Ministros – em julho – ele tratou de sufocar os distúrbios agrários e o terror dos SRs que, ao longo daquele ano e no seguinte, matou e mutilou 4.500 funcionários públicos. Estimativas indicaram que o número total de vítimas da ala esquerda do terrorismo alcançou nove mil. Para julgar os civis envolvidos nesses crimes, Stolípin instalou cortes marciais que dispensavam justiça sumária e quase sempre terminavam em sentenças de morte. Tais providências incomodaram a opinião pública, mas conseguiram restaurar a ordem.

À diferença de seus antecessores, Stolípin não se contentava apenas em suprimir o terrorismo, que ele considerava sintoma de um mal mais profundo. Para atingir suas raízes e baseado no Artigo 87, sem esperar pela convocação da Segunda Duma, ele editou uma série de atos legislativos referentes ao campesinato. Para começar, suspendeu todas as restrições legais que impediam sua liberdade de movimento e aboliu outros resquícios da servidão. Em seguida, persuadiu Nicolau a transferir propriedades da Coroa e do Estado para o Banco de Terra Camponês, destinando-as à venda sob condições facilitadas. Em novembro de 1906, uma nova lei permitiu que os camponeses saíssem da comuna e estabelecessem lavouras privadas.

Nessa época, o desencanto com a comuna já havia contaminado círculos conservadores que cinqüenta anos antes a consideravam como baluarte da estabilidade rural. O sistema só mantinha famílias pequenas ou ineficientes, dificultando a expansão das propriedades; o rodízio periódico dos lotes não fixava o camponês à terra, estimulando-o a exauri-la, antes que sobreviesse nova divisão. Stolípin tinha provas de que o problema agrário não poderia ser resolvido pela expropriação de propriedades privadas, advogada por liberais e radicais: simplesmente, não havia terra particular suficiente para atender às necessidades dos camponeses, que se multiplicavam mais do que em qualquer outra parte da Europa. Culturas intensivas, sim, produziriam colheitas maiores. E o meio de realizar esse objetivo era a entrega de títulos de propriedade aos homens do campo.

A nova legislação, indissoluvelmente associada ao seu nome, permitiu às famílias comunais declarar seu desejo de abandonar a comuna e, sem maiores exigências burocráticas, reclamar o título de propriedade correspondente a um lote, que podia ser utilizado ou vendido.

A reforma agrária de Stolípin foi bem-sucedida ou não? Na realidade ela não produziu alterações significativas. O campesinato sentia-se seguro na comuna e a maioria escolheu continuar nela, encarando a lei de Stolípin como um risco. A posse dos terrenos que ela garantia, muitas vezes em faixas separadas, não afastou os males da agricultura típica de fazendas loteadas. Tudo permaneceu como antes. Entre 1906 e 1916, 22% das famílias – cerca de 2,5 milhões – que controlavam 14,5% das terras comunais postularam a titularidade dos lotes privados. Esses números referiam-se aos mais pobres, interessados em vender os terrenos. Isso derrotou o propósito de Stolípin, que pretendia criar uma classe de agricultores forte e auto-suficiente. Às vésperas da Revolução de 1917, apenas 10% das famílias de lavradores tinham sítios próprios; entre 1917-1918, eles desapareceriam, quando os camponeses comunais apropriaram-se de toda a terra, sem exceção, distribuindo-a entre si. Portanto, a esperada revolução agrária jamais ocorreu.

Stolípin reviveu as tentativas de Witte, para formar o gabinete com personalidades de maior ressonância na opinião pública, incluindo cadetes, mas também não teve sucesso. Ignorando um pedido seu, os democratas-constitucionais recusaram-se a condenar o terrorismo, praticamente abrindo mão do *status* legal de partido político.

PARA DESALENTO DA COROA, a Segunda Duma, cujos trabalhos foram abertos em fevereiro de 1907, mostrou-se ainda mais radical que sua antecessora. Tanto os SDs quanto os SRs dispuseram-se a participar do pleito, mas com a intenção exclusiva de usar as vantagens da representação e a imunidade para minar o Parlamento e radicalizar as massas. Em abril, os socialdemocratas resolveram entrar para a Duma e "sistematicamente [explorar] todos os seus conflitos internos, bem como aqueles que tivesse com o governo, a fim de ampliar e aprofundar o movimento revolucionário". Antes mesmo das eleições, os SRs já haviam se definido a favor da utilização da Duma "para organizar e revolucionar as massas". Castigados pela experiência do ano anterior, os cadetes adotaram uma estratégia mais construtiva, embora cercados à esquerda pelos partidos radicais, que controlavam 222 cadeiras – 46% do plenário.

Em tais circunstâncias, Nicolau e seus conselheiros consideraram a possibilidade de fechar a Duma mais uma vez, e poderiam ter levado esse plano a cabo não fosse pelo medo de uma reação negativa por parte do mercado financeiro internacional e a conseqüente queda na cotação dos títulos russos. A essas ponderações somou-se a influência de alguns burocratas mais instruídos. Afinal, decidiu-se manter a Duma e rever a lei eleitoral, de modo que a representação dos conservadores fosse aumentada na mesma proporção em que diminuiria a participação radical e liberal.

De 2 para 3 de junho de 1907, num espaço de 24 horas, o governo dissolveu a Segunda Duma e decretou, com base no Artigo 87, uma nova legislação eleitoral, incrementando o número de deputados provenientes das classes proprietárias, à custa das bancadas de camponeses, trabalhadores e minorias étnicas. A nova legislatura era expressão da Grande Rússia, mais conservadora e mais homogênea, do ponto de vista étnico. A mudança foi inconstitucional: as Leis Fundamentais proibiam o uso do Artigo 87 para modificar o processo das eleições. Por isso, a oposição só se referia à lei de 3 de junho como "golpe de Estado"; dado que as prerrogativas do Parlamento não foram afetadas, o termo não parece apropriado.

A Terceira Duma, convocada em novembro de 1907, foi a única que chegou a cumprir o mandato de cinco anos. Dos seus 422 deputados, 154 pertenciam à União de 17 de outubro, cujos membros, popularmente conhecidos como outubristas, esposavam uma ideologia conservadora-liberal e se dispunham a cooperar com a Coroa. Representantes de diversas outras alas da direita e de grupos nacionalistas somavam 147 deputados. Os cadetes estavam reduzidos a 54 cadeiras, enquanto os socialistas ocupavam 32. Embora estivesse muito mais perto do gosto da Coroa, a nova Duma não se limitava a carimbar todos os atos do governo. Alguns projetos exigiam de Stolípin um enorme esforço de manobra, para que fossem aprovados.

Dominando a Terceira Duma – como os liberais tinham dominado a Primeira e os socialistas a Segunda –, os outubristas aceitaram o acordo constitucional de 1906. Se para os liberais o bem maior era a liberdade e, para os socialistas, a igualdade, para os outubristas era a legalidade, razão pela qual se identificavam com Stolípin e com a burocracia liberal. Seu líder, Aleksandr Guchkóv, combinava patriotismo, crença na autoridade firme e respeito à lei. A aliança entre Stolípin e Guchkóv permitiu que a Terceira Duma se ocupasse de trabalho construtivo. Ela votou 2.571 projetos governamentais e 205 de sua própria iniciativa, além de questionar os ministros em 157 ocasiões. Suas comissões tratavam de questões agrárias, legislação social e matérias similares. As colheitas de 1908 e de 1909 foram abundantes, e o campo se acalmou. Com o declínio da violência e a retomada do desenvolvimento industrial, a Rússia parecia marchar para a completa recuperação dos estragos causados pela Revolução. Sem dúvida, esse foi o apogeu da carreira de Stolípin.

Contudo, justamente nessa época, as primeiras nuvens negras apareceram no horizonte. As manobras parlamentares do presidente do Conselho continuavam a desagradar a corte, desconfiada de que, ao invés de servir aos interesses da Coroa, como afirmava o ministro, elas não passavam de um meio de construir uma base própria de poder.

Depois de sua morte, e numa clara referência aos métodos que utilizara, o homem que o sucedeu ouviria da czarina a recomendação de "não procurar apoio em partidos políticos". A verdade é que o sucesso tornou os seus serviços menos requisitados, intensificando o antagonismo que a Coroa alimentava contra ele.

Efetivadas ou projetadas, as reformas de Stolípin contrariavam interesses poderosos. Sua política agrária incomodava os senhores de terra, assustados diante da perspectiva de agricultores independentes tomarem seus lugares, como elementos dominantes no campo. A burocracia opunha-se às suas propostas de descentralização administrativa e controle da polícia. Embora fracassados, seus esforços no sentido de garantir plenos direitos civis aos judeus enfureceram a extrema direita, para quem eles eram a causa de todos os problemas da Rússia. Escorando a monarquia e reprimindo o terrorismo, ele atraiu o ódio dos liberais e dos socialistas. Atacado por todos os lados, isolado e cada vez mais desestimulado, Stolípin começou a demonstrar hesitação e a cometer erros crassos.

Seu primeiro conflito com a Duma ocorreu em 1908-1909, quando os deputados recusaram o crédito de que o governo necessitava para adquirir uma esquadra maior em substituição à que fora perdida na guerra contra o Japão. O choque derradeiro ocorreu em março de 1911, envolvendo a extensão dos *ziêmstva* às províncias ocidentais do Império. Introduzido em 1864, o sistema não alcançava os territórios a oeste do Império, tomados da Polônia no século XVIII. Em toda parte, os proprietários dominavam amplamente os conselhos distritais, cujas eleições eram manobradas em seu favor nessas regiões, uma alta proporção da nobreza proprietária de terras consistia de poloneses e outros católicos, considerados hostis. Decidido a tornar o sistema mais abrangente, Stolípin propôs um projeto de lei segundo o qual os *ziêmstva* ocidentais seriam criados por meio de procedimentos complicados: russos e poloneses votariam separadamente, e os judeus não teriam direito de voto. Tratava-se de uma questão insignificante que não teria provocado sequer um murmúrio, se os reacionários não tivessem pressentido a debilidade de sua posição na corte e decidido aproveitar o pretexto para atingi-lo. O projeto de lei do *ziêmstvo* ocidental foi aprovado pela Duma em maio de 1910 e mandado à Câmara Alta, para virtual chancela. Sem o conhecimento de Stolípin, entretanto, dois membros do Conselho de Estado obtiveram do czar a permissão para que os deputados votassem livremente e, assim, o projeto foi derrotado.

Perplexo e afrontado, Stolípin entregou sua demissão ao czar, mas permitiu-se ser por ele dissuadido; ao que parece, Nicolau não tinha noção do quanto humilhara o ministro. Nos três dias em que as Câmaras permaneceram fechadas, por recomendação da Coroa, a aplicação do Artigo 87 assegurou a promulgação da lei do *ziêmstvo* ocidental. O golpe fatal afastou Stolípin dos outubristas, sem lhe granjear amigos na corte. Estava politicamente liquidado – isso era evidente para todos, inclusive para ele próprio.

No começo de setembro de 1911, Stolípin acompanhou a família imperial a Kíev, a fim de participar da inauguração de um monumento a Alexandre II. A polícia fora avisada sobre a possibilidade de ações violentas e, por precaução, adotou rígidas medidas de segurança. Ignorando o perigo, Stolípin dispensou os guarda-costas e recusou-se a usar colete à prova de balas. Durante uma apresentação, no teatro municipal, ele foi alvo de dois tiros à queima-roupa, um dos quais alojou-se no seu fígado. Investigações posteriores revelaram que o assassino era um jovem de família abastada que trabalhava para a polícia e, ao mesmo tempo, envolvera-se com os círculos terroristas; ele inventara a história a respeito de um atentado contra a vida do czar, obtendo acesso ao teatro a fim de identificar seu pretenso autor. Nem Nicolau nem a czarina deram mostras de desolação em virtude da morte do ministro, a quem consideravam dispensável, agora que o regime estava novamente firme sobre a sela.

Em habilidade e inteligência, Stolípin foi superior a seus antecessores e sucessores imediatos; político e estadista, ele combinava a visão do desejável com o senso do possível. Como seu competidor mais próximo, brilhante e realista, Witte era um lugar-tenente, mais do que um líder, e tinha algo de oportunista. Stolípin foi virtualmente o único primeiro-ministro da década constitucional a se dirigir à Duma não como criada real, mas como parceira na soma de esforços com vistas à construção de uma Rússia grande e vigorosa. Monarquista, ele se considerava um servidor da nação.

Dito isso, não se deve aceitar como realista a afirmação de alguns conservadores de que Stolípin poderia evitar a Revolução, caso sobrevivesse. Sua carreira política terminou antes que fosse abatido pelas balas do assassino; decerto, sua exoneração não demoraria muito. Embora tenha perdido a vida nas mãos de um revolucionário, a verdade é que Stolípin foi politicamente destruído por aqueles a quem serviu e tentou salvar.

Entre a morte de Stolípin e a eclosão da Primeira Guerra Mundial transcorreram três anos repletos de tendências contraditórias, algumas das quais apontavam para a estabilidade, enquanto outras prenunciavam o colapso.

À primeira vista, a situação da Rússia parecia promissora. A repressão desencadeada por Stolípin e a prosperidade econômica tinham restaurado a ordem. Embora a partir de pontos de vista diferentes, conservadores e radicais concordavam que a monarquia sobrevivera à Revolução de 1905. De 1900 a 1913, a produção de carvão dobrou e a de ferro cresceu mais de 50%; o intercâmbio com o exterior – importações e exportações – também duplicou. Em 1912, um economista francês previu que se a Rússia mantivesse, até meados do século XX, o ritmo de desenvolvimento demonstrado a partir de 1900, acabaria por dominar a Europa, política, econômica e financeiramente. Reinava a calma na aldeia e, embora as greves industriais tivessem aumentado, isso não parecia significar nenhum presságio de revolução; ondas similares ocorriam na Grã-Bretanha e nos Estados Unidos. Na Rússia, tais movimentos expressavam a força crescente dos sindicatos, legalizados entre 1905 e 1906. A opinião pública inclinava-se à direita. O socialismo perdera muito do seu charme, superado por sentimentos patrióticos e pela estética.

Não obstante, a Rússia ainda era um país inquieto e tumultuado. A violência de 1905 e as reformas de Stolípin não tinham resolvido nada. Havia um senso generalizado de tragédia, como se tudo o que acontecera fosse apenas o prelúdio do que ainda estava por vir.

Nesse período, o aspecto que mais surpreende o historiador – parecendo-lhe mais funesto – é a prevalência e intensidade do ódio ideológico, étnico e social. Os radicais abominavam o sistema estabelecido. Os camponeses detestavam seus vizinhos, que haviam deixado a comuna. O ódio separava ucranianos e judeus, islâmicos e armênios, nômades casaques e russos, invasores das regiões que habitavam. Sob ataques da esquerda, o Exército e a polícia eram as duas únicas forças que se opunham a essas paixões. A falência das instituições políticas e dos processos capazes de resolver pacificamente os conflitos tornava evidente que, mais cedo ou mais tarde, os grupos adversários retornariam à violência e ao extermínio físico daqueles que atravessassem o seu caminho.

Era comum naqueles dias falar da Rússia como um "vulcão". Em 1908, o poeta Aleksandr Blok usou a metáfora de uma "bomba" tiquetaqueando no coração da Rússia. Alguns tentaram desarmá-la, outros fizeram de conta que ela não existia, ou simplesmente trataram de fugir. Em vão:

> (...) lembrando ou esquecendo, persistem em todos nós sensações de mal-estar, medo, catástrofe, explosão (...). Ainda não sabemos exatamente o que nos aguarda, *mas o ponteiro do sismógrafo já despertou em nossos corações.*

3
A Rússia na guerra

EXPECTATIVAS

Considerando o resultado da guerra contra o Japão uma derrota, seguida de revolução, os governantes da Rússia teriam demonstrado sabedoria em se manter distantes da Primeira Guerra Mundial. É indubitável que a causa imediata da Revolução de 1917 foi o colapso da frágil estrutura política do país, pressionada por uma guerra prolongada e desgastante. Pode-se argumentar que, com ou sem guerra, a habilidade cadente do czarismo nos assuntos de governo e a atuação da *intelligentsia* tornaram a revolução inevitável. Mas, mesmo assim, em tempos de paz e com o Exército à mão, pronto para sufocar as desordens, a subversão e a violência não assumiriam tamanhas proporções; os elementos moderados teriam chance de tomar as rédeas do poder.

A opção de neutralidade, porém, não estava disponível, inviabilizada pelas ambições do *Kaiser* Guilherme da Alemanha, na Europa e na Rússia, inclusive. Depois de derrotarem os franceses, entre 1870 e 1871, e certos da fatalidade de uma revanche, os governantes germânicos prepararam-se para outra guerra, que deveria estabelecer sua hegemonia inquestionável sobre todo o continente. Segundo a previsão de alguns influentes articulistas, a Rússia seria reduzida ao *status* colonial, abastecendo a Alemanha de mão-de-obra barata e matérias-primas. É claro que, uma segunda derrota da França deixaria a Rússia muito vulnerável. Em 1892, Alexandre III já considerava imperativo um tratado de aliança com os franceses "e, no caso de uma guerra entre França e Alemanha, atacar imediatamente os alemães, a fim de não lhes dar tempo de bater na França primeiro, voltando-se, em seguida, contra nós". De sua parte, a França também estava ciente da necessidade de um aliado. Assim, os dois países avançaram naturalmente nessa direção e, em 1894, formalizaram um tratado de defesa mútua.

Diante da perspectiva de uma guerra em duas frentes, o Estado-Maior alemão elaborou uma estratégia que exigia o emprego de nove décimos das forças alemãs na frente francesa, e confiava ao Exército austro-húngaro, reforçado com algumas divisões germânicas, a tarefa de conter os russos, enquanto a guerra se decidia, a oeste. Os generais do *Kaiser* contavam esmagar a França em quarenta dias – antes que a mobilização russa estivesse concluída – para só então transferir, rapidamente, suas tropas para o leste. O sucesso do Plano Schlieffen estava condicionado à velocidade, sobretudo à rapidez de mobilização. Os russos não deveriam estar prontos antes da derrota dos franceses.

Perfeitamente informados do que os alemães pretendiam, os estados-maiores de Paris e São Petersburgo propuseram que os russos deslocassem apenas um terço de suas forças, no 15º dia de mobilização, para atacar o inimigo na Prússia Oriental ou nas imediações de Berlim. Face a tal ofensiva, que punha em perigo sua cidade mais importante, a expectativa era de que os alemães transferissem tropas do oeste; num estágio crítico da operação, isso resultaria no desmonte de toda a estratégia Schlieffen. Todavia, os russos ainda acreditavam que, enquanto os alemães estivessem ocupados na frente ocidental, seria mais útil explorar a fraqueza do Exército austro-húngaro. O acordo alcançado foi ruim para a Rússia que, sem forças adequadas, comprometeu-se a lutar em duas frentes ao mesmo tempo, contra os alemães e contra os austríacos.

Em 1912, os alemães se alarmaram com a notícia de um plano de modernização militar, elaborado pelos russos e financiado pela França, a fim de reduzir o tempo de mobilização do Exército czarista a 18 dias. É claro que isso poderia abortar todo o Plano Schlieffen; os alemães foram forçados a cogitar uma guerra preventiva, o que explica a precipitação com que agiram, no verão de 1914.

Mergulhada nesse clima de guerra, a Europa assistiu a um acontecimento trágico, mas relativamente pouco importante – o assassinato do herdeiro do trono da Áustria por um terrorista sérvio. Encorajada por Berlim, embora os sérvios estivessem prontos a cumprir os termos do seu ultimato, Viena rejeitou o acordo e abriu as hostilidades, em 15/28 de julho. Autodesignados protetores dos cristãos ortodoxos, os russos temeram que seu prestígio nos Bálcãs sofresse danos irreparáveis, caso não socorressem os sérvios. Por isso, responderam ordenando uma mobilização parcial, logo seguida pela mobilização geral, em 15/17 de julho, ou 28/30. Os alemães reagiram à concentração de tropas em suas fronteiras, exigindo que ela fosse cancelada, mas ficaram sem resposta e deram início à sua própria mobilização. O Exército da França fez o mesmo. Em 19 de julho/1º de agosto, a Alemanha declarou guerra à Rússia. Na noite seguinte, sem declaração de guerra formal contra a França, suas tropas invadiram a Bélgica e Luxemburgo, tomando a direção de Paris.

A Rússia estava preparada para a guerra? A resposta depende do tipo de guerra que se tem em mente – curta, medida em meses, ou longa, com anos de duração. O Estado-Maior, em São Petersburgo, não era o único a esperar que as hostilidades durassem pouco. A crença baseava-se tanto na experiência dos conflitos continentais do século anterior, rapidamente decididos, em batalhas cruciais, como na convicção de que o grau de interdependência da economia mundial tornaria inviável uma luta prolongada. Portanto, para uma guerra rápida, desse tipo, o Exército permanente da Rússia estava bem preparado.

Todavia, se avaliarmos seu potencial militar face à possibilidade de um conflito equivalente à Guerra Civil Americana, a questão torna-se bem diferente.

Considerada inesgotável, sua força de reserva era, de fato, bastante limitada; em virtude da alta taxa de natalidade na virada do século, quase 50% da população tinha idade inferior ao limite do recrutamento. Depois da mobilização inicial, a Rússia se deparou com a escassez de quadros treinados. Corajosas em combate, suas tropas desconheciam as causas da guerra e obedeciam apenas por hábito; o enfraquecimento da autoridade acarretava imediata indisciplina e deserções. Elas demonstravam muito pouco daquele patriotismo que capacitou os exércitos da Europa Ocidental a suportar uma carnificina de quatro anos, e se rendiam em massa ao inimigo. Os oficiais russos desprezavam os meios mecânicos da guerra moderna, acreditando que contribuíam para minar o moral dos soldados; sua tática predileta consistia em tomar de assalto as trincheiras, com baionetas e granadas de mão. Muitos comandantes eram apadrinhados por políticos, e tinham pouca experiência de combate.

Do ponto de vista econômico, o suporte para uma guerra de longa duração também parecia precário. Havia bastante comida, mas os meios de transporte não estavam em condições de carregar a quantidade de suprimentos necessária, das áreas de produção, ao sul, para os centros de consumo, situados no norte do país. A despeito de seu impressionante crescimento, durante o último quarto de século as instalações industriais da Rússia não podiam ser comparadas às de países avançados. A maior parte do armamento, incluindo as munições, era produzida em fábricas sob controle estatal, incapazes de atender à demanda. No fim de 1914, para 6,5 milhões de soldados mobilizados havia 4,6 milhões de fuzis. A produção industrial mensal totalizava 27 mil fuzis. Na primeira fase da guerra, quase um terço dos soldados russos tinha de esperar que seus camaradas tombassem, para obter armas. Mil projéteis de artilharia foram remetidos a cada campo de tiro, mas em quatro meses de luta os armazéns de material bélico estavam vazios. A produção máxima, em 1914, não ultrapassava nove mil granadas por mês. Sem poder responder ao inimigo, as bocas-de-fogo russas emudeciam.

Em comparação com os demais países beligerantes e em relação ao seu próprio território, a rede ferroviária da Rússia era insuficiente, cobrindo 1,1 quilômetro em cada 100 quilômetros quadrados; a mesma relação, na Alemanha, era de 10,6 quilômetros, 8,8 quilômetros, na França, e 6,4 quilômetros, na Áustria-Hungria. Três quartos das linhas, incluindo a Transiberiana, só tinham uma via. Por imprudência, não se previram alternativas à inutilização dos portos pela ação da Alemanha, no Báltico, e da Turquia, no mar Negro, e o país ficou efetivamente bloqueado. Exceto por Vladivostok, a milhares de quilômetros, os únicos pontos de contato marítimo com o exterior eram Arkhânguelsk, congelado durante seis meses por ano, e Múrmansk, sem gelo, mas cuja conexão ferroviária a Petrogrado, iniciada em 1915, só foi concluída em janeiro de 1917, às vésperas da Revolução. Não é de admirar que grande parte do material bélico enviado pelos Aliados, entre 1915 e 1917, tenha permanecido estocado nos armazéns portuários.*

A tensão das relações sociais, após um breve interregno preenchido pelo delírio patriótico que sucedeu à eclosão da guerra, também dificultou a mobilização. Determinado a não permitir que sua autoridade fosse usurpada, o governo russo combatia militarmente contra alemães e austríacos e politicamente contra a oposição doméstica.

---

*Foi na tentativa de superar essa circunstância desvantajosa e abrir caminho em direção à Rússia que Churchill planejou, no início de 1915, o desembarque de tropas inglesas e australianas próximo ao estreito de Galípoli. Se não tivesse fracassado, a expedição poderia ter alterado o curso da história.

Pode parecer improvável, mas alguns monarquistas russos consideravam o inimigo interno mais perigoso. Infelizmente, articulada na Duma, a atitude das classes e segmentos sociais era cada vez mais hostil e intransigente. Os deputados socialistas e liberais desejavam a vitória militar, mas não vacilavam diante de nada que permitisse enfraquecer o poder. Em 1915 e em 1916, ciente das dificuldades que a Coroa enfrentava, a oposição recusou um meio-termo, tentando fortalecer-se à sua custa. Em certo sentido, portanto, pode-se dizer que os liberais e os socialistas eram parceiros silenciosos dos alemães, explorando as vitórias alemãs, tirando vantagem de suas vitórias sobre as tropas russas. Assim, sempre pendente, a crise política constituía o pano de fundo das derrotas militares e do colapso final do regime.

Cabeças mais sábias perceberam os riscos que a guerra acarretava à estabilidade doméstica. Witte e Stolípin suplicaram por neutralidade. O último ministro do Interior e diretor do Departamento de Polícia, Piotr Durnovó, considerado pela *intelligentsia* como a personificação da estupidez burocrática, profetizou o que aconteceria, em caso de guerra. Num memorando entregue ao czar, datado de fevereiro de 1914, ele previu que eventuais reveses militares acarretariam "a forma mais extrema de revolução social". De início, todas as vozes se levantariam para acusar o governo pelos fracassos no campo de batalha. Os políticos, na Duma, incitariam as massas. A perda dos quadros profissionais tornaria o exército menos digno de confiança; recém-convocados, seus substitutos não teriam autoridade nem demonstrariam vontade de reprimir os camponeses que corressem para dividir as terras invadidas. Na desordem subseqüente, os partidos de oposição – que Durnovó considerava sem representatividade – não conseguiriam se impor e a Rússia seria "lançada na anarquia total, de conseqüências imprevisíveis".

O PRIMEIRO ANO DA GUERRA

Desde o primeiro dia das hostilidades, os franceses bombardearam a Rússia com apelos para que se movimentassem contra os germânicos. A ofensiva contra a Bélgica desencadeara-se numa linha muito mais ampla e reunindo forças muito mais numerosas do que o previsto. A França contra-atacara o centro da Alemanha, mas em vão.

Quando quis assumir a condução do exército, na frente de batalha, Nicolau foi dissuadido por conselheiros preocupados em livrá-lo das repercussões adversas decorrentes de possíveis derrotas. O comando foi entregue ao grão-duque Nikolai Nikoláievitch.

Os russos acabaram por enviar dois exércitos à Prússia Oriental, com o objetivo estratégico de avançar sobre Berlim. Numa região de lagos e florestas, favorável aos seus defensores, os russos progrediram bem, de início. Isso os tornou descuidados, dispensando os códigos, nas comunicações, e avançando sem coordenação, como se cada comandante pretendesse para si os louros da vitória. Os alemães, comandados por Paul von Hindenburg e com Erich Ludendorff na chefia do Estado-Maior, aniquilaram o II Exército russo antes de investirem contra o I Exército, forçado a retirar-se para a Polônia. Foi uma derrota catastrófica que acarretou baixas enormes, em torno de 250 mil homens. Os russos não pareciam muito preocupados com isso. Ao receber as condolências do adido militar francês, Nikolai Nikoláievitch respondeu, de forma negligente: "Estamos felizes por fazer tais sacrifícios em favor de nossos aliados." O adido britânico atribuiu ao grão-duque mais irresponsabilidade que consideração, e ao relatar o incidente escreveu que os russos eram "apenas generosas crianças grandes, que sem planejar nada tinham tropeçado, meio-adormecidos, em um ninho de vespas".

O desastre na Prússia Oriental foi compensado pelo sucesso de uma operação impressionante que pôs fora de combate um terço do Exército austríaco; a maior parte da Galícia passou ao domínio russo, abrindo-se o caminho para o avanço sobre a Hungria, ao sul, e a Silésia, a leste.

Na frente oriental, ao longo dos seis meses seguintes, a luta intensa não levou a qualquer conclusão, mas a partir do inverno de 1914-1915, o Exército russo enfrentou a escassez de material bélico; metade dos reforços mandados para o *front* não tinha fuzis.

Após três meses de guerra, o alto comando alemão estava diante de uma perspectiva desalentadora. O Plano Schlieffen falhara, em grande parte por não ter contemplado a fadiga dos soldados nem as dificuldades para garantir o apoio logístico exigido pela rapidez da ofensiva. A ala direita do exército invasor, em vez de penetrar pelo sul de Paris e cercar os franceses, conforme o planejado, viu-se obrigada a encurtar suas linhas, lançando-se na direção norte da capital francesa. Após a contraofensiva francesa, no Marne, a campanha alemã imobilizou-se. No fim de 1914, as tropas da frente ocidental mantinham-se abrigadas nas trincheiras. A Alemanha confrontava o que mais temia: as duas frentes de uma guerra prolongada, contra um inimigo que já incluía a Grã-Bretanha e cujos contingentes eram superiores em número e recursos.

A única esperança estava em alijar os russos da guerra. No fim de 1914, o alto comando alemão resolveu adotar uma posição defensiva, a oeste, e com a aproximação da primavera, dar início ao ataque decisivo que forçasse a paz com o czar. Tropas foram transferidas em sigilo para a frente oriental, alcançando, em abril de 1915, uma vantagem de quatro para um. A estratégia previa um gigantesco movimento de pinça – alemães e austríacos avançariam do sudoeste e do noroeste sobre a Polônia, na tentativa de capturar os quatro exércitos russos que ocupavam o centro do país.

A ofensiva foi desencadeada em 15/28 de abril, com uma barreira de artilharia que expulsou os russos de suas trincheiras rasas, obrigando-os a bater em retirada. A 30 de junho/12 de julho, informado a respeito do avanço alemão no noroeste, Nikolai Nikoláievitch só tinha duas alternativas: manter suas posições, arriscando-se a ser preso, ou ordenar a retirada, abandonando a Polônia ao inimigo, com todas as conseqüências políticas desastrosas que certamente adviriam. Sabiamente, ele optou pela segunda hipótese. Os russos recuaram, entregando ao inimigo territórios habitados por 13% da população do Império. Somando mortos e feridos aos que caíram prisioneiros, as baixas foram pesadas. A elite do corpo profissional de oficiais estava quase destruída. Seus substitutos, promovidos no campo de batalha, não passavam de jovens secundaristas e estudantes universitários, que careciam – segundo a previsão de Durnovó – do respeito das tropas. Convencidos de que os alemães "podiam fazer qualquer coisa" e dominados pelo medo, os russos tendiam a fugir à primeira visão do inimigo.

Apesar de impressionantes, as vitórias alemãs na frente oriental marcaram sua derrota. A ofensiva contra a Polônia, em 1915, não logrou o objetivo de arrasar com os russos. Embora mutiladas, as tropas czaristas escaparam à captura, e São Petersburgo ignorou as propostas de paz encaminhadas por Berlim. As campanhas no leste garantiram um ano de relativa estabilidade à frente ocidental, permitindo que os ingleses organizassem seu exército e convertessem suas indústrias à produção bélica. Em 1916, quando a Alemanha retomou a iniciativa no Ocidente, o inimigo estava bem preparado. Assim, o desastre de 1915, embora não intencional, terá sido a maior contribuição da Rússia à vitória dos Aliados.

À época, entretanto, nada disso parecia evidente, nem para os políticos, na Duma, muito menos para a sua população; os exércitos tinham sofrido uma derrota humilhante, e isso era tudo. Clamava-se por bodes expiatórios. O ministro da Guerra, general Vladímir Sukhomlinov, foi o primeiro a ser exonerado, sob o argumento de ser o responsável pelo preparo insuficiente do exército, e depois preso, acusado de traição e peculato. Seu substituto, general Aleksei Polivânov, estava muito mais qualificado para o posto, pois compreendia a natureza da guerra moderna e, ao contrário de Sukhomlinov, cultivava relações com políticos e industriais. O problema é que essa mentalidade não agradava à imperatriz, que julgava o antigo ministro menos esperto, mais "devotado", porém. Vários outros ministros impopulares perderam suas pastas para representantes de tendências mais liberais, segundo uma avaliação de que os problemas implicavam uma reformulação de todo o sistema de economia de guerra. Para muitos políticos, os desastres de 1915 significavam a oportunidade de levar a cabo aquilo que a Revolução de 1905 não concluíra.

Quando começou a campanha polonesa, a Duma estava em recesso; contra as pressões para que fosse reaberta, a imperatriz pedia a seu marido que não apelasse ao Parlamento. No seu linguajar pitoresco, ela se dirigia a ele nos seguintes termos:

> ...ah, por favor, eles querem discutir coisas que não lhes dizem respeito e isso só poderá trazer mais descontentamento – eles devem ser mantidos afastados – eu garanto a você que só haverá prejuízos – eles falam demais. Graças a Deus, a Rússia não é um país constitucional, embora essas criaturas tentem assumir um papel e intrometer-se em assuntos que desconhecem. Não se submeta às pressões – eles só esperam que você desista, para levantar suas cabeças.

Em 19 de julho de 1915, porém, ignorando os conselhos da esposa, Nicolau ordenou que a Duma se reunisse por um período de seis semanas. De acordo com o calendário russo, a data coincidia com o primeiro aniversário do início da guerra.

Os deputados aproveitaram o tempo para conchavos. O pequeno Partido Progressista convenceu os cadetes e conservadores moderados a confrontar a autoridade da monarquia no que dizia respeito à distribuição do poder, especialmente às nomeações ministeriais, de responsabilidade da Coroa, de acordo com as Leis Fundamentais de 1906. A hora era trágica, afirmavam, e a sobrevivência da nação exigia uma autoridade de fato que só a Duma poderia oferecer ao país.

Os trabalhos parlamentares tiveram início quando as tropas russas estavam abandonando Varsóvia aos alemães. Numa atmosfera carregada de emoção, os deputados acusaram o governo de incompetência. Entre os oradores mais agressivos destacava-se um advogado radical de 34 anos, Aleksandr Kérenski, que utilizava suas imunidades para aglutinar forças e derrubar o czarismo. A crise política acirrou-se no fim de agosto, com a formação do "bloco progressista", reunindo 300 dos 420 membros da Duma. No seu programa de nove pontos, essa maioria suprapartidária exigia o direito de vetar as nomeações de novos ministros, a libertação de prisioneiros políticos, o fim das restrições impostas às minorias religiosas, entre os quais os judeus. Para surpresa geral, a maioria dos ministros mostrou-se disposta a ceder seus lugares a um gabinete aprovado pela Duma.

Em resumo, portanto, a situação era a seguinte: legisladores liberais e conservadores, representando mais de 70% da Duma, punham-se de acordo com os mais altos funcionários nomeados pelo czar e reivindicavam algo próximo a um governo parlamentarista – em meio a uma guerra e, segundo se argumentava, em benefício da vitória.

Nicolau reagiu fechando a Duma e partindo para o *front*. Dessa vez, ele rejeitou o reiterado conselho de seus ministros – aos quais dispensou de suas pastas – e assumiu pessoalmente o comando das Forças Armadas. Fez isso por conta de um sentimento de patriotismo e do desejo de partilhar as privações do Exército em dificuldades. Mas segundo alguns contemporâneos, ao impedir a transferência pacífica de poder aos representantes da nação, suas atitudes tornaram a revolução praticamente inevitável.

De imediato, o soberano estava a salvo. A ofensiva dos exércitos germânicos interrompeu-se; os temores de que eles marchassem sobre Moscou e São Petersburgo não se materializaram. Essa virada dos fatos acalmou provisoriamente a opinião pública.

Na expectativa de aplacar os opositores, Nicolau concordou com a participação de deputados e membros da comunidade econômica nos conselhos especiais que foram criados, no verão de 1915, para fortalecer o esforço de guerra, organizando a produção bélica e encaminhando soluções dos problemas de transporte e suprimentos de gêneros e combustível. Embora rotineiros nos países ocidentais, tais conselhos representavam uma novidade na Rússia; funcionários públicos, tradicionais detentores exclusivos dos postos de governo, sentavam-se ao lado de deputados da Duma e integrantes do Conselho do Estado, elementos indicados pelos *ziêmstva* e homens de negócio. O Conselho de Defesa – que chegou a adquirir maior importância – tinha autoridade para intervir em instalações não-governamentais; ele deu origem a um Comitê Central Industrial Militar, envolvendo na produção de defesa 1.300 estabelecimentos industriais de pequeno e médio portes, até então excluídos do esforço de guerra. Providência também inédita foi a convocação de representantes dos operários empregados nessas indústrias, para que ajudassem a manter a disciplina no trabalho, evitando greves e decidindo sobre reivindicações. Essas iniciativas contaram com o auxílio do chamado Grupo Central de Trabalhadores, organizado por iniciativa dos mencheviques. No início de 1917, o GTC seria o núcleo do Soviete de Petrogrado.

O Conselho de Defesa e o CC Industrial Militar contribuíram muito para melhorar o desempenho industrial, elevando a produção de munições de artilharia, de 108 mil projéteis, em 1914, para 950 mil, no ano seguinte, e 1.850 mil, em 1916. Às vésperas da Revolução, graças ao engajamento do setor privado no esforço de guerra, a escassez de balas de canhão fora superada.

Completando a mobilização civil destinada a cooperar com o governo, criou-se a União Russa de Conselhos *Ziêmstvo* e Municípios – popularmente conhecida como *Ziemgor* –, de extraordinária valia em tudo que dizia respeito às privações e, sobretudo, eficaz no tratamento das centenas de milhares de refugiados do *front*.

Somando-se a esses organismos, multiplicavam-se entidades voluntárias de todos os tipos, incluindo cooperativas de produtores e de consumidores que, em meio à guerra, solapando o monopólio da burocracia sobre a administração, faziam surgir uma nova Rússia. O desenvolvimento lembrava o vigoroso crescimento dos brotos, à sombra de uma velha e decadente floresta. A participação de cidadãos sem cargos públicos ao lado daqueles que ocupavam tais posições, nas instâncias governamentais, assim como a representação operária na gerência industrial promoveram uma verdadeira revolução silenciosa. Os funcionários públicos conservadores assustavam-se com o governo que operava na "sombra", pelo mesmo motivo que a oposição transbordava de confiança. Os líderes cadetes chegavam a gabar-se de que a eficácia das organizações cívicas tornaria inelutável que assumissem o poder, tão logo a paz retornasse ao país.

OS ESPECTROS DA CATÁSTROFE

Durante o segundo ano da guerra, mesmo conseguindo superar a escassez de armas, a Rússia viu-se às voltas com novos problemas, de natureza econômica, que despontaram e disseminaram o descontentamento, até então restrito às camadas cultas e já de certa forma poderosas.

A inflação foi um desses fatores de agravamento da situação. Durante o meio século anterior à eclosão da Primeira Guerra Mundial, os preços, tanto na Rússia como no resto do mundo, tinham permanecido estáveis. Em julho de 1914, entretanto, o governo russo suspendeu a conversão do rublo em ouro, permitindo que o Tesouro emitisse papel-moeda na quantidade necessária para cobrir os custos de guerra, independentemente da reserva de ouro. A medida seria válida apenas enquanto durassem as hostilidades, mas produziu efeitos inflacionários. O déficit do Tesouro foi agravado pela decisão governamental de proibir a venda de bebidas alcoólicas, no início do conflito. A população driblou a proibição recorrendo à produção ilegal e ao mercado negro, mas os cofres públicos perderam um quarto da receita que normalmente arrecadavam com os impostos sobre as bebidas alcoólicas. Parte dessa quebra foi coberta com empréstimos, sobretudo da Inglaterra, compensando-se o restante com mais emissões. Ao longo da guerra, a quantidade de rublos em circulação aumentou de quatro a seis vezes. Essa cascata não afetou de imediato os preços pagos pelo consumidor, porque a suspensão das exportações garantiu o abastecimento de gêneros alimentícios e outros produtos. Mas, em meados de 1915, os preços oscilaram para cima, deslanchando-se a carestia a partir do ano seguinte.

A população rural não foi atingida; ao contrário, à medida que a guerra progredia, a produção agrícola encontrava preços mais altos. Por outro lado, a maioria da população camponesa fora recrutada para o exército, o que acabou contribuindo para elevar os salários na agricultura. As pensões pagas pelo governo às famílias dos soldados constituíam, ainda, uma renda suplementar. Pelos padrões russos, o homem do campo estava nadando em dinheiro. Fosse isso verdade ou não, ele começou a restringir sua área de plantio e a ocultar gêneros, na esperança de forçar uma alta ainda maior das cotações, no futuro.

A inflação e a escassez de comida afligiam tão-somente a população urbana, que com a afluência de refugiados de guerra e trabalhadores contratados pelas indústrias de defesa – cerca de seis milhões de pessoas, segundo se estima – expandira-se consideravelmente. A precariedade dos transportes, sobrecarregados ao máximo pelas demandas militares e incapazes de carregar as provisões necessárias, agrava esse quadro. Os habitantes da cidade careciam do básico, esgotado ou muito caro. Em outubro de 1916, o Departamento de Polícia calculou que os preços haviam subido 300% nos dois anos anteriores, enquanto os salários apenas dobraram. As reivindicações de natureza econômica, advertiam as autoridades encarregadas da segurança, com uma pequena dose de provocação, poderiam assumir formas políticas.

DEPOIS DE DERROTADO na Polônia, o Exército russo fora mais ou menos esquecido pelos Aliados, agradavelmente surpresos com o vigor da ofensiva contra os austríacos, em junho de 1916. Embora a operação tenha sido de curta duração, ela prejudicou severamente o inimigo. Na realidade, a Áustria-Hungria estava à beira de um colapso. Uma vez mais, sua salvação veio dos alemães, que enviaram 15 divisões para a frente oriental.

Nicolau pagou um preço alto pela decisão precipitada de assumir pessoalmente o comando das Forças Armadas. Partindo para o quartel-general, em Moguiliov, ele perdeu o contato com a situação política do país. A liderança passou às mãos de sua mulher, feliz por tê-lo fora do caminho, uma vez que se considerava melhor qualificada para lidar com os políticos de oposição. Em suas cartas ao marido, a czarina só tinha palavras tranqüilizadoras. "Não tema pelo que ficou para trás (...), amorzinho, pois estou aqui, não ria de sua tola e velha esposa, que ela veste 'calças' invisíveis", escreve ela. Nos últimos 18 meses da guerra, Alexandra exerceu grande influência sobre nomeações de pessoal, tanto na administração central quanto das províncias. Ela avaliava os candidatos pelo critério de lealdade ao trono, e mais nada. Os ministros que não conseguiam passar pelo teste eram logo dispensados, como se participassem de um "jogo de carniça ministerial", segundo a expressão em voga. A desorganização do aparato administrativo não se limitava às instituições centrais. Os governadores também se sucediam em alarmante velocidade; nos primeiros nove meses de 1916 – em menos de um ano, portanto – a maioria deles – 43 – foi substituída.

Alexandra seguia os conselhos de seu confidente, Raspútin. Citado freqüentemente como se fora um "monge maluco", ele não era nem monge, nem maluco. Era um camponês curandeiro, possível adepto da seita dos khlisti, cujos membros acreditavam que quanto mais pecassem, menos pecados restariam para a humanidade. Sua posição junto à Coroa deveu-se ao fato de ter conseguido – não se sabe como – estancar os sangramentos de Alexis; o herdeiro do trono era hemofílico, doença transmitida pela mãe e que consumia as reservas morais de toda a família imperial, reforçando o fatalismo do czar e a superstição da czarina. Raspútin manipulava sua ascendência sobre a imperatriz e embolsava subornos, deleitando-se com orgias de embriaguez. As histórias a respeito de suas proezas sexuais, todavia, são fantasiosas: um médico que o examinou, certa vez, expressou dúvidas de que fosse, mesmo, capaz do ato sexual.

Raspútin só adquiriu influência política depois da partida de Nicolau para o *front*. Realmente, de agosto de 1915 em diante, tornou-se impossível permanecer num cargo, ou obter uma posição qualquer sem seu consentimento. O czar tolerava-o em consideração à mulher e ao filho e rejeitava agressivamente todas as sugestões para livrar-se dele, alegando que o assunto era "questão de família". Para o casal imperial, o personagem era amado pelo povo e representava sua autêntica voz. Assim, Raspútin tornou-se responsável pelas crescentes desavenças entre a corte e os conservadores monarquistas, que atribuíam a ele a desonra da Coroa.

Vítima das intrigas de Alexandra e Raspútin, o ministro da Guerra Polivânov foi exonerado em virtude das relações que mantinha com políticos e industriais. Pouca diferença fez o fato de Polivânov ter salvo o Exército russo da beira do desastre, e para substituí-lo foi nomeado um general-intendente, até então responsável pelo setor de calçados. Mais tarde, quando a inquietação popular cresceu, diante dos rumores de traição nas altas esferas, foi-lhe atribuída a frase indignada – "Posso ser tolo, mas não traidor!" – de que Miliukóv se apropriou para pronunciar, na Duma, o discurso sensacional de 1º de novembro de 1916.

Levantamento feito pelo Departamento de Polícia apontara, um mês antes, para o descontentamento generalizado, devido às privações de gêneros e produtos de primeira necessidade, na iminência de explodir em rebelião aberta. Especialmente preocupante era o fato de o povo não direcionar sua ira apenas contra os ministros, mas contra a casa imperial e, por causa de sua origem alemã, contra a imperatriz, antipatizada e suspeita de entregar segredos militares aos inimigos da pátria.

No fim do ano, a contrariedade dos conservadores era tamanha, que eles falavam em tomar providências para "salvar a monarquia do monarca". Pela primeira vez, elementos da ala direita entraram em acordo com os liberais, somando esforços para manter a Rússia na guerra e prevenir levantes sociais.

Numa aparente e inaudita tentativa de aplacar a oposição, o czar nomeou um membro do Bloco Progressista para o Ministério do Interior – Aleksandr Protopópov – dublê de funcionário público e empresário. Apesar de parecer um importante passo no sentido da conciliação com a Duma, despertando até mesmo esperanças de que a monarquia abrisse mão do poder de nomear ministros, a indicação não demorou a revelar-se uma manobra política. Carreirista vaidoso e sem princípios, Protopópov tivera seu nome sugerido pela czarina e Raspútin. Escrevendo ao marido, ela insistira: "Por favor, aceite-o como ministro do Interior (...) ele é da Duma, o que fará grande efeito entre eles & fechará suas bocas." O efeito foi breve, porém. Ao constatar que o novo ministro era pouco mais que um serviçal da corte, a Duma redobrou sua fúria contra a Coroa.

A animosidade tornou-se evidente quando de sua convocação, em novembro de 1916, para votar o orçamento. A estratégia oposicionista fora planejada em reuniões separadas dos diversos partidos, e pelo Bloco Progressista, desde setembro/outubro. Os deputados tinham pressa: algo precisava ser feito e rapidamente, antes que o país explodisse. Muito radical, a proposta dos cadetes previa um pronunciamento de seu porta-voz, Miliukóv, acusando o primeiro-ministro de alta traição. Borís Stürmer, burocrata e monarquista, obviamente não possuía qualificações para estar à frente da Rússia, numa época de crise. Mas não havia e nunca vieram à luz indícios capazes de apontar atos remotamente parecidos que tivesse praticado. Seu nome de origem alemã despertava suspeitas entre chauvinistas iletrados. Sob pressão dos membros mais conservadores do bloco progressista, Miliukóv concordou em moderar suas acusações, embora sem deixar dúvidas sobre o que pretendia.

Informado com antecedência, Stürmer pediu permissão a Nicolau para dissolver a Duma, se fosse preciso: acusações infundadas de traição atiradas ao governo de um país em guerra eram, por si, traidoras. Exaurido e sem ânimo, Nicolau foi incapaz de agir com firmeza. Tamanha era a sua aversão pelo que chamava de "comportamento antipatriótico dos políticos" que recusava-se a fazer uma simples leitura dos jornais.

A Duma abriu suas portas em 1º de novembro de 1916. Numa atmosfera carregada de tensão, Kérenski tomou a palavra para proferir um ataque ofensivo ao governo; ele afirmou que o verdadeiro inimigo da Rússia não estava nas linhas de frente, mas "em casa", e exigiu a derrubada do governo, argumentando que os interesses nacionais estavam sendo traídos.

O discurso de Kérenski, devido a sua fama de inflamado, não teve muita repercussão. Com Miliukóv foi diferente. Erudito e calmo, nacionalmente conhecido por sua liderança à frente dos cadetes e editor do jornal do partido, ele soube combinar de forma hábil fatos e insinuações, sem afirmar, em nenhum momento, que Stürmer cometera traição. Citando documentos alemães e franceses, deu a entender que tinha em mãos provas ainda mais comprometedoras, embora não pudesse divulgá-las, e enumerou os sucessivos erros do governo, apresentando a pergunta de efeito retórico: "Isso é estupidez ou traição?" – à qual a Duma respondia aos brados: "Estupidez!", "Traição!", "Ambas!".

Na verdade, as acusações de Miliukóv não tinham qualquer embasamento, consistindo em uma teia de mentiras. Mais tarde, no exílio, ele admitiria isso. Mas justificava as calúnias como medidas extremas, necessárias para que o bloco progressista assumisse o país antes que a nação se despedaçasse. Embora a censura militar proibisse a imprensa de divulgar sua fala, centenas de milhares de cópias foram distribuídas no país e na frente de batalha. Civis e soldados persuadiram-se que "a czarina e Stürmer estavam vendendo a Rússia ao *Kaiser* Guilherme". Abrindo as comportas a tais paixões, Miliukóv desempenhou um papel fundamental entre os que instigaram a Revolução de Fevereiro, motivada, de início, pela suposta traição.

Nas sessões subseqüentes da Duma, todos os deputados que fizeram uso da palavra, incluindo os monarquistas, não permitiram que o governo tivesse um instante de conforto.

No mês de novembro teve início uma psicose revolucionária – um sentimento irracional, mas intenso, baseado na convicção de que "a situação não podia continuar assim por mais tempo", e toda a estrutura monárquica da Rússia tinha de ser posta abaixo. Essa obsessão, há muito dominante na *intelligentsia* radical, tomava conta, agora, do centro liberal, atingindo os próprios segmentos conservadores. Em suas memórias, um auxiliar do czar refere-se a uma "convicção generalizada de que algo tinha de ser rompido e exterminado – uma convicção que alvoroçava as pessoas e não lhes dava sossego". Outro contemporâneo escreveu, em dezembro de 1916, sobre o "cerco às autoridades, transformado em esporte".

A 8 de novembro de 1916, num esforço vão de apaziguamento da Duma, Nicolau exonerou Stürmer, nomeando um liberal, A. F. Trepov. Tentando imitar Stolípin, Trepov propôs-se a trabalhar em parceria com os parlamentares, atendendo a muitas de suas reivindicações. Mas quando compareceu à Duma, em 19 de novembro, para fazer um discurso programático, foi recebido pelos gritos injuriosos da esquerda, que duraram 40 minutos, tempo em que não conseguiu articular uma só palavra. Restabelecida a ordem, ele pronunciou um discurso conciliatório, pedindo ajuda:

> Esqueçamo-nos de nossas desavenças, ou pelo menos adiemos nossas rixas (...). Declaro abertamente, em nome do governo, que desejamos devotar todas as energias de que dispomos a um trabalho construtivo e pragmático, em cooperação com o Parlamento.

Inútil. Um mês depois, o czar demitiu Trepov. Nos círculos palacianos, a czarina o acusava de mentiroso, dizendo que merecia ser enforcado.

Liberais e radicais queriam uma mudança constitucional completa, mas os monarquistas acreditavam que bastaria mandar a czarina às favas. Para livrarem-se dela, seria preciso afastar Raspútin, responsável por seu equilíbrio emocional – concluíram alguns. Trepov tentara subomá-lo, a fim de que deixasse Petrogrado, mas o astuto favorito levou o caso ao conhecimento de Alexandra, elevando seu *status* junto à Coroa a uma altura ainda maior. Portanto, só havia uma alternativa: assassiná-lo. Educado em Oxford, filho da mais rica mulher da corte, inimiga jurada da czarina, o príncipe Félix Iusúpov montou a trama que envolvia até mesmo o grão-duque Dmitri, primo do czar, e Vladímir Purichkievitch, um dos deputados mais reacionários da Duma. Iusúpov agia na premissa de que

> (...) o equilíbrio espiritual [da czarina] depende inteiramente de Raspútin: no instante em que ele se for, o espírito da soberana se desintegrará. Uma vez liberado o czar da influência de Raspútin e de sua mulher, tudo mudará: Nicolau se transformará num bom monarca constitucional.

Na noite de 16 para 17 de dezembro, Iusúpov atraiu Raspútin a seu suntuoso palácio e lá, junto com Purichkievitch, atirou nele. Amarrado com correntes, o corpo foi jogado no canal e descoberto alguns dias mais tarde.

A reação do casal imperial aconteceu no sentido inverso ao pretendido: ao contrário de separar Nicolau e Alexandra, o crime fez com que se sentissem isolados e cercados de traidores, unindo-os ainda mais. Nicolau manifestou sua repugnância ante a possibilidade de seu sobrinho estar envolvido no crime, dizendo-se "coberto de vergonha (...) caso as mãos de meus parentes estejam manchadas com o sangue desse camponês". E quando um grupo de grão-duques e duquesas implorou para que não punisse Dmitri, ele respondeu: "Ninguém tem o direito de envolver-se em atos criminosos."

Sem retornar à frente, ele passou os dois meses seguintes com a mulher e os filhos em Tsárskoie Sieló, isolado de todo o contato social. Um visitante habitual afirmou que a residência parecia estar de luto. Protopópov enviava relatos tranqüilizadores sobre a calma que reinava no país e as forças disponíveis, mais do que adequadas, para lidar com quaisquer distúrbios. Nicolau ouvia com polidez os visitantes ocasionais, que o advertiam a respeito do desastre iminente, mas sem encará-los, estudando as unhas ou segurando um cigarro. "A czarina e eu sabemos que tudo está nas mãos de Deus e que Sua vontade será feita", disse ele. Raspútin havia previsto que se algum mal lhe acontecesse, o país se afogaria em sangue e sufocaria em fumaça.

O czar só perdeu a serenidade uma vez, em 7 de janeiro de 1917, ao receber a visita de Mikhail Rodzianko, presidente da Duma. Após escutar impassível uma série de advertências insolentes, diante da insistência para que não impusesse ao povo a escolha "entre você e o bem do país", o czar apertou a cabeça com as mãos e disse: "Será possível que eu tenha tentado fazer sempre o melhor e, por 24 anos, só tenha incorrido em erro?"

Frustrados na tentativa de alterar a situação política pela eliminação de Raspútin, os conservadores começaram a cogitar o afastamento do monarca, como única forma de salvar a monarquia. Vários complôs se urdiram, um deles visando a raptar Nicolau e forçá-lo a abdicar em favor de seu filho menor, que só contava 12 anos, e nomear regente o grão-duque Nikolai Nikoláievitch. O general Mikhail Alekséiev, verdadeiro comandante-em-chefe das Forças Armadas russas, estava envolvido nessa conspiração. Mas nada foi além dos planos.

Só Protopópov exalava confiança e, nos momentos de folga, "comunicava-se" com o espírito de Raspútin – fatos que levaram alguns contemporâneos a questionar sua sanidade.

4
A Revolução de Fevereiro

Após dois invernos amenos, a estação mais fria de 1916-1917 apresentou um rigor fora do comum; as temperaturas caíram tanto que as camponesas recusaram-se a conduzir as carroças que transportavam alimentos. As nevascas inutilizaram locomotivas, cobrindo inteiramente as vias férreas. O tempo afetou de maneira devastadora o suprimento das cidades ao norte, especialmente a distante Petrogrado.* As padarias tiveram de cerrar suas portas por falta de farinha ou de óleo combustível, cuja escassez em larga escala obrigou algumas fábricas a dispensar dezenas de milhares de trabalhadores. Em 22 de fevereiro, tranqüilizado por Protopópov e imaginando que a situação estava sob controle, o czar partiu para a frente de batalha, de onde retornaria 15 dias depois como Nicolau Românov, cidadão comum.

Subitamente, o tempo melhorou, elevando a média dos termômetros de 14,5 abaixo de zero para 8 graus positivos e permaneceu assim até o fim do mês. Confinado pelo frio em acomodações precariamente aquecidas, ao longo de semanas, o povo saiu às ruas para aproveitar o sol. Filmes documentários da Revolução de Fevereiro mostram multidões alegres sob um céu resplandecente.

No dia seguinte à partida de Nicolau, as desordens explodiram em Petrogrado, durante a manifestação do Dia Internacional da Mulher. Embora o evento tenha transcorrido em paz, as autoridades não deixaram de se preocupar, em virtude da mútua simpatia demonstrada pelos cossacos encarregados de manter a ordem e as mulheres que clamavam por pão. Reaberta em 14 de fevereiro, a Duma fez críticas acerbas contra o governo; Kérenski e outras figuras da oposição voltaram a usar uma linguagem inflamada, incitando o povo.

A situação na capital piorou, no dia 24, quando duzentos mil trabalhadores, alguns em greve, outros desempregados, encheram as ruas. A avenida Niévski, principal artéria da cidade, foi ocupada pelas multidões que gritavam "Abaixo a autocracia!" e "Abaixo a guerra!". Aqui e ali, turbas saqueavam armazéns de comida.

No dia seguinte, animadas pela ausência de uma reação vigorosa, as massas tornaram-se ainda mais agressivas. Sob a influência de intelectuais radicais, as manifestações assumiram caráter político; as bandeiras vermelhas traziam inscritos lemas revolucionários, como "Abaixo a mulher alemã!". A guarda civil foi atacada em vários quarteirões.

---

*Como "São Petersburgo" soava alemão aos ouvidos russos, no início da guerra a cidade passou a ser chamada de Petrogrado.

Relatando os acontecimentos da jornada a seu marido, Alexandra exprimiu-se da seguinte forma:

> Trata-se de um movimento de vândalos. Correndo & gritando que não há pão, os jovens só querem criar alvoroço, assim como os trabalhadores só estão interessados em impedir a entrada nas fábricas dos que pretendem trabalhar. Se o tempo estivesse muito frio, é provável que todos ficassem em casa. Mas, de qualquer modo, tudo isso passará e voltará à calma, desde que a Duma saiba se comportar.

Os socialistas farejavam a revolução no ar. Em 25 de fevereiro, os deputados mencheviques propuseram a discussão sobre um "Soviete de trabalhadores". Até então, as causas dos tumultos eram basicamente econômicas. Em Petrogrado, o líder bolchevique, mais tarde comissário do Trabalho, Aleksandr Chliápnikov, negava-se a pronunciar-se sobre a revolução: "Que revolução? Dêem aos trabalhadores uma libra de pão e o movimento se extinguirá."

Não importa qual fosse a chance de conter a rebelião incipiente, na tarde de 25 de fevereiro ela deixou de existir. Um telegrama de Nicolau, endereçado ao comando militar da cidade, determinou o restabelecimento da ordem pela força. O czar continuava municiado de relatos tranqüilizadores fornecidos por Protopópov, e não fazia idéia da gravidade da situação. Parecia-lhe intolerável que as tropas enfrentassem privações, na frente de batalha, encarando a morte, enquanto os civis se revoltavam, na retaguarda. Sua determinação acalmou um pouco os ânimos. Na manhã do domingo, 26 de fevereiro, preparadas como se fossem para a guerra, mas aparentando tranqüilidade, as tropas ocuparam Petrogrado.

Um incidente alterou a situação de calma aparente. Na praça Známienski, local de manifestações populares, tropas do Regimento Pávloski atiraram numa multidão que não atendeu ao comando e recusou dispersar-se. Houve quarenta baixas civis. O massacre foi a centelha que acendeu o motim da guarnição de Petrogrado, apoiado pelos trabalhadores, provocando uma explosão surpreendente, por sua rapidez e alcance.

Convém esclarecer alguns fatos relacionados à guarnição de Petrogrado e suas condições de vida, do contrário os acontecimentos se tornarão incompreensíveis. No verão de 1916, tendo perdido seus mais jovens recrutas, o Exército russo deu início à convocação dos homens na faixa entre 30 e 40 anos, presumivelmente livres do serviço militar. Ressentidos, eles foram aquartelados em péssimas condições – alojamentos que em tempos de paz comportavam vinte mil, agora abrigavam oito vezes mais soldados. Com poucas semanas de treinamento, supervisionados por oficiais que vinham das trincheiras preparadas para isso, eram todos enviados às linhas de frente. Soturnos e cheios de má vontade, incapazes de preservar o moral e a disciplina, bastava-lhes muito pouco para que sua insatisfação degenerasse em violência.

O estopim foi a chacina da praça Známienski. Logo após o evento, trabalhadores furiosos que haviam testemunhado tudo correram ao quartel do regimento e contaram aos demais soldados o feito de seus camaradas. Enfurecidos, alguns deles pegaram em armas e seguiram em direção à praça. No caminho, deparando com um destacamento da polícia montada, houve troca de tiros e o jovem oficial que os comandava caiu ferido. Desalentados, os soldados retornaram a seus alojamentos. Na noite seguinte, porém, realizaram reuniões e decidiram desobedecer qualquer ordem de atirar em civis. Mensageiros foram enviados às outras unidades, em busca de adesões. Na manhã de 27 de fevereiro, três dos regimentos da cidade estavam amotinados. A bordo de carros blindados, os soldados rebeldes cruzavam as ruas cobertas de neve, acenando com suas armas e gritando. Alguns oficiais e policiais uniformizados foram linchados. Uma malta saqueou o Ministério do Interior. A bandeira vermelha foi hasteada no Palácio de Inverno. Ao fim da tarde, multidões tomaram de assalto o quartel-general da Okhrána, espalhando e queimando os arquivos; os próprios informantes da polícia esmeravam-se nesse serviço. Arsenais foram invadidos e milhares de fuzis roubados. A pilhagem atingiu lojas, restaurantes e residências particulares. À noite, os camponeses de uniforme transformaram-se em senhores de Petrogrado. Dos 160 mil homens da guarnição, metade aderira à rebelião, enquanto os demais assumiam uma postura de "neutralidade". Dispondo de apenas dois mil soldados leais, 3.500 policiais e alguns cossacos montados, o Comando Militar carecia de forças para restabelecer a ordem.

Nicolau insistia em ignorar os fatos, considerando que os políticos exageravam a extensão dos motins, visando a ampliar os poderes da Duma. Todavia, o aborrecimento que ele manifestava cedeu lugar à ansiedade, quando os comandantes militares confirmaram que a situação estava mesmo fora de controle.

Seu primeiro impulso foi usar a força e, para tanto, o czar enviou a Petrogrado um batalhão de elite, sob as ordens do general N. I. Ivanov, que deveria assumir o comando do distrito militar da capital; constituída por veteranos condecorados, a essa tropa deviam juntar-se oito regimentos, incluindo os respectivos destacamentos de metralhadoras, deslocados da frente. É óbvio que Nicolau tinha em mente uma grande operação.

Nunca se saberá o que teria ocorrido se, nos dias subseqüentes, o soberano agisse com decisão. Mas é provável que a missão de Ivanov não tivesse resultado tão inútil, conforme os políticos e os generais sob sua influência supunham. Os amotinados não passavam de uma turba sem liderança; ameaçados, entravam em pânico e corriam à procura de abrigo. Mas os líderes da Duma estavam seguros de que poderiam resolver tudo sozinhos. Na verdade, a pressão que exerceram para que Nicolau abdicasse acabou por transformar um motim localizado em uma revolução de amplitude nacional.

Ansioso por reencontrar a família, o czar partiu de Moguiliov para Tsárskoie Sieló às 5 horas do dia 28 de fevereiro. Não querendo interferir na missão de Ivanov, Moguiliov determinou que seu trem não tomasse a direção norte, mas seguisse uma rota tortuosa, no rumo leste–nordeste. A cerca de 170 quilômetros da capital, a composição interrompeu sua marcha, pois tropas hostis teriam se apoderado das linhas adiante. Após rápida consulta ao oficial que trouxera a informação, Nicolau decidiu retornar até Pskov, quartel-general da frente norte, de onde foi possível estabelecer contato com Petrogrado. Na crise das 24 horas seguintes, o general N. V. Ruzski, conhecido por suas posições antimonarquistas, desempenhou um papel relevante.

A essa altura dos acontecimentos, o centro das atenções transferira-se para o Palácio Táurida, sede do Parlamento. Cientes de que o czar ordenara a dissolução da Duma, os deputados não acataram a ordem, mas não tiveram coragem de zombar dela abertamente. Decidiram agir com cautela e adotar uma posição de meio-termo, mediante a convocação de um encontro do bloco progressista na manhã do dia 28 de fevereiro. O poder que reivindicavam há tanto tempo estava ao alcance de suas mãos, mas lhes faltava ousadia. Na verdade, eles temiam inflamar a multidão concentrada no amplo espaço em frente ao palácio, embora também não pudessem cruzar os braços, pois as massas exigiam ação. Assim, após prolongadas deliberações, resolveram formar uma junta executiva de 12 membros – dez do bloco progressista e dois socialistas (Kérenski era um deles) – sob a presidência de Rodzianko: o "Comitê Provisório dos Membros da Duma para a Restauração da Ordem na Capital e o Estabelecimento de Relações entre Indivíduos e Instituições". Tal denominação, extensa ao ridículo, só podia refletir muita timidez. De fato, uma testemunha chegou a afirmar que esse governo da Rússia estabeleceu-se como se fora um comitê de pesca.

No Soviete de Petrogrado o clima era bem diverso. Formado no mesmo dia – 28 de fevereiro –, ele se reuniu sob a liderança dos mencheviques, apoiados pelo Grupo Central de Trabalhadores, cujos membros Protopópov mandara prender e a multidão amotinada libertara. O Soviete constituía-se de "deputados" escolhidos aleatoriamente nas fábricas e nos quartéis, segundo procedimentos eleitorais que refletiam o consenso, mais do que uma relação matemática de votos. Pequenas lojas enviavam tantos representantes quanto as grandes fábricas, e as unidades da guarnição agiam de forma similar. A prática já tinha alguma tradição na Rússia, mas o sistema era tão confuso que nos 15 primeiros dias já haviam sido indicados três mil membros do Soviete, sendo dois mil soldados – e isso numa cidade em que os trabalhadores industriais superavam os militares numa proporção de dois ou três para um. Esses dados demonstram como a Revolução de Fevereiro, na sua fase inicial, não passou de um motim de soldados.

As sessões plenárias do Soviete pareciam uma gigantesca assembléia de aldeia. Não havia agenda nem coleta de votos. Todos tinham o direito de usar a palavra e chegava-se às conclusões por aclamação. Fosse por causa dos discursos intermináveis de que era palco, ou devido à convicção dos intelectuais que, consciente ou inconscientemente, "conheciam melhor o que era bom para as massas", o Soviete transferiu o processo de tomada de decisões para o seu comitê executivo – *Ispolkóm*. De acordo com a norma estabelecida em 1905, os integrantes desse organismo não foram eleitos em assembléias, mas nomeados pelos partidos socialistas – três cadeiras para cada agremiação –, sobrepondo-se ao Soviete e agindo em seu nome.

Pouco notado na época, o fato acarretou três graves conseqüências. Fez crescer artificialmente a representatividade do Partido Bolchevique, que tinha poucos adeptos entre os trabalhadores e nenhum entre os soldados. Congelou o peso dos socialistas moderados, muito populares naquele época, mas que logo perderiam influência sobre a população. E burocratizou as decisões, que passaram a ser tomadas por meio de conchavos entre os intelectuais socialistas.

Refletindo o domínio inicial dos mencheviques, o Soviete adotou a doutrina da revolução "burguesa", etapa que a Rússia estaria atravessando, e durante a qual seria preciso organizar as massas, preparando-as para a próxima fase socialista, permanecendo fora do governo. Sob tais argumentos, o Soviete recusou-se a enviar delegados ao Comitê da Duma, considerando que só lhe cabia garantir que a "burguesia" não traísse a revolução. Em conseqüência, a Rússia viu-se diante de um sistema peculiar de governo, ou "poder dual" – *dvoievlástie* – que perdurou até outubro. Na teoria, o Comitê Provisório da Duma – logo rebatizado Governo Provisório – assumiu total responsabilidade pelos destinos da nação, enquanto o *Ispolkóm* funcionava como uma espécie de suprema corte da consciência revolucionária. Na realidade, e desde o início, o *Ispolkóm* assumiu funções legislativas e executivas. Esse esquema não era realista por dois motivos: em primeiro lugar, porque dava responsabilidade a uma instituição e poder à outra, e, em segundo lugar, porque os partidos envolvidos tinham objetivos radicalmente diferentes. A Duma pretendia conter a Revolução e seus membros teriam ficado satisfeitos em represar o fluxo dos acontecimentos, na noite de 27 de fevereiro; o *Ispolkóm* queria aprofundar o processo – para eles, o 27 de fevereiro fora um mero prelúdio da "verdadeira" revolução socialista.

A inexistência de autoridade pública conduziu os líderes da Duma à conclusão inexorável de que teriam de formar um governo, malgrado sua relutância em desafiar o soberano. A questão era como legitimar esse governo. Alguns sugeriram que se contactasse o czar, solicitando consentimento para formar um gabinete. A maioria, porém, preferiu voltar-se para o Soviete – isto é, o *Ispolkóm*. Do ponto de vista prático, dada a sua influência sobre os soldados e trabalhadores, isso seria compreensível, mas do ponto de vista da legitimidade pretendida, tinha pouco sentido; o Comitê Soviético tinha caráter privado, e era constituído por indivíduos indicados pelos partidos socialistas, enquanto a Duma havia sido eleita.

Na noite de 1º para 2 de março, os representantes da Duma, guiados por Miliukóv, encontraram-se com os socialistas para elaborar uma linha política mediante a qual o Soviete daria seu apoio ao novo governo. Os membros do *Ispolkóm* não tinham nenhuma intenção de lhes dar carta branca. O resultado foi um documento redigido por políticos exaustos, após uma noite de debates, contendo uma plataforma de oito pontos que serviriam de base à atividade governamental, até a convocação da Assembléia Constituinte. Os itens principais exigiam anistia aos prisioneiros políticos, entre os quais terroristas; preparativos imediatos para uma Assembléia Constituinte, a ser eleita por voto universal; dissolução de todos os órgãos de polícia; eleições para recompor os conselhos distritais de autogestão; e permanência em Petrogrado das unidades militares que participaram da Revolução.

As cláusulas mais nefastas eram as que estipulavam a imediata dissolução da polícia e eleições para os conselhos distritais e municipais. Tais medidas significavam a dissolução da burocracia provincial e a anarquia. De pronto, elas aboliam toda a estrutura administrativa e de segurança que mantivera intacto o Estado russo, por um século ou mais. Apenas levemente menos prejudiciais eram os itens concernentes à guarnição de Petrogrado, que privavam o governo de autoridade efetiva sobre 160 mil camponeses armados e descontentes, deixados sob a influência de seus inimigos.

De qualquer forma, foi esse acordo que deu origem ao Governo Provisório, cujo gabinete era presidido pelo príncipe G. E. Lvov, ativista cívico inócuo e indolente, escolhido apenas por ter encabeçado a União dos *Ziêmstva – Ziemgor* –, o que lhe conferia certa aura de representatividade social. Lvov entendia que democracia significava decisões políticas tomadas por cidadãos diretamente afetados por elas, e que o governo devia funcionar como um cartório. Convencido da imensa sabedoria do povo russo, ele se recusou a sugerir o que quer que fosse às delegações provinciais que foram a Petrogrado em busca de instruções. O secretário do gabinete, Vladímir Nabókov (pai do romancista), escreveu: "Não lembro uma ocasião sequer em que [Lvov] usou um tom de autoridade ou expressou decisão (...) ele personificava a passividade."

Proeminentes membros do novo governo, e rivais mordazes, Miliukóv foi designado ministro das Relações Exteriores, indo Kérenski para o Ministério da Justiça.

Aos 58 anos, o militante cadete possuía uma energia ilimitada. Historiador profissional, Miliukóv conciliava o trabalho erudito com a edição do jornal diário e a liderança do Partido Constitucional-Democrático. O que lhe faltava era intuição política: alcançada uma determinada posição por dedução puramente lógica, ele se agarraria a ela, mesmo ao ficar evidente sua ineficácia. Mas, sendo o personagem político mais conhecido em todo o país, ele tinha razão de sentir-se como primeiro-ministro da Rússia democrática.

Kérenski era o seu oposto. Nos tribunais, defendendo prisioneiros políticos, e na Duma, adquirira fama de orador radical. Conferencista brilhante, embora destituído de filosofia, com apenas 36 anos, ele ardia de ambição política. Ciente de sua semelhança física com o imperador francês, fazia poses napoleônicas. Vaidoso e impulsivo, enquanto Miliukóv era frio e calculista, ele ascendeu e apagou-se, meteoricamente.

Vice-presidente do Soviete e membro do *Ispolkóm*, Kérenski tinha a obrigação ética de recusar o cargo de ministro da Justiça, no gabinete "burguês". Mas a oferta lhe pareceu irresistível e ele levou o caso diretamente à multidão. Num discurso apaixonado, prometeu ao Soviete não trair jamais os ideais democráticos. "Não posso viver sem o povo, e se vocês duvidarem de mim, melhor me matarem!" Ao pronunciar essas palavras, ele estava pronto a desmaiar. Os trabalhadores e soldados responderam com uma ovação estrondosa, mas compelido a ceder, o *Ispolkóm* nunca perdoou a chantagem. Kérenski foi, assim, o único a ter participação no Soviete e no Governo Provisório.

A Revolução de Fevereiro fez-se praticamente sem derramamento de sangue, estimando-se que tenham perecido 169 pessoas, num total de baixas entre 1.300 e 1.450. Mais vidas se perderiam, se Kérenski não tivesse assumido considerável risco pessoal, protegido funcionários do czarismo contra linchamentos pelas multidões inflamadas, por causa de sua própria retórica na Duma. Cerca de quatro mil burocratas se entregaram e foram postos sob custódia ou encarcerados na Fortaleza de Pedro e Paulo. O pequeno Protopópov parecia ainda mais acuado de medo, quando foi levado pelo guarda que pressionava a arma contra a sua cabeça. Junto com muitos outros, ele pereceria no "Terror Vermelho" dos bolcheviques.

Destinado ao "controle democrático" do governo "burguês", o *Ispolkóm* apropriou-se das funções legislativas e, sem qualquer consulta prévia, desafiou o governo com a Ordem nº 1, divulgada em 1º de março. O documento foi elaborado por um grupo de oficiais e civis socialistas, visando a corrigir suas reivindicações; seu real objetivo, entretanto, era emascular o corpo de oficiais, visto pela *intelligentsia* bem versada em história revolucionária como potenciais apoiadores da contra-revolução. Dirigida à guarnição de Petrogrado, a Ordem nº 1 aplicou-se a todas as tropas, na frente de combate e na retaguarda. Exigia que todas as unidades elegessem "comitês", segundo o modelo soviético, cujos delegados deveriam integrar-se sem demora ao Soviete de Petrogrado. O Artigo 3 estipulava que as ações armadas estavam politicamente subordinadas aos sovietes de soldados. O Artigo 4 colocava as ordens militares do Governo Provisório sob idêntica dependência. O Artigo 5 determinava que os comitês de companhia e de batalhão tomariam sob sua responsabilidade a guarda e manutenção dos equipamentos, a cujos depósitos os oficiais não teriam acesso. Apenas os dois últimos artigos tratavam dos direitos da tropa.

Aprovado em tempo de guerra, com o apoio dos socialistas, esse documento extremado politizou a questão militar e, ao mesmo tempo, desarmou os oficiais, privando-os da indispensável autoridade hierárquica. Produziu o efeito de desorganizar completamente as Forças Armadas. Os comitês militares, sobretudo aqueles em níveis mais altos, caíram nas mãos de jovens oficiais, muitos deles contaminados pelas idéias dos mencheviques, bolcheviques e socialistas-revolucionários. O governo perdeu, de fato, o controle sobre suas Forças Armadas, e o Soviete tornou-se o verdadeiro senhor do país. Em 9 de março, quando o novo gabinete não completara ainda uma semana sequer, o ministro da Guerra, Guchkóv, telegrafou ao general Alekséiev, em Moguiliov:

> O Governo Provisório não tem nenhum poder efetivo e suas ordens são cumpridas apenas na medida em que o Soviete de Deputados dos Soldados e Trabalhadores permite. Esse organismo é que controla os instrumentos básicos do poder, estando sob sua direção tropas, estradas de ferro [e] serviços postais. Com absoluta sinceridade, pode-se afirmar que o Governo Provisório é uma permissão do Soviete (...).

Nicolau não participou desses acontecimentos. Sua última ordem capaz de produzir alguma conseqüência fora em 25 de fevereiro, com vistas a pôr fim às desordens de rua. Depois disso, a monarquia recuou, e o poder passou para a Duma e para o Soviete de Petrogrado. A formação do Governo Provisório, contudo, trouxe de novo à baila o futuro da monarquia. Liderados por Miliukóv e Guchkóv, alguns ministros queriam mantê-la, ainda que formalmente, alegando que o povo relacionava o Estado com a pessoa do czar; sem ele, seria a anarquia. Outros, atribuindo mais peso ao espírito revelado pelas massas nas recentes manifestações, consideravam esta opção irrealista. Mas a verdade é que o fator determinante e condenatório do sistema eram as tropas de Petrogrado, temerosas de serem tratadas como amotinadas e punidas. Resolutamente, a guarnição opunha-se à Coroa. Quanto ao restante do país e às forças na frente de batalha, não existe nenhuma informação fidedigna que nos permita avaliar as posições que teriam sobre essa questão.

Quando de sua chegada a Pskov, no dia 1º de março, Nicolau não cogitava em abdicar. A partir de então foi influenciado por seus generais, que concordavam com as preocupações dos políticos: se o czar pretendia que a Rússia continuasse em guerra e saísse vitoriosa, devia afastar-se. Na ausência do monarca, em Moguiliov, o general Alekséiev assumira o comando-em-chefe das Forças Armadas; ele temia que a continuação das greves e dos motins, na capital, comprometesse o transporte ferroviário e acabasse cortando o fluxo de suprimentos que se destinava à linha de frente. Havia ainda o perigo de o tumulto contaminar as tropas que estavam a poucas centenas de quilômetros de Petrogrado. Sabedor das desordens em Moscou, Alekséiev telegrafou ao czar, em 1º de março:

> Uma revolução na Rússia – e isso é inevitável, uma vez que a desordem reina na retaguarda – significará um infame encerramento da guerra, acarretando terríveis conseqüências para o país. O exército perdeu a intimidade com o que acontecesse dentro das fronteiras, mas com certeza será atingido pelos efeitos das desordens. É impossível pedir que as tropas travem a guerra com dedicação, enquanto a revolução progride, nas cidades. Por sua formação recente e dispondo de um quadro de oficiais ainda jovem, muitos dos quais provenientes da reserva ou dos bancos universitários, não podemos supor que o exército se manterá imune aos eventos que ocorrem na Rússia.

Alekséiev recomendou que o czar cedesse à vontade da Duma de formar um gabinete. Seu telegrama alcançou Nicolau pouco antes da meia-noite, causando-lhe uma impressão tão forte que ele tomou duas decisões: informar Rodzianko sobre sua concordância em que o Parlamento iniciasse a formação de um gabinete e deter o avanço do general Ivanov sobre Petrogrado. Tendo passado adiante essas instruções, o soberano retirou-se para seu vagão, atravessando a noite sem dormir.

Enquanto o czar revirava-se na cama, preocupado com a família e imaginando o resultado que produziriam as concessões que fizera, o general Ruzski entrou em contato com Rodzianko, mantendo com ele uma conversação telegráfica que durou quatro horas. Ciente dos desejos do imperador, o político transmitiu ao militar as informações mais recentes sobre a situação da capital: a guarnição estava completamente fora de controle, e os soldados brigavam entre si; qualquer medida seria irrelevante, pois só a abdicação pacificaria os rebeldes. As fitas da conversa de Ruzski com o presidente da Duma foram enviadas a Alekséiev, em Moguiliov; aturdido com a sua leitura, ele convocou os oficiais superiores que lhe estavam subordinados, pondo-os a par do seu inteiro teor e solicitando que opinassem a respeito do que dissera Rodzianko. Pessoalmente, Alekséiev declarou ser favorável à abdicação de Nicolau, em favor de seu filho menor, assumindo a regência o irmão do czar, grão-duque Nikolai Nikoláievitch.

Às 10h45 do dia 2 de março, Nicolau tomou conhecimento das fitas com a transcrição da conversa entre Ruzski e o presidente da Duma. Ouvindo-as em silêncio, o czar prometeu que consideraria a hipótese, embora duvidasse que o povo compreenderia tal iniciativa. Ele afirmou

> sua mais firme convicção de que nascera para a desgraça, de que trouxera à Rússia grande desgraça. Disse que percebera claramente, na noite anterior, que nenhum manifesto [sobre o ministério da Duma] ajudaria de alguma forma (...). "Se é necessário que eu me afaste, para o bem da Rússia, estou preparado para fazê-lo."

Por volta das 14 horas, as respostas dos comandantes do Exército e da Armada haviam chegado a Pskov, e foram levadas por Ruzski, acompanhado de dois outros generais, às mãos de Nicolau. Unanimemente – incluindo o próprio grão-duque Nikolai Nikoláievitch, comandante do Cáucaso –, os oficiais superiores concordavam que Nicolau devia desistir da Coroa. Retirando-se, o czar reapareceu uma hora depois, com o texto de um manifesto de abdicação, manuscrito e em duas vias de papel telegráfico, uma dirigida a Rodzianko e outra a Alekséiev, passando a coroa a Alexis e recomendando que a regência fosse confiada ao grão-duque Mikhail.

Tudo indica que Nicolau abdicou por motivos patrióticos, convencido pelos generais de que tal atitude era indispensável para manter a Rússia na guerra e garantir a vitória. Se sua primeira preocupação tivesse sido a manutenção do poder, ele teria firmado a paz com a Alemanha – como Lênin, um ano depois – e lançado as tropas contra os amotinados, em Petrogrado e Moscou.

Antes que pudesse tornar público o documento da abdicação, Ruzski soube que dois deputados da Duma estavam a caminho de Pskov. Guchkóv era um deles. Diante dessa notícia, Nicolau solicitou que os papéis lhe fossem devolvidos: ao que parece, ele acreditou que os parlamentares monarquistas poderiam ser portadores de novidades que o manteriam no trono. Enquanto os esperava, consultou o médico da corte sobre a doença de seu filho. Raspútin havia assegurado que, ao completar 13 anos – justamente em 1917 –, Alexis estaria completamente curado. A informação era correta? Infelizmente, respondeu o médico, a medicina desconhecia milagres desse tipo. Isso alterou a decisão do czar, que não querendo separar-se do filho doente, resolveu passar o cetro ao grão-duque [Mikhail]. O antigo patrimonialismo, que tratava a Coroa como propriedade do monarca, manifestou-se nesse derradeiro ato impulsivo, irrealista e ilegal.

Os dois deputados chegaram às 21h45 e foram logo conduzidos ao vagão do czar. Não traziam boas-novas: a liderança da Duma também recomendava a abdicação, em favor do *czariévitch*. Nicolau respondeu que já estava resolvido quanto a isso, mas diante da perspectiva de que seu filho jamais teria cura, renunciaria à Coroa em nome de ambos, e em favor de Mikhail. Aturdidos, os parlamentares só puderam constatar que a decisão de Nicolau era inabalável. Revisto, o manifesto salientava que o sacrifício da monarquia tinha em vista levar a Rússia à vitória, na "dura guerra travada" contra um inimigo inclinado a escravizar o país.* Enquanto se tratava de copiar o documento, Nicolau concordou com a solicitação dos deputados, no sentido de que Lvov assumisse o cargo de presidente do Conselho de Ministros, e o grão-duque Nikolai Nikoláievitch o de comandante-em-chefe das tropas. Feito isso, partiu para Moguiliov, a fim de se despedir do exército. Naquela noite, ele escreveu em seu diário: "Deixo Pskov de madrugada cheio de sentimentos opressivos sobre os acontecimentos. Em torno de mim só há traição, covardia e decepção."

A abdicação de Nicolau foi uma espécie de anticlímax: quatro dias antes, a Duma e o Soviete de Petrogrado decretaram a sua deposição. No entanto, analisada num contexto mais amplo, o gesto teve um grande significado. O czar era a alma da estrutura política do país. Todos os instrumentos da autoridade convergiam para sua pessoa e todo o pessoal burocrático e militar devia obediência a ele. A população via nele a personificação do Estado. Sua retirada deixou um vácuo.

No início da manhã de 3 de março, quando Guchkóv e seu colega regressaram a Petrogrado, levando o manifesto da abdicação, eles encontraram o gabinete reunido com Mikhail. Mais do que surpreso, o grão-duque aborreceu-se pelo fato de seu irmão nomeá-lo sucessor ao trono, sem preocupar-se em consultá-lo a respeito. Seguiu-se uma cena patética, na qual Miliukóv implorava ao nobre que aceitasse a Coroa, enquanto Kérenski, com apoio da maioria do gabinete, pedia que ele a recusasse. O que pesou na decisão parece ter sido a incapacidade de Rodzianko para garantir a segurança pessoal de Mikhail. À tarde, ele assinou outro manifesto, declinando da Coroa até que, e a menos que, a Assembléia Constituinte considerasse conveniente depositá-la sobre sua cabeça. No dia seguinte, 4 de março, os dois

*Nas histórias comunistas e em outras, escritas por estudiosos ocidentais identificados com a escola "revisionista", o papel das tropas amotinadas e a questão da guerra são minimizados, se não completamente ignorados, de tal sorte que a Revolução de Fevereiro surge como um levante social, conduzido por trabalhadores industriais e dirigido contra a continuação das hostilidades. Raramente mencionando os trabalhadores, fontes contemporâneas não oferecem apoio a tal interpretação, e ainda indicam que o fato-clímax – a abdicação de Nicolau II – foi motivado pelo desejo de manter o país na guerra, conduzindo as operações de forma mais eficaz.

manifestos foram divulgados, segundo testemunhas, para grande júbilo da população.

Nicolau seguiu para Tsárskoie Sieló, onde ele e sua família ficaram em prisão domiciliar. Durante os próximos cinco meses, suas vidas transcorreram em calma; o czar tirava neve com a pá, lia para a família e fazia caminhadas. O governo, querendo-o fora do caminho, negociou seu asilo com a Inglaterra. Os britânicos concordaram, mas temerosos das objeções do Partido Trabalhista, acabaram recuando. Esse outro ato de deslealdade deprimiu profundamente o ex-czar.

Os intelectuais que assumiram o novo governo da Rússia estavam preparados para a tarefa pela qual esperaram muitos anos, mas careciam de experiência administrativa, pois haviam rejeitado todas as oportunidades de adquiri-la, durante e após a Revolução de 1905. Entendiam que política significava legislar. Por isso, e com a intenção de retificar os abusos característicos do Antigo Regime, o Governo Provisório baixou um número incontável de leis, muito embora não tenha sido capaz de criar um conjunto de novas instituições que substituíssem as que foram destruídas. Na Rússia, acostumada ao poder centralizado e às ordens de cima, estabeleceu-se uma forma superlativa de *laissez-faire* político – e isso em meio a um conflito que envolvia o mundo inteiro, inflação acelerada e agitação agrária.

De acordo com o programa de oito pontos acertado como o *Ispolkóm*, no dia 4 de março, o governo dissolveu o Departamento de Polícia – *Okhrána* – e o Corpo de Gendarmes, transferindo suas funções a milícias de cidadãos comandadas por oficiais eleitos e sob a responsabilidade dos *ziêmstva* e dos conselhos municipais. No dia seguinte, todos os governadores e vice-governadores foram exonerados e as atribuições desses cargos passaram para os presidentes dos conselhos provinciais, que nunca tinham exercido funções administrativas. Na primavera de 1917, a Rússia convertera-se no único exemplo de governo nascido de uma revolução que desmantelara a engrenagem administrativa antes de instituir outra que a substituísse.

O vazio não se tornou de imediato perceptível. Todos os cidadãos, incluindo os mais reacionários, juraram obediência ao Governo

Provisório, o que pareceu ser suficiente naquele primeiro momento, quando os fatos eram impelidos pelo entusiasmo popular. Os aliados, começando pelos Estados Unidos – em 9 de março –, satisfeitos com a determinação do país de se manter na guerra, não regatearam seu reconhecimento diplomático. Mas as demonstrações de apoio do povo e de países estrangeiros eram ilusórias, pois tinham como alvo um governo firme, que, na verdade, flutuava no ar. Nabókov registrou em suas memórias do Governo Provisório a lembrança de "uma atmosfera de irrealidade, que abarcava todos os fatos da vida".

Um aspecto dessa irrealidade estava na natureza dual do poder. O *Ispolkóm* não perdeu uma só oportunidade de deixar claro que o governo existia apenas por concessão, e que, se os ministros podiam engajar-se na "alta política", aliás de modo rigorosamente limitado, o dia-a-dia era responsabilidade do Soviete. O *Ispolkóm* legislava a respeito de tudo. Sob pressão dos trabalhadores, instituiu a jornada de oito horas em todas as empresas, mesmo aquelas cuja produção destinava-se ao esforço de guerra. Por sua ordem, os membros da família imperial e o grão-duque Nikolai Nikoláievitch foram presos no dia 3 de março; 48 horas depois, fecharam-se os jornais "reacionários" e estabeleceu-se a censura do Soviete sobre todas as publicações em circulação. Restaurando práticas anteriores a 1905, a tentativa de cercear a liberdade de opinião levantou tamanhos protestos que teve de ser revogada. Todavia, sinalizou a disposição da *intelligentsia* socialista, capaz de professar os mais elevados ideais democráticos e, ao mesmo tempo, violar um princípio cardeal da democracia.

Insistindo em que o governo não tomasse nenhuma medida importante sem sua aprovação, o *Ispolkóm* montou uma "Comissão de Contato", formada por cinco intelectuais socialistas, para garantir o cumprimento de suas determinações. Segundo Miliukóv, o governo satisfazia todas as demandas da comissão.

Particularmente atento às Forças Armadas, mas com o pretexto de "facilitar as comunicações", o *Ispolkóm* designou representantes no Ministério da Guerra, nos quartéis-generais do Exército e na esquadra. A partir de 19 de março, as ordens dos comandantes militares não eram postas em prática sem a aprovação desses comissários.

Não foi preciso mais do que um mês, para que o Soviete de Petrogrado estendesse sua autoridade a todo o país. Admitindo delegações de sovietes de cidades, de províncias e de unidades posicionadas na linha de frente, ele passou a denominar-se Soviete Pan-Russo de Deputados Trabalhadores e Soldados, e sua executiva foi rebatizada, recebendo o nome de Comitê Executivo Central Pan-Russo (CEC), com 72 membros, entre os quais 23 eram mencheviques, 22 socialistas-revolucionários e 12 bolcheviques. A essa altura, o CEC já suplantava o Soviete. Instalado em 28 de fevereiro, até 3 de março, o plenário reuniu-se diariamente; depois, ao longo de todo o mês, quatro vezes, e em abril, seis. Seus procedimentos não mereciam mais a atenção de ninguém e sua função principal reduzira-se a ratificar, por aclamação, as resoluções do CEC.

Embora o *Ispolkóm* e seu sucessor, o CEC, posassem de autênticos porta-vozes das massas, nenhum de seus membros representava as organizações camponesas. As entidades mandatárias de 80% da população tinham seu próprio sindicato, mantendo-se à parte do Soviete. O Soviete Pan-Russo, portanto, falava por apenas uma fração dos habitantes do país, 10% a 15%, no máximo, descontada a "burguesia", que não tinha delegados.

O Governo Provisório também legislava profusamente – a indústria legislativa era o setor mais produtivo da economia russa. É de se lamentar que, enquanto se criavam novas liberdades, passavam despercebidas ao país as novas obrigações. Pior: no que diz respeito a três questões mais urgentes – a reforma agrária, a Assembléia Constituinte e a paz –, o governo foi mais negligente.

As notícias sobre a abdicação do czar chegaram às áreas próximas das grandes cidades, mas, devido ao inverno, transitaram lentamente para os distritos rurais. A maioria das aldeias soube da Revolução com um atraso de quatro a seis semanas – isto é, na primeira metade de abril, quando o degelo começou. A primeira reação alcançou as famílias, que, graças à legislação de Stolípin, se retiraram das comunas e foram obrigadas a retornar ao curral. Os camponeses também invadiram os latifúndios, promovendo desmatamentos e roubando cereais. Mas sem muita violência. Organizados pelos SRs, eles atenderam ao seu pedido para esperar pacientemente o decreto sobre a reforma agrária. E ficaram esperando.

Durante meses, o governo adiou a convocação de uma Assembléia Constituinte, não só violando o acordo com o *Ispolkóm*, mas contrariando seus próprios interesses fundamentais, pois só por meio dela o governo pós-czarista adquiriria legitimidade incontestável e estaria protegido dos ataques de extremistas de direita e de esquerda. É indubitável que a tarefa de organizar um processo eleitoral justo, sob condições de guerra e revolução, exigiria esforços formidáveis. Mas quando a monarquia francesa caiu, em 1848, a Constituinte foi convocada em dois meses; na Alemanha, em quatro, ao final de 1918, logo após a derrota e em meio a insurreições sociais que assombravam os políticos sucessores do *Kaiser*. O Governo Provisório russo foi incapaz de fazê-lo ao longo dos seus oito meses no poder. Havia sempre questões mais urgentes a tratar, e a demora acabou contribuindo muito para sua derrubada, pois permitiu aos bolcheviques clamar que apenas o Soviete estava em condições de garanti-la.

No que diz respeito à guerra, o erro foi do Soviete. Em tese, à exceção dos adeptos de Lênin, todos os partidos tiravam proveito do conflito bélico. Em que pese a concepção generalizada, de fevereiro de 1917, até o início do verão, o povo não se opunha à continuação das hostilidades. Testemunha dos acontecimentos de 1917 e autor do melhor relato dessa época, Nikolai Sukhánov escreveu que, nas primeiras semanas da Revolução de Fevereiro, "em Petrogrado, a massa de soldados não queria ouvir falar de paz e estava pronta a brandir baionetas contra qualquer 'traidor' incauto que 'abrisse o *front*' ao inimigo". Os próprios bolcheviques, que consideravam a paz como o prelúdio da Guerra Civil, chave para a tomada do poder, tomavam os maiores cuidados na sua propaganda antiguerra. Não obstante, sua impopularidade junto às tropas era flagrante; no pleito realizado em 8 de abril, para preencher os assentos correspondentes aos soldados, no CEC, nenhum bolchevique elegeu-se.

Os pronunciamentos do Soviete punham em evidência uma política bastante contraditória, favorável à guerra considerada "imperialista". Em seu "Apelo aos Povos do Mundo", datado de 15 de março, o

Ispolkóm conclamava os que haviam sido "deixados de tanga pela guerra monstruosa" a empunhar a bandeira da Revolução, "e resistir por todos os meios à política de rapina de suas classes dominantes". O cidadão comum ficou inteiramente confuso. Se as "classes dominantes" russas tinham uma "política de rapina", por que mantê-las no poder, ou permitir que consumissem tudo numa "guerra monstruosa"? Deixando de lado essas exortações, o Governo Provisório prometeu aos Aliados que a Rússia travaria a guerra com todas as forças e em todas as frentes, reafirmando a intenção de anexar Constantinopla e os Estreitos, conforme ficara acertado, em 1915. Entretanto, pressionado pelo Soviete, recuou, negando estar interessado em conquistas e anexações.

A Revolução de Fevereiro espalhou-se pacificamente. Na maioria das localidades, os funcionários czaristas pediram demissão e a autoridade passou aos *ziêmstva* ou aos conselhos sovietes locais. Foi supreendente a rapidez com que o Estado se despedaçou – como se o maior império do mundo não passasse de uma ficção, destituído de unidade orgânica. No instante mesmo em que o monarca se retirou, toda a estrutura veio abaixo. Kérenski afirma que houve momentos em que lhe pareceu

> bastante inadequada a palavra "revolução", face ao que acontecia, na Rússia (...). Um mundo inteiro de relações políticas e nacionais afundou-se, e foram para o espaço, como se não tivessem objetivo, inúteis, todos os programas e táticas políticas claros e bem-elaborados.

Nas palavras de V. Rózanov:

> A Rússia definhou em dois dias. No máximo, três. Seria impossível fechar o jornal *The New York Times* em tão pouco tempo. Incrível, como o país se fez em pedaços tão rapidamente, tudo reduzindo-se a pó. De fato, sem excluir a "Grande Migração dos Povos", jamais ocorrera um levante tão formidável. Não havia Império, nem Igreja, nem exército, nem classe operária. Restava o quê? Pode parecer estranho, mas, literalmente, nada. Restavam as massas.

No fim de abril, apenas oito semanas após o desencadeamento da Revolução, a Rússia fora a pique. No dia 26, o Governo Provisório lançou um apelo patético, reconhecendo que não poderia mais governar o país.

Livres da causa de todos os seus males – o czarismo – os russos sentiram-se atordoados, lembrando aquela dama de Balzac que, recuperada de prolongada enfermidade, interpretava a cura como uma nova doença.

Parte II

Os bolcheviques conquistam a Rússia

5
Lênin e as origens do bolchevismo

Não é preciso acreditar que a História seja feita por "grandes homens" para perceber a imensa importância de Lênin para a Revolução Russa e o regime que dela se originou. Sua decisiva influência deveu-se não só ao poder que acumulou, mas ao regime estabelecido em outubro de 1917, que institucionalizou sua personalidade. Criador do Partido Bolchevique, Lênin concebeu-o à sua própria imagem, mantendo-o no curso que havia traçado, apesar da oposição que teve de enfrentar, interna e externamente. Logo após assumirem o poder, os bolcheviques baniram todos os grupamentos rivais, convertendo-se assim na única fonte real de autoridade política. Durante 74 anos, a Rússia comunista nada mais foi que a representação da mente e do espírito desse homem, cuja biografia se confunde com a própria história do país.

Embora tanto já se tenha escrito a seu respeito, a informação sobre a vida pessoal de Lênin é esparsa. Avesso a tudo o que pudesse distingui-lo de sua causa, negando-se mesmo a qualquer tipo de existência independente dela, os poucos traços biográficos de sua juventude – até os 23 anos – resumem-se a petições, certificados e outros documentos públicos. Não teve amigos nem deixou lembranças de como era nessa fase.

Lênin nasceu Vladímir Ilitch Ulianov, em abril de 1870, na cidade de Simbirsk, às margens do Volga, filho de uma família tradicional que desfrutava de relativo conforto. Inspetor de escola, seu pai chegou a alcançar o posto de conselheiro municipal, com *status* equivalente ao de general e título de nobreza transferível a seus descendentes. Conservador-liberal, era um admirador das reformas de Alexandre II.

Um ano após sua morte, ocorrida em 1886, seu filho mais velho, Aleksandr, foi preso por tramar o assassinato do czar. A sociedade local condenou os Ulianov ao ostracismo. Embora a hagiografia conte que Lênin transformou-se em revolucionário, devido à morte do irmão, aos 17 anos, não há provas que sustentem essa tese. Ao contrário, ele manteve um desempenho estudantil exemplar, ano após ano, obtendo medalhas de ouro por aproveitamento nos estudos e bom comportamento, sem demonstrar interesse por assuntos políticos.

Graças a esse currículo, conseguiu ser admitido na Universidade de Kazán. Por extraordinária coincidência, o diretor da escola em que estudara, na sua cidade natal, era o pai de Aleksandr Kérenski; recomendando-o ao curso superior, referiu-se a ele como "jovem retraído", "pouco sociável", que "jamais deu a seus superiores ou professores, por uma única palavra ou atitude, qualquer motivo para que formassem a seu respeito opinião desfavorável". Não fosse a estúpida persistência do regime czarista em tratar todo ato de insubordinação como crime político, Lênin poderia ter feito carreira, tornando-se um burocrata proeminente.

Ao entrar na universidade, reconhecido por outros estudantes como o irmão de Aleksandr que acabara de ser executado, naquele mesmo ano Lênin foi atraído para uma organização política clandestina. Sua participação veio à luz numa inofensiva reunião de protesto contra alguns regulamentos, e ele foi expulso. Tais punições desmedidas garantiam ao movimento revolucionário um fluxo permanente de novos recrutas.

Proibido de ingressar em outro estabelecimento de ensino, compreensivelmente ressentido, Lênin ficou ocioso durante quatro anos, desesperado a ponto de levar sua mãe a temer que se matasse. Enquanto ela procurava as autoridades universitárias, solicitando que o readmitissem, o jovem familiarizou-se com a literatura radical, transformando-se num revolucionário fanático, determinado a destruir o Estado e a sociedade que o haviam tratado de modo tão vil. Em contato freqüente com ele, ao longo da última década do século passado, Struve recorda que seu estado de espírito

> predominante – *Einstellung* – era o ódio. Lênin entregou-se à doutrina de Marx basicamente porque encontrava nela resposta para tudo aquilo que ocupava a sua mente. A incansável guerra de classes, objetivando a destruição e o extermínio completo do inimigo, tinha tudo a ver com a atitude emocional de Lênin diante da realidade. Ele odiava não somente a autocracia existente (o czar) e a burocracia, não apenas a autoridade policial, ilegal e arbitrária, mas seus antípodas – os "liberais" e a "burguesia". Seu rancor tinha algo de repulsivo e terrível; enraizado em emoções e repugnâncias concretas, animais, era abstrato e frio, ao mesmo tempo, como Lênin inteiro.

A psicologia de Lênin fazia-o bem diferente dos típicos membros da *intelligentsia* russa que, segundo o novelista Ivan Turguêniev, eram como Hamlet ou Dom Quixote – inúteis sonhadores ou heróis temerários. Na verdade, sua personalidade o distanciava da maioria das pessoas. Mas era altamente dotada para a conquista de fiéis seguidores.

Tal como seu irmão mais velho, ele demonstrou simpatia pela "Vontade do Povo". Veteranos dessa organização terrorista, exilados na região do Volga, onde ele cresceu, ensinaram-no a montar um grupo revolucionário clandestino, rigidamente disciplinado, e a acreditar na necessidade de um ataque contínuo ao regime czarista – crença que ele manteve mesmo depois de adotar os princípios socialdemocratas.

A conversão ocorreu no início da última década do século XIX, sob o impacto do grande triunfo eleitoral obtido pela socialdemocracia alemã e mediante contatos com um pequeno grupo de russos, refugiados na Suíça. Lênin procurou contrabalançar a tendência anarquista da "Vontade do Povo", partindo do pressuposto marxista de que o socialismo não pode anteceder ao capitalismo, mas considerando que a Rússia já estava a meio caminho do desenvolvimento econômico característico desse sistema. Em 1891, quando as autoridades, enfim, permitiram que ele prestasse exame para obter o diploma de Direito, Lênin já incorporava uma combinação, relativamente comum naquela época, de anarcoterrorismo e socialdemocracia.

Aos 22 anos, sua têmpera estava forjada. Figura baixa e atarracada, prematuramente calvo, seus olhos de esguelha e maçãs do rosto salientes, aliados à maneira brusca de falar, em geral acompanhada por um riso sarcástico, causavam má impressão. Descrito pelos que o conheciam como um verdureiro provinciano, ou mestre-escola de aldeia, seu fogo interno logo consumia a primeira impressão que causava nas pessoas. Ele conhecia apenas duas categorias de homens – amigo e inimigo – os que o seguiam e o resto. Em 1904, muito antes de juntar-se a Lênin, Trótski comparou-o a Robespierre, que só reconhecia "dois partidos – o dos bons e o dos maus cidadãos". Essa tradução do contraste, ou diferença normal entre "eu/nós-você/eles", para o dualismo irreconciliável de "amigo-inimigo", acarretou duas importantes conseqüências históricas.

Em primeiro lugar, levou Lênin a considerar política como conflito permanente. Num raro momento de franqueza, ao definir a paz como "pausa para a guerra", inadvertidamente, ele nos permitiu um vislumbre dos mais profundos recessos de sua mente – sua incapacidade total de transigir, a não ser por alguma razão tática. No poder, suas atitudes e a de seus companheiros impregnaram todo o regime. Em segundo lugar, provocou uma total inabilidade, ou intolerância, diante de pontos de vista contrários. Enxergando em qualquer grupo ou indivíduo que não fosse membro de seu partido *ipso facto* uma ameaça, tornava-se imperiosa a sua eliminação. Dizer que Lênin não aceitava críticas parece pouco: ele simplesmente não as ouvia. Como dizia um escritor francês, um século antes, pertencia àquela categoria de homens que sabem tudo, exceto o que se fala deles. Com ele só havia duas opções: concordância ou luta. Tais são as sementes da mentalidade totalitária.

A convicção absoluta de Lênin sobre suas posições e sua ausência de escrúpulo moral, atraíram pseudo-intelectuais aspirantes à certeza num mundo incerto. Eles acorreram ao Partido Bolchevique, juntando-se aos camponeses jovens, semi-analfabetos, que convergiam para as cidades em busca de trabalho e se viam à deriva, desarraigados das relações pessoais que caracterizavam a aldeia. No partido de Lênin, coeso em torno de lemas simples, eles se sentiam participantes.

Profundamente comprometido com a Revolução, Lênin era mais tolerante com seus seguidores, ainda que discordassem dele, em torno de questões específicas. Pela mesma razão, demonstrava um tipo especial de modéstia: submerso na causa, seu ego não carecia da adulação pessoal, comumente associada aos ditadores. Bastava-lhe que ela alcançasse êxito.

Possuía um forte traço de crueldade, e condenou milhares de pessoas à morte, sem remorso, embora também sem prazer. O escritor Maksim Górki, que o conhecia bem, disse que os seres humanos não lhe despertavam "quase nenhum interesse (...) ele pensava apenas em partidos, massas, estados". Depois de 1917, diante dos pedidos de clemência encaminhados por Górki em benefício desse ou daquele condenado, ele revelaria uma perplexidade verdadeira, sem entender como o amigo podia vir incomodá-lo com trivialidades. Em geral, o outro lado da crueldade é a covardia. Isso era bem evidente em Robespierre. No caso de Lênin, sempre que havia risco físico, ele se eclipsava, não hesitando em abandonar suas tropas. Na cabeça do Estado, fez uso dos poderes ilimitados de que dispunha, para exorcizar seus medos, ordenando execuções maciças de inimigos reais ou existentes apenas na sua imaginação.

Aos 30 anos, tendo formulado a teoria e a prática do bolchevismo, ergueu um muro invisível e impenetrável às idéias alheias. Divergências excitavam suas paixões destrutivas. Sua força, como revolucionário, foi sua fraqueza como homem de Estado: formidável em combate, carecia das qualidades humanas necessárias para governar. Esse defeito derrotaria seus esforços com vistas à criação de uma nova sociedade. Lênin não podia compreender que pessoas comuns quisessem simplesmente viver em paz.

NO OUTONO DE 1893, Lênin mudou-se para São Petersburgo. Alegou que pretendia praticar Direito, mas seu interesse era político. A crescente influência marxista sobre a *intelligentsia* mais jovem persuadira-o a abandonar a ideologia da "Vontade do Povo". Adotando a noção de que o desenvolvimento capitalista era essencial à Revolução, e que sua tarefa imediata consistia em organizar os trabalhadores, buscou contato direto com os operários; decepcionou-se, pois eles se mostraram bastante desinteressados dos assuntos políticos e insensíveis à agitação revolucionária. Junto com outros camaradas, Lênin passou a distribuir panfletos nas portas das fábricas, apoiando as reivindicações econômicas dos trabalhadores, na esperança de que isso os levasse a confrontar as autoridades do Estado e à politização. Preso por causa dessa atividade, foi condenado a três anos de exílio na Sibéria. Na companhia de sua noiva, Nadiéjda Krupskaia, ele alugou uma confortável casa de campo e passou esse período escrevendo, traduzindo e praticando atividades físicas ao ar livre.

As notícias que recebia de casa, contudo, não lhe traziam conforto. As heresias permeavam o movimento socialdemocrata, enfraquecido por divisões. Preocupou-o sobretudo o surgimento de uma corrente que, reconhecendo o apoliticismo da classe trabalhadora, insistia em que os socialistas se concentrassem na atividade sindical. Como os sindicatos operavam no sistema capitalista, Lênin os considerava anti-revolucionários natos. Antes do término de seu exílio, ele formulou uma nova teoria revolucionária, descrita em *Que fazer?*, livro que publicou na Alemanha, em 1902.

A tese leninista era que o operário, entregue a si mesmo, não faria a revolução, fechando acordo com o capitalista. Premissa idêntica havia inspirado Zubátov, na criação dos sindicatos tutelados pela polícia. "O movimento trabalhista, separado da socialdemocracia (...) inevitavelmente se torna burguês", escreveu Lênin. Essa afirmação assustadora implicava que os trabalhadores precisavam ser conduzidos por um partido socialista composto de revolucionários profissionais, ou trairiam seus interesses de classe – assim concebidos pelos socialistas – e se venderiam. Para o seu próprio bem, o proletariado deveria aceitar a liderança de uma minoria messiânica.

> Nenhuma classe na história logrou estabelecer seu domínio a menos que tenha produzido políticos capazes de organizar o movimento e conduzi-lo (...). É necessário preparar homens que dediquem à revolução não apenas algumas tardes livres, mas suas vidas inteiras.

À medida que os trabalhadores precisavam ganhar o sustento e não podiam devotar "suas vidas inteiras" ao movimento revolucionário, de acordo com a premissa de Lênin, a *intelligentsia* socialista tinha de assumir a liderança da causa. Essa inferência não-marxista levou à criação de um partido que, antes e depois da tomada do poder, agia em nome dos trabalhadores, sem sua autorização.

Retomando as práticas da "Vontade do Povo", Lênin propôs que o Partido Socialdemocrata Russo, formalmente criado em 1903, adotasse uma forma de organização clandestina e centralizada. Todas as decisões passariam a ser tomadas pela liderança e postas em prática por células locais, sem questionamentos. Quando a maioria rejeitou esse programa, Lênin deu início à organização de sua própria facção, dentro do partido, preparando-se para formar com ela, ou a partir dela, um grupamento político separado.

Embora mantendo-se no mesmo partido, pelo menos nominalmente, até 1912, o "racha" entre mencheviques e bolcheviques ocorreu por volta de 1906-1907. Os primeiros, mesmo tendo aderido ao ideal marxista de um levante social, estavam satisfeitos em instruir e organizar os trabalhadores. Os seguidores de Lênin preparavam quadros para a revolução que viria. No auge de sua popularidade, em 1907, os bolcheviques tinham 46.100 membros inscritos, contra 38.200 mencheviques – isso num país de 150 milhões de habitantes e cerca de dois milhões de trabalhadores. As deserções, que não tardaram, diminuíram esses modestos números. No período mais calmo da era de Stolípin – 1910 –, segundo estimativa de Trótski, os adeptos dos grupos divergentes, somados, talvez não chegassem a dez mil. No V Congresso do partido, realizado em 1907, verificou-se que 78,3% dos bolcheviques eram originários da Grande Rússia, de onde provinham apenas 34% dos mencheviques, todavia predominantes na Geórgia e entre os judeus. De acordo com L. Mártov, líder dos mencheviques, os organismos de direção não eram preenchidos por trabalhadores, mas por intelectuais, que constituíam a maioria das duas facções.

As diferenças entre Lênin e os mencheviques eram organizacionais e programáticas. Para fazer a revolução – segundo Lênin – seria preciso reunir o maior número possível de oponentes do *status quo*, incluindo aqueles cujas aspirações, a longo prazo, fossem conflitantes com o socialismo. Entre esses, ele tinha em vista, antes de tudo, os camponeses e as minorias não-russas.

A exemplo dos marxistas ocidentais, os socialdemocratas russos tratavam o campesinato, exceto a minoria que não tinha acesso à terra, como "pequenos-burgueses" reacionários. Eles se opunham ao desejo manifesto das comunas russas de adquirir todas as terras privadas. No plano ideal, defendiam a sua nacionalização, primeiro passo no sentido da coletivização, sob a qual o camponês se tornaria assalariado do Estado, como o trabalhador fabril. Lênin compartilhava dessa visão, mas, percebendo a importância capital do apoio do campesinato e pensando em termos de tática revolucionária, imaginou que não havia mal em ceder à vontade deles; assim, provisoriamente, decidiu adotar o programa SR, que proibia a venda de terras, transferindo-as às comunas. Após a conquista do poder, a questão da terra se resolveria à moda marxista.

Com relação às minorias raciais, adotou uma tática similar de aproximação. Como outros socialistas, ele repudiava o nacionalismo e era a favor da assimilação, rejeitando soluções, como federalismo ou autonomia cultural, que institucionalizassem diferenças étnicas. Seu programa oferecia tudo ou nada às minorias – poderiam tornar-se russas ou optar pela separação, formando um estado independente. Aos que temiam a balcanização da Rússia, Lênin dizia, primeiro, que fronteiras econômicas prevaleceriam, evitando a divisão; segundo, que se isso não bastasse para frustrar impulsos centrífugos, os socialistas poderiam trazer os territórios de volta ao curral, com base no princípio mais elevado da "autodeterminação do proletariado".

Lênin considerava as duas bandeiras – posse da terra, para os camponeses, e autonomia nacional das minorias – nada mais que concessões temporárias.

> Trata-se de assegurar o apoio de um aliado contra um *determinado* inimigo, e os socialdemocratas fornecem esse apoio, para acelerar a queda do inimigo comum, sem reivindicar *nada para si* desses aliados temporários, e sem lhes conceder nada em troca.

Para os SDs, a década que precedeu a Revolução de 1917 foi um período de intrigas e disputas intermináveis, muitas das quais envolvendo dinheiro.

Enquanto os mencheviques financiavam suas operações por meio de contribuições angariadas entre seus adeptos, as somas de que Lênin precisava eram muito mais vultosas, visto que ele mantinha revolucionários em tempo integral. Cotas pagas por patronos ricos cobriam parte das necessidades. Nessa época, escreve Leonid Krásin, seguidor bem próximo de Lênin, "era de bom-tom, nos círculos mais ou menos radicais, dar dinheiro aos partidos revolucionários, e entre os que compareciam regularmente, com quantias entre 5 e 25 rublos, estavam advogados, engenheiros, médicos proeminentes, diretores de banco e funcionários do governo". Todavia, as contribuições dos "burgueses" penitentes não bastavam e os bolcheviques recorriam a assaltos, eufemisticamente chamados de "expropriações". Em 1907, roubaram 250 mil rublos de um banco, em Tíflis – cerca de 125 mil dólares. Os números de série das cédulas tinham sido anotados e as tentativas de trocá-las, no estrangeiro, permitiram a prisão de vários destacados militantes do partido, entre eles Maksim Litvínov, futuro ministro soviético das Relações Exteriores. Em outra ocasião, usaram uma combinação de chantagem e aliciamento para abastecer seu caixa, apropriando-se do patrimônio de um rico simpatizante marxista, uma quantia superior a 100 mil rublos, que ele tinha legado ao Partido Socialdemocrata. De acordo com Mártov, tais crimes possibilitavam aos bolcheviques destinar mensalmente às organizações de São Petersburgo e Moscou mil e 5 mil rublos, respectivamente, enquanto as verbas mensais dos SDs não passavam de 100 rublos.

Lênin utilizava esse dinheiro para pagar salários e publicar jornais, na Rússia. Na sórdida disputa travada entre os órgãos de segurança e os revolucionários, a cooperação entre a caça e o caçador era habitual. Ávido por promover atritos internos ou rivalidades entre os partidos revolucionários, o Departamento de Polícia infiltrava-os com seus agentes secretos, incumbidos de relatar as atividades e os planos que ouviam e exacerbar conflitos ideológicos e pessoais nos círculos radicais. A polícia resolveu explorar a hostilidade de Lênin em relação aos mencheviques, justamente para manter a tensão entre as duas facções do Partido Socialdemocrata, tornando-as, assim, menos perigosas.

Um desses homens, Roman Malinovski, depois de penetrar nas fileiras bolcheviques, chegou a liderar a bancada do partido, na Duma, ao mesmo tempo em que carreava fundos da polícia, destinando-os à publicação do diário de Lênin, *Pravda*; ele próprio foi quem nomeou outro agente, como editor do jornal e responsável pela censura dos artigos assinados por Lênin. Não se sabe ao certo até que ponto Lênin desconhecia as conexões de Malinovski, mas deve ter pensado que poderia valer-se delas, mais do que sair perdendo. O fato de que tenha rejeitado informação dada pelos mencheviques e SRs sobre as origens de Malinovski e mantido com ele relações cordiais, mesmo depois de não pairarem quaisquer dúvidas a respeito, aponta a segunda alternativa como mais provável.*

LÊNIN DEU BOAS-VINDAS à eclosão da Primeira Guerra Mundial, pois contava que as massas de trabalhadores e camponeses iriam rebelar-se contra a carnificina e, sob a direção dos socialistas, transformar o conflito internacional em Guerra Civil. Durante mais uma crise nos Bálcãs, em janeiro de 1913, escreveu a Górki: "Uma guerra entre a Áustria e a Rússia seria de grande utilidade para a revolução (em toda a Europa Oriental), mas não é muito provável que Francisco José e Nicky [Nicolau II] nos dêem esse prazer [!]." A Inessa Armand, sua amante, referindo-se ao início do conflito, ele enviou um cartão que começava assim: "Minha querida e mais querida amiga! Os melhores cumprimentos pelo começo da Revolução na Rússia."**

---

*Malinovski foi desmascarado em 1914 e, em seguida, afastou-se de sua cadeira, na Duma, viajando para o exterior. Retornou à Rússia soviética, em novembro de 1918, no auge do Terror Vermelho, aparentemente contando com o apoio de Lênin. Mas Lênin não tinha mais uso para ele e Malinovski foi executado.

**Centro Russo para Preservação e Estudo de Documentos de História Moderna – *RTsKhIDNI*. Mussolini e outros protofascistas italianos alimentavam idênticas esperanças revolucionárias. Vd. desse autor, *Russia under the Bolshevik Regime*, p. 250, Nova York, 1994.

Nessa época, ele vivia em Cracóvia, ao sul da Polônia. Em troca de subsídios financeiros recebidos do governo austríaco, Lênin apoiava a independência da Ucrânia russa, que Viena promovia ativamente, como meio de enfraquecer o czar. Em momento algum, ele aconselhou os ucranianos a se libertarem da Áustria-Hungria. Considerado inimigo estrangeiro e confinado, não demorou a ser solto, e viajou sob escolta para a Suíça, onde passaria os próximos dois anos e meio. Após sua chegada, divulgou um documento programático segundo o qual a perda da Rússia, para os alemães e austríacos, seria "o mal menor". Foi o único socialista europeu proeminente a defender a derrota de seu próprio país.

De fato, a socialdemocracia européia traíra suas promessas solenes de opor-se ao desencadeamento do conflito cujo fardo cairia sobre os ombros dos diversos povos envolvidos. O apoio dos diversos partidos socialistas a seus respectivos governos nacionais provocou uma crise no movimento socialista internacional – a maioria favorável à guerra ficou contra uma minoria, com forte representação russa, que reivindicava a suspensão imediata das hostilidades. Lênin encabeçava a ala extrema dessa minoria, insistindo na transformação da luta entre as nações em luta de classes.

Sua propaganda derrotista atraiu a atenção do governo alemão, junto ao qual trabalhava Aleksandr Helphand – o Parvus –, um expatriado radical, que em Berlim desempenhava as funções de especialista em questões russas. Criador da teoria da "revolução permanente", mas desiludido com o fracasso da Revolução de 1905, Parvus concluiu que só o exército alemão podia livrar a Rússia do czarismo. A eclosão da guerra – argumentava ele – fazia coincidir o interesse do governo alemão com o dos revolucionários, pois só o esmagamento dos exércitos do czar poderia levar à queda da monarquia. Em maio de 1915, com autorização oficial, fez contato com Lênin, em Zurique; em troca de ajuda financeira, o líder bolchevique concordou em fornecer a um nacionalista estoniano – agente alemão – os relatos sobre as condições internas da Rússia, que lhe eram enviados regularmente por seus seguidores. É evidente que tais atividades, assim como suas relações com o governo austríaco, constituíam grande traição e, até o fim da vida, Lênin guardou completo silêncio a respeito. Os fatos só vieram à tona depois que os arquivos da Alemanha e da Áustria foram abertos.

Entre 1915 e 1916, sempre na Suíça, Lênin participou de duas conferências convocadas pelos socialistas antibelicistas. Nelas, os bolcheviques ficaram em minoria, de um lado, opondo-se aos apelos por um cessar-fogo imediato e, de outro, insistindo na transformação da guerra "imperialista" em Guerra Civil. A maioria sustentou que tal bandeira era impraticável e perigosa; um delegado observou que, de volta a casa, os signatários de tal plataforma seriam fuzilados, enquanto Lênin continuaria em segurança na Suíça. Ainda assim, foram essas posições que forneceram a base programática da Terceira Internacional – a Internacional Comunista – que ele fundaria, na Rússia soviética, em 1919.

Nos anos de guerra, Lênin e Krupskaia enfrentaram muitas privações, pobreza e isolamento da Rússia. Viviam em acomodações semelhantes a cortiços, faziam suas refeições na companhia de prostitutas e criminosos, abandonados por muitos seguidores que os consideravam uma dupla de fanáticos perigosos. Nesse período sombrio, o único raio de luz para Lênin foi seu caso amoroso com Inessa Armand, filha de artistas do teatro musical, casada com um russo rico. Ela o conhecera em Paris, no ano de 1910, e logo tornou-se sua amante, sob o olhar complacente de Krupskaia. Armand parece ter sido o único ser humano com quem ele estabeleceu verdadeira intimidade.

Apesar de toda a sua conversa sobre Guerra Civil, Lênin tinha pouca fé na iminência da revolução. Dirigindo-se a um encontro de jovens socialistas, em Zurique, em 9/22 de janeiro de 1917, ele previu que "nós, dos velhos tempos, talvez não vivamos [para ver] as batalhas decisivas do surgimento da revolução". Sete semanas depois, o czarismo caiu.

6
O golpe de outubro

AS TENTATIVAS FRACASSADAS DOS BOLCHEVIQUES PARA ALCANÇAR O PODER

Embora haja referências a duas revoluções russas, em 1917, uma em fevereiro e outra em outubro –, apenas a primeira merece esse nome. Realmente, em fevereiro de 1917, a Rússia vivenciou uma genuína revolução, que derrubou o regime czarista, e cujas desordens, ainda que provocadas e esperadas, irromperam espontaneamente. O Governo Provisório que assumiu o poder ganhou a imediata aceitação de todo o país. O mesmo não vale para outubro de 1917. Os fatos que levaram à queda do Governo Provisório não foram espontâneos, mas tramados com cuidado e desencadeados por uma conspiração altamente organizada. Os conspiradores precisaram de três anos de Guerra Civil para subjugar a maioria da população. Outubro foi um clássico *coup d'état*, mediante o qual um pequeno grupo de homens apossou-se da autoridade governamental, sem praticamente nenhum envolvimento das massas.

O golpe bolchevique teve duas fases. Na primeira, sob o comando direto de Lênin, a estratégia consistia em reproduzir os acontecimentos de fevereiro e derrubar o governo com manifestações de rua. Mas isso falhou e, em setembro, enquanto Lênin se escondia na Finlândia, Trótski assumiu o comando, abandonando os levantes orquestrados. Para a segunda fase, ele disfarçou os preparativos bolcheviques por trás da fachada de um II Congresso dos Sovietes, convocado ilegalmente, e confiou a tropas de choque a tarefa de tomar os centros nervosos do governo. Teoricamente em proveito dos sovietes, mas real e permanentemente para o Partido Bolchevique.

Em Zurique, Lênin só tomou conhecimento da Revolução de Fevereiro por intermédio dos jornais, uma semana depois dos fatos terem acontecido. Logo, decidiu retornar à Rússia. Mas como? Devido ao seu posicionamento pró-alemão e anti-russo, os Aliados não lhe dariam passagem. A alternativa seria viajar pela Alemanha, em direção à Suécia, e de lá, pela Finlândia, até Petrogrado. Essa opção, todavia, expunha-o às acusações de cumplicidade com o inimigo, numa época em que o sentimento antialemão na Rússia era forte.

Segundo Trótski, temendo que seus seguidores adotassem um caminho político equivocado, ele rugia como um animal enjaulado. Não sem razão, pois os bolcheviques aliaram-se aos mencheviques, apoiando o Governo Provisório, em vez de trabalharem por sua derrocada. Em 6/19 de março, em mensagem telegráfica dirigida aos seus partidários, em Petrogrado, ele dizia:

> Nossa tática: desconfiar inteiramente, nenhum apoio ao novo governo. Suspeitamos particularmente Kérenski. Armamento do proletariado garantia única. Eleições imediatas Duma Petrogrado. Nenhuma aproximação com os outros partidos.

Tais instruções foram enviadas quando o Governo Provisório estava no poder há apenas uma semana e seria difícil nesse intervalo definir seu perfil. Fora tempo suficiente, sim, para que demonstrasse subserviência diante do Soviete socialista. A insistência de Lênin para que fosse tratado com "completa desconfiança", sem nenhum apoio, portanto, só pode ser atribuída à sua desaprovação, não ao que ele fazia, mas ao que era – um ente político rival. Sua ordem para "armar o proletariado" indicava que ele pretendia uma insurreição militar. E a recusa de qualquer aliança partidária significava que o golpe deveria ser dado exclusivamente pelo Partido Bolchevique.

Dizimados pela polícia czarista, os bolcheviques dificilmente estavam em condições de pôr em prática um programa tão ambicioso. Pouco numerosos entre os operários – sua representatividade era inferior à dos mencheviques e SRs – e sem nenhum adepto entre os soldados amotinados, valiam-se de sua excelente organização. No dia 2 de março, recém-saído da prisão, o comitê de Petrogrado retomou as operações e, três dias depois, lançou a primeira edição do *Pravda*, fechado desde o início da guerra. O quartel-general do partido foi instalado na suntuosa vila da bailarina M. F. Kchessinskaia, da qual se dizia ter sido amante do *czariévitch*, futuro Nicolau II.

A maioria estava disposta a cooperar com os mencheviques no apoio ao Governo Provisório – de caráter "burguês" –, embora não participando dele. Era essa a visão de Liev Kámenev e Ióssif Stálin, retornados da Sibéria, graças à anistia decretada pelos "burgueses". A política bolchevique, enunciada por Stálin, na conferência realizada em Petrogrado, entre 28 de março e 4 de abril, era idêntica à dos mencheviques: controle do Governo Provisório e cooperação com outras "forças progressistas", para frustrar a "contra-revolução". O comportamento "não-bolchevique" dos bolcheviques, quando de sua súbita guinada, após a chegada de Lênin, demonstra que a conduta do partido não se baseava em princípios assimiláveis por seus militantes, mas na vontade de seu líder, e indica que eles se mantinham unidos, não em torno de convicções, mas de uma pessoa.

Os radicais russos ocupavam certo espaço nos planos elaborados pelos alemães. No outono de 1916, o *Kaiser* refletia que

> do ponto de vista estritamente militar, é importante afastar aliados uns dos outros (...) por meio de uma paz em separado, para que possamos desferir nossa força total contra o resto. Significa que a organização do nosso esforço de guerra depende da intensificação da luta interna, na Rússia, e da influência que isso tenha na conclusão de um armistício conosco.

Tratava-se de explorar a posição pró-alemã e antibélica da esquerda radical, em cujo campo Lênin pontificava.

O "projeto Lênin" foi encaminhado por Parvus. Em 1917, ele vivia na Dinamarca, igualmente neutra, onde uma companhia de importação acobertava suas operações de informação. Em Estocolmo, seu agente de vendas era o polonês Jacob Fürstenberg-Ganetski, companheiro de Lênin. Familiarizado com a política russa e dotado de senso estratégico equiparável ao do líder bolchevique, Parvus garantiu ao embaixador da Alemanha que a Rússia sairia do conflito em três meses, tamanha discórdia a esquerda derrotista seria capaz de semear. Ele descrevia Lênin como um "louco muito mais delirante" que Kérenski. Com extraordinária perspicácia, previu que, sob sua liderança, o Partido Bolchevique derrubaria o Governo Provisório, assumiria o poder e concluiria a paz em separado. Sob a influência de Parvus, o embaixador alemão telegrafou para Berlim.

> Devemos procurar criar na Rússia o maior caos possível (...) fazer tudo o que pudermos (...) para exacerbar as diferenças entre os partidos moderados e extremistas, porque temos o maior interesse em que os últimos levem vantagem, uma vez que a Revolução se tornará, então, inevitável, e destruirá a estabilidade do Estado russo.

Tais argumentos persuadiram o governo alemão, que autorizou sua embaixada, na Suíça, a negociar os direitos de trânsito com os emigrados russos. Falando por todos, Lênin empenhou-se em obter máximas garantias, a fim de evitar futuras suspeitas de colaboracionismo. Os russos seriam trocados por civis alemães, presos em campos de concentração, na Rússia; o trem gozaria de *status* extraterritorial, de forma que ninguém precisaria de passaporte. Como sempre, diante da coincidência de objetivos, Lênin não hesitava em fazer acordos, mesmo que por interesse passageiro, contra um inimigo comum. Do ponto de vista dos alemães, eles se limitaram a seguir o padrão de relacionamento que haviam adotado. Nas palavras do historiador Richard M. Watt:

> Para cada um de seus inimigos – França, Grã-Bretanha, Itália e Rússia – os alemães desenvolveram um esquema de "quinta coluna", planejado com rigor: primeiro, a promoção da discórdia, por meio de partidos de extrema esquerda; em seguida, a publicação de artigos pacifistas de derrotistas, pagos, ou redigidos na própria Alemanha; e, finalmente, o estabelecimento de entendimentos com alguma personalidade política de projeção, que assumiria o governo do país inimigo enfraquecido e pediria a paz.

Na Inglaterra, utilizaram o irlandês, *sir* Roger Casement, que terminou seus dias enforcado; na França, Joseph Caillaux cumpriu pena de prisão; na Rússia, Lênin foi o único que justificou o esforço.

Às 15h20 do dia 27 de março/9 de abril, 32 russos emigrados deixaram a estação ferroviária de Zurique, rumo à fronteira alemã. Entre os passageiros estavam Lênin, Krupskaia, Grigori Zinóviev, acompanhado da mulher e um filho, e Inessa Armand. Na jornada através da Alemanha, o trem recebeu prioridade máxima; ao contrário da lenda, seus vagões não foram selados, mas conforme o acordo, nenhum alemão teve permissão de entrar neles. Em 30 de março/20 de abril, o comboio atingiu o Báltico, e os passageiros embarcaram num vapor, para a Suécia.

Parvus os esperava, em Estocolmo, e pediu para encontrar-se com Lênin, que se recusou, mandando em seu lugar um aliado, Karl Radek, cuja nacionalidade austríaca isentava-o de suspeitas de cumplicidade com o inimigo. Não há registro das conversas entre Radek e Parvus, mas é quase certo que os dois acertaram os termos do apoio financeiro da Alemanha aos bolcheviques. Depois, Parvus foi a Berlim, encontrando-se com o secretário de Estado alemão.

Lênin e seus companheiros chegaram a Petrogrado às 23 horas do dia 3 de abril, justo quando se encerrava a Conferência Bolchevique. As boas-vindas preparadas para ele não foram concedidas a nenhuma outra figura política da Rússia pós-czarismo. Quando o trem entrou na estação Finlândia, uma banda tocou a *Marseillaise*; do lado de fora do terminal, estacionara um carro blindado, iluminado por um projetor. Lênin subiu no capô, falou rapidamente e, acompanhado por uma multidão, retirou-se, seguindo para a casa de Kchessinskaia. Lá, o discurso que proferiu deixou a militância estupefata. Seu argumento era que a Revolução devia transitar da fase "burguesa" para a fase socialista em questão de semanas, não de anos. Sukhánov, um sem-partido que o assistiu, escreveu:

> Jamais poderei esquecer aquele discurso tonitruante, que caiu como o raio de um relâmpago, deixando chocados e atônitos não apenas eu, um herético ali chegado por acaso, mas os próprios e

verdadeiros crentes. Estou certo de que ninguém esperava nada como aquilo. Parecia que todas as forças elementares, deixando seus covis, haviam se desencadeado, e o espírito da destruição universal, desconhecendo limites, dúvidas, dificuldades humanas ou cálculos humanos, pairava no salão de Kchessinskaia, por sobre as cabeças dos discípulos enfeitiçados.

Lênin apresentou um documento que veio a ser conhecido como "Teses de Abril". A maioria considerou que o texto refletia seu distanciamento da realidade, ou talvez ele estivesse completamente louco. Propunha a renúncia à guerra; negava qualquer apoio ao Governo Provisório; a transferência de todo o poder aos sovietes; a dissolução do exército e a criação de uma milícia popular; o confisco das propriedades dos latifundiários e a nacionalização da terra; a integração das instituições financeiras num único Banco Nacional, sob supervisão dos sovietes; o controle soviético sobre a produção e a distribuição; a criação de uma nova Internacional.

No começo, o conselho editorial do *Pravda* negou-se a divulgar as "Teses", e quando foi compelido a fazê-lo, publicou também um editorial, desvinculando o jornal das opiniões de Lênin.

Não importava qual fosse a opinião dos bolcheviques sobre os pronunciamentos de seu líder, os alemães estavam muito satisfeitos. Em 4/17 de abril, seu agente, em Estocolmo, telegrafou para Berlim: "Entrada de Lênin na Rússia bem-sucedida. Está trabalhando exatamente como desejamos."

ALTAMENTE RESERVADO, tratando a política como guerra, Lênin estava tão inclinado a revelar suas intenções como um general às vésperas da batalha. Sem fazer segredo do seu objetivo estratégico, guardava a tática só para si. Tal como Benito Mussolini, especialista nada desprezível na arte do *coup d'état*, que confidenciou a um amigo: "Um Estado não precisa ser defendido contra o programa da revolução, mas contra sua tática."

A exemplo de qualquer outro conquistador bem-sucedido, Lênin possuía um senso apurado das fraquezas de seus adversários. Conhecendo a *intelligentsia* liberal e socialista pelo que eram, homens que apesar de todas as suas poses revolucionárias temiam tanto a violência quanto a responsabilidade – "tigres vegetarianos", conforme a expressão de Clemenceau –, ultrapassou-a, percebendo que o país fervia com ressentimentos e aspirações insatisfeitas que, atiçados e adequadamente direcionados, poderiam conduzi-lo ao poder.

Para alcançar seu objetivo, os bolcheviques tinham de distanciar-se do governo e de outros partidos, e aparecer como a única alternativa ao *status quo*. Na sua liderança, Lênin aplicava à política os ensinamentos de Clausewitz – no *Sobre a Guerra*. O objetivo não se resumia em derrotar o oponente, mas destruí-lo, (1) privando-o de uma força armada e (2) desmantelando suas instituições. A resistência poderia determinar também sua eliminação física.

Guiava-se por um conceito de Marx, enunciado quase por acaso em 1871. Analisando o colapso da Comuna de Paris, o pensador alemão concluíra que os *communards* teriam cometido um erro fundamental: em vez de aniquilar, eles tomaram as estruturas políticas e militares existentes. As futuras revoluções, segundo Marx, deveriam proceder de forma diferente, e "não transferir de um conjunto de mãos para outro a máquina burocrático-militar, como tem sido feito até agora, mas cuidar de esmagá-la". Gravadas na mente de Lênin, essas palavras mostravam-lhe como evitar a volta do açoite contra-revolucionário, ruína de todas as revoluções anteriores. Elas explicam a destruição com que ele e seu sucessor, Stálin, impuseram ao país, após conquistar o poder.

A experiência de fevereiro parece ter persuadido Lênin de que o Governo Provisório podia ser derrubado pelas ações de rua, como ocorreu com o czarismo. Ao contrário de 1905, porém, tais levantes deveriam ser cuidadosamente administrados pelo Partido Bolchevique. Para fins revolucionários, Lênin adotou a tática militar da escaramuça – *tiraillerie* – criada por Napoleão, a fim de descobrir os pontos fracos do inimigo, antes de enviar a guarda de elite e desferir o golpe decisivo. Ele estudou, ainda, *Psicologia da multidão*, trabalho do sociólogo francês Gustave Le Bon, uma análise pioneira do comportamento das massas humanas e dos modos de manipulá-lo. O livro de Le Bon forneceu orientação similar a Mussolini e a Hitler.

Nos três meses subseqüentes a seu retorno, Lênin insuflou as maltas para que derrubassem o Governo Provisório. Agindo de modo temerário, falhou, e sua última tentativa, em julho de 1917, quase acarretou a destruição do Partido Bolchevique. Mesmo assim, nem todo o seu esforço se perdeu, pois consolidou a coesão de seus adeptos e tornou patente a indecisão das autoridades; mais tarde, Trótski aproveitou-se dessa evidência.*

Bastante frouxa, a primeira tentativa bolchevique para alcançar o poder ocorreu em abril, menos de três semanas após a volta de Lênin. O pretexto foi um desentendimento entre o governo e o Soviete, que queria prosseguir na guerra, até a vitória, mas concluí-la sem "anexações ou indenizações". Miliukóv, ministro das Relações Exteriores, tinha idéias diferentes, pretendendo reivindicar para a Rússia o estreito de Bósforo e Constantinopla, prometidos pelos Aliados em 1915, quando persistiam temores de que os russos poderiam abandonar o conflito. A contradição fez com que unidades militares, sob o comando de jovens oficiais radicais, ganhassem as ruas. Juntando-se aos distúrbios, os bolcheviques exigiram a exoneração do governo e a passagem do poder ao Soviete. O general Lavr Kornílov, comandante do distrito militar de Petrogrado, pediu permissão ao gabinete para conter o levante à força, o que lhe foi negado. A ordem foi restaurada mediante acordo com o *Ispolkóm*. Desgostoso com a indecisão do governo, Kornílov solicitou ser liberado de seus deveres e foi enviado à frente de batalha. Ainda se ouviria falar dele.

Avaliando as jornadas de abril, Lênin concluiu que a tática dos bolcheviques não tinha sido "revolucionária o bastante".

Os levantes de abril precipitaram a primeira crise. Reconhecendo não poder mais administrar o país, o Governo Provisório solicitara a participação da *intelligentsia* socialista no gabinete. Fiel ao princípio

---

*Segundo o estudo de Eric Hoffer, sobre ditaduras modernas, "A ação unifica (...). Todos os movimentos aproveitam-se da ação das massas como veículo de unificação. Os conflitos que eles provocam e incitam servem não somente para derrubar seus inimigos, mas para despir seus seguidores de suas individualidades distintas, dissolvendo-os no meio coletivo". *The True Believer*, pp. 118-119, Nova York, 1951.

de apenas controlar a autoridade, o *Ispolkóm* de início rejeitou a oferta, mas no começo de maio, depois que Miliukóv e Guchkóv se demitiram, seis representantes socialistas do Soviete aceitaram cargos no que veio a ser conhecido como "governo de coalizão". Lvov permaneceu como primeiro-ministro, enquanto Kérenski assumiu o Ministério da Guerra.

Os acordos de maio aliviaram os efeitos perniciosos da dualidade de poderes. O problema é que, integrando um gabinete "burguês", os socialistas tornaram-se co-responsáveis por seus eventuais erros – parte do *establishment* – permitindo que os bolcheviques assumissem a pose de única alternativa à autoridade instituída, ou de verdadeiros guardiães da Revolução. Sob a administração irremediavelmente incompetente dos intelectuais liberais e socialistas, os fatos tendiam mesmo a ir de mal a pior, e o Partido Bolchevique aparecia na posição isolada de salvador da Rússia.

Todavia, no I Congresso Pan-Russo dos Sovietes, logo ao iniciar-se o mês de junho, ocupava apenas 105 cadeiras, contra 258 dos SRs e 248 dos mencheviques. No I Congresso Camponês, dominado pelos SRs, sua bancada compunha-se de míseros vinte delegados. Mas a corrente estava fluindo a seu favor.

A verdade é que os bolcheviques tinham várias vantagens sobre seus rivais. Além da posição do descompromisso em relação ao governo, eles possuíam uma organização paramilitar e duas outras características que merecem ser destacadas.

Ao contrário dos mencheviques e SRs, que alardeavam lemas revolucionários, mas se recolhiam na hora de agir, os bolcheviques tomavam seu programa ao pé da letra. Por isso, estavam aptos a retratar seus rivais socialistas como hipócritas e a si próprios como a consciência da Revolução. Para eles, a Rússia não passava de um degrau da revolução mundial, por isso se permitiam agir com total irresponsabilidade, encorajando tendências destrutivas e prometendo tudo a todos. Mais tarde, já no poder, os bolcheviques logo renegariam seus compromissos, tratando de reconstruir um Estado altamente centralizado.

Lênin e seus adeptos também foram beneficiados pela rápida desintegração dos transportes e das comunicações, que enfraqueceu a rede de sindicatos nacionais – amplamente dominada pelos mencheviques. Em todas as regiões, sendo impossível fiar-se no governo central, os trabalhadores transferiram sua lealdade para os comitês de fábrica – *fabzavkomi* –, cuja postura moderada inicial contribuiu até para incrementar a produção. Todavia, essa forma de organização anarquista tendeu rapidamente para a radicalização, expulsando os proprietários e seus administradores e assumindo o controle das fábricas. De um modo geral, os marxistas desprezavam o sindicalismo, mas Lênin não demorou a clamar pelo "controle operário" das indústrias, granjeando para seu partido um forte apoio. Na I Conferência dos Comitês de Fábrica de Petrogrado, nos últimos dias de maio, os bolcheviques controlavam cerca de dois terços dos delegados.* Em 1920, a tendência sindicalista daria muito trabalho a Lênin e o faria recorrer a expurgos, a fim de livrar-se dela. Mas em 1917, ele deu todo o apoio aos que dela faziam parte.

Vislumbrando que a tomada do poder seria um ato violento, ele organizou um exército privado, isto é, não subordinado ao Soviete – a Guarda Vermelha – e produziu intensa propaganda junto às tropas, tanto na cidade como nas linhas de frente, com vistas a privar o governo de apoio militar na hora decisiva. A agitação derrotista era levada a cabo com cuidado, pois os soldados odiavam os alemães, e Lênin já estava sob suspeita de ser seu agente. Em grandes tiragens, os jornais bolcheviques imprimiam mensagens sutis, na verdade de natureza mais propagandística do que provocativa. Os soldados não deviam depor as armas, mas ponderar a quem interessa a guerra e para que fim? A resposta induzida apontava para a "burguesia".** Sob nenhuma condição os soldados deviam "deixar-se usar contra os trabalhadores" (o Partido Bolchevique), numa conclamação velada à Guerra Civil.

---

*Mesmo assim, poucos operários juntaram-se ao Partido Bolchevique. Às vésperas do golpe de outono de 1917, apenas 5,3% dos trabalhadores industriais russos eram filiados. Z. V. Stiepânov, *Rabôtchie Petrograda v pieriod podgotovki i proviediênia Oktiabrskogo voorujonnogo vosstânia*, pp. 47-48. Moscou-Leningrado, 1965.

**No vocabulário dos revolucionários russos, "agitação" significava um apelo à ação imediata, enquanto "propaganda" objetivava plantar idéias que frutificariam no devido tempo, levando os homens a agir por conta própria.

A maior parcela dos fundos necessários à impressão desses jornais, com centenas de milhares de exemplares, a maioria distribuída gratuitamente, era cambiada da Alemanha, tão interessada quanto os bolcheviques em tirar a Rússia da guerra. Atividades subversivas dessa natureza não costumam deixam traços documentais. Pessoas confiáveis em Berlim, por meio de intermediários igualmente de confiança, entregavam as quantias aos agentes bolcheviques, protegidos pela neutralidade sueca, independentemente de solicitações por escrito ou recibos, que passassem de mão em mão. O próprio ministro alemão de Relações Exteriores, Richard von Kühlmann, reconheceu ter subsidiado a organização e a propaganda do partido de Lênin. Em 3 de dezembro de 1917, num memorando secreto, Kühlmann resumiu a contribuição de seu país à causa bolchevique.

> A destruição da *Entente* e a posterior criação de combinações políticas que nos sejam favoráveis constituem o mais importante objetivo da nossa diplomacia de guerra. A Rússia parecia ser o elo mais frágil na cadeia do inimigo. Portanto, devíamos enfraquecê-la e, tão logo quanto possível, eliminá-la. Tal era o propósito da atividade subversiva clandestina que provocamos, na Rússia, promovendo tendências separatistas e apoiando os bolcheviques. Foi só quando passaram a receber de nós um fluxo constante de fundos, por vários canais e sob diferentes rubricas, é que eles se tornaram aptos a editar seu mais importante jornal, o *Pravda*, veículo de propaganda enérgica e que lhes permitiu ampliar bastante a estreita base social de que dispunham.

Depois, um socialista alemão ligado ao regime de Weimar, estimou que tais subsídios tenham excedido os 50 milhões de marcos alemães, soma com que se teria adquirido, na época, nove toneladas de ouro, ou mais. Ao que parece, as "remessas" eram entregues por Kurt Riezler, funcionário da embaixada alemã, em Estocolmo, a Fürstenberg-Ganetski, aliado de Lênin e empregado de Parvus, que as enviava para empresas de fachada, em Petrogrado – incluindo uma companhia farmacêutica dirigida por um membro do Comitê Central

Bolchevique. O Governo Provisório soube dessas transações pelo serviço secreto francês, mas não as interrompeu, guardando a informação para uso futuro.*

Embora carecesse de experiência militar, Kérenski cumprira seus deveres como ministro da Guerra com vigor admirável, acreditando que a sobrevivência da democracia na Rússia dependia do espírito do exército, e que a moral dos soldados e oficiais cresceria caso se pudesse organizar uma ofensiva bem-sucedida. Sua expectativa era repetir o feito do exército francês, em 1792, quando barrou e rechaçou os invasores prussianos e permitiu que o governo revolucionário unificasse a nação. Mediante o triunfo retumbante das armas russas, ele esperava poder livrar-se dos bolcheviques, responsáveis por campanhas incansáveis contra seu governo.

Marcada a ofensiva para meados de junho, a contribuição pessoal de Kérenski consistiu em despertar as tropas com discursos patrióticos, que sem dúvida produziam um enorme efeito, mas dissipavam-se tão logo ele se retirava. No comando de um exército cada vez mais indisciplinado, os generais viam essa retórica com ceticismo, apelidando o ministro de "persuasivo-em-chefe". Não havia mais nenhuma vontade de lutar. Segundo palavras do próprio Kérenski, "após três anos de sofrimento amargo, milhões de soldados exaustos da guerra perguntavam-se: 'Por que devo morrer justamente agora, quando uma vida nova e mais livre está apenas começando?'". O Soviete encorajava essa inquietação com sua atitude ambivalente, animando as tropas a combaterem, ao mesmo tempo em que condenava a "guerra imperialista".

Esse cansaço da guerra foi explorado em uma segunda manifestação de massa, organizada pelos bolcheviques, em 10 de junho. Dessa

---

*Duas semanas depois de assumir o poder, em outubro de 1917, os bolcheviques removeram do Ministério da Justiça o falecido Governo Provisório, e o Banco Nye anulou todas as ordens do Banco Imperial Alemão que autorizavam alocações financeiras para Lênin, Trótski e seus associados. Os primeiros provavelmente foram destruídos; os últimos foram entregues a um emissário vindo de Berlim: RTsKhIDNI, Fundo 2, Opis 2, delo 226, publicado em A. G. Latichev, *Rassekriétchenni Lênin* (Moscou, 1996), 95.

vez, reunindo participantes armados, para desestabilizar o governo e, havendo oportunidade, derrubá-lo. Tendo despertado considerável oposição no Comitê Central do partido, cuja maioria o considerava prematuro, o evento foi cancelado por insistência do Soviete no último momento. Mesmo cedendo, os bolcheviques advertiram que não estariam dispostos a curvar-se para sempre diante de tais determinações.

Em 16 de junho, o exército russo atacou Lvov e a Galícia. A ofensiva, concentrada na frente sul – onde o 8º Exército, comandado por Kornílov, se distinguiu –, dispersou-se assim que os alemães vieram em socorro dos austríacos. À vista dos uniformes germânicos, os russos fugiam em pânico. Foi o derradeiro suspiro do antigo exército czarista.

Suas baixas, durante todo o tempo do conflito, costumam ser exageradas, chegando alguns ao ponto de dizer que excederam as de qualquer outro país envolvido nas hostilidades. Estimativas que parecem mais corretas apontam 1,3 milhão de mortos, equivalentes às perdas humanas da França e da Áustria, mas um terço inferiores às da Alemanha. O número de prisioneiros de guerra foi muito maior – cerca de quatro milhões – 12 a 15 vezes mais soldados que em todo o Ocidente.

O desastre da ofensiva de junho atingiu a reputação de Kérenski e abalou o governo; em contrapartida, cresceu o prestígio dos bolcheviques, que se aproveitaram da atmosfera melancólica para arriscar uma outra insurreição.

Os acontecimentos de julho passaram à história de modo confuso, em grande parte porque os comunistas não puderam ocultar seu envolvimento nesse grande insucesso.

Os levantes foram provocados pela decisão do governo de enviar algumas unidades da guarnição de Petrogrado para a linha de frente. A ordem, que violava o acordo de quatro meses antes com o Soviete, enfureceu as tropas. Os bolcheviques desencadearam uma furiosa campanha de propaganda, incitando o motim; tinham como certo que sua organização militar estava preparada para dirigi-lo, evitando a espontaneidade das jornadas de fevereiro.

Em 29 de junho, apesar da tensão crescente, Lênin sumiu de Petrogrado e reapareceu na Finlândia. A razão alegada para sua partida foi cansaço e necessidade de descanso. É provável que simpatizantes do partido no governo tenham passado a informação de que as autoridades detinham prova suficiente de seus negócios com o inimigo e estavam dispostas a acusá-lo de traição, diante dos tribunais. De fato, foram emitidas ordens de prisão contra 28 dos mais destacados dirigentes bolcheviques.

Na sua ausência, a ação do partido teve como foco o Regimento de Metralhadoras, a maior unidade militar na cidade e uma das mais propensas à insubordinação. A notícia sobre o deslocamento dos soldados para a frente chegou à guarnição no dia 30 de junho. Seguiram-se reuniões de protesto, nas quais os agitadores bolcheviques e anarquistas incitaram os soldados contra as autoridades. Encontros similares tiveram lugar na base naval de Kronstadt, reduto dos anarquistas. Contudo, a essa altura, os bolcheviques ainda vacilavam, temendo que um levante prematuro pudesse dar ao governo pretexto para esmagá-los.

No 3 de julho, tendo votado pela saída às ruas, o Regimento de Metralhadoras mandou emissários às outras unidades, solicitando ajuda. A maioria recusou. Mais tarde, naquele mesmo dia, Kámenev, Trótski e Zinóviev – líderes bolcheviques em Petrogrado – decidiram alinhar-se aos amotinados. Os três planejaram assumir o controle da Seção de Trabalhadores e proclamar a passagem de todo o poder ao Soviete; depois, o *Ispolkóm* seria notificado da decisão. Convocada uma sessão extraordinária, quando Zinóviev declarou que o Soviete estava para tomar o poder, mencheviques e SRs bateram em retirada, deixando os bolcheviques sozinhos e senhores da situação. Suas propostas foram aprovadas. Reunido tarde da noite, o Comitê Central bolchevique ordenou à sua Organização Militar que convocasse os soldados e marinheiros amotinados a participarem armados de uma manifestação pela manhã.

Os planos eram bastante flexíveis para permitir que as ações evoluíssem conforme o curso dos acontecimentos. Mikhail Kalínin, que muitos anos mais tarde seria presidente da União das Repúblicas

Socialistas Soviéticas (URSS), descrevendo a postura dos bolcheviques naquela ocasião, afirmou que:

> Os responsáveis pelo partido enfrentavam uma questão delicada, perguntando-se: "O que é isso – uma manifestação? Talvez o início da revolução proletária, ou a tomada do poder?" [Lênin] responderia: "Veremos o que acontece, não se pode adiantar nada!". (...) De fato, as forças revolucionárias passavam em revista seus efetivos, sua qualidade, seu ativismo(...), mas isso poderia transformar-se num encontro decisivo, dependendo da correlação de forças e algumas circunstâncias ocasionais. Em todo caso, prevenido contra surpresas desagradáveis, o comandante ordenou – "Veremos" – o que de modo algum excluía a possibilidade de lançar os regimentos à batalha, caso a situação se mostrasse favorável, ou (...) a retirada, com o mínimo de perdas, conforme ocorreu, no dia 4 de julho.*

Tal como fora planejada, a manifestação teve início com uma revista das tropas. Tendo retornado de manhã cedo, Lênin dirigiu-se a elas com um discurso breve e pouco comprometedor. Conduzida pela Organização Militar Bolchevique, a massa dirigiu-se, pela cidade, ao Palácio Táurida, sede do governo e do Soviete, com o objetivo de compelir este último a tomar o poder; feito isso, os mencheviques e SRs seriam postos de lado e os bolcheviques assumiriam todos os postos.

À tarde, o espaço defronte à antiga sede da Duma estava ocupado por uma imensa multidão, do meio da qual os oradores bolcheviques lançavam provocações aos dirigentes do Soviete, mencheviques e SRs, que assomavam às janelas. O palco estava montado para o ato final; de prontidão, as tropas bolcheviques esperavam a ordem de Lênin para invadir o Táurida e anunciar a tomada do poder. No instante crucial, porém, ele vacilou, perdeu a coragem e a batalha.

Cercado e quase sem defensores armados, o governo ficou paralisado. Por sorte, o ministro da Justiça tomou a iniciativa de divulgar

---

*Visto que a 3 de julho, quando a decisão de prosseguir com a insurreição foi tomada, Lênin não se encontrava em Petrogrado, Kalínin refere-se às respostas dadas por ele, presumivelmente, quando retornou, no dia seguinte.

uma pequena parte das provas de que dispunha sobre os acordos bolcheviques com os alemães. A informação produziu um efeito eletrizante nas tropas. Em poucas horas, unidades do exército acercaram-se do palácio, dispostas a dispersar os bolcheviques e seus seguidores. Os amotinados, junto com trabalhadores simpatizantes, correram em busca de abrigo. Ao cair da noite, a insurreição estava terminada.

Nos dias subseqüentes, com a cidade ocupada por soldados leais ao governo, chegados da linha de frente, a polícia caçou e prendeu os bolcheviques. Processado sob a acusação de "alta traição e organização de levante armado", Lênin escondeu-se em Petrogrado, negando qualquer intenção golpista; logo a seguir, disfarçado e na companhia de Zinóviev, fugiu para uma região rural próxima e, depois, em direção à Finlândia. A maioria de seus companheiros foi presa, mas os procedimentos legais contra eles não chegaram a se concretizar, devido às objeções levantadas no Soviete; muitos temiam que uma ação que os atingisse acabasse convertendo-se em pretexto para liquidar os partidos socialistas.

Em conseqüência dos acontecimentos de julho, Lvov demitiu-se e Kérenski tornou-se primeiro-ministro, com plenos poderes. Ele ofereceu o comando das Forças Armadas a Kornílov, ordenando que as unidades participantes do motim fossem desarmadas e parte das suas guarnições transferidas. O *Pravda* e outras publicações bolcheviques foram banidos. Apesar dessas medidas enérgicas, Kérenski temia mais um golpe monarquista de direita do que uma repetição da insurreição bolchevique. Apaziguando o Soviete, ele não aplicou aos bolcheviques o golpe de misericórdia que eles próprios aguardavam. Foram salvos. Mais tarde, Trótski escreveria que "felizmente, nossos inimigos não têm bastante consistência lógica nem determinação".

O GOLPE

Em setembro de 1917, enquanto Lênin permanecia escondido, o comando das forças bolcheviques passou a seus adeptos. Quem estava mais em evidência era Trótski, dotado de uma retórica excepcional. A direção operacional do golpe foi confiada à Organização Militar do partido, encabeçada por N. I. Podvóiski. Muitos anos depois, um velho bolchevique, Viatcheslav Mólotov, relembrou que Trótski desempenhara "importante papel", em outubro, mas "apenas como agitador" – permanecendo afastado, portanto, dos assuntos organizacionais.* Desafiando as pressões de Lênin em prol de uma ação imediata, adotou-se uma estratégia cautelosa: os levantes de rua passaram a ser evitados e a palavra de ordem "todo o poder aos sovietes" funcionou como uma cortina de fumaça para encobrir os preparativos do golpe.

Trótski e Lênin se completavam. Culto e extravagante, o antigo presidente do Soviete de Petrogrado, em 1905, galvanizava as multidões, enquanto o carisma do líder bolchevique só funcionava entre seus seguidores. Trótski, porém, não tinha muita popularidade entre os quadros do partido, porque se juntara a eles mais tarde e por causa de sua arrogância insuportável. Durante a Revolução e a Guerra Civil, ele foi o *alter ego* de Lênin, um companheiro de armas indispensável, mas, depois da vitória, tornou-se incômodo.

FOI GRAÇAS A UM DOS episódios mais bizarros da Revolução Russa – conhecido pelos historiadores como "o caso Kornílov" – que os bolcheviques conseguiram recuperar-se do desgaste sofrido no mês de julho. O incidente resultou de uma confusão na mente de Kérenski: de um lado, como chefe de Estado, numa conjuntura de semi-anarquia, ameaçado ainda pelo espectro de uma ofensiva alemã, ele estava perfeitamente ciente da necessidade do apoio do exército; como intelectual socialista, entretanto, não conseguia superar o temor de que a intervenção das Forças Armadas desse origem a um neobonapartismo contra-revolucionário.**

Filho de um cossaco siberiano, Kornílov fizera rápida carreira no Exército devido a sua coragem pessoal e habilidade em estimular as tropas. Conhecia pouco e interessava-se menos ainda por política; suas opiniões não eram nem conservadoras nem monarquistas,

---

**Sto sórok biessied s Mólotovim (Iz dnievnika F. Tchuieva)*, p. 162. (Moscou, 1991).

**Em conversa privada com o autor, Kérenski admitiu que, naquela época, suas ações tinha sido muito influenciadas pela experiência da Revolução Francesa.

mas "progressistas". Patriota ardoroso, sempre demonstrou tendência à insubordinação.

Depois da insurreição de julho, Kérenski nomeou-o comandante-em-chefe, atribuindo-lhe a tarefa de restaurar a disciplina das tropas e deter a contra-ofensiva alemã. Kornílov aceitou o posto, mas sob certas condições. Para recuperar a capacidade de luta do exército, exigiu a dispersão ou redução de poder dos comitês soviéticos, sancionados pela Ordem nº 1, e o restabelecimento pleno da autoridade dos oficiais, com a reintrodução da pena de morte contra os crimes de deserção e/ou motim, na frente de batalha e na retaguarda. Reivindicou, ainda, que as indústrias de defesa fossem mobilizadas mais efetivamente, incrementando-se o esforço de guerra.

Essas exigências irritaram Kérenski a ponto de quase o fazerem recuar da nomeação. Embora, afinal, ele a tenha mantido, as sementes do conflito estavam plantadas: nas palavras de Borís Sávinkov, substituto de Kérenski, Kornílov "ama a liberdade (...), mas considera a Rússia em primeiro lugar, enquanto Kérenski prioriza (...) a liberdade e a revolução, vindo a Rússia em seguida". Tais pontos de vista não podiam ser conciliados.

As negociações entre os dois homens arrastaram-se por duas semanas. Kornílov só assumiu suas novas funções em 24 de julho, após receber garantias de atendimento à maioria de suas exigências. A verdade, porém, é que Kérenski não pretendia cumprir as promessas que lhe fizera, primeiro porque dependia do Soviete – para quem o general não passava de um incipiente ditador – e segundo porque logo passou a encará-lo como um perigoso rival. Assim, as reformas militares foram procrastinadas.

Ciente de que os alemães estavam prestes a retomar suas operações nas províncias do Báltico, Kornílov solicitou permissão para reunir-se com o gabinete. O encontro aconteceu em 3 de agosto. Enquanto fazia um relato panorâmico da frente, Kérenski inclinou-se para ele e sussurrou que fosse cauteloso; Sávinkov fez outro pedido similar. Esses fatos destruíram a fé de Kornílov no governo de coalizão, convencendo-o da possibilidade de alguns ministros passarem segredos militares para o inimigo.

Poucos dias depois, o general ordenou que a 3ª Cavalaria, composta de duas divisões de cossacos e uma de nativos do Cáucaso, se deslocasse em direção a uma localidade entre Petrogrado e Moscou. Fez isso com o objetivo de ter à disposição forças capazes de suprimir outra tentativa de insurreição bolchevique e, caso ocorresse, dispersar o Soviete.

Os políticos liberais e conservadores começaram a ver Kornílov como salvador da pátria. Em 14 de agosto, quando ele passou por cima das objeções de Kérenski e foi a Moscou participar de uma reunião do gabinete, receberam-no com aplausos calorosos. A par da afronta pessoal, Kérenski considerou o fato como um divisor de águas. A uma testemunha, ele confidenciou: "Depois da conferência de Moscou, compreendi que o próximo ensaio golpista viria da direita, e não da esquerda." Sua crença foi reforçada por uma barreira inflexível de críticas da imprensa não-socialista contra a sua administração. Ele esperava que o levante bonapartista ocorresse a qualquer momento, e rejeitava como quimérica a idéia de nova ameaça bolchevique.

Assim, o enredo já estava escrito, faltando apenas encontrar quem o protagonizasse.

Em meados de agosto, Sávinkov recebeu informações do serviço de informação francês, dando conta dos planos bolcheviques com vistas a outra insurreição, no início de setembro; o evento deveria ocorrer em apoio a um avanço alemão sobre Petrogrado. A informação mostrou-se incorreta, mas Kérenski soube usá-la em benefício de seus projetos pessoais. Ele mandou Sávinkov ao quartel-general de Kornílov, solicitando que a 3ª Cavalaria fosse enviada à capital

> com o propósito de impor lei marcial em Petrogrado e defender o governo de todo e qualquer ataque, sobretudo por parte dos bolcheviques (...) que, conforme dados fornecidos pela inteligência estrangeira, estão mais uma vez preparando uma insurreição concomitante ao desembarque alemão e a um levante, na Finlândia.

Como Kérenski afirmara enfaticamente, mais de uma vez, não cogitar de uma ofensiva bolchevique, tal solicitação só pôde ser interpretada como provocação, destinada a desacreditar um militar que gozava de popularidade. Na sua fértil imaginação, Kornílov era o líder de uma intriga secreta.

Foi então que aconteceu um daqueles incidentes triviais, todavia, capazes de produzir conseqüências históricas relevantes. Sua figura central foi Vladímir Lvov, um homem fracassado em tudo, mas que graças a conexões familiares conseguira assento nas duas últimas Dumas e fora nomeado chefe da administração da Igreja – procurador do Santo Sínodo – no Governo Provisório. Exonerado por Kérenski, em julho, ele se juntou a um dos muitos grupos conservadores que surgiram, na época, para salvar o país da catástrofe.

Na manhã de 22 de agosto, Lvov fez uma visita a Kérenski. Em termos velados, deu a entender que representava um partido influente e propôs a participação no governo de figuras públicas chegadas aos militares, como forma de fortalecê-lo. Mais tarde, Kérenski alegou que esqueceu o assunto tão logo a entrevista terminou.

Lvov, no entanto, seguiu para Moguiliov, para sondar Kornílov. Identificou-se como emissário do primeiro-ministro, interessado na opinião do general sobre como fortalecer o governo. De uma imprudência absurda, Kornílov não lhe pediu credenciais nem fez contato com Petrogrado, a fim de confirmar sua autoridade. Lvov colocou Kornílov diante de três alternativas e inquiriu qual seria a sua reação a cada uma delas: (1) Kérenski assume poderes ditatoriais; (2) o general passa a integrar o gabinete; (3) Kornílov se torna ditador. Interpretando as palavras de Lvov como um convite de Kérenski, o general respondeu que preferia a terceira opção. Disse que não almejava o poder e trabalharia por qualquer governo legítimo, mas não recusaria a autoridade suprema, caso esta lhe fosse oferecida. No caso da iminência de golpe bolchevique, sugeriu que Kérenski e Sávinkov buscassem segurança em Moguiliov.

Lvov correu de volta a Petrogrado e às 18 horas do dia seguinte – 26 de agosto – manteve novo contato com Kérenski, apresentando-se como agente do comandante-em-chefe e informando a respeito da exigência de poderes absolutos, manifestada pelo general. O primeiro-ministro, que já suspeitava das intenções de Kornílov, pediu a Lvov que pusesse as exigências no papel, por escrito. Lvov escreveu:

> General Kornílov propõe
>
> 1. Que a lei marcial seja proclamada em Petrogrado;
> 2. Que toda a autoridade militar e civil seja posta nas mãos do comandante-em-chefe;
> 3. Que todos os integrantes do governo se demitam e que a autoridade executiva seja transferida, provisoriamente, a seus substitutos, até a formação de um novo gabinete, pelo comandante-em-chefe.

O ultimato, na verdade, foi escrito por Lvov; ele e seus amigos acreditavam que somente uma ditadura militar poderia salvar a Rússia, e tentavam forçar a questão, sem dúvida de forma bastante desastrada.

Kérenski ficou seriamente alarmado. Precipitou-se em se fazer passar por Lvov e entrou em contato telegráfico com Kornílov. A conversa, cujas fitas foram preservadas, permite constatar que os dois homens falavam de assuntos diferentes. O primeiro-ministro pediu ao general que confirmasse os termos do seu ultimato, mas não os citou explicitamente; imaginando que a mensagem se referisse à recomendação que fizera para que Kérenski e Sávinkov fossem para Moguiliov, Kornílov confirmou. Pode-se interpretar o comportamento do homem político como conseqüência da exaustão que sentia, impedindo-o de racionar com clareza, mas também é possível suspeitar-se de que ele tenha aceito as palavras do general como expressão do que gostaria de ouvir.

De qualquer modo, apoiado em tais evidências tênues, Kérenski decidiu-se pela eliminação de Kornílov. Ignorando as súplicas de Sávinkov, para retornar a comunicação com o quartel-general e esclarecer o que parecia um trágico mal-entendido, ele reuniu o gabinete e solicitou poderes para esmagar o golpe militar contra-revolucionário. Bem cedo, pela manhã, Kornílov foi exonerado do posto de comandante-em-chefe, recebendo ordens de apresentar-se em Petrogrado.

Mas, enquanto esses fatos se desenrolavam, ignorando a interpretação dada por Kérenski à conversa que tiveram, o general prosseguiu com as providências de apoio ao governo contra o suposto levante bolchevique. Às 2h40, ele telegrafou a Sávinkov: "O corpo [cavalaria] estará concentrado nas imediações de Petrogrado na tarde de 28 de agosto. Solicito que a capital seja posta sob lei marcial." Antecipando suas intenções, por telégrafo, Kornílov fornece a prova mais candente de que não pretendia nenhum golpe de Estado para depor o governo. Nem teria ficado para trás, em Moguiliov, confiando a operação a subordinados.

O telegrama de Kérenski, informando-o sobre sua demissão, chegou às mãos de Kornílov por volta das 7 horas, provocando uma tremenda confusão. Seu texto contradizia o entendimento do general a respeito da conversa que tivera com o primeiro-ministro e, além disso, não estava vazado nos termos adequados, dando a impressão de ser falso. Mas os oficiais de seu Estado-Maior concluíram tratar-se de uma mensagem autêntica, interpretando que Kérenski caíra em poder dos bolcheviques e estava agindo sob coação. Assim sendo, Kornílov recusou cumprir a ordem, até que tivesse oportunidade de tirar a limpo a situação.

Mais tarde, no mesmo dia, em contato com Kornílov, Sávinkov tomou conhecimento do envolvimento de Lvov. Mas, determinado a uma ruptura, Kérenski distribuiu um comunicado à imprensa, acusando Kornílov de traição. Isso provocou a fúria incontrolável do general, tocando no seu nervo mais sensível – o patriotismo – e levando-o a não pensar mais na possibilidade de o primeiro-ministro estar prisioneiro dos bolcheviques; para ele, a partir daquele momento, Kérenski nada mais era que um intrigante desprezível, autor de uma provocação destinada a desmoralizá-lo e ao exército. Dirigindo-se às tropas, ele justificou suas atitudes e tratou as acusações como "uma mentira absoluta", conclamando o povo russo a apoiá-lo para a salvação do país; prometeu rechaçar os alemães e convocar uma Assembléia Constituinte. Isso, finalmente, era um motim, mas ao qual Kornílov foi compelido, após ter sido injustamente acusado de rebelde.

Quando a cavalaria se aproximava de Petrogrado, Kérenski informou à população da capital que, agindo "traiçoeiramente", Kornílov desguarnecera a frente e mandara os soldados contra a cidade. Ao general Aleksandr Krimov, comandante das tropas que se avizinhavam, ele telegrafou para dizer que a cidade estava calma e não havia perigo de um levante, portanto, o avanço deveria ser prontamente suspenso. Sob sua garantia pessoal, ele convocou Krimov para uma entrevista, mas assim que o militar chegou, deu ordens para que ele se apresentasse à Corte Militar Naval. Krimov preferiu meter uma bala no coração.

O "complô Kornílov" existiu, afinal? É quase certo que não. As provas disponíveis sinalizam um "complô Kérenski", visando à desmoralização do general comandante-em-chefe, cabeça de uma contra-revolução imaginária, ainda que verossímil, cuja supressão elevaria o primeiro-ministro a níveis de popularidade inigualáveis. Nenhum elemento característico de um autêntico golpe de Estado jamais veio à tona: listas de conspiradores, mapas e sinais codificados, programas. Nem Kérenski e muito menos os bolcheviques foram capazes de identificar uma única pessoa que confessasse, ou de quem fosse provado, estar em conluio com Kornílov. Absurdo pensar-se numa conspiração de uma única pessoa. Nomeada em outubro, a comissão que investigou o caso Kornílov concluiu, em junho do ano seguinte, isto é, já sob o governo bolchevique, que as acusações de traição e motim levantadas contra o comandante-em-chefe não tinham fundamento, e acusaram Kérenski de covardia, por não admitir um grave erro.

Se é correto supor que Kérenski buscou a ruptura com Kornílov, tendo em vista aumentar os poderes de que dispunha, ele não só fracassou em seu propósito como conseguiu justamente o oposto. O choque distanciou-o dos círculos liberais e conservadores, não alterando em nada sua posição no campo socialista. Os beneficiários do incidente foram os bolcheviques, que costumavam se pronunciar sobre o fantasma da contra-revolução. Em agosto, cedendo às pressões do *Ispolkóm*, o governo pôs em liberdade os membros do partido presos desde as jornadas de julho. Nas eleições municipais, realizadas no mês seguinte, o partido de Lênin obteve um avanço extraordinário: em Moscou, ganhou 49,5% das cadeiras, enquanto os mencheviques e SRs caíram de 71,1%, em junho, para 18,9%. Além disso, das quarenta mil armas de fogo distribuídas aos trabalhadores, para conter a imaginária investida de Kornílov, boa parte terminou em poder da Guarda Vermelha.

Outra conseqüência não menos importante do caso Kornílov foi a ruptura entre Kérenski e os militares. Embora o corpo de oficiais fosse leal ao governo e ainda estivesse confuso pelos apelos de Kérenski, por isso não cerrando fileiras atrás de Kornílov, o primeiro-ministro tornou-se alvo de seu desprezo, em virtude do tratamento dispensado ao general comandante-em-chefe, da prisão de diversos de seus subordinados e da indulgência com que agraciou a esquerda. Em outubro, quando ele precisasse de ajuda para se salvar dos bolcheviques, não encontraria resposta.

Seria tão-somente uma questão de tempo, até Kérenski ser derrubado por alguém mais hábil e mais firme. Tal líder tinha de vir da esquerda. Pois não importa quais fossem as diferenças que os separavam, os partidos representados no Soviete mantinham-se unidos quando confrontados com qualquer iniciativa de restaurar um poder eficaz e uma força militar efetiva. Como o país não podia prescindir disso, eles próprios teriam de assumir a responsabilidade pela ordem: a "contra-revolução" viria disfarçada de "verdadeira" revolução.

NESSE MEIO-TEMPO, de seu esconderijo rural, Lênin ocupava-se em reconfigurar o mundo.

As recordações de Zinóviev contam que os dois homens viveram em uma cabana, no campo, disfarçados de lavradores, recebendo mensageiros que traziam informações de Petrogrado. A princípio, o líder bolchevique chegou a cogitar que seu partido e ele próprio estivessem liquidados, e que seus esforços frustrados serviriam de lição para futuros revolucionários. Com isso em mente, retomou o trabalho em um livro que tinha começado na Suíça e que apareceria no ano seguinte, intitulado *O Estado e a Revolução*; baseado numa citação de Marx, afirmava que uma revolução bem-sucedida tinha de "esmagar" a engrenagem burocrática e militar do Antigo Regime. Era essa a tarefa de uma "ditadura do proletariado" transitória, isto é, tendente a desaparecer. "Sob o socialismo, *todos* governarão em rodízio e rapidamente, acostumando-se ao governo de ninguém." No tocante às questões econômicas, Lênin foi muito mais conservador; em vez de destruir o capitalismo, ele pretendia colocá-lo a serviço do Estado socialista. Nesse caso, agiu sob a influência dos socialistas alemães, para os quais a concentração da propriedade havia atingido tal ponto, que bastaria nacionalizar os bancos para introduzir o socialismo.

O caso Kornílov deu a Lênin um novo alento. Ele percebeu a gravidade da ruptura de Kérenski com o exército e, num misto de satisfação e surpresa, observou o primeiro-ministro reabilitar seus adeptos, armando-os. Tampouco ignorou que os trabalhadores e soldados estavam se afastando dos Sovietes – a principal base de apoio dos mencheviques e dos revolucionários socialistas – deixando-os expostos à manipulação de uma determinada minoria.

O mês de setembro já ia a meio, quando os bolcheviques conquistaram maioria nas Seções dos Trabalhadores dos Sovietes em Moscou e na capital. Trótski, libertado da prisão sob fiança, assumiu a presidência do Soviete de Petrogrado, tomando imediatas providências para controlar, por meio dele, todos os demais sovietes espalhados pelo país inteiro. Ignorando o *Ispolkóm*, ele criou uma organização paralela, pseudonacional, representativa dos organismos já dominados pelos bolcheviques.

Aproveitando-se do clima político favorável resultante do caso Kornílov e de seus sucessos nos sovietes, os bolcheviques retomaram as discussões visando ao golpe de Estado. Kámenev e Zinóviev – que ainda mantinham vivo na memória o fiasco de julho – opuseram-se firmemente a outra "aventura". Admitiam que o partido vinha ganhando força, mas ainda era minoritário: mesmo se conseguissem tomar o poder, não o manteriam, diante das forças combinadas da contra-revolução "burguesa" e do campesinato. Em contrapartida, eles propunham aguardar a convocação de um II Congresso de Sovietes, capaz de assumir o poder legitimamente.

Para Lênin, essa proposta nada mais era que insana, ou no mínimo ingênua. Da Finlândia, ele enviou duas cartas ao Comitê Central do partido – datadas de 12 e 14 de setembro – intituladas "Os bolcheviques devem tomar o poder" e "Marxismo e Insurreição". A partir do controle dos sovietes mais importantes, em Moscou e Petrogrado, ele enfatizava que "os bolcheviques podem e *devem* tomar o poder". Ao contrário do que diziam Kámenev e Zinóviev, isso não só seria possível como viável a manutenção da estabilidade a seguir, mediante a paz imediata com a Alemanha e o encorajamento para que os camponeses se apropriassem das terras privadas. Lênin garantia aos céticos que "os bolcheviques podem erigir um governo que *ninguém* derrubará". Era imperativo, contudo, agir com rapidez, pois o Governo Provisório podia tomar a iniciativa de entregar Petrogrado aos alemães, ou a guerra podia terminar. Assim, o partido devia promover a "*insurreição armada* em Petrogrado e Moscou, a conquista do poder e a derrubada do governo. Devemos decidir *como* fazer isso, pois a revolução não vai esperar por outras condições".

Ocorre que o Comitê Central não estava nem um pouco convencido; de acordo com Trótski, nenhum de seus membros era favorável a uma insurreição imediata. Por proposta de Stálin, as cartas de Lênin foram enviadas às organizações regionais do partido, a fim de serem discutidas mais amplamente.

Enfurecido com tal passividade, Lênin temia que o momento favorável fosse perdido para sempre. Em 29 de setembro, ele escreveu uma terceira carta – "A Crise Amadureceu" – em que, referindo-se à condição alvitrada pela dupla Kámenev-Zinóviev, argumentava: "Negligenciar (...) e 'esperar' o Congresso de Sovietes é *idiotice completa* ou *traição completa.*" Ao contrário, se "agirmos rápida e simultaneamente, em Petrogrado e em Moscou, além de sublevar a esquadra no Báltico, o movimento de surpresa poderá paralisar o governo. Certamente, teremos menos perdas do que em 3/5 de julho, porque as tropas *não se movimentarão* contra um governo de paz".

Boa parte da urgência de Lênin residia em seu medo de ser ultrapassado pela Assembléia Constituinte. O aparente "mandato popular" dos bolcheviques estava concentrado nos sovietes urbanos, em muitos dos quais o partido já havia ganho maioria. Entretanto, em 9 de agosto, depois de atrasos intermináveis, o Governo Provisório marcara eleições para 28 de novembro. Eleita pelo voto democrático, a Assembléia tendia a ser dominada pelos camponeses, ou seja, por uma representação SR – retirando dos bolcheviques a condição de continuar fingindo que agiam em nome do "povo". Caso já estivessem no poder, a situação seria bem diferente: como uma publicação do partido indiscretamente afirmou, a composição da Assembléia "dependerá muito de quem a convoque". Por isso, a pressa. O golpe tinha de ser dado antes de 12 de novembro, para que os ataques fossem desferidos contra o governo "burguês", e não contra um governo escolhido pela nação e composto por socialistas-revolucionários.

A necessidade de operar em nome dos sovietes obrigou Lênin a abrir mão de seu imediatismo. Como seria difícil num congresso nacional de sovietes os bolcheviques obterem maioria, Trótski e seus auxiliares manobraram para que só fossem convocados aqueles sob o controle do partido. Ignorando os protestos do *Ispolkóm* e usurpando sua autoridade, eles criaram um Comitê Regional do Norte, composto de 11 bolcheviques e seis SRs de esquerda – uma lasca do Partido SR, temporariamente aliada aos bolcheviques – que convidou sovietes e comitês militares a mandarem delegados para o próximo congresso. Os sovietes e as unidades do exército nos quais os bolcheviques tinham clara maioria enviaram dupla e tripla representação. Um Soviete provincial despachou cinco delegados, mais do que era assegurado à cidade de Kíev. Caracterizado o golpe contra a legítima organização dos sovietes, o *Ispolkóm* expressou sua condenação nos termos mais severos.

> Nenhum outro comitê tem autoridade ou direito de tomar a si a iniciativa de convocar esse congresso. Menos ainda esse direito pertence ao Comitê Regional do Norte, reunido em violação a todas as regras estabelecidas para os sovietes regionais e representando sovietes escolhidos arbitrária e aleatoriamente.

Contudo, em que pese suas objeções aos procedimentos bolcheviques, no fim os socialistas do *Ispolkóm* acabaram cedendo e, em 26 de setembro, concordaram em convocar, para 20 de outubro, um

II Congresso, cuja agenda – por exigência dos adeptos de Lênin – limitava-se a três pontos: discussão da situação interna do país, preparação da Assembléia Constituinte e eleição de um novo *Ispolkóm*. Mais tarde, a fim de dar tempo aos delegados das províncias de chegarem à capital, a data foi transferida para 25 de outubro. Espantosa e fatal capitulação. Sabedor daquilo que os bolcheviques tinham em mente, o *Ispolkóm* deu a eles o que queriam: um órgão escolhido a dedo, composto por seus adeptos e aliados, para legitimar um golpe de Estado.

A reunião dos sovietes pró-bolcheviques, sob a denominação de II Congresso dos Sovietes, tinha em vista justamente isso – sancionar o golpe que, por insistência de Lênin, realizar-se-ia *antes* do Congresso. A tarefa resumia-se à tomada dos pontos estratégicos da cidade e à subseqüente declaração de que o Governo Provisório estava acabado. O instrumento da ação seria o Comitê Militar Revolucionário – *Milrevkóm* – criado pelo Soviete de Petrogrado num momento de pânico, no início de outubro, para defender a população de um esperado ataque dos alemães.

O que precipitou os acontecimentos foi a operação naval alemã, no golfo de Riga, que, pela ocupação de três ilhas estratégicas, criou uma ameaça direta a Petrogrado. Temendo o cerco inimigo, o Estado-Maior propôs evacuar o governo para Moscou. O *Ispolkóm* condenou esse plano, interpretando-o como uma tentativa do Governo Provisório de entregar "a capital da Revolução". Em 9 de outubro, um deputado menchevique teve a idéia de que o Soviete formasse um "comitê de defesa da Revolução", encarregado das medidas de proteção à cidade. A princípio, argumentando que a medida fortaleceria o Governo Provisório, os bolcheviques manifestaram-se contra, mas logo voltaram atrás ao perceber que tal comitê não poderia dispensar o concurso da Organização Militar do partido, única força armada fora do controle governamental. Assim, estariam habilitados a colocar em prática o golpe já planejado, em nome do Soviete e sob sua proteção. Por conseguinte, a proposta dos bolcheviques, aprovada pelo plenário contra o voto dos mencheviques, levou à criação de um Comitê de Defesa Revolucionário, responsável não apenas por garantir a segurança urbana contra os alemães, mas também diante de "contra-revolucionários" domésticos. O organismo nada mais era que uma fachada da Organização Militar Bolchevique.

Não se pode afirmar com absoluta certeza, mas é muito provável que o voto do Soviete, aparentemente inócuo, tenha levado os bolcheviques, até então hesitantes, a agir. A decisão foi tomada na reunião clandestina do Comitê Central, realizada durante a noite de 10/11 de outubro. Estavam presentes 12 de seus membros, incluindo Lênin, que, apesar dos perigos, abandonara o seu esconderijo, temendo a indecisão dos demais dirigentes. A discussão suscitou três pontos de vista. Lênin defendia a imediata tomada do poder, independentemente do Congresso dos Sovietes. Zinóviev e Kámenev, apoiados por três outros, preferiam adiar o golpe para mais tarde, aguardando condições mais propícias. Os outros cinco, liderados por Trótski, achavam que o golpe estava maduro, mas que deveria ser dado em conjunto com o Congresso de Sovietes – em seu nome. Assim, chegou-se a um compromisso: o golpe seria desfechado no dia 25 de outubro, véspera da convocação do Congresso, que deveria ratificá-lo.

Para Kámenev, essa decisão era inaceitável, e ele se demitiu do Comitê Central; na semana seguinte, ele e Zinóviev concederam uma entrevista ao jornal menchevique, declarando-se ambos "firmemente contrários a qualquer iniciativa do partido, tendente a produzir um levante armado no futuro próximo". Lênin solicitou a imediata expulsão dos dois "fura-greves", como ele os chamou. "Não podemos dizer aos capitalistas a verdade, sobretudo que *decidimos* [entrar] em greve [leia-se: dar um golpe], e *esconder* deles a *escolha da hora*". O Comitê Central não atendeu a seus rogos, mas Lênin jamais perdoou Kámenev e Zinóviev pela timidez durante esses dias críticos.

A tática do Comitê Central consistia em provocar o governo, para que este adotasse medidas retaliatórias, diante das quais o Comitê Central apareceria como órgão defensor da Revolução e habilitado a deslanchar o golpe contra o governo. Mais tarde, Trótski e Stálin confirmaram esse plano. Nas palavras de Trótski:

> No fundo, nossa estratégia era ofensiva. Preparávamos o ataque ao governo, mas nossa agitação se baseava na presunção de que o inimigo estava pronto a dispersar o Congresso de Sovietes, sendo, portanto, necessário rechaçá-lo impiedosamente.

Segundo Stálin:

> A Revolução [leia-se: o Partido Bolchevique] disfarçava suas ações ofensivas por trás de uma cortina de fumaça defensiva, a fim de tornar mais fácil a cooptação dos elementos hesitantes e que se mantinham em dúvida.

Hipnotizados pela audácia bolchevique, os mencheviques e SRs resignaram-se, certos também de que uma outra "aventura" bolchevique estaria fadada ao insucesso. Trótski, que durante esses dias decisivos parecia estar em toda parte, levou a cabo uma verdadeira guerra de nervos, negando num dia tudo o que admitira na véspera, isto é, os preparativos da insurreição. Ele mantinha platéias fascinadas com discursos que, alternadamente, prometiam e ameaçavam, elogiavam e escarneciam.

Poucos dias antes do golpe, um relatório sobre a correlação de forças, em Petrogrado, indicava que o pessimismo de alguns bolcheviques não era totalmente infundado. O ponto nevrálgico, tal como em julho, situava-se na guarnição da cidade. De acordo com os melhores dados de que se dispõe, de uma força de 240 mil soldados, somente dez mil apoiavam ativamente os adeptos de Lênin. Os restantes mantinham-se "neutros", face ao conflito iminente. Todavia, embora contando com apenas 4% da tropa – não mais –, a avaliação favorável ao movimento de assalto ao poder estava fundamentalmente correta, uma vez que os efetivos à disposição do governo eram ainda menores.

O primeiro passo do Milrevkóm, reivindicando o controle da guarnição em nome do Soviete ocorreu em 21/22 de outubro. Cerca de duzentos "comissários" – jovens oficiais que tinham participado da insurreição de julho, recém-saídos da prisão – deslocaram-se para as unidades militares, convocando uma reunião dos comitês de regimento. Dirigindo-se a essa assembléia, Trótski mencionou as ameaças contra-revolucionárias e incitou a guarnição a apoiar o Soviete e o seu Comitê Militar. Ele fez a proposta e a reunião aprovou uma resolução, aparentemente sem maiores conseqüências maléficas, visando a estreitar as relações entre a frente e a retaguarda.

Com o texto dessa declaração não-comprometedora, uma delegação do Milrevkóm procurou o quartel-general do Estado-Maior. Seu porta-voz, um tenente bolchevique, avisou ao comandante do distrito militar de Petrogrado que daí por diante suas ordens só teriam valor caso referendadas pelo órgão do Soviete. É óbvio que as tropas não tinham tomado tal decisão e que a delegação agia de acordo com as diretrizes da Organização Militar bolchevique. Ameaçados de prisão, os delegados retornaram ao Smolni, o novo centro da insurreição bolchevique. Convocada às pressas – ninguém soube quem compareceu –, outra assembléia aprovou uma resolução segundo a qual, rejeitando o mandado da guarnição, o Estado-Maior transformara-se em arma da contra-revolução. Os soldados não deviam obedecer a seus comandos, a menos que fossem confirmados pelo Milrevkóm. Foi essa a fraude – cortina de fumaça – citada por Trótski e Stálin. De acordo com Podvóiski, comandante da Organização Militar Bolchevique, ela marcou o início da insurreição armada.

O governo ainda contemporizava. Fechou alguns jornais bolcheviques, mas não mandou prender os integrantes do Milrevkóm, preferindo resolver a crise com negociações. A determinação de Kérenski, nesses últimos momentos, é posta em dúvida por alguns contemporâneos; eles afirmam que o primeiro-ministro realmente queria que os bolcheviques levantassem a cabeça, oferecendo a oportunidade que queria para esmagá-los de uma vez por todas; mas não estava tão ávido assim por envolver o exército, temeroso que isso desencadeasse uma reação pela direita. O zelo do exército em reprimir os bolcheviques, em julho, o teria marcado de forma indelével. Portanto, as forças leais, incluindo alguns dos 15 mil oficiais residentes na capital e em ócio, permaneceram desmobilizadas. As precauções de segurança eram tão negligentes que ninguém guardava o quartel-general do Estado-Maior, onde se podia entrar sem qualquer identificação.

O último ato da tomada do poder pelos bolcheviques prosseguiu, na manhã de 24 de outubro, quando o governo implementou algumas frágeis medidas preventivas de segurança, mandando os *iúnkers* – cadetes militares – assumirem postos de sentinela no Palácio de Inverno, residência de Kérenski e lugar de reuniões do gabinete; a esses destacamentos juntou-se o chamado Batalhão da Morte Feminino, formado por 140 voluntárias, além de alguns cossacos, uma unidade de bicicleta e quarenta inválidos de guerra – Cavaleiros de São Jorge – comandados por um oficial que tinha uma perna de pau. Ergueram-se as pontes sobre o rio Nievá, para impedir que soldados e trabalhadores pró-bolcheviques penetrassem no centro da cidade. Despacharam-se ordens de prisão contra os comissários bolcheviques.

Tais medidas acirraram a atmosfera de crise. Por volta das 14h30, as repartições encerraram seu expediente e as ruas ficaram desertas; as pessoas correram para casa.

Escondido em alguma parte da cidade e distante dos acontecimentos, Lênin ardia de impaciência e ansiedade. Poucas horas antes do desenlace, ele ainda enviou outra carta ao Comitê Central, dizendo:

> Atrasar o levante significa a morte (...) tudo está suspenso no ar. Esperar pelo voto incerto (do Congresso dos Sovietes) do dia 25 de outubro seria pura formalidade, ou a perdição, talvez. O povo tem o direito e o dever de resolver tais questões não pelo voto, e sim pela força.

Nada nas declarações ou no comportamento de Lênin nesses dias decisivos deixava transparecer sua confiança nas massas; para ele a "revolução proletária" não podia prescindir da força física.

Para chegar ao Smolni, de barba raspada e com o rosto envolto numa atadura, como se estivesse com dor de dentes, deparou-se com uma patrulha de soldados fiéis ao governo e escapou por pouco da prisão, fingindo-se de bêbado. Uma vez no prédio, manteve-se escondido nos cômodos de trás, cochilando no chão.

Àquela noite – 24 para 25 de outubro – as unidades bolcheviques ocuparam metodicamente todos os pontos estratégicos na cidade, como se estivessem fazendo simples rondas. Tendo recebido ordens para retirar-se, os guardas *iúnkers* recuavam voluntariamente ou eram desarmados. Ao abrigo da escuridão, o Milrevkóm tomou conta das pontes, de estações ferroviárias, estabelecimentos bancários e repartições postais, telefônicas e telegráficas. Não houve sequer troca de tiros no quartel-general do Estado-Maior. Segundo uma testemunha, os bolcheviques "entraram e sentaram, enquanto aqueles que tinham permanecido sentados, levantaram e saíram".

Isolado com seus ministros no Palácio de Inverno, Kérenski tentava garantir socorro militar por telefone, mas sem nenhum sucesso. Às 21 horas, disfarçado de oficial sérvio, ele escapou num automóvel com bandeira norte-americana, e partiu para o *front*.

Lênin insistia na extinção desse derradeiro foco de resistência, antes que os trabalhos do II Congresso de Sovietes fossem abertos. Mas, após meses de preparação, as forças bolcheviques não se mostraram à altura da tarefa. Não havia homens que se dispusessem a enfrentar o fogo: os 45 mil Guardas Vermelhos e dezenas de milhares de supostos aliados, na guarnição, desapareceram sem deixar rastro. Um débil ataque foi afinal desferido, ao amanhecer, mas os atacantes recuaram ao primeiro som de tiros.

Entre 20 e 21 horas, Lênin foi à sala de operações no Smolni, onde em nome do Milrevkóm escreveu uma declaração nos seguintes termos:

AOS CIDADÃOS DA RÚSSIA!

O Governo Provisório foi deposto. A autoridade passou às mãos de um órgão do Soviete dos Deputados Trabalhadores e Soldados de Petrogrado – o Comitê Militar Revolucionário – que permanece à cabeça do proletariado e da guarnição da capital.

As reivindicações pelas quais o povo tem lutado – oferta imediata de uma paz democrática, fim da propriedade privada da terra, controle operário sobre a produção, criação de um governo soviético – estão asseguradas.

Vida longa à Revolução dos Trabalhadores, Soldados e Camponeses!

Ocupando posição de destaque entre os decretos bolcheviques, esse documento declarou que o poder soberano fora assumido por um organismo cuja autoridade decorria única e tão-somente do Comitê Central bolchevique. O Soviete de Petrogrado constituíra o Milrevkóm para defender a cidade contra os alemães, não para depor o Governo Provisório. Por outro lado, quando os bolcheviques começaram a agir em seu nome, o II Congresso de Sovietes, de representatividade duvidosa, nem sequer tinha sido inaugurado. Nessas circunstâncias, sem emanar de qualquer órgão do poder público e, também, sem violência, os fatos passaram inteiramente despercebidos da população. No dia 25 de outubro, a vida urbana seguiu seu ritmo normal, com escritórios e lojas funcionando, operários de volta ao trabalho nas fábricas, e lugares de lazer lotados. Ninguém, a não ser um punhado de dirigentes, sabia do ocorrido – que Petrogrado estava nas garras de ferro de bolcheviques armados e nada, nunca mais, seria a mesma coisa.

O restante do dia forneceu material para comédia. Na frente de batalha, Kérenski conseguiu persuadir a 3ª Cavalaria – a mesma tropa que ele acusara havia dois meses de tentar tirá-lo do poder, sob as ordens de Kornílov – a avançar sobre Petrogrado; entretanto, na periferia da cidade, os soldados apearam e recusaram-se a ir adiante. Poucos dias depois, essas mesmas tropas lutaram uma batalha sem sentido contra marinheiros de Kronstadt, que as forçaram a recuar. Sentado na sala das Malaquitas, no Palácio de Inverno, o gabinete que Lênin declarara deposto continuava esperando o socorro que não chegava. Chamados pelos bolcheviques para conquistar essa última fortaleza do governo, cinco mil marinheiros de Kronstadt não pareciam estar dispostos à batalha. Como o Congresso dos Sovietes não podia ser aberto enquanto os ministros não estivessem presos, seus delegados perambulavam, confusos. Às 18h30, o Milrevkóm deu um ultimato: caso o ministério não se rendesse, seus membros teriam de enfrentar o fogo de artilharia das baterias navais e costeiras. Aguardando que Kérenski chegasse, no comando de forças de apoio, os ministros ignoraram a exigência e continuaram suas apáticas conversas telefônicas, ou cochilando, com a roupa do corpo. Às 21 horas, o cruzador *Aurora* abriu fogo, dando uma única salva, sem balas, uma vez que não havia munição a bordo. Depois, fez-se o silêncio. Mais duas horas transcorreram, até que a fortaleza de Pedro e Paulo disparasse seus canhões, desta vez carregados, mas com mira tão ruim que só dois projéteis – de 30 a 35 – atingiram o palácio, causando pouco prejuízo.

Por seu lado, desencorajados pela ausência de apoio, os defensores começaram a se dispersar. Não encontrando mais resistência, as forças pró-bolcheviques penetraram no prédio através das janelas abertas, na fachada do Hermitage, e pelos portões destrancados, de frente para o Nievá, saqueando e destruindo tudo o que encontravam. Os *iúnkers* queriam lutar, mas os ministros não desejavam derramamento de sangue e ordenaram que se rendessem. De madrugada, às 2h10, o gabinete foi escoltado sob guarda até a fortaleza de Pedro e Paulo.

Incapazes de continuar resistindo, os bolcheviques já haviam aberto o Congresso dos Sovietes, no salão de reuniões do Smolni. Presentes cerca de 650 delegados, sua representação somava 338 delegados, aliados a 98 SRs de esquerda. Os dois partidos controlavam, portanto, dois terços das cadeiras – o dobro do que tinham direito, a julgar pelas eleições da Assembléia Constituinte, realizadas daí a três semanas. As primeiras horas foram consumidas por debates. Esperando a notícia da queda do Palácio de Inverno, os bolcheviques deram a palavra a seus oponentes socialistas; em meio a vaias e apartes, mencheviques e socialistas-revolucionários denunciaram o golpe, exigindo negociações imediatas com o Governo Provisório. Trótski mandou-os embora, desqualificando-os como "falidos", para "a lixeira da história".

Foi só às 3h10 do dia 26 de outubro que Kámenev, nomeado presidente do Presidium, pôde anunciar a prisão do governo. Às 6 horas, ele suspendeu o Congresso até a tarde. Lênin retirou-se para o apartamento de um amigo, a fim de redigir os decretos mais importantes, destinados à ratificação do plenário. Os trabalhos foram retomados às 22h40. Aplaudido com entusiasmo, e na expectativa de obter apoio dos soldados e camponeses, Lênin apresentou os decretos sobre paz e a terra.

O primeiro consistia mais num apelo aos poderes beligerantes, para que abrissem imediatas negociações visando à paz, sem anexações nem indenizações, para garantir que todos os povos tivessem o direito à "autodeterminação". O segundo sustentava-se no programa do Partido Socialista-Revolucionário; em vez de determinar a nacionalização proposta por seu próprio programa, os bolcheviques determinavam que a terra fosse "socializada" – isto é, retirada do comércio e transferida às comunas camponesas. Todas as propriedades não cultivadas deveriam ser expropriadas sem indenização.

Depois desses decretos terem sido aclamados, foi apresentada uma relação de funcionários que deveriam substituir o Governo Provisório, o Conselho dos Comissários do Povo – *Sovnarkóm* – igualmente provisório, até a instalação da Assembléia Constituinte. Lênin não queria posto algum no gabinete, preferindo agir nos bastidores, como o presidente de fato do Comitê Central do Partido Comunista; seus colegas, porém, compeliram-no a assumir a responsabilidade pelo golpe realizado, em larga medida, por sua insistência. Todos os comissários pertenciam ao Partido Bolchevique e estavam sujeitos à disciplina do partido. Lênin tornou-se presidente do Conselho. A. I. Ríkov assumiu a pasta de Assuntos Internos e Trótski a de Assuntos Estrangeiros. Stálin recebeu o encargo relativo às Questões de Nacionalidade, um posto recém-criado considerado menor. O novo *Ispolkóm* tinha 101 membros, sendo 62 bolcheviques e 29 SRs de esquerda. Kámenev assumiu a sua coordenação. O Sovnarkóm tinha de prestar contas ao *Ispolkóm*.

Lênin garantiu ao Congresso que todas as suas decisões estariam sujeitas à ratificação, rejeição ou modificação pela Assembléia Constituinte, a ser eleita em 12 de novembro, data marcada pelo governo anterior. Cumprida a tarefa, o Congresso acabou.

Em Moscou, a tomada do poder não foi tão fácil. As forças governistas, compostas sobretudo por militares cadetes e estudantes, capturaram o Kremlin. Em vez de aumentar sua vantagem, porém, o Comitê de Segurança Pública, presidido pelo presidente da Duma Municipal, estabeleceu negociações com os bolcheviques, salvando-os de uma derrota quase certa. O Milrevkóm reuniu suas forças, nos três dias que durou o armistício, e atacou à meia-noite de 30 de outubro.

Na manhã de 2 de novembro, o governo capitulou, ordenando que suas tropas depusessem as armas.

Nas outras cidades da Rússia, a situação seguiu uma confusa variedade de roteiros, e o curso e o resultado do conflito dependeram, em cada uma delas, da força e determinação revelada pelas partes envolvidas na contenda. No primeiro momento, o golpe de outubro não produziu maior impacto nas áreas camponesas, contribuindo apenas para intensificar o confisco de terras. Em algumas localidades, os bolcheviques juntaram-se a SRs e mencheviques para proclamar o governo "soviético"; em outras, eles expulsaram seus rivais socialistas e tomaram o poder para si. No começo de novembro, o novo governo controlava o coração do império morto, a Grande Rússia ou, pelo menos, as cidades desta região, mas as aldeias e fronteiras permaneciam fora de seu alcance.

O estratagema de realizar o golpe em nome e em proveito do Soviete serviu para escamotear seu verdadeiro significado. A ilusão prevalecente era de que o Soviete, parceiro mais forte na dualidade de poderes acordada desde fevereiro, assumira formalmente responsabilidade integral pelo governo, sem modificar nada, realmente, visto que a nova autoridade também se intitulava provisória. No texto original do comunicado a respeito da deposição do gabinete de Kérenski, datado de 25 de outubro, Lênin escreveu "Vida Longa ao Socialismo", mas ele pensou melhor e riscou a expressão, aparentemente para enfatizar, durante algum tempo, a imagem de continuidade. O rublo perdeu metade do seu valor de câmbio em relação ao dólar, mas na Bolsa de Petrogrado as ações mantiveram-se estáveis. Não houve pânico, mesmo entre os ricos.

A queda do Governo Provisório causou pouco pesar: testemunhas oculares contam que a população reagiu com desinteresse total. Os transeuntes pareciam sentir que não fazia diferença quem estava no poder, uma vez que tudo estava tão ruim que possivelmente não poderia tornar-se ainda pior.

7
A construção do Estado unipartidário

Chegando ao poder, Lênin estabeleceu um regime inédito, em termos históricos, diferente de tudo o que o mundo já conhecera, do sistema comunal de autogestão à autocracia: a extrema ditadura do "partido" exercia-se por trás da fachada de autogestão popular dos sovietes. À direita e à esquerda, o sistema prestava-se muito bem a todas as causas radicais e, graças à ausência de precedentes, muitos anos se passaram até que se desvendasse a sua natureza. O conceito de totalitarismo só se tornou claro para definir o regime nascido em solo russo quando os métodos políticos dos comunistas passaram a ser utilizados por fascistas e nazistas.

O estado subseqüente à revolução nunca esteve no centro das preocupações de Marx e de seus seguidores. Ignorando como resolver problemas espinhosos, como a contradição entre "ditadura do proletariado" e democracia proletária, ou de que forma pôr em funcionamento a economia socialista sem dinheiro, eles preferiram deixar a solução dessas questões para o futuro. Os bolcheviques também não deram muita atenção a esses fatores, convictos de que estavam na iminência da revolução mundial que os livraria de erigir um governo nacional. Até hoje, a confusa tentativa empreendida por Lênin no sentido de projetar o futuro comunista em *O Estado e a Revolução* só contribuiu para deixar todos os críticos perplexos.

A verdade é que os novos governantes da Rússia criaram seu sistema político na base da improvisação, à medida que prosseguiam no poder. No fundo, foram pouco a pouco impondo à população regras e procedimentos vigentes no partido e nele adotados voluntariamente; assim, o privado tornou-se público, e o espontâneo, obrigatório. Embora nunca tenham conseguido elaborar uma fundamentação teórica adequada, o Estado unipartidário acabou por constituir-se na sua realização mais duradoura e de maior ressonância.

Embora Lênin cogitasse exercer um poder sem limites – para ele, o partido era um agente histórico destinado a conduzir a humanidade ao socialismo –, o fato é que o poder fora conquistado em nome da "democracia soviética". Em outubro, os bolcheviques não tinham agido em proveito próprio, mas em favor dos sovietes – o nome do partido não aparecia em nenhuma proclamação do Comitê Militar Revolucionário. Essa presunção era necessária, pois o país não toleraria a ditadura de um partido. Nem os delegados do II Congresso, ainda que influenciados por seguidores e simpatizantes de Lênin, tinham intenção de investi-los com poderes ditatoriais. Nenhuma proposta foi encaminhada nesse sentido. Ninguém vislumbrava outra hipótese senão a de um novo governo de coalizão, integrado por todos os partidos socialistas. De início, mesmo sem rejeitar tais idéias, Lênin não tinha intenção alguma de aliar-se aos mencheviques e SRs, que considerava conciliadores, interessados em frear a velocidade do processo e capazes de emascular sua agenda revolucionária. O clamor favorável a um governo popular obrigou-o a construir instituições democráticas, mas ele as colocou sob o tacão de ferro do Partido Bolchevique: todos podiam participar das instâncias governamentais, desde que rompessem com seus partidos e aceitassem a disciplina bolchevique.

O Estado unipartidário requeria medidas destrutivas e construtivas. Antes de tudo, os bolcheviques tinham de extirpar tudo o que permanecera do Antigo Regime, tanto czarista, quanto "burguês (democrático)" – os órgãos provinciais autônomos, os partidos políticos e sua imprensa, as Forças Armadas, o sistema judiciário e toda a estrutura econômica baseada na propriedade privada. Realizada em cumprimento às determinações de Marx, de não apenas tomar, mas "esmagar" a velha ordem, essa fase da revolução produziu decretos, mas foi levada a cabo, sobretudo, pelo anarquismo espontâneo das massas, que os bolcheviques fizeram o máximo para estimular.

A construção da nova ordem mostrou-se uma tarefa bem mais difícil. Em primeiro lugar, requeria o controle das paixões anárquicas. Além disso, exigia a estruturação de uma autoridade necessariamente assemelhada à democracia "soviética", de caráter popular, mas, na realidade, parecida com o absolutismo patrimonial moscovita. O novo governo precisava libertar-se da prestação de contas aos sovietes, seu soberano nominal, convertendo-os em ferramentas inativas do partido e da Assembléia Constituinte, ainda que solenemente comprometido com sua convocação. Todos esses objetivos foram alcançados pelos bolcheviques sem muita demora, nos seis meses seguintes à insurreição de outubro.

Em 1921, Lênin referiu-se a um truísmo quando afirmou que "nosso partido é o partido do governo e as resoluções que adota [são] obrigatórias para toda a república". De fato, nenhum bolchevique jamais duvidou que o Partido Bolchevique fosse a locomotiva do governo soviético. Com toda sua autoridade pública, ele nunca deixou, porém, de ser um organismo privado. Nem a Constituição de 1918 nem a de 1924 o mencionam. Até 1936, quando foi mencionado pela primeira vez na chamada "Constituição de Stálin", o Partido gostava de se descrever como uma força espiritual condutora do país pela via do exemplo e não da coação.

Como organização privada, e ainda que controlando tudo, o partido nunca se submeteu à supervisão externa, permanecendo assim enquanto durou: auto-suficiente e dotado de mecanismos que lhe asseguravam autoperpetuação – de março de 1918, quando foi rebatizado "Partido Comunista", a agosto de 1991, data de sua extinção.

Seus efetivos jamais deixaram de crescer: tinha 236 mil membros em fevereiro de 1917; 250 mil, em 1919; 730 mil, incluindo membros candidatos, em março de 1921. É evidente que os novos seguidores, em sua maioria, eram carreiristas, que pretendiam beneficiar-se dos privilégios associados por tradição ao serviço público. Lênin percebia isso, mas precisava desesperadamente de quadros para administrar todas as esferas de poder sob controle do partido. Por precaução, ele atribuiu os postos-chave aos integrantes da "Velha Guarda", bolcheviques que haviam se integrado antes de 1917.

O partido manteve a estrutura de seus anos de clandestinidade, até meados de 1919. Todavia, à medida que suas fileiras se expandiam, uma organização formal foi ganhando espaço. Em março de 1919, o Comitê Central – direção máxima – criou dois novos organismos: o Politburo, para rápidas decisões políticas a respeito de questões urgentes, e o Orgburo, encarregado da política referente aos quadros partidários. Mesmo sem ocupar a presidência, Lênin era o líder inquestionável, embora se envolvesse em disputas acirradas e, às vezes, ameaçasse renunciar, para fazer valer a sua vontade. Mas, no fim de 1918, ele não mais tinha oposição. Em conversa com o menchevique Nikolai Sukhánov, Kámenev disse:

> Estou cada vez mais convencido de que Lênin nunca comete um erro. No fim, está sempre certo. Quantas vezes pareceu que ele cometera erros crassos em seus prognósticos ou na sua proposta de linha política – e no fim, invariavelmente, seus prognósticos e sua linha demonstraram-se corretos.

Todos, Lênin e seus lugares-tenentes, exerciam funções duplas, na direção do partido e no *Sovnarkóm*, órgão executivo supremo do país. Em geral, as decisões importantes eram tomadas no Comitê Central, ou Politburo, e depois levadas a debate no *Sovnarkóm*, do qual participavam especialistas não-bolcheviques. Ali, as discussões giravam sempre em torno da melhor forma de implementação das irrecorríveis resoluções do partido. Essa duplicação de poderes tornou-se um traço característico do regime totalitário.

Nada define tão bem a fase destrutiva da Revolução Bolchevique como a palavra turca – *duván* – adotada pelos cossacos e que significa "divisão de espólios". No outono e no inverno de 1917-1918, toda a Rússia converteu-se num imenso campo de repartição de butins. O principal deles era a terra, mas os trabalhadores também se apossaram das fábricas, assim como bandos de soldados desertores invadiram os arsenais e depósitos, levando o que pudessem carregar. Assim ocupados, trabalhadores, soldados e camponeses perderam o pouco interesse que tinham na política.

Não se limitando aos bens materiais, o *duván* aplicava-se igualmente ao poder político. A população do que fora o império russo despedaçou o Estado, produto de seiscentos anos de desenvolvimento histórico. Na chegada da primavera de 1918, as muitas entidades que haviam substituído o maior Estado do mundo, pequenas e grandes, sobrepondo-se umas às outras, reivindicavam soberania sobre fatias do território. Tal como na Idade Média, a Rússia voltou ao domínio de principados independentes.

A desintegração começou pelas áreas fronteiriças, habitadas por não-russos, a partir da Finlândia, que declarou sua independência, em dezembro de 1917; daí por diante, um grupo étnico após outro seguiu o mesmo caminho da "autodeterminação nacional", proclamada pelo novo governo.* A própria Rússia sentia os efeitos das forças centrífugas sobre suas províncias, regiões e mesmo cidades, onde pipocavam afirmações de independência *vis-à-vis* a autoridade central. O princípio anarquista em que se baseava o governo soviético, aceito pelos bolcheviques, incentivava essas tendências. De acordo com uma fonte contemporânea, em junho de 1918, no território do antigo Império russo, existiam pelo menos 33 "governos" soberanos.

Os bolcheviques, cujos objetivos a longo prazo exigiam um Estado altamente centralizado, não interferiam por enquanto nas forças centrífugas que promoviam o esfacelamento do velho sistema político-econômico; mas, em março de 1918, aprovaram uma Constituição da União das Repúblicas Socialistas Soviéticas. Escrita com o auxílio dos SRs de esquerda, o novo diploma legal tinha um sabor anarquista. É claro que isso não deveria ser levado a sério: enquanto (nominalmente) todo o poder derivava dos sovietes, nenhum artigo definia a distribuição de poderes entre as aldeias, os distritos, as províncias e o governo central. O Partido Bolchevique, fonte de toda a autoridade real, nem mesmo era mencionado.

PARA LÊNIN E TRÓTSKI, interessados em garantir total liberdade de ação, o mais importante era colocar um ponto final na prestação de contas ao Comitê Executivo Central.** Fora por iniciativa do próprio Lênin que o II Congresso dos Sovietes, aprovando a criação do Conselho dos Comissários do Povo (CEC), subordinara-o ao CEC. Mas o que ele pretendia, de fato, era que o Conselho, sob sua presidência, só prestasse contas ao Comitê Central do partido, que ele liderava

---

*Esse tema será aprofundado no Capítulo 12.

**O Comitê Executivo Central – CEC, anteriormente conhecido como *Ispolkóm* – era o órgão supremo dos sovietes da nação – isto é, o *Estado*. O Comitê Central dirigia o *partido*.

de forma inconteste. A contradição entre o que se declarava, na defesa da resolução, e aquilo que se pretendia com ela resultou no primeiro e único embate constitucional na história da Rússia soviética.

Nomeados pelos bolcheviques, em fins de outubro, os mencheviques e SRs consideravam o CEC capaz de legislar, indicar os integrantes e monitorar as atividades do *Sovnarkóm*. Lênin, que tratava tal "formalismo" com desdém, ignorou o Comitê desde o primeiro dia. O conflito surgiu com a divulgação de dois decretos polêmicos. O primeiro deles, tornado público em 27 de outubro, tratava da imprensa; assinado por Lênin, foi escrito por Anatóli Lunatcharski, comissário de Instrução, e determinava o fechamento da imprensa "contra-revolucionária", vale dizer, todos os jornais que se recusavam a reconhecer a legitimidade do golpe de outubro – de fato, a imprensa inteira, à exceção dos órgãos dos bolcheviques e dos SRs de esquerda.

Cientes da forte oposição que provocariam com esse decreto, além de outros que tinham em mente, os bolcheviques baixaram um segundo, regulando as relações CEC-*Sovnarkóm*, a que chamaram "Sobre o Procedimento para a Ratificação e Promulgação de Leis", e que autorizava o Conselho a legislar por decreto. O Comitê podia ratificá-los ou anulá-los, mas apenas retroativamente. Baseada no Artigo 87 das Leis Fundamentais czaristas, a proposta foi escrita pelo principal assessor econômico de Lênin, Iúri Lárin.

Os socialistas minoritários reagiram com espanto, alegando que ambos os decretos violavam as disposições da própria lei que criara o *Sovnarkóm*, reduzindo a função do CEC a de um mero carimbo. A questão chegou ao auge na reunião do Comitê realizada em 4 de novembro, quando – novamente, pela primeira e última vez – Lênin e Trótski compareceram diante de uma assembléia legal a fim de defender seus atos. Mesmo os aliados SRs de esquerda solicitaram que o governo parasse imediatamente de legislar por decreto. Lênin afirmou que tal proposição não passava de "formalismo burguês". Trótski lhe fez eco, afirmando que a Rússia Soviética não mais tinha classes antagônicas e, por conseguinte, não carecia de "máquina parlamentar convencional". Ele sustentou que o governo e as "massas" não estavam ligados por instituições e regulamentos formais, mas por um "vínculo vital e direto".

Os argumentos não convenceram a minoria não-bolchevique, e mesmo alguns membros do próprio partido sentiram-se apreensivos. Um SR de esquerda propôs uma moção declarando

> insatisfatórias as explicações do presidente do *Sovnarkóm*. A contraproposta bolchevique afirmava que o parlamento soviético não pode recusar ao Conselho dos Comissários do Povo o direito de promulgar, sem discussão prévia no Comitê Executivo Central, decretos urgentes e de acordo com o programa geral do Congresso Pan-Russo de Sovietes.

A moção a favor do CEC foi derrotada por 25 votos a 20; nove bolcheviques, quatro deles ocupando postos no *Sovnarkóm*, anunciaram sua demissão, devido à recusa de Lênin em formar um governo de coalizão. Pouco depois, todos eles se reintegraram.

A vitória não satisfez Lênin, que exigia uma confirmação explícita, no sentido de que o Conselho dos Comissários do Povo tinha direito de legislar por decreto, como a proposta bolchevique declarava. Como o prognóstico apontava para um empate – 23 votos *versus* 23 –, ele e Trótski anunciaram que participariam da votação – julgando a si próprios. Caso os "parlamentares" da Rússia tivessem um pouco mais de experiência, teriam se recusado a participar de tal farsa, retirando-se. Mas ficaram e votaram. A proposta bolchevique obteve 25 votos contra 23, outorgando aos dois líderes bolcheviques autoridade legislativa total; o Congresso dos Sovietes e o CEC que o representava converteram-se em órgãos meramente consultivos. Na história constitucional soviética, essa decisão significou um divisor de águas.

Mais tarde, naquele mesmo dia, o *Sovnarkóm* anunciou que seus decretos teriam força de lei tão logo publicados na oficial *Gazeta do Governo Provisório dos Trabalhadores e Camponeses*. O CEC continuou a debater as políticas de governo, mas sem alterá-las. No verão de 1918, quando os não-bolcheviques foram expulsos, o órgão transformou-se em câmara de eco, onde os deputados "ratificavam" as decisões do *Sovnarkóm*; este, por sua vez, executava os desejos do Comitê Central bolchevique. Em 1921, o Comitê Executivo reuniu-se apenas três vezes.

A partir daí, a Rússia passou a ser governada por decreto, como antes de 1905, pelo ucasse do imperador. As leis entravam em vigor quando o cabeça do Estado – naquela época, o czar; agora, Lênin – as assinava. É indubitável que tais práticas não seriam estranhas a um Nicolau I ou a Alexandre III. O método legislativo dos bolcheviques, estabelecido duas semanas após o golpe de outubro, apesar de toda a sua retórica revolucionária, marcou uma reversão aos costumes autocráticos de antes do Manifesto de 17 de outubro de 1905, simplesmente eliminando 11 anos de constitucionalismo.

UM DOS PROBLEMAS que afetavam a legitimidade do novo regime – a seus próprios olhos, pelo menos – residia no fato de as organizações camponesas, sob influência dos socialistas-revolucionários, terem boicotado o II Congresso dos Sovietes.

O Congresso dos Deputados Camponeses, marcado para o fim de novembro, estava virtualmente destinado a condenar o golpe de outubro. Para evitar isso, os bolcheviques entabularam negociações secretas com os SRs de esquerda para dividir o conclave. Obtendo uma representação desproporcionalmente generosa, eles desorganizaram as sessões. Eleita presidente do Congresso, Spiridônovna invalidou uma resolução formal, aprovada pela maioria, que atribuía à Assembléia Constituinte a suprema legislatura, sob o novo regime. Em seguida, ela e seus seguidores juntaram-se aos bolcheviques, abandonando o recinto; o encontro foi dissolvido pelo governo, que os declarou representantes exclusivos do campesinato. Doravante denominada Soviete dos Deputados Trabalhadores, Soldados e Camponeses, a instituição pareceu representar toda a nação.

Como recompensa, os bolcheviques fizeram várias concessões aos SRs de esquerda, entregando a eles cinco pastas menores no *Sovnarkóm* e alguns outros cargos, incluindo a subchefia da recém-formada polícia de segurança, a *Tcheká*. Mais importante ainda, concordaram com o seu pedido de convocar a Assembléia Constituinte.

A resistência ao golpe de outubro partiu da *intelligentsia*. Esse grupo, que contribuíra com tanta força para o colapso da velha ordem, estorvando com seu comportamento irresponsável a construção de uma democracia efetiva, enfrentava agora os bolcheviques. Escritores, artistas, acadêmicos, jornalistas e advogados, assim como funcionários públicos e empregados do setor privado, recusavam-se a continuar cooperando enquanto os bolcheviques estivessem no poder. Um Comitê para a Salvação da Pátria e da Revolução, em Petrogrado, organizou uma greve geral dos serventuários do Estado. Quando os novos comissários apareceram para assumir suas funções, encontraram o pessoal de braços cruzados, ou ninguém, a não ser porteiros e mulheres encarregadas da limpeza. Trótski teve uma experiência embaraçosa, em 9 de novembro – duas semanas após receber sua nomeação –, quando aventurou-se a visitar o Ministério das Relações Exteriores. Um jornal contemporâneo descreveu assim o incidente:

> Ontem, o novo "ministro" Trótski foi ao Ministério das Relações Exteriores. Tendo reunido todos os funcionários, declarou: "Sou Trótski, o novo ministro das Relações Exteriores." Saudado com risos irônicos, não se preocupou e mandou que voltassem ao trabalho. Eles foram... mas para suas casas, com a intenção de não retornar ao escritório enquanto Trótski permanecesse à frente do ministério.

Os trabalhadores dos correios e telégrafos retiraram-se, prometendo não retomar o serviço até que os bolcheviques tivessem cedido o poder a um governo de coalizão. Outros empregados de escritório, entre os quais aqueles que trabalhavam nos estabelecimentos bancários, seguiram o mesmo exemplo.

Para os bolcheviques, o aspecto mais humilhante do protesto foi a recusa do pessoal do Banco Nacional do Tesouro em atender a seus pedidos de dinheiro. Após várias solicitações frustradas, uma guarda armada cercou os funcionários, forçando-os a abrir o cofre, do qual tiraram 5 milhões de rublos. Toda a operação pareceu um roubo.

Na segunda metade de novembro, Lênin ordenou uma ofensiva contra os funcionários públicos em greve. Um a um, os prédios das instituições foram ocupados por homens armados e os funcionários obrigados a trabalhar, sob ameaça de severas punições. Quem insistiu na recusa foi demitido e substituído por gente mais jovem. A greve dos escriturários só foi de fato interrompida em janeiro de 1918, com a dispersão da Assembléia Constituinte. Aí, tornou-se óbvio, mesmo para os democratas mais confiantes, que os bolcheviques não partilhariam nem entregariam o poder.

Nos primeiros meses da ditadura bolchevique, as reuniões do *Sovnarkóm* pareciam encontros de revolucionários dos velhos tempos. Simon Liberman, menchevique que participou de algumas delas, deixou a seguinte descrição:

> Nas conferências dos mais altos conselhos administrativos da Rússia soviética, presididas por Lênin, pairava uma atmosfera peculiar. A despeito de todos os esforços no sentido de dar às sessões o caráter de uma reunião de gabinete, tínhamos a nítida sensação de estarmos presentes a mais um encontro de um comitê clandestino revolucionário! Durante anos, todos nós havíamos pertencido a várias organizações ilegais e não parecia haver diferença. Muitos comissários permaneciam ao longo de todos os debates vestidos com seus paletós e sobretudos; a maioria deles, aliás, possuía apenas rústicos blusões de couro. Na época do inverno, alguns usavam botas de feltro e casacos finos.
>
> Aleksandr Tsiurupa, um dos comissários, estava quase sempre doente e ficava numa posição semi-reclinada, com os pés esticados por cima da mesa mais próxima. Alguns arrastavam suas cadeiras em tropel por toda a sala. Somente Lênin, invariavelmente, tomava seu lugar à cabeceira da mesa, como presidente. Ele o fazia de uma maneira elegante, quase decorosa. Fótieva, como sua secretária pessoal, sentava-se ao lado dele.

Irritado com a falta de pontualidade e verborragia de seus companheiros, Lênin estabeleceu um regime rigoroso, impondo multas por atrasos: 5 rublos, para menos que meia hora; 10, para delongas superiores. Enquanto ouvia as intervenções, ele costumava folhear um livro, só emitindo opinião após o orador ter encerrado sua explanação.

A ASSEMBLÉIA CONSTITUINTE – segundo as palavras de um contemporâneo, "atravessada como um osso em suas gargantas" – era a barreira que ainda restava aos bolcheviques remover para ficarem inteiramente livres do controle popular.

No início de dezembro de 1917, já tinham conseguido (1) pôr de lado o legítimo Congresso Pan-Russo dos Sovietes e destituir o seu antigo Comitê Executivo (CEC); (2) privar o novo CEC, criado por eles próprios, das funções legislativas e de nomeação dos ministros; e (3) dividir o Congresso de Camponeses, substituindo-o por um órgão constituído por aliados e simpatizantes. Importantes como eram para o futuro da Rússia, nenhuma dessas ações despertou o interesse da população em geral, porque elas aconteceram na distante Petrogrado, envolvendo questões organizacionais complexas, muito além da compreensão da maioria do povo. No tocante à Assembléia Constituinte, que estava para ser eleita por todos os cidadãos adultos, a situação seria diferente.

Os bolcheviques justificaram o golpe de outubro como condição essencial à convocação da Assembléia Constituinte; sustentavam que o Governo Provisório "burguês", temeroso do radicalismo das massas, jamais o faria. Até 27 de outubro, o *Pravda* informava aos seus leitores que o novo governo "é o único capaz de levar o povo à Assembléia Constituinte". Na realidade, o novo governo receava a Assembléia e procurava desesperadamente encontrar meios e modos que a tornassem dispensável ou inócua, caso isso se mostrasse inviável em termos políticos.

Mas, enfim, os bolcheviques honraram sua promessa de organizar as eleições, realizadas em 12/14 de novembro, na cidade de Petrogrado, e na segunda quinzena do mês, no resto do país. Conforme os critérios estabelecidos pelo extinto Governo Provisório, eram eleitores todos os cidadãos, homens e mulheres, com 20 anos de idade ou mais; os soldados podiam votar, desde que tivessem completado 18 anos. O comparecimento foi impressionante: cerca de 70%, na capital, e 100%, em algumas áreas rurais. A estimativa mais confiável calcula que votaram 44,4 milhões de pessoas. A 1º de dezembro, Lênin declarou: "Considerada isoladamente do contexto da luta de classes que se aproxima da Guerra Civil, a Assembléia Constituinte é a instituição que melhor expressa o desejo do povo."

O grande número de partidos envolvidos – e de blocos eleitorais – dificulta bastante uma avaliação mais acurada do pleito; só em Petrogrado, 19 agremiações partidárias concorreram, apresentando listas diferentes de candidatos. Os socialistas-revolucionários obtiveram a maioria dos votos – 17,9 milhões, ou 40,4%. Em seguida, vieram os bolcheviques – com 10,6 milhões, ou 24%. Os mencheviques e SRs de esquerda foram eliminados. Os constitucionalistas-democratas reuniram a maior parte do voto não-socialista – 2,1 milhões, ou 4,7%. Em regiões fora da Rússia propriamente dita, os eleitores favoreceram os partidos nacionalistas, muitos deles filiados a seus iguais russos; assim, os SRs ucranianos ganharam 3,4 milhões de votos, enquanto os mencheviques georgianos chegaram na frente, com 662 mil votos.

Os bolcheviques não se espantaram com esses resultados, muito embora, contra todas as possibilidades, alimentassem alguma esperança de vitória. Eles conquistaram a maior parte dos votos dos trabalhadores e tiveram bom desempenho entre os soldados, grupos que seriam especialmente úteis na Guerra Civil, prestes a explodir. Ficaram decepcionados, porém, com a demonstração de força dos cadetes. No cômputo geral, os liberais receberam um voto para cada vinte, mas nos centros urbanos chegaram em segundo lugar; em algumas cidades, foram vitoriosos. Como a expectativa era de que a política futura fosse decidida nos grandes centros populacionais, para os novos dirigentes da Rússia os cadetes representavam muito mais perigo que os SRs, com sua frágil densidade eleitoral.

Que fazer? Os bolcheviques consumiram um tempo enorme debatendo como neutralizar a Assembléia. Alguns recomendavam que ela fosse dissolvida; outros, inclusive Lênin, eram favoráveis à convocação, desde que submetida ao princípio de "revogação", isto é, deputados não-bolcheviques não seriam empossados sob a alegação de que as condições históricas haviam se alterado e eles teriam perdido sua representatividade. Mesmo antes de se decidir a questão, os cadetes foram postos fora da lei e seus líderes presos como "inimigos do povo". Os liberais foram o primeiro partido político suprimido pelo governo bolchevique.

Afinal, mediante um acordo com os SRs de esquerda, a Assembléia reuniu-se sem autoridade legislativa, sendo imediatamente dissolvida. Dando prosseguimento às declarações feitas em 1º de dezembro, já no dia 12 Lênin afirmava que o lema "Todo o Poder à Assembléia Constituinte" tinha se tornado contra-revolucionário. A Assembléia ratificaria todas as resoluções do II Congresso dos Sovietes e todos os decretos do *Sovnarkóm*, ou enfrentaria "as medidas mais enérgicas, rápidas, firmes e decisivas por parte da autoridade soviética". Isso soou como uma sentença de morte. Nos pronunciamentos públicos que se seguiram, os porta-vozes bolcheviques – os mesmos que em outubro defendiam o governo dos sovietes como o único capaz de garantir a convocação da Assembléia – argumentavam que o apoio à Assembléia equivalia à rejeição dos sovietes.

Os socialistas reagiram desencadeando uma contrapropaganda maciça. A União para a Defesa da Assembléia Constituinte, dirigida por mencheviques e SRs, enviou agitadores às fábricas e aos quartéis, para preencher abaixo-assinados de trabalhadores e soldados, incluindo aqueles que tivessem votado nos bolcheviques. Embora se esperasse que a prova do apoio maciço inibisse o uso da violência, uns poucos socialistas pensavam que a guerra psicológica não seria suficiente, e convenceram algumas unidades da guarnição de Petrogrado a participar de uma manifestação armada em favor da Assembléia, no próprio dia 5 de janeiro, marcado para sua abertura. O Comitê Central do Partido Socialista-Revolucionário, entretanto, vetou a iniciativa; o bolchevismo, disseram, é uma "doença" das massas, que só o tempo poderá curar, e qualquer manifestação armada será uma "aventura" perigosa. Autorizou-se apenas um cortejo pacífico, sem armas. Informados a respeito, os soldados recusaram-se a enfrentar desarmados as unidades pró-bolcheviques e desistiram da manifestação.

Em 4 de janeiro, Lênin indicou Podvóiski, ex-presidente da Organização Militar bolchevique, responsável pelo golpe de outubro, como chefe de um Estado-Maior militar, dotado de poderes extraordinários, para lidar com a Assembléia; Petrogrado foi posta sob lei marcial e as reuniões públicas foram proibidas. O *Pravda* advertia que quaisquer ajuntamentos nas proximidades do Palácio Táurida seriam dispersados pela força. Em 5 de janeiro, a manchete do jornal bolchevique estampava: AS HIENAS DO CAPITAL E SEUS MERCENÁRIOS QUEREM TOMAR O PODER DOS SOVIETES.

Toda a capital, sobretudo as áreas vizinhas ao local da Assembléia, parecia um acampamento militar, ocupada por tropas armadas até os dentes, dispostas em torno do palácio e nas ruas de acesso. A força principal consistia em fuzileiros da Letônia, que aderiram aos bolcheviques e que, nos próximos dois anos, prestariam incontáveis serviços ao novo governo, tanto no interior do país como nas frentes de batalha da Guerra Civil.*

Sem a participação dos soldados, a manifestação em favor da Assembléia começou a avançar em direção ao Palácio Táurida por volta das 10 horas. Antes que pudesse atingir seu destino, foi dispersada pelo fogo das tropas bolcheviques.

Lênin chegou às 13 horas, apenas para supervisionar a dissolução da Assembléia. Segundo seu secretário, estava "agitado, mas pálido como um cadáver (...). Sua cabeça parecia ainda maior, os olhos dilatados e em chamas, queimando com um fogo constante". Posto na balança, o destino da jovem ditadura bolchevique, de fato, enfrentava um momento decisivo.

Sentando-se à parte, o líder não participou dos trabalhos, mas fez com que a abertura da sessão fosse adiada, das 12 horas às 16 horas, quando teve certeza de que a massa tinha deixado as ruas. Tão logo se ouviu a sineta de abertura dos trabalhos, os deputados bolcheviques e os guardas armados vaiaram e zombaram dos oradores da oposição, chegando a ponto de apontar-lhes suas armas. Muitos dos marinheiros e soldados presentes estavam embriagados com a vodca distribuída pelo bufê do palácio. Diante da derrota de sua proposta, que limitava os poderes da Assembléia, os bolcheviques a declararam "contra-revolucionária" e saíram.

---

*Existia, na Letônia, um forte movimento socialdemocrata, orientado no sentido antigermânico. Numa base *per capita*, os letões tinham representação mais forte no Partido Bolchevique do que qualquer outra nacionalidade. Por causa de sua lealdade, os bolcheviques permitiram-lhes – e só a eles do antigo exército – servir em formações militares à parte.

Sob ordens de Lênin, a Assembléia teve permissão para prosseguir nas discussões. Pouco depois das 4 horas, um marinheiro anarquista, agindo sob determinação do deputado bolchevique encarregado da segurança, subiu à tribuna e comunicou ao presidente – o SR Victor Tchernóv – que os guardas estavam cansados e que a reunião devia ser suspensa. O salão foi invadido por soldados em atitude ameaçadora, mas Tchernóv manteve a sessão por mais duas horas, suspendendo-a às 6 horas do dia 6 de janeiro. A retomada dos debates, prevista para 17 horas, jamais aconteceu. Naquela manhã, Iákov Sverdlóv, presidente do CEC e braço direito de Lênin, dissolveu oficialmente a Assembléia. Em manchete colossal, o *Pravda* bradou:

> MERCENÁRIOS DE BANQUEIROS, CAPITALISTAS E LATIFUNDIÁRIOS (...) ESCRAVOS DO DÓLAR AMERICANO, TRAIÇOEIROS – OS SOCIALISTAS-REVOLUCIONÁRIOS DE DIREITA – EXIGEM, NA ASSEMBLÉIA CONSTITUINTE, TODO O PODER PARA SI E SEUS SENHORES – INIMIGOS DO POVO (...) MAS OS TRABALHADORES, CAMPONESES E SOLDADOS NÃO ENGOLIRÃO A ISCA DE MENTIRAS DOS INIMIGOS MAIS MALÉFICOS DO SOCIALISMO. EM NOME DA REVOLUÇÃO SOCIALISTA E DA REPÚBLICA SOCIALISTA SOVIÉTICA, ELES ELIMINARÃO SEUS ASSASSINOS DECLARADOS E OCULTOS.

Pela primeira vez, a oposição ao bolchevismo aparecia associada ao dinheiro americano.

Dois dias depois, a 8 de janeiro, os bolcheviques inauguraram o III Congresso dos Sovietes, contra o qual ninguém poderia desafiá-los, uma vez que reservaram para si e seus aliados, os SRs de esquerda, 94% das cadeiras. O plenário ratificou todas as leis e resoluções do partido de Lênin. O novo governo excluiu o adjetivo "provisório" de seu nome e se estabeleceu em caráter permanente, abrangendo toda a Rússia e suas possessões.

É de surpreender que a dissolução da Assembléia foi recebida com indiferença total, ao contrário da fúria popular com que os franceses, em 1789, reagiram diante dos rumores de que Luís XVI pretendia dissolver a Assembléia Nacional e lançando-se ao ataque da Bastilha. Depois de um ano de quase anarquia, os russos estavam exaustos, ansiosos por paz e ordem, não importava o quanto tivessem de pagar por isso. Apostando nesse estado de espírito, os bolcheviques saíram vitoriosos. Depois de 5 de janeiro, ninguém tinha mais o direito de iludir-se a respeito dos homens de Lênin: eles não seriam persuadidos a abandonar o poder.

Como resultado imediato da dissolução da Assembléia, encerrou-se o boicote dos funcionários públicos e empregados administrativos das empresas privadas. Seja por necessidade pessoal, ou movidos pela convicção de poderem influenciar os acontecimentos de seus postos de trabalho, os grevistas retornaram às suas funções. O ânimo da oposição sofreu uma interrupção fatal; era como se a brutalidade e o desprezo patente pela vontade da nação legitimassem a nova autocracia. Agora, sim, a pretensão dos bolcheviques ao poder podia consumar-se, independentemente dos falsos argumentos que haviam sustentado o golpe de outubro. Ficou bem claro que os bolcheviques não estavam dispostos a ouvir a voz do povo, uma vez que eles se consideravam o "povo". Segundo as palavras de Lênin, "A dispersão da Assembléia Constituinte pela autoridade soviética representou a total e franca liquidação da democracia formal, em nome da ditadura revolucionária". "Democracia formal", nesse contexto, significava o desejo da maioria do país, expresso nas eleições.

A reação de parte da população e da *intelligentsia* em geral foi um mau presságio para o futuro do país. Mais um vez, os acontecimentos confirmavam que a Rússia carecia de um sentido de coesão nacional capaz de levar seu povo a desistir de interesses pessoais e imediatos em benefício do bem comum. As "massas" demonstraram só ter em vista interesses privados e locais, os prazeres embriagadores do *duván*. De acordo com o provérbio russo – "Quem se apodera do bastão é que comanda" – eles entregaram o poder ao mais atrevido e mais implacável pretendente.

Não menos preocupante foi a reação da *intelligentsia* socialista, que poderia ter confiado mais no apoio do país, a partir da maioria eleitoral que obtivera. Recusando-se, sob quaisquer circunstâncias, a recorrer à força contra os bolcheviques, a quem denunciavam como usurpadores mas tratavam amistosamente, eles assinaram sua própria condenação. Não pegariam em armas nem permitiriam que seus partidários o fizessem. Trótski tratou-os com escárnio, dizendo que tinham chegado ao Táurida com velas e sanduíches, para o caso de os bolcheviques cortarem a eletricidade e os privarem de comida. Após a dissolução da Assembléia, quando um grupo de soldados aproximou-se deles, oferecendo-se para restaurá-la pela força das armas, os intelectuais horrorizados imploraram para que não fizessem nada disso: preferiam deixar que a instituição morresse em paz do que provocar o risco de uma Guerra Civil.

Ninguém se arriscaria a seguir essas pessoas, cujo comportamento suicida não derivava só da repugnância à violência física e da sua fé no avanço inexorável da democracia, independentemente dos esforços humanos; no fundo, elas nunca puderam livrar-se do seu medo à contra-revolução. Sentiam-se vinculadas aos bolcheviques por um compromisso comum com a nova ordem e, por mais que condenassem seus métodos, partilhavam de seus objetivos. Os inimigos não-socialistas dos bolcheviques eram seus próprios inimigos. Um dia após o golpe, um jornal menchevique publicava: "Acima de tudo é essencial levar em conta o fato trágico de que o esmagamento dos bolcheviques, pela violência, resultará, ao mesmo tempo e inevitavelmente, na liquidação de todas as conquistas da Revolução Russa." Depois da dispersão da Assembléia Constituinte, justificando a inação, o mesmo jornal escreveu: "O destino de nossa revolução está intimamente ligado ao do movimento bolchevique." Esse modo de pensar paralisou a vontade da *intelligentsia* socialista antes, durante e depois do golpe. Raciocinando com base em lemas e desconsiderando os fatos, eles nunca chegaram a compreender que os verdadeiros contra-revolucionários eram os bolcheviques.

Ao contrário, os seguidores de Lênin levavam muito em conta os fatos. Aprenderam que em áreas sob seu controle não precisavam temer resistência armada organizada: seus rivais, embora apoiados por três quartos da população, estavam desunidos, sem liderança e, mais do que tudo, não desejavam engajar-se na luta. Essa experiência acostumou os bolcheviques a recorrer à violência sempre que fossem provocados e a "resolver" problemas "eliminando" fisicamente aqueles que os causavam. A metralhadora tornou-se seu principal instrumento de persuasão política. A brutalidade sem limites com que governaram a Rússia provinha, em larga medida, da certeza da impunidade, adquirida em 5 de janeiro de 1918.

A partir da primavera, a perda do apoio dos trabalhadores e soldados que os haviam seguido no outono obrigou-os a recorrer cada vez mais à força. Não foi fácil passarem pelas eleições que se realizaram nessa época. Todos os registros existentes indicam sua derrota para os mencheviques e SRs; em conseqüência, e para obter a maioria desejada, o regime forçou novo pleito, sem a participação desses partidos. Com um morno apoio dos mencheviques, os trabalhadores tentaram conter essas iniciativas, mediante a formação de uma organização operária plenipotenciária, desvinculada dos desmoralizados sovietes, mas o órgão não demorou a ser sufocado e seus líderes presos.

Encerrava-se, assim, a autonomia dos próprios sovietes, o direito dos trabalhadores à representação autêntica e tudo o que restara do sistema multipartidário. Entre junho e julho de 1918, tomaram-se as medidas necessárias à complementação dos fundamentos da ditadura do partido único.

8
A revolução internacionalizada

> *O armistício é essencial para que possamos* conquistar o mundo inteiro.
>
> — Lênin, em Setembro de 1917

BREST-LITOVSK

Depois de outubro, o maior interesse dos bolcheviques era consolidar o poder que alcançaram, em Petrogrado, e, tão rapidamente quanto possível, tratar de expandi-lo em escala nacional e mundial.

Para atingir esses objetivos, porém, precisavam da paz. Na avaliação de Lênin, seu governo não sobreviveria, a menos que concluísse um armistício imediatamente. Tal como antes do golpe, sua inquietação concentrava-se nas Forças Armadas; se a Rússia continuasse na guerra – segundo suas palavras – "o exército camponês, não suportando a exaustão (...), derrubará o governo socialista dos trabalhadores". Os bolcheviques tinham de conseguir uma pausa para respirar – *pieriedíchka* – fixando sua autoridade, organizando a administração e construindo um exército novo e revolucionário.

Lênin estava pronto para firmar a paz com as Potências Centrais sob quaisquer termos, desde que pudesse perpetuar-se no poder. De modo algum, esse não era o ponto de vista dominante nas fileiras do seu partido, que resistiam com base na crença – que ele próprio partilhava – de que a revolução européia era imprescindível e na convicção de que ela era iminente –, Lênin, nesse aspecto, já não acreditava tanto. Para muitos, firmar a paz com a Alemanha "imperialista" significava trair o internacionalismo proletário e, implicitamente, a revolução socialista. Em contrapartida, propunham que a Rússia lançasse campanhas de agitação revolucionária, tendo como alvo o povo alemão. Lênin discordava.

> Nossa tática deve apoiar-se (...) [no princípio] que possibilite a consolidação da revolução socialista, ou mesmo sua sobrevivência em um único país, até que revoluções realizadas por outros povos se juntem a nós.

Trótski e Nikolai Bukhárin, que lideravam a oposição, argumentavam que Lênin estava equivocado: as Potências Centrais não proporcionariam ao novo regime pausa alguma. Caso os alemães invadissem a Rússia, afirmavam, os bolcheviques levantariam o povo e o contagiariam com seu fervor revolucionário. Tomando como referência os eventos de 1792, na França, os oponentes de Lênin sustentavam que a resistência da nação "despertaria a alma da classe trabalhadora, no exterior", pondo fim ao "pesadelo do imperialismo". No inverno de 1917-1918, essa questão "dividiu" o Partido Bolchevique; Lênin esteve quase sempre em minoria, algumas vezes inteiramente isolado.

Os bolcheviques não podiam aceitar os princípios da lei e da diplomacia internacional que a Europa Ocidental desenvolvera durante os últimos quatrocentos anos. Como revolucionários, eles rejeitavam particularmente a noção de que os Estados deviam respeito à soberania uns dos outros, só lidando entre si por intermédio dos respectivos governos. Assim, enquanto a revolução mundial não eclodisse, e sendo necessário estabelecer entendimentos e negócios com Estados "burgueses", ainda que apenas para prevenir suas ações conjuntas contra-revolucionárias, eles adotariam uma política internacional dual. No nível do Estado, mantendo relações internacionais corretas, do ponto de vista formal, em rigorosa observância dos padrões diplomáticos consagrados; no nível do partido, e do modo menos ortodoxo que se possa imaginar, passando por cima dos chefes de governo e apelando diretamente aos povos, com lemas incendiários. Quando os poderes estrangeiros protestaram contra tal comportamento, o Comissariado de Relações Exteriores respondeu que o Partido Bolchevique era uma organização privada pela qual o governo soviético não podia responsabilizar-se. O subterfúgio enganou poucos, mas forneceu uma desculpa àqueles Estados estrangeiros que, por uma razão ou por outra, consideravam prudente manter negócios com o governo soviético.

Ao mesmo tempo em que intervinham livremente nos assuntos internos de outros países, os bolcheviques rejeitavam indignados qualquer interferência de outros governos em seu próprio país, para eles, atitudes "imperialistas".

Elaborada por Lênin e aprovada pelo II Congresso dos Sovietes, a proposta de armistício imediato foi acompanhada por um apelo aos trabalhadores da Inglaterra, França e Alemanha, a fim de que ajudassem a Rússia soviética a "completar (...) a tarefa de libertar as massas trabalhadoras e exploradas de sua escravidão e opressão". Para George Kennan, o "Decreto sobre a Paz" era uma "demonstração diplomática" destinada a "inquietar outros governos e despertar oposição entre seus próprios povos". Os bolcheviques foram pródigos em declarações similares, incitando cidadãos estrangeiros à rebelião.

Comunicados de seu teor, em 9 de novembro, e considerando-o mera peça de propaganda, os Aliados o rejeitaram. Em conseqüência, Trótski notificou às Potências Centrais da disposição russa em abrir negociações.

Afinal, a política de cultivar os bolcheviques propiciava aos alemães generosos dividendos: alguns deles acreditavam mesmo estar perto de testemunhar uma repetição do "milagre" ocorrido em 1762, quando a ascensão do pró-Prússia Pedro III, em São Petersburgo, salvou a Prússia da destruição que parecia inevitável. A perspectiva de uma paz em separado revigorou as esperanças de vitória sobre a França e a Grã-Bretanha, antes de os Estados Unidos poderem treinar e deslocar forças significativas para o teatro de operações bélicas. Ludendorff traçou planos para uma ofensiva que ele esperava decisiva, mobilizando centenas de milhares de soldados transferidos do leste.

Ao que parece, a Alemanha teria todas as vantagens nos acordos que firmasse com os soviéticos, pois tinha um governo eficiente e um exército formidável, fatores com que os russos ainda nem sonhavam. Na verdade, a correlação de forças entre os dois países era relativamente equilibrada. O bloqueio dos Aliados levara as Potências Centrais à beira da fome. A Áustria-Hungria parecia prestes a dar o seu último suspiro: o seu ministro do Exterior enviou comunicado aos alemães alertando que talvez a nação não agüentasse até a próxima colheita. Berlim ainda tinha a desvantagem de desconhecer os novos donos do poder na Rússia, a quem se referiam como um bando de utopistas desgrenhados e quixotescos. Os bolcheviques, por seu turno, conheciam a classe governante alemã; muitos deles haviam residido longos anos no país, familiarizando-se bastante com suas condições domésticas. Desse conhecimento eles se valeram para enganar os adversários repetidas vezes.

Políticos e intelectuais alemães nutriam a expectativa de transformar a Rússia derrotada numa possessão semicolonial, fornecedora de matérias-primas baratas. Para isso, preconizavam o rompimento dos laços étnicos que compunham o Império Russo e o apoio a um governo cuja soberania não iria além das províncias da Grande Rússia, ou seja, fraco o suficiente para ceder às pressões e concessões econômicas.

Desse ponto de vista, o regime bolchevique parecia-lhes cair como uma luva. Ao longo do ano de 1918, todos os seus comunicados internos batem na mesma tecla: por mais odioso que fosse, o regime instaurado por Lênin tinha de ser sustentado; sua incompetência e impopularidade mantinham o povo em permanente confusão. Em junho de 1918, um influente escritor e político alemão, Paul Rohrbach, respondeu a seus compatriotas, que duvidavam que o apoio a Lênin pudesse favorecer os interesses germânicos.

> A Grande Rússia está sendo completamente arruinada pelos bolcheviques, o que nos livra de qualquer perigo potencial. Eles são responsáveis por toda a agitação que reina no país, e essa situação é tão útil para nós, que devemos fazer tudo ao nosso alcance para mantê-los, na medida do possível.

Assim, os dois parceiros mais improváveis – a Rússia radical e a Alemanha monarquista – estabeleceram uma aliança tática que duraria até a derrota dos exércitos do *Kaiser*, em novembro de 1918, sendo retomada no início da década de 1920. Não salvou o regime do *Kaiser*, mas Lênin.

O armistício proposto pelos russos foi de imediato aceito pelos alemães e austríacos, certos de que as conversações de paz logo teriam início. Em 18 de novembro/1º de dezembro de 1917, a delegação encabeçada por Adolf Ioffe, ex-menchevique e amigo de Trótski, partiu para Brest-Litovsk, quartel-general do alto comando alemão, na frente oriental. A delegação alemã era liderada por von Kühlmann, ministro das Relações Exteriores, que desempenhara importante papel nos arranjos da viagem de Lênin, a partir da Suíça.

Tão logo as hostilidades foram suspensas, os bolcheviques desencadearam vigorosa campanha de propaganda direcionada às tropas estacionadas em toda a frente oriental, estimulando a confraternização entre os soldados e incitando os ex-inimigos contra seu próprio governo. Em Brest-Litovsk, a tática russa resumia-se em retardar a conclusão da paz, consumindo o tempo das discussões com apelos à população germânica para que se levantasse; de fato, nos últimos dias de janeiro de 1918, estouraram greves de operários, reivindicando paz imediata sem anexações ou reparações, em várias cidades alemãs.

Desde a suspensão das conversações – em 15/28 de dezembro de 1917 –, os alemães se questionavam a respeito das verdadeiras intenções dos russos: estabelecer a paz ou ganhar tempo para desencadear uma revolução mundial – o que eles queriam? Os militares foram os primeiros a considerar a segunda hipótese a mais correta e a exigir uma imediata tomada de posição do governo de Berlim. Em correspondência endereçada ao *Kaiser*, no dia 25 de dezembro/7 de janeiro, o general von Hindenburg criticava a tática "frágil" e "conciliatória" da diplomacia de seu país, dando a impressão de que a Alemanha carecia com urgência da paz. Na opinião do general, essa atitude afetava adversamente o moral do exército. Guilherme concordou e, quando retomaram-se os entendimentos, em 27 de dezembro/9 de janeiro, o endurecimento tornou-se patente. Unilateralmente, os alemães reconheceram a soberania da Ucrânia. Surpreso, Trótski – que substituíra Ioffe na chefia da delegação russa – protestou em vão.*

Muito maior foi a sua perplexidade quando os alemães abriram um mapa e lhe mostraram as fronteiras revistas entre os dois países, com a separação da Polônia, da Ucrânia e da Lituânia, incluindo a região da Letônia. Antes de partir de volta para Petrogrado, Trótski respondeu que seu governo considerava esses termos inaceitáveis e que, na sua opinião, a vontade do povo seria melhor avaliada com um referendo. Vale mencionar que isso se deu na mesma data – 5/18 de janeiro – em que os bolcheviques dispersaram a Assembléia Constituinte.

As bases de acordo impostas pelos alemães deixaram inteiramente confuso todo o alto comando bolchevique. Exprimindo os desejos dos soldados rasos, Bukhárin defendeu a ruptura das negociações que, segundo ele, provocaria um levante popular contra os imperialistas.

---

*Em fevereiro, a Alemanha e a Áustria-Hungria assinaram a paz em separado com um governo fantoche da Ucrânia, que lhes forneceu gêneros alimentícios, transportados por via marítima. O acordo de paz assinado com a Rússia, em março de 1918, obrigava os bolcheviques a reconhecer a independência ucraniana, mas o tratado de paz entre Moscou e Kíev jamais se materializou.

Trótski, defendendo posição similar, lançou o mote "nem paz nem guerra", assinalando o rompimento das conversações de paz e, ao mesmo tempo, a declaração unilateral do fim das hostilidades com as Potências Centrais. Os alemães ficariam livres para fazer o que bem entendessem e que, aliás, nenhuma força seria capaz de evitar que fizessem – anexar vastos territórios –, mas ao preço de revelarem, aos olhos de seu povo e para o resto do mundo, a violência do imperialismo.

Lênin – apoiado por Kámenev, Zinóviev e Stálin – declarou que isso não passava de uma utopia política. A Rússia não tinha exército para bloquear uma eventual ofensiva alemã contra Moscou e Petrogrado, cujo resultado não seria outro senão a derrubada do governo bolchevique. Ele defendeu a aceitação de uma paz humilhante como fundamental à sobrevivência do novo regime.

Sua posição foi derrotada por poucos votos, na reunião do Comitê Central que se seguiu à volta de Trótski. O comissário das Relações Exteriores regressou a Brest-Litovsk com instruções de aplicar sua tática e estender as discussões pelo maior tempo possível, na esperança de que uma revolução acontecesse na Alemanha. Mas, a essa altura, o estratagema russo perdera a eficácia. Em 9/10 de fevereiro (NE), obedecendo às ordens do *Kaiser*, von Kühlmann impôs aos russos um ultimato: que assinassem os termos de paz, sem mais discussões nem atrasos, ou romperiam as negociações e o exército alemão marcharia contra a Rússia. Trótski respondeu que não assinaria o documento, mas que seu país considerava-se fora da guerra; o exército seria desmobilizado. Dito isso, tornou a embarcar no trem e rumou de volta para casa.

O blefe russo confundiu os alemães. Não duvidavam mais que os bolcheviques estavam procurando tirar proveito das conversações, transformando-as em manobra diversionista, mas não conseguiam chegar a uma conclusão sobre como agir. Prosseguir com discussões infrutíferas? Obrigar os bolcheviques a aceitar o ultimato por meio de ações militares de alcance limitado? Marchar sobre Petrogrado e derrubá-los do poder?

O general von Kühlmann recomendou paciência, pois temia que os trabalhadores alemães respondessem a uma retomada das hostilidades na frente oriental com novos distúrbios. Também estava preocupado com a possibilidade de o conflito prosseguir sem a participação da Áustria. Todavia, ouvidos pelo *Kaiser*, os generais opinaram que os bolcheviques eram fracos e indignos de confiança, e mereciam, isso sim, uma resposta imediata. De acordo com von Hindenburg, se não fossem dados passos decisivos, a leste, a guerra se prolongaria muito mais, com certeza. Ele propunha "esmagar os russos [e] derrubar seu governo". Guilherme alinhou-se aos generais: os bolcheviques, membros de uma "conspiração judaico-maçônica" mundial, segundo seu critério, deveriam ser apeados do poder. Os russos seriam avisados do cancelamento do armistício e de que as tropas alemãs recomeçariam operações militares contra a Rússia, ao meio-dia de 17 de fevereiro.

A informação chegou a Petrogrado na própria tarde de 17 de fevereiro. Em reunião do Comitê Central, Lênin renovou seus argumentos a favor da capitulação, sendo novamente derrotado, por um único voto. A maioria duvidava que os alemães cumprissem a ameaça; caso o fizessem e nenhuma revolução estourasse, na Alemanha ou na Áustria, sempre haveria tempo de aceitar o inevitável.

Os alemães cumpriram a palavra e avançaram pela Rússia ocidental, ocupando numerosas cidades, sem disparar nem mesmo um tiro sequer.

Para Lênin, esse era o limite: o fracasso do que restara do exército russo em oferecer a mínima resistência significava que não havia nada mais a ser barganhado. O líder bolchevique estava convicto – talvez com base em informações fornecidas por alemães simpatizantes – de que o inimigo tencionava ocupar a capital e Moscou, a fim de liquidar o regime soviético. A 18 de fevereiro, Trótski veio enfim em seu socorro, mudando de lado e fazendo com que sua proposta saísse vitoriosa por 7 a 6. Os alemães foram avisados de que a delegação russa retornaria a Brest e assinaria na linha pontilhada, fossem quais fossem as condições.

Como se não bastassem as surpresas, os alemães e os austríacos prosseguiram a marcha, ocupando mais cidades, aparentemente, no rumo de Petrogrado e Moscou. Tomado de pânico, na noite de 21 para

22 de fevereiro, Lênin baixou um decreto – intitulado "A Pátria Socialista em Perigo" –, declarando que os alemães pretendiam liquidar o governo socialista e restaurar a monarquia czarista. A defesa da Revolução reclamava medidas urgentes. Assim formaram-se os primeiros batalhões de trabalhos forçados, constituídos por "todos os membros válidos da classe burguesa", encarregados de cavar trincheiras; os que resistissem seriam mortos. O decreto determinava, também, que os "agentes inimigos, especuladores, ladrões, arruaceiros, agitadores contra-revolucionários e espiões alemães devem ser executados sem recurso". A pena de morte foi introduzida na Rússia, prescrita para crimes maldefinidos, sem alusão a qualquer tipo de processo, muito menos à defesa dos acusados. Na verdade, e assinalando o início do terror bolchevique, o decreto deu ao novo órgão de segurança – a *Tcheká* – licença para matar.

Em meio à crise, a única alternativa que se impunha a Lênin, de maneira imprevisível e inevitável, eram os Aliados, cujo interesse não se modificara – manter a Rússia na guerra. Quem eram os bolcheviques e o que defendiam, pouco os interessava. Tampouco preocupavam-se com sua política de confraternização ou com seus apelos subversivos aos trabalhadores, iniciativas que não tinham provocado eco nos países ocidentais da *Entente*. A atitude de Londres e Paris era inequívoca: fazendo a paz com as Potências Centrais, o regime bolchevique seria declarado inimigo; permanecendo fiel ao compromisso de manter as hostilidades, receberia o mesmo tratamento amistoso dispensado a qualquer aliado. Nas palavras de Arthur Balfour, secretário do Exterior da Grã-Bretanha, enquanto os russos lutassem contra os alemães, sua causa e a da Inglaterra seriam a mesma. Os Estados Unidos adotaram posição idêntica.

Os Aliados transferiram suas missões diplomáticas de Petrogrado para Vólogda, tão logo começaram as conversações de paz; desde então, os entendimentos com o governo de Lênin estavam entregues a vários intermediários oficiosos. Foi por meio desses canais que ficou acertada a continuação da Rússia na guerra, mediante ajuda econômica e militar do Ocidente. Em 21 de fevereiro, Trótski estabeleceu contato com a França, para informar-se a respeito dessa ajuda, recebendo pronta resposta do embaixador francês: "Para a resistência comum contra a Alemanha, vocês podem contar com cooperação financeira e militar da França." Com aprovação de Lênin, o *Sovnarkóm* solicitou formalmente o auxílio, e abriram-se negociações visando à sua concretização. Kámenev foi enviado a Paris, onde assumiu o posto de representante diplomático soviético.

Não é possível saber se os alemães ficaram a par desse acordo, ou se foi por mera coincidência que sua resposta aos bolcheviques chegou na mesma manhã em que o *Sovnarkóm* votou pela aproximação com os Aliados. Conforme Lênin advertira, as exigências tornaram-se muito mais onerosas, incluindo, além de indenização, outras concessões econômicas. Os termos do comunicado não deixavam dúvidas de que se tratava de um ultimato, que exigia resposta em 48 horas e prazo máximo de 72 horas para assinatura do tratado.

Nos dois dias subseqüentes, a liderança bolchevique permaneceu em sessão contínua. Todos os velhos argumentos foram reiterados, mas, ante a ameaça de renunciar a todos os seus cargos no governo e no partido, Lênin prevaleceu sobre a maioria. Os alemães receberam a informação de que seus termos haviam sido aceitos incondicionalmente, e uma delegação estava a caminho de Brest-Litovsk.

Desconfiando, mesmo assim, de uma possível agressão, Lênin considerou prudente transferir a capital para Moscou. A mudança do governo aconteceu na primeira quinzena de março. O líder deixou Petrogrado na noite de 10 para 11, num trem guardado por letões, sob tamanho sigilo, que apenas sua irmã foi saudá-lo na chegada. Ele passou a residir na fortaleza medieval do Kremlin, onde também fixou seu posto de trabalho; vários comissários fizeram o mesmo. Os letões ficaram responsáveis pela segurança.

Embora motivada por questões de segurança, a decisão de mudar a capital para Moscou e instalar o governo no Kremlin tinha um significado mais profundo: simbolizou a rejeição do curso pró-ocidental, iniciado por Pedro, o Grande, em favor da antiga tradição moscovita, além de refletir o medo mórbido dos novos líderes por sua segurança pessoal. Imagine-se um primeiro-ministro britânico mudando-se de Downing Street para fixar moradia e escritórios, ele e todos os demais integrantes do gabinete, na Torre de Londres, de onde passariam a governar, sob a proteção de guardas siques.

Os termos do Tratado de Brest-Litovsk, assinado pelos russos em 3 de março de 1918, eram opressivos ao extremo, sinalizando as conseqüências que a derrota aliada acarretaria. As concessões territoriais a que foram obrigados, a oeste, privou-os de conquistas datadas de meados do século XVII; os bolcheviques tiveram de abrir mão da Polônia, Finlândia, Ucrânia, assim como da Lituânia, Letônia, Estônia e Transcaucásia. Eram as mais ricas e populosas regiões do antigo Império – 26% de população e 28% das instalações industriais, assim como três quartos das reservas minerais de carvão e ferro, e 37% da colheita de grãos. Além disso, a Rússia teve de fazer importantes concessões econômicas, praticamente isentando os bens dos cidadãos das Potências Centrais, residentes no país, dos decretos de nacionalização baixados pelos comunistas. O exército foi compulsoriamente desmobilizado.

Nenhum governo, em toda a História, jamais entregara tanta terra ou concedera tais privilégios a um poder estrangeiro. A maioria esmagadora da população rejeitou o tratado; segundo o julgamento de um historiador, Lênin tornou-se o homem mais difamado da Europa. Os SRs de esquerda, que tinham oposto tenaz resistência ao tratado, retiraram-se do *Sovnarkóm*, deixando o governo nas mãos dos comunistas. A retirada da Rússia, num estágio crítico da guerra, fez com que Lênin atraísse a inimizade dos Aliados, que se sentiram traídos e foram constrangidos a encarar uma possível derrota.

Credita-se ao líder bolchevique uma visão profética, que o teria guiado a aceitar um acordo humilhante, para assegurar tempo à organização do governo, afinal, sem prejuízo algum, posto que a Alemanha rendeu-se aos Aliados, em 11 de novembro de 1918. Dois dias depois, quando os bolcheviques denunciaram o Tratado de Brest-Litovsk, a reputação de Lênin alcançou o auge. Nada do que fizera contribuiu mais para sua fama de infalível; ele nunca mais teve de ameaçar demitir-se, para impor sua vontade.

Ainda assim, nada indica que ele tenha antevisto a derrota da Alemanha, no momento em que pressionava seus companheiros a aceitarem o ultimato do *Kaiser*. Muito pelo contrário. Na primavera e no verão de 1918, sua opinião parecia estar muito mais próxima do otimismo dominante no alto comando do exército alemão, cujos generais aguardavam para breve a derrota fragorosa dos Aliados. A fé bolchevique na vitória das Potências do Centro transparece nos rebuscados acordos econômicos e militares que Moscou concluiu com Berlim, em agosto de 1918; ambos os países viam esses acertos como preliminares de uma aliança formal. Em 30 de setembro, quando a Alemanha imperial já estava à beira do colapso, Lênin autorizou a transferência para Berlim de recursos estimados em 312,5 milhões de marcos. A partir dessa prova, só se pode concluir que ele se curvou ao *Diktat* alemão, não por acreditá-lo temporário, mas na expectativa de ombrear com o vencedor da guerra.

O modelo clássico da política internacional soviética, nos setenta anos seguintes, está perfeitamente delineado no Tratado de Brest-Litovsk. Seus princípios estão resumidos a seguir.

1. A qualquer tempo e sob quaisquer circunstâncias, deve-se atribuir prioridade máxima à retenção do poder político – isto é, autoridade soberana e controle do aparelho estatal – não importa que sobre uma parte mínima do território nacional; essa condição é irredutível e nenhum preço será muito alto para garanti-la; em seu proveito, qualquer coisa e tudo pode ser sacrificado: vidas humanas, terra, recursos econômicos e naturais, honra nacional. O tempo trabalha a favor do comunismo, e o que quer que seja entregue hoje, será retomado amanhã.

2. Tendo a Rússia atravessado a Revolução de Outubro, convertendo-se no ponto focal do socialismo mundial, sua segurança e seus interesses têm precedência sobre a segurança e os interesses de qualquer outro país, causa ou partido, incluindo aqueles do "proletariado internacional".

3. É lícito estabelecer a paz com países "imperialistas", para obter vantagens temporárias, desde que isso seja encarado como uma trégua armada, podendo ser rompida a qualquer momento, quando a situação modificar-se a favor da Rússia. Lênin disse: a história ensina que a paz é "uma pausa para a guerra". Em maio de 1918, ele declarou:

enquanto o capitalismo existir, acordos internacionais são apenas "pedaços de papel". Mesmo em períodos de paz, as hostilidades devem continuar por meios velados, visando a minar governos com os quais a Rússia tenha assinado acordos de paz.

4. Sendo a política uma extensão da guerra, as relações internacionais devem ser conduzidas conforme a correlação de forças. Nas palavras de Lênin:

> Temos grande experiência revolucionária, e dessa experiência tiramos a lição de que é necessário seguir as táticas do avanço implacável, sempre que as condições objetivas o permitirem (...) Mas temos de adotar a tática da procrastinação, da lenta acumulação de forças, quando as condições objetivas não oferecerem a possibilidade de recorrer ao avanço geral inexorável.

Outra regra fundamental da política estrangeira bolchevique revelou-se após a assinatura do Tratado de Brest-Litovsk – a promoção dos interesses bolcheviques no exterior com a aplicação do princípio de "dividir e governar":

> a mais discreta, cuidadosa, cautelosa e hábil exploração de toda, por menor que seja "fissura" nas hostes inimigas, de todo conflito de interesses entre a burguesia dos vários países, entre os vários segmentos burgueses, dentro de cada país.

ENVOLVIMENTO INTERNACIONAL

Ainda que a Revolução Russa estivesse destinada a ter uma influência mundial muito superior à da França, a princípio, ela atraiu muito menos atenção. Isso porque, antes de tudo, a França era uma nação líder no continente – política, militar e culturalmente – por ocasião do processo que vivenciou, em 1789. Em contraposição, a Rússia ocupa metade da Ásia, na periferia da Europa; país agrário tratado como irrelevante pelos europeus, o advento das turbulências de 1917 pareceu significar um marco de sua entrada tardia na era da modernidade – e não uma séria ameaça à ordem estabelecida. Além disso, a Revolução

Russa ocorreu em meio à maior e mais destrutiva guerra da história, que absorvia totalmente os esforços dos contemporâneos. Hoje, é fácil esquecer a extensão da sombra projetada pelo conflito – seu custo de milhões de vidas de homens jovens e de recursos acumulados ao longo de gerações. Os acontecimentos pós-outubro, na Rússia, só atraíram interesse pelo efeito que poderiam produzir em função do resultado das hostilidades: para os alemães, os russos carregavam uma mensagem de esperança; para os Aliados, um presságio de desastre.

Na época, nenhum dos grandes poderes pretendeu derrubar o regime bolchevique. Por motivos já expostos, apoiaram os bolcheviques de todas as formas possíveis e várias vezes os resgataram da beira do abismo. Os Aliados antes os cortejaram; quando a manobra falhou, tentaram reativar a frente oriental com todas as forças que pudessem reunir, russas e estrangeiras.

Lênin estava convicto de que o encerramento da guerra acarretaria o imediato sepultamento das diferenças entre as grandes nações, que se voltariam contra os bolcheviques, desfechando um ataque conjunto contra o regime instaurado. Seus temores provaram-se infundados. Apenas os britânicos interferiram ativamente, e o fizeram com pouco empenho, mais por obediência à vontade de um único homem, Winston Churchill. Exausto, o Ocidente estava envolvido pelas forças da acomodação, muito mais fortes do que as defensoras da intervenção. De fato, no início da década de 1920, os países europeus firmariam a paz com a Rússia comunista.

Os bolcheviques, sim, tinham um interesse vital no Ocidente, e boas razões para acreditar que sua Revolução fracassaria se permanecesse confinada à Rússia. A partir do momento em que tomaram o poder, lançaram apelos aos trabalhadores do mundo inteiro, para que se levantassem contra seus governos, e sustentaram esses apelos com pródigas dotações financeiras, destinadas à agitação e propaganda. Enredaram os alemães em suas questões domésticas, usando-os contra os Aliados; e estes contra os alemães, conforme lhes parecesse conveniente, a cada mudança da situação. O princípio, enunciado por Lênin, de explorar todas as “fissuras” do campo “burguês”, provocou interferências constantes fora do país. A noção generalizada de uma "intervenção" calculada e sistemática dos Aliados na Rússia soviética é um dos muitos mitos que tem de ser desfeito: não houve nada disso. Nas muitas interferências recíprocas, ninguém demonstrou mais fervor do que os próprios comunistas.

Em 23 de março de 1918, os alemães desferiram sua ofensiva há muito esperada contra a França. Desde o armistício com a Rússia, Ludendorff transferira meio milhão de homens da frente oriental e estava preparado para sacrificar o dobro, na captura de Paris.

Os bolcheviques utilizaram a calma do pós-armistício para construir suas próprias forças armadas. Eles precisavam de um poderio militar que os capacitasse não só para a defesa contra a suposta cruzada capitalista, mas para levar a Revolução até o exterior. Segundo Lênin, o país carecia de um exército efetivo, pois enfrentava uma sucessão de guerras:

> A existência da República Soviética, ao lado de Estados imperialistas, não pode prolongar-se por muito tempo. O triunfo será nosso ou deles. Antes do desfecho, seja lá qual for, é inevitável que ocorram os mais violentos conflitos entre a República Soviética e os governos burgueses. Isso significa que, se o proletariado deseja e pretende governar, deve demonstrá-lo com sua organização militar.

A formação de um novo exército soviético, porém, teria de superar inúmeros obstáculos. Os soldados desmobilizados não tinham nenhum desejo de voltar às fileiras. Recorrer ao serviço militar obrigatório produziria um contingente esmagadoramente camponês, o que não convinha aos bolcheviques, que viam essa classe como hostil à causa. Os oficiais do velho exército czarista eram considerados contra-revolucionários. A solução preferida implicava uma milícia operária, mas, dado que a Rússia, em 1918, tinha de um a dois milhões de trabalhadores, seria difícil tal força cumprir as missões defensivas e ofensivas previstas para as tropas. Assim, os bolcheviques adiavam a questão. O velho Estado-Maior-Geral, educado no espírito de obediência inquestionável à autoridade, surgiu como alternativa e formou o núcleo de comando do futuro Exército Vermelho. Moscou também estabeleceu negociações com os Aliados, insistindo durante certo tempo que lhe fosse fornecida ajuda militar. Como nada deu resultado, até o outono de 1918 a única força permanente e estável, merecedora de confiança, eram os 35 mil homens da infantaria letã, desviados de uma para outra localidade em perigo.

Nesse meio-tempo, perdidas as esperanças de colaboração soviética contra os alemães, os Aliados desembarcaram algumas poucas forças em território russo, em Múrmansk, em março de 1918, e, por solicitação do Soviete local, sancionada de Moscou. Forças adicionais juntaram-se a essas, mais tarde, em Múrmansk e Arkhânguelsk. Sua missão resumia-se a guarnecer os portos dessas cidades, defendendo-os dos alemães e finlandeses, e proteger os depósitos de material bélico, acumulado desde 1916. Estrategicamente, deveriam funcionar como vanguarda de um exército oriental reconstituído. Em abril, os japoneses enviaram tropas para Vladivostok, com ordens de agregar-se à força interaliada; na realidade, o que pretendiam era estabelecer sua presença na banda oriental da Rússia, com vistas à anexação.

Moscou avaliava esses movimentos, especialmente as iniciativas japonesas, com inquietação considerável. Impressionado com o êxito da ofensiva alemã contra a França, na primavera, Moscou aproximou-se de Berlim.

Perto do fim de abril, a Rússia e a Alemanha intercambiaram embaixadores. A missão alemã foi encabeçada pelo conde Wilhelm von Mirbach, diplomata de carreira que já servira em São Petersburgo. Seu braço direito, o jovem filósofo Kurt Riezler, estava em Estocolmo em 1917, ajudando a transferência dos subsídios alemães destinados aos bolcheviques. Os dois diplomatas se depararam com uma situação tão desoladora que não tiveram outro recurso senão recomendar a seus superiores que desconsiderassem os comunistas; à beira do colapso, eles representavam um risco muito grave, ameaçando deixar a Alemanha sem nenhuma base de apoio. Em 3 de junho, com vistas a manter os comunistas no poder, Mirbach avisou Berlim que seriam necessários, mensalmente, 3 milhões de marcos. O ministro do Exterior aquiesceu ao pedido, destinando à embaixada 40 milhões de marcos para a “missão russa”. A embaixada só gastou nove, dando cerca de metade ao governo soviético, em parcelas entregues nos meses de junho, julho e agosto; o restante foi distribuído entre vários grupos, incluindo o governo liberal da Sibéria. Riezler estabeleceu contatos antibolcheviques de "centro-direita" na clandestinidade, basicamente políticos conservadores e generais que viam no bolchevismo uma ameaça maior do que a Alemanha. O Tratado de Brest-Litovsk, porém, impedia o estreitamento dessas relações, razão pela qual todos demonstravam vontade de revê-lo.

Em Berlim, Ioffe assumiu a velha embaixada imperial, que os alemães tinham mantido em perfeito estado, desde seu fechamento, no início da guerra. A representação diplomática soviética não guardava características comuns às suas congêneres, consistindo num posto avançado no território inimigo. Suas três missões principais foram bem-sucedidas. Uma delas era neutralizar os generais alemães, que queriam ver o governo bolchevique liquidado. Ioffe logrou êxito sustentando, diante da comunidade empresarial, perspectivas de lucros deslumbrantes na Rússia soviética. Outra tarefa consistia no encorajamento e auxílio aos revolucionários locais e dos países vizinhos. Finalmente, precisava-se reunir informações políticas e econômicas.

Ioffe perseguiu esses objetivos com sua notável ousadia, mas também graças à proteção do Ministério do Exterior alemão, disposto a pagar qualquer preço para manter os bolcheviques à tona.

Assistido por Leonid Krásin, que tinha excelentes conexões, ele aconselhou os empresários alemães a ignorar os lemas "marxistas" de Moscou: Ioffe lhes assegurava que não passavam de retórica. Os bolcheviques eram realistas e desejavam as melhores relações com a Alemanha. Às reclamações de que a Rússia estava permanentemente envolvida em propaganda subversiva, Ioffe respondia que tal fato não passava de "ação do Partido Comunista russo, não do governo". Perspicazes homens de negócio caíram nesse blefe, ou porque queriam ou porque não podiam conceber que ninguém, em seu juízo perfeito, pudesse levar a sério as bandeiras agitadas pelos bolcheviques. Krupp, Thyssen e Stinnes, todos futuros aliados de Hitler, pressionavam o governo alemão a manter bom relacionamento com os novos governantes da Rússia, a fim de garantir a hegemonia sobre aquele país. A aliança de diplomatas, industriais e banqueiros conseguiu neutralizar os militares.

Ao mesmo tempo, Ioffe ligou-se estreitamente aos elementos mais extremistas, aproveitando-se de sua imunidade diplomática para abastecê-los de propaganda revolucionária, dinheiro e armas. Em 1919, descrevendo suas atividades em Berlim, ele declarou:

> A [embaixada] dirigia e subsidiava mais de dez partidos socialistas de esquerda (...). Toda a Alemanha foi coberta por uma rede de organizações revolucionárias ilegais: centenas de milhares de panfletos e proclamações revolucionárias foram impressos e distribuídos, semanalmente, na retaguarda e na frente de batalha.

Segundo o testemunho de Ioffe, parte desse material foi trazido da Rússia por mensageiros, mas a parcela maior era impressa na própria Alemanha, com a ajuda da embaixada russa.

Enquanto realizavam essas atividades subversivas no exterior, os bolcheviques enfrentavam a ameaça de subversão interna.

Durante a Primeira Guerra Mundial, o exército russo capturara cerca de cinqüenta a sessenta mil prisioneiros tchecos e eslovacos que serviam no exército da Áustria. Em sua maioria, eles nutriam sentimentos antialemães e anti-húngaros, professando a ideologia socialista. O Governo Provisório formou com eles unidades nacionais que lutaram na campanha de junho de 1917. Alguns, entretanto, foram mantidos em campos de prisioneiros, na Ucrânia. Após a assinatura do Tratado de Brest-Litovsk, queriam deixar a Rússia o quanto antes, temendo serem capturados pelos alemães ou austríacos e punidos como desertores. Moscou anuiu e, em março de 1918, os contingentes de prisioneiros da Legião Tcheca começaram a embarcar, para o leste, em direção a Vladivostok, de onde deveriam seguir, por via marítima, para a França. Tomas Masaryk, chefe do Conselho Nacional Tchecoslovaco, sediado em Paris, acertou com os bolcheviques que suas tropas viajariam armadas, aptas a se defender de bandidos, mas com ordens severas de ficarem distantes das questões internas russas.

No início, a evacuação transcorreu calmamente e sem atropelos. Bem organizados, os tchecos e eslovacos embarcavam em trens bem equipados e repletos de armas. No dia 14 de maio, porém, na cidade de Tcheliábinsk, a leste dos Urais, prisioneiros de guerra tchecos e húngaros se desentenderiam, resultando na morte de um dos húngaros. Quando o Soviete de Tcheliábinsk prendeu alguns tchecos, seus compatriotas apoderaram-se do arsenal e exigiram a libertação dos detidos. O Soviete cedeu.

Até então, os tchecos e eslovacos tinham bastante simpatia pelos revolucionários russos, incluindo os bolcheviques. Sua mudança de atitude resultou, em grande parte, da falta de diplomacia de Trótski. Tão logo soube dos fatos ocorridos em Tcheliábinsk, recém-nomeado comissário da Guerra e ávido por demonstrar sua autoridade, ele ordenou à Legião que depusesse armas e interrompeu a evacuação das tropas, que deveriam juntar-se ao Exército Vermelho ou a "batalhões de trabalho"; quem resistisse seria confinado em campos de concentração.* Uma reunião do Exército Revolucionário Tcheco, em Tcheliábinsk, rejeitou o ultimato de Trótski. Convencidos de que os bolcheviques estavam agindo sob pressão de Berlim e tencionando, portanto, entregá-los aos alemães, assumiram o controle da estrada de ferro, para garantir livre acesso a Vladivostok e a retirada, rumo à França. No fim de maio e início de junho, a Legião capturou várias cidades importantes ao longo da ferrovia Transiberiana. A ordem inepta de Trótski, que não tinha meios de fazê-la cumprir, transformou a amizade tácita dos soldados tchecos e eslovacos em inimizade declarada, levando Moscou a confrontar-se com um grave desafio militar.

O conflito assumiu uma dimensão política, porque a área ocupada pelas tropas rebeldes, notadamente as províncias ao longo do médio Volga, eram reduto dos socialistas-revolucionários, que não demoraram a aparecer, tão logo os bolcheviques foram expulsos, formando, em Samara, um comitê da Assembléia Constituinte, popularmente conhecido como Komútch. Eles restauraram as liberdades civis

---

*Essa parece ter sido a primeira menção aos campos de concentração, descrita em um documento oficial soviético.

e mantiveram o Decreto da Terra, que Lênin tinha copiado do seu programa. Declarando-se o único governo legítimo da Rússia, exigiam autoridade sobre todos os territórios libertados pela Legião Tchecoslovaca.

Foi para enfrentá-los que os bolcheviques empreenderam a tarefa de formar um exército regular. Os antigos generais czaristas, a serviço dos bolcheviques, e os conselheiros militares franceses desde há muito recomendavam que se abandonasse a idéia da milícia voluntária de trabalhadores, e que se cogitasse uma convocação geral. Em 29 de maio de 1918 – uma semana após o início da rebelião da Legião Tchecoslovaca – Moscou anunciou a mobilização geral de trabalhadores e mineiros. Dois meses depois, todos os cidadãos do sexo masculino entre 18 e 40 anos foram declarados aptos a prestar serviço militar, e todos os oficiais do antigo exército, entre 26 e 31 anos, receberam ordens de se apresentar aos quartéis.

Essa foi a origem do Exército Vermelho, organizado com ajuda de oficiais profissionais e logo comandado quase exclusivamente por eles, devendo sua estrutura e disciplina ao modelo do exército imperial. Uma inovação, sim, foi introduzida, com a instituição de "comissários" políticos, bolcheviques de confiança, escolhidos para garantir a lealdade dos oficiais. Em 29 de julho, com a bazófia que o tornou tão impopular, Trótski – querendo tranqüilizar os que se preocupavam com o fato de o comando da tropa estar nas mãos de ex-oficiais czaristas, agora renomeados como "especialistas militares" – assegurou que qualquer deles que traísse a República soviética seria morto sem perdão. "Junto a cada especialista deve estar um comissário, um à direita e outro à esquerda, com revólver na mão", disse ele. Em outra ocasião, advertiu que se algum oficial fosse desleal, seria reduzido a "uma mancha molhada".

Rapidamente, o Exército Vermelho converteu-se no "filho mimado" do novo regime, recebendo pagamento e rações de pão maiores do que as dos trabalhadores.

O destino da Rússia soviética permanecia, em grande parte, nas mãos da Alemanha imperial. O ouro de Berlim ajudou Moscou a sobreviver financeiramente, numa época em que a Rússia dispunha de poucas fontes de receita, pois o sistema tributário estava arruinado. O conhecimento de que os alemães apoiavam os bolcheviques inibiu a oposição interna. Poucos duvidavam que os bolcheviques estavam por um fio; o próprio Trótski admitia isso. No verão de 1918, seu regime dependia da Alemanha, ou, para ser mais exato, de Guilherme II.

O *Kaiser* recebia conselhos contraditórios. Sua embaixada, em Moscou, congregou generais que se opunham ao governo. Depois do levante tcheco, Mirbach e Riezler perderam toda a fé que mantinham em Lênin, e recomendaram que Berlim buscasse na Rússia uma fonte substituta de apoio. A situação se deteriorara a tal ponto que Riezler teve de subornar os letões para permanecerem a serviço dos bolcheviques, pois eles estavam a ponto de desertar. O Ministério, por outro lado, dissociou-se de sua legação, insistindo na confiabilidade dos bolcheviques, que aceitaram o Tratado de Brest-Litovsk e ainda provocavam um tumulto permanente. Memorando do Ministério do Exterior alemão assim resumia a causa pró-bolchevique:

> Nosso único interesse na Grande Rússia está em promover as forças de decomposição, mantendo a debilidade do país pelo maior tempo possível (...). A normalização do relacionamento com a Rússia nos permitirá controlar a sua economia. Se nos imiscuirmos nos assuntos internos do país, só faremos aumentar o abismo que já nos separa da Rússia (...). Não devemos nos esquecer de que só os bolcheviques ratificaram o Tratado de Brest-Litovsk, mas nem todos eles, aliás (...). Por isso, os bolcheviques devem permanecer no leme, por enquanto. É evidente que farão tudo o que estiver a seu alcance para sustentar, diante de nós, uma aparência de lealdade e respeito à paz. Por outro lado, os negociantes judeus que os lideram não tardarão a desistir de suas teorias em prol das transações comerciais lucrativas que possam fazer conosco. (...) Devemos agir de forma lenta, mas segura. O transporte, a indústria e toda a economia nacional da Rússia deve cair em nossas mãos.

Categórico em apoiar esse ponto de vista, von Kühlmann insistia que Berlim deveria asseverar aos russos que não cobiçava Petrogrado, facilitando a transferência das tropas letãs que guardavam a cidade para a frente de batalha contra os tchecos.

Posto a par dessas duas visões discrepantes, em 28 de junho, o impulsivo *Kaiser* preferiu adotar a concepção do seu Ministério, ordenando que os russos fossem informados de que nenhuma ameaça pesava sobre Petrogrado. Logo, o comando do Exército Vermelho transferiu três regimentos letões para a frente oriental, onde eles ajudaram a deter o avanço tcheco. No início de setembro, essas tropas recuperariam Kazán e Simbirsk, vitórias que contribuíram muito para elevar o baixo moral no Kremlin. Em obediência às instruções de Kühlmann, Riezler rompeu negociações com os elementos de centro-direita e concentrou sua atenção no regime de Lênin. A decisão de Guilherme II, portanto, permitiu aos bolcheviques ultrapassar o período até então mais crítico de sua história. Os alemães não precisariam de muito esforço para tomar Petrogrado e Moscou e instalar um governo fantoche, como haviam feito na Ucrânia. A ordem do *Kaiser*, em fins de junho, extinguiu essa possibilidade de uma vez por todas: seis semanas depois, quando a ofensiva do seu exército no Ocidente foi interrompida, a Alemanha não tinha mais condições de intervir nas questões russas.

Moscou considerou a atitude de Guilherme alvissareira. Má era a notícia de que os SRs de esquerda, únicos aliados dos bolcheviques, estavam cada vez mais inquietos. Revolucionários românticos, eles queriam agitar, produzir a euforia de outubro e o êxtase de fevereiro de 1918, quando tinham ajudado a despertar as massas contra os invasores alemães, e tratavam os bolcheviques de pós-outubro como conciliadores desprezíveis; ao assinarem a paz de Brest-Litovsk, Lênin e seus seguidores teriam traído a Revolução. Sua líder, Maria Spiridônovna, escreveu: "Dói (...) perceber que os bolcheviques, com quem tenho trabalhado, lado a lado, junto aos quais tenho lutado, nas mesmas trincheiras (...) adotaram, agora, a política de Kérenski." Os SRs de esquerda decidiram provocar uma guerra entre a Rússia soviética e a Alemanha, para dar fim à política de acordos e reviver o ardor revolucionário no país.

Com essa finalidade, começaram a construir uma força militar própria, sem fazer segredo a respeito. A *Tcheká*, muito ocupada em caçar camponeses envolvidos no comércio ilícito de cereais e perseguir oficiais desertores, ignorou esses preparativos, talvez porque um SR de esquerda era o substituto eventual de Félix Dzerjinski. Muito da trama dos SRs de esquerda foi urdida no quartel-general da polícia de segurança, na Lubianka.

Por ingenuidade, os conspiradores acreditavam que o assassinato do embaixador alemão provocaria a declaração de guerra contra a Rússia soviética, forçando os bolcheviques a retomar a via revolucionária. Os SRs de esquerda não pretendiam afastá-los do poder. No dia 6 de junho, com ajuda de cúmplices da *Tcheká*, e fingindo-se de emissários do governo, dois membros da facção entraram na embaixada alemã, assassinaram Mirbach e fugiram, deixando para atrás os documentos falsificados que lhes haviam permitido acesso ao local. Esse foi o sinal para um levante geral de forças pró-SRs de esquerda, na capital, que conseguiram apossar-se de vários pontos estratégicos da cidade, sem tentar derrubar os bolcheviques. Feito prisioneiro, Dzerjinski ouviu de um SR de esquerda:

> Você está diante de um fato consumado que anula o Tratado de Brest-Litovsk; a guerra com a Alemanha é inevitável. Não queremos o poder (...). Vamos para a clandestinidade. Vocês podem manter o poder, mas deixem de ser lacaios de Mirbach. Não importa que a Alemanha ocupe a Rússia até o Volga.

Julgando-se traído por seu órgão de segurança, Lênin ordenou a dissolução da *Tcheká* (a ordem foi cancelada, posteriormente). Como as unidades militares aquarteladas em Moscou não demonstrassem interesse em prestar auxílio ao governo, os letões foram convocados mais uma vez. Comandados por I. I. Vatsetis, sufocaram a rebelião logo no dia seguinte. Centenas de SRs de esquerda foram detidos, em Moscou e em outras cidades. Para apaziguar os alemães, o governo anunciou que duzentos deles tinham sido executados, entre os quais Spiridnova. Na realidade, eles receberam tratamento indulgente, talvez porque os líderes bolcheviques temessem que sua punição desencadeasse uma onda terrorista. Presa, Spiridinova não demorou a ser libertada; ela passou o resto da vida entrando e saindo do cárcere, até ser executada, no ano de 1941, em Oriol, quando os alemães estavam prestes a capturar a cidade.

Ao contrário das expectativas dos SRs de esquerda, Berlim conformou-se com o assassinato de seu embaixador, não demorando a enviar um substituto, Karl Helfferich, tão medroso que só deixou a embaixada apenas uma vez, nas duas semanas em que ocupou o posto.

Por uma notável coincidência, outra rebelião antibolchevique eclodiu, no mesmo dia 6 de junho, numa cidade do nordeste, Iaroslavl, e em duas localidades próximas. A conspiração foi engendrada por Borís Sávinkov, o mais corajoso e eficiente dos conspiradores antibolcheviques. Revolucionário e terrorista, quando jovem, Sávinkov transformou-se em patriota no início da Primeira Guerra Mundial. Em 1917, serviu como assessor de Kérenski e desempenhou papel importante no caso Kornílov. Posteriormente, juntou-se ao general Alekséiev, fundador do Exército Voluntário do Sul, que o mandou para a Rússia soviética, a fim de recrutar oficiais e obter ajuda financeira e política.*

Conspirador experiente, Sávinkov organizou uma força secreta de cinco mil oficiais, cuja missão consistia em sair da clandestinidade e entrar em ação assim que o Exército Voluntário se aproximasse. Ele estava à míngua de dinheiro e temia constantemente traições, pois, em maio de 1918, a amante abandonada de um de seus "recrutados" denunciou a organização para a *Tcheká* e mais de cem membros foram presos e executados. Com poucos recursos e temendo perder mais homens, ele decidiu partir para a ofensiva. Seu primeiro objetivo teria sido Moscou, mas transferiu o alvo para Iaroslavl, distante da ameaça de intervenção alemã. Diante dos persistentes rumores de que os Aliados planejavam novos desembarques, no norte da Rússia, Borís Sávinkov escolheu a região do médio Volga para a insurreição que planejara, pois ali ainda podia contar com a possibilidade de estabelecer uma ponte com a Legião Tchecoslavaca e com as tropas da *Entente*. Mais tarde, ele chegou a afirmar que representantes Aliados

*Os exércitos Brancos, organizados a partir do inverno de 1917-1918, são tratados no Capítulo 11.

prometeram socorrê-lo, deslocando forças de Arkhânguelsk, caso conseguisse sustentar suas posições por quatro dias; em seguida, um exército anglo-franco-russo avançaria sobre Moscou. A afirmação é bastante suspeita e não pode ser corroborada por nenhuma fonte documental. O mais provável é que Sávinkov contasse que seu sucesso inspiraria uma rebelião anticomunista em toda a Rússia.

A bandeira da rebelião foi erguida em Iaroslavl de madrugada, às 2 horas do dia 6 de julho, por um auxiliar de Sávinkov; às 4, outras duas cidades próximas insurgiram-se, sendo rapidamente submetidas. Todavia, onde se iniciara, o movimento durou 16 dias. No fim, os comunistas executaram 350 participantes, a maioria oficiais. Sávinkov conseguiu escapar. Por um período, serviu no Exército Branco de Koltchak e, depois de sua derrota, viajou para o Ocidente. Lá, organizou várias tramas anticomunistas, nenhuma das quais bem-sucedida. Depois da morte de Lênin, foi atraído de volta à Rússia por uma organização anticomunista espúria, criada pelo órgão sucessor da *Tcheká*, o GPU. Imediatamente preso, julgado e condenado à morte, a sentença acabou comutada para dez anos de cárcere, graças a sua cooperação com as autoridades. Morreu no ano seguinte, supostamente por suicídio, mas é provável que tenha sido nas mãos do GPU.

À frente da embaixada alemã, até a chegada do substituto de Mirbach, Kurt Riezler considerava essas rebeliões um prenúncio da derrocada do regime comunista. Em 19 de julho, em comunicado telegráfico para Berlim, ele afirmou: "Os bolcheviques estão mortos. O cadáver vive [!], porque os coveiros não resolveram entre eles quem deve enterrá-lo." Ele iniciou entendimentos com o comandante da infantaria letã; sob promessa de anistia, Vatsetis deu a entender que seus homens estavam prontos a abandonar os bolcheviques e voltar a sua terra, ocupada pelos alemães. Retomou negociações com políticos de centro-direita, mas o veto persistente de Berlim, que continuava apostando em Lênin, obrigou-o a abandoná-los mais uma vez.

Em 1º de agosto, quando o Kremlin já estava dominado por um estado de espírito bastante melancólico, chegou a notícia do desembarque, próximo a Arkhânguelsk, de uma força naval britânica composta por 8.500 homens, mais da metade americanos. Embora relutante, o presidente Wilson os enviara, cedendo à pressão da Inglaterra, para ajudar na evacuação da Legião Tchecoslovaca, pela rota do norte, mais curta. O general britânico F. C. Poole, comandante da força, recebera ordens de resistir à "influência e penetração" alemã, prestar ajuda aos russos desejosos de lutar ao lado dos Aliados e unir-se à Legião Tchecoslovaca. Tropas americanas também desembarcaram em Múrmansk. Nenhuma dessas forças deveria interferir nas questões internas da Rússia; para reativar a frente oriental, os especialistas da *Entente* calcularam que precisariam de cerca de trinta mil soldados.

Moscou ignorava esses fatos e interpretou os desembarques como a vanguarda de uma intervenção maciça dos Aliados; assim, em desespero, o Kremlin jogou-se nos braços dos alemães. No mesmo dia em que a operação teve início, George Chicherin, comissário de Relações Exteriores, visitou o novo embaixador alemão, Helfferich, dizendo-se recém-chegado de uma reunião de gabinete e solicitando, em nome do governo, intervenção militar na Rússia. O plano era que (1) unidades militares alemãs protegessem Petrogrado de um possível ataque e, de lá, tratassem de avançar sobre Múrmansk e Arkhânguelsk, para expulsar as forças expedicionárias Aliadas; e (2) unidades alemãs, na Ucrânia, desfeririam uma ofensiva contra o Exército Voluntário do Sul.

Berlim aceitou essas propostas. Em 27 de agosto, os dois países assinaram um termo aditivo ao Tratado de Brest-Litovsk, mediante o qual a Rússia soviética comprometia-se a indenizar a Alemanha pelas perdas que seus cidadãos houvessem sofrido sob os regimes czarista e soviético, assim como pelos custos de manutenção dos prisioneiros de guerra russos. Vários privilégios de cidadãos e corporações alemãs na Rússia foram confirmados.

O termo aditivo ainda continha três cláusulas secretas, que só foram divulgadas anos depois. A Alemanha atenderia a solicitação russa de intervenção militar ativa contra os Aliados, em Múrmansk, e contra o Exército Voluntário. Além disso, comprometia-se a expulsar do centro petrolífero de Baku, no Azerbaijão, uma força britânica que ocupara o local, no início de agosto. Nenhuma dessas operações chegou a se materializar, porque a Alemanha entrou em colapso antes de pô-las em prática.

No início de outubro de 1918, quando Berlim solicitou os bons ofícios do presidente Wilson, no sentido de um armistício, a situação internacional mudara radicalmente. Em Berlim, os amigos de Moscou perderam suas posições; enquanto o novo governo procurava distanciar-se dos bolcheviques, Ioffe e seu pessoal trabalhavam abertamente para desencadear uma revolução alemã. Mais tarde, como ele próprio se gabou, seu trabalho na embaixada

> assumiu cada vez mais o caráter de preparativo revolucionário decisivo, para um levante armado. Além do grupo Spartacus, desde janeiro [de 1918] existiam, na Alemanha, especificamente em Berlim, sovietes de greve – obviamente ilegais – formados por representantes de trabalhadores (...), com os quais a embaixada mantinha contatos permanentes (...). A luta do proletariado alemão para armar-se era inteiramente legítima e sensata, e a embaixada prestava toda a sorte de ajuda.

Naquela época, até mesmo o Ministério das Relações Exteriores já estava saturado da interferência soviética e, no início de novembro, ordenou o fechamento da embaixada. Antes de partir, Ioffe deixou com um membro do Partido Independente Socialdemocrata, virtual residente na missão soviética, 500 mil marcos e 150 mil rublos, para suplementar os 10 milhões de rublos previamente destinados "às necessidades da revolução alemã".

Em 13 de novembro, dois dias depois do armistício na frente ocidental, Moscou anulou unilateralmente o Tratado de Brest-Litovsk e o seu termo aditivo. Como parte do acordo de Versalhes, os Aliados também compeliram a Alemanha a renunciar aos acordos assinados com os bolcheviques.

A REVOLUÇÃO RUSSA nunca esteve confinada a seu país de origem, internacionalizando-se, desde fevereiro, basicamente por duas razões.

O território da Rússia constituiu-se no maior palco da guerra. Sua retirada unilateral do conflito afetou interesses vitais de ambos os blocos beligerantes. Portanto, enquanto duraram as hostilidades, nenhum lado podia ser indiferente ao que acontecia à Rússia.

Os bolcheviques contribuíram ainda mais para o envolvimento do país, jogando um campo contra o outro. Na primavera de 1918, discutiram com os Aliados a formação, em território russo, de um exército multinacional antialemão, concordando com a ocupação de Múrmansk e pedindo ajuda para construir o seu próprio exército. No outono, solicitaram a intervenção militar alemã para recapturar os portos do norte e esmagar o Exército Voluntário do Sul. Por inúmeras vezes, a Alemanha teve de intervir, com apoio político e financeiro, a fim de evitar o colapso do regime bolchevique. Riezler, testemunha dos fatos no centro dos acontecimentos, destacou que seu país interferiu em pelo menos três ocasiões, sempre visando à salvação de Lênin. Em suas memórias, referindo-se à crise do regime soviético no verão de 1918, Helfferich admite que "o aliado mais forte do regime bolchevique durante esse período crítico, embora inconsciente e não intencional, foi o governo alemão". Assim, carece de seriedade a suposta "intervenção" estrangeira, na Rússia, em 1917-1918, e sua suposta pretensão de derrubar os bolcheviques do poder. Todas as forças participantes queriam, antes de tudo e principalmente, fazer pender a seu favor a balança do poder na frente ocidental, fosse dando prosseguimento à luta, no caso dos Aliados, ou procurando amenizá-la, no caso das Potências Centrais. Os bolcheviques foram parte ativa nessas relações internacionais e solicitaram socorro a ambos os lados, dependendo de seus interesses de ocasião. A "intervenção" alemã, que eles reivindicaram e consideraram bem-vinda, mais que provavelmente salvou-os de sofrer o destino do Governo Provisório.*

Além do mais, os bolcheviques sempre consideraram as fronteiras nacionais irrelevantes, do ponto de vista da revolução e da luta de classes. Apelaram sistematicamente aos cidadãos estrangeiros, concitando-os à rebelião e à derrubada de seus governos; destinaram recursos do Estado para esse propósito; na Alemanha, sobretudo, onde encontraram melhores condições para isso, promoveram ativamente a revolução. Ao desafiarem a legitimidade de todos os governos

*A intervenção Aliada, em 1919, depois do armistício, teve motivos diferentes, é óbvio. Essa questão será discutida no Capítulo 11.

estrangeiros, nada mais fizeram que um convite a que todos desafiassem a sua própria legitimidade. O fato de nenhum governo estrangeiro ter se aproveitado desse direito, em 1917-1918, decorreu apenas de não terem interesse em fazê-lo. Os alemães achavam que os bolcheviques serviam a seus objetivos e os sustentaram, invariavelmente, quando foi preciso; os Aliados estavam ocupados lutando por suas vidas. A questão posta pelo historiador Richard K. Debo – "Como (...) o governo soviético, privado de força militar significativa, em meio ao que fora até então a guerra mais destrutiva da espécie humana, conseguiu sobreviver ao primeiro ano da revolução?" – pode ser respondida assim: essa guerra, mais destrutiva de todas as que já houvera, ofuscou completamente os acontecimentos russos, tirando de seus participantes qualquer interesse em desviar forças para derrubar o governo soviético.

A esse respeito, há mais uma questão a ser esclarecida. Todos os debates sobre o que os Aliados fizeram *na* Rússia – realmente não foi muito – constumam omitir o que eles fizeram *pela* Rússia, decerto, muito mais. Depois que o país renegou seus compromissos e deixou as demais nações da *Entente* sozinhas, lutando contra as Potências Centrais, a França e a Inglaterra sofreram imensas perdas humanas e materiais. Uma vez que a Rússia recuou da guerra, os alemães retiraram da frente oriental divisões suficientes para aumentar quase 25% de seus efetivos, a oeste, o que lhes permitiu montar uma ofensiva feroz. Nas grandes batalhas, durante a primavera e o verão de 1918 – St. Quentin, Lys, Aisne, Marne, Château-Thierry–, os britânicos, franceses e americanos perderam centenas de milhares de homens. Esse sacrifício fez com que a Alemanha caísse de joelhos. Sua derrota, para a qual o governo soviético não contribuíra com nada, permitiu a anulação do Tratado de Brest-Litovsk e a recuperação da maior parte dos territórios perdidos, justamente por força do acordo, salvando a Rússia de ser convertida em colônia – uma espécie de África Eurasiana, destino que a Alemanha imperial tencionava para o país.

9
O comunismo de guerra

A CRIAÇÃO DE UMA ECONOMIA CENTRALIZADA

Pouco depois da morte de Lênin, em 1924, Trótski lembrou que, ao tomar o poder, Lênin escrevera

> "O triunfo do socialismo na Rússia [exigia] um determinado intervalo, *não menos que uns poucos meses.*" Hoje, [Trótski continuou] tais palavras parecem absolutamente incompreensíveis: foi um erro de escrita, ele não terá pretendido dizer uns poucos anos ou poucas décadas? Mas não: foi um erro de escrita... Lembro com muita clareza que, no primeiro período, no Smolvi, em reuniões do Conselho dos Comissários do Povo, invariavelmente Lênin repetia que teríamos o socialismo em meio ano e nos tornaríamos o Estado mais poderoso dentre todos.

A utopia de Lênin baseava-se na crença, partilhada por todos os socialistas, de que o sistema capitalista, movido pelo lucro privado, não é apenas injusto mas irracional e, portanto, inerentemente improdutivo. Distribuindo racionalmente recursos humanos e materiais, com vistas à sua utilização máxima, o socialismo era capaz de atingir níveis de eficiência sem precedentes.

Tal raciocínio estava por trás da política econômica bolchevique, entre 1918 e 1921, conhecida como "comunismo de guerra". Mais tarde, depois de provocar um declínio catastrófico, essa política seria justificada como "medidas de emergência, impostas pela Guerra Civil"; com esse propósito é que a expressão foi cunhada, em 1921. Declarações anteriores de líderes bolcheviques, entretanto, não deixam dúvidas de que as necessidades do conflito interno, na melhor das hipóteses, foram secundariamente consideradas: de fato, algumas das medidas criaram obstáculos ao esforço de guerra. O próprio Trótski afirmara que o objetivo que se tinha em vista era "pôr em prática o verdadeiro comunismo". Em outubro de 1921, quando a tentativa fracassou e teve de ser abandonada, Lênin admitiu francamente:

> Nós contávamos – talvez seja mais correto dizer, nós presumíamos, embora sem os cálculos adequados – com [a capacidade de] o Estado proletário organizar, sob seu comando direto e num país de pequenos camponeses, a produção e distribuição estatal de bens à maneira comunista. A vida demonstrou nosso erro.

O comunismo de guerra alcançou o auge no inverno de 1920-1921, quando a Guerra Civil chegara ao fim, envolvendo várias medidas planejadas para colocar toda a economia da Rússia – sua força de trabalho bem como sua capacidade produtiva e a rede de distribuição disponível – sob administração exclusiva do Estado ou, mais precisamente, do Partido Comunista. O processo de expropriação começou pelos bens imóveis. O Decreto da Terra, de 26 de outubro de 1917, privou os não-camponeses de suas propriedades fundiárias. Um decreto nacionalizando os imóveis urbanos foi baixado logo em seguida. Em janeiro de 1918, o governo comunista repudiou todas as dívidas do Estado, internas ou externas. Em decreto de maio de 1918, aboliu o direito de herança; no mês seguinte, nacionalizou a indústria. Essas medidas puseram fim à propriedade privada do capital e de outros ativos produtivos. Na verdade, os bolcheviques implementaram o ensinamento de Marx e Engels, de que a quintessência do comunismo era a abolição da propriedade privada.

Especificamente, as determinações do comunismo de guerra resumem-se a cinco itens:

1. A nacionalização dos meios de produção e transporte;
2. fim do comércio privado por meio da nacionalização das transações, no varejo e no atacado, e sua substituição pelo sistema de distribuição controlado pelo governo;
3. extinção do dinheiro como unidade de compra e como medida, em favor de trocas reguladas pelo Estado;
4. imposição do planejamento econômico unificado;
5. e a introdução do trabalho compulsório, para todos os homens adultos válidos e, ocasionalmente, para mulheres e crianças.

O comunismo de guerra inspirou-se em diversas fontes. Um exemplo proveio do socialismo de guerra alemão, regra até então inédita e que permitiu à Alemanha resistir a um bloqueio severo, sustentando-se diante de uma situação arrasadora, por quatro anos. Por outro lado, havia quem imaginasse que a propriedade altamente concentrada tornaria possível, pelo simples expediente da nacionalização dos bancos, lançar os fundamentos de uma economia socialista. Não se pode deixar de mencionar, é claro, o modelo de Estado patrimonial russo medieval que, embora acabado havia muito, deixou um considerável legado cultural. Para as massas russas, a propriedade estatal da economia parecia mais natural do que os direitos abstratos de propriedade e todo o complexo de fenômenos classificados como "capitalismo".

Lênin chegou a cogitar da cooperação de grandes grupos financeiros, para alcançar seus objetivos econômicos. Seus planos iniciais sinalizavam um "capitalismo de Estado", segundo o modelo da Alemanha, no período de guerra. Sob esse sistema, as bases capitalistas do setor industrial permaneceriam intactas, operando em benefício do Estado, que tiraria proveito dos seus métodos mais avançados de organização e tecnologia. Todavia, essa proposta enfrentou a oposição dos comunistas de esquerda, alguns muito influentes no partido, e que a consideravam oportunista. Não fosse o Tratado de Brest-Litovsk tão impopular, e que para os comunistas de esquerda representavam uma traição da revolução, essa oposição poderia ter sido vencida. Visando a seu apaziguamento, Lênin abandonou o capitalismo de Estado em favor do comunismo de guerra, mas não o fez sem considerável desconfiança.

Os teóricos e arquitetos do comunismo de guerra tinham pouca familiaridade com a disciplina econômica, nada entendendo da administração de negócios. Seu conhecimento fora adquirido na literatura socialista. Nenhum deles jamais dirigira uma empresa ou ganhara um único rublo, na indústria ou no comércio. A inexperiência deu alcance ilimitado à sua imaginação. O que Sukhánov disse de Iúri Lárin, o mais influente dos mais próximos conselheiros econômicos de Lênin, aplicava-se a todos os demais: "um pobre cavaleiro, que desconhecia obstáculos aos saltos de sua fantasia, um experimentador cruel, especialista em todos os setores da administração estatal, um diletante em todas as suas especialidades". Que amadores assim assumissem a tarefa de virar de cabeça para baixo uma economia de vulto, sujeitando-a a inovações jamais tentadas em lugar algum, mesmo em pequena escala, diz algo do julgamento popular que, em outubro de 1917, permitiu a tomada do poder na Rússia.

Mais do que em qualquer outra ocasião, a irresponsabilidade deles tornou-se patente quando se obstinaram em criar uma economia sem dinheiro.

Marx escreveu muitos disparates sofisticados sobre a natureza e a função do dinheiro, definindo-o de formas variadas, como "alienação do trabalho humano", "trabalho cristalizado" e "monstro", que se desvincula do homem, seu criador, e passa a dominá-lo. Era natural que essas idéias atraíssem intelectuais radicais que não tinham dinheiro nem sabiam como ganhá-lo, mas ansiavam pelo poder e os prazeres que ele podia proporcionar. Ansiosos por liquidar o capitalismo, eles desconsideravam o fato de que alguma unidade de medida, fosse ou não denominada "dinheiro", teria de existir na sociedade, a fim de permitir a divisão do trabalho e a troca de bens e serviços.

Sob o feitiço das idéias marxistas, os bolcheviques exageraram o papel desempenhado pelo dinheiro e, ao mesmo tempo, o subestimaram, isto é, consideravam as economias capitalistas totalmente dominadas por instituições financeiras e acreditavam que, sob o socialismo, a moeda seria dispensável. Dois renomados escritores bolcheviques, Nikolai Bukhárin e Ievguêni Preobrajênski, asseguravam que "a sociedade comunista não conhecerá o dinheiro". O comissário de Finanças, certa ocasião, declarou supérfluo seu próprio trabalho, afirmando: "Numa comunidade socialista o Estado não deveria possuir dinheiro, por isso tenho de me desculpar por falar a respeito da matéria."

Numa de suas primeiras tentativas de abolir o dinheiro, os bolcheviques fomentaram uma inflação que o tornaria sem valor. Fizeram isso deliberadamente, emitindo cédulas na velocidade máxima de impressão suportada pelas máquinas. Usaram o "papel colorido" para tirar o cereal dos camponeses e pagar os salários dos numerosos empregados do governo. Para eles, as cédulas não passavam de um expediente temporário, a ser abandonado tão logo a agricultura fosse coletivizada e toda a força de trabalho remunerada em bens e serviços.

À época do golpe de outubro, circulavam na Rússia 19,6 bilhões de rublos, a maior parte *Nikolaievki*, como dizia o povo, referindo-se ao papel-moeda impresso no tempo da monarquia. Havia também notas emitidas pelo Governo Provisório, chamadas *Kérenki*, com o verso em branco, sem número de série, assinatura ou nome do emissor, e que exibiam apenas o respectivo valor e uma advertência de punição contra falsificações. Após tomarem o Banco do Tesouro, os bolcheviques não alteraram a aparência desses talões e continuaram a imprimi-los. Até fevereiro de 1919, eles não se preocuparam em criar uma moeda nova, talvez prevendo que a população camponesa não a aceitaria. A quebra do sistema de impostos exigia emissões maciças e o meio circulante já alcançara 61,3 bilhões de rublos. No mês seguinte, o governo produziu o primeiro dinheiro soviético, uma moeda escritural chamada *tchervôniets*. A inflação ainda não atingira o auge, mas, comparados aos de 1917, os preços já haviam subido 15 vezes.

Então, o dique estourou. Em maio de 1919, o Tesouro foi autorizado a imprimir tanto dinheiro quanto julgasse necessário à movimentação da economia. Daí em diante, a produção de "papel colorido" transformou-se na maior e talvez única indústria em crescimento da Rússia soviética. Ao longo de 1919, a quantidade de dinheiro em circulação quase quadruplicou, atingindo 225 bilhões, e quase quintuplicou, alcançando 1,2 trilhão, no ano seguinte. Em 1921, cresceu mais do que 13 vezes, chegando a 16 trilhões; 2 quatrilhões, em 1922. Hipoteticamente, por algo que em 1913 custava 1 rublo, pagar-se-ia agora 100 milhões. À exceção dos rublos imperiais, bem guardados nos cofres do regime, todo o dinheiro de papel perdeu o valor, sendo substituído por unidades de escambo, mais comumente o pão e o sal.

Os comunistas de esquerda exultavam. No X Congresso do Partido, em março de 1921, Preobrajênski gabava-se do rublo soviético já ter caído para um vinte mil avos do seu valor original. Comparando-o à moeda emitida pelos revolucionários franceses, que depreciara quinhentas vezes, ele concluía "que derrotamos [os bolcheviques] a Revolução Francesa por 40 a 1".

Estudiosos de história econômica mais de uma vez demonstraram que o dinheiro é um complemento indispensável à atividade econômica, esteja ela organizada em bases capitalistas ou socialistas, não importa. Os bolcheviques finalmente descobriram essa verdade ao depararem com o grave problema do ajuste de contas das empresas nacionalizadas. Sem dinheiro, nenhuma das medidas adotadas produziu resultado. Em 1921-1922, sob a Nova Política Econômica, eles voltaram a práticas econômicas mais convencionais e introduziram uma moeda corrente convencional, lastreada no ouro. A visão de uma economia sem dinheiro seria abandonada para sempre.

NO PLANEJAMENTO ECONÔMICO, o novo regime também não obteve grande sucesso. Em março de 1918, Lênin falou da necessidade de transformar "o mecanismo econômico do Estado em uma única e imensa máquina, em um organismo que trabalhará de tal modo que permita a centenas de milhões de pessoas serem guiadas por um único plano". Segundo Trótski,

> a organização socialista da economia começa com a liquidação do mercado, o que significa o fim de seu mecanismo regulador – o jogo "livre" das leis da oferta e da procura. O resultado inevitável – a subordinação da produção às necessidades da sociedade – deve ser obtido pela harmonia do *plano econômico* que, em princípio, cobre todos os setores da produção.

Em dezembro de 1917, para formular e implementar esse plano, criou-se o Conselho Supremo da Economia Nacional. Subordinado ao *Sovnarkóm*, o organismo tinha, na esfera econômica, o mesmo monopólio do Partido Comunista nos domínios da política. A idéia era fazer dele uma espécie de cartel universal que supervisionasse todos os recursos humanos e materiais, empregando-os da maneira mais eficiente. Sua autoridade, porém, mostrou-se amplamente fictícia. Em primeiro lugar, porque a agricultura, principal fonte de riqueza produtiva do país, embora nominalmente nacionalizada, não era administrada pelo Estado, mas por agricultores-camponeses. Em segundo lugar, devido ao "mercado negro" que, na Rússia soviética, fora causado pela escassez de bens de consumo e pelo irrealismo das políticas de preço. Assim, a influência do Conselho Supremo da Economia confinou-se à indústria, quase toda nacionalizada na época do comunismo de guerra. O decreto de 28 de junho de 1918 ordenou a desapropriação, sem recompensa, das empresas industriais e ferroviárias com capital de um milhão de rublos ou mais. Os quadros administrativos foram obrigados a permanecer em seus postos de trabalho sob a ameaça de punições severas. Aos poucos, os negócios menores ficaram sujeitos ao mesmo tratamento, e, no outono de 1920, o Conselho supervisionava 37 mil companhias, com uma força de trabalho de dois milhões de operários; todavia, 13,9% dessas firmas possuíam um único empregado e cerca da metade delas carecia de equipamento mecânico.

Subdividido em agências organizadas verticalmente (conforme a função) e horizontalmente (por áreas territoriais), o Conselho Supremo da Economia – truste dos trustes – produziu uma imensa burocracia. Os chamados *glavki*, ou *tsentri*, entidades similares às que surgiram na Alemanha, durante a guerra, encarregavam-se de setores específicos da indústria; siglas melodiosas, tais como Glavlak, Glavsol e Glavbum, referiam-se às indústrias de tinta, sal e papel, respectivamente. Além disso, o Conselho tinha uma rede de ramificações provinciais. O desenho do organograma parecia um mapa celestial, onde o Presidium representava o sol e os *glavki*, com suas agências, os planetas e suas luas. Seu preenchimento deu origem a um verdadeiro colchão de plumas burocrático; o Glavanil, por exemplo, entidade controladora da produção de benzeno, mantinha na sua folha de pagamento cinqüenta funcionários, responsáveis pela supervisão de uma única instalação que empregava 150 operários. Para ingressar no quadro de pessoal não era preciso qualquer compromisso político, de forma que muitos intelectuais sentiam-se servidores do povo e não do regime. Por outro lado, o governo foi obrigado a aproveitar administradores e especialistas técnicos que, antes da revolução, haviam trabalhado nos mesmos locais, às vezes na condição de proprietários ou diretores. No outono de 1919, um observador notou que à testa de muitos *glavki* e *tsentri* de Moscou

> encontram-se antigos empregados e ex-chefes, de tal sorte que o visitante desavisado (...), pessoalmente entrosado com o ambiente comercial e industrial anterior, ficaria surpreso ao se deparar com os outrora proprietários de grandes fábricas de couro sentados no Glavkhoj (organismo controlador da produção do couro), grandes industriais na organização têxtil central, e assim por diante.

No exterior, o gigantismo da empreitada repercutiu. A propaganda soviética a respeito da "construção do socialismo" falava com ardor da "racionalização" da indústria russa, embora enfatizando mais a intenção do que o desempenho. Dentro do país, admitia-se francamente a derrota quase total. Em 1921, Trótski estimou que a centralização obtivera sucesso em 5% a 10% da indústria, "na melhor das hipóteses". Segundo o *Pravda*, no final de 1920, "não existe plano econômico". A situação descrita dois anos antes por um economista soviético ainda era verdadeira.

> Nem um único *glavki* ou *tsentri* dispõe de dados necessários e suficientes ao prosseguimento do processo de produção e industrialização do país. Dezenas de organizações desenvolvem trabalhos idênticos e paralelos, recolhendo de forma disparatada informações similares (...). A avaliação dos dados é conduzida com tamanho descaso que, algumas vezes, a aplicação de 80% a 90% dos itens inventariados foge ao controle da organização. Outros tornam-se objeto de especulação precipitada e sem limites, passando por dezenas de mãos antes de chegarem ao destinatário.

Os bolcheviques tiveram mais sucesso diante da anarquia administrativa produzida pelo "controle dos trabalhadores", introduzido em 1917-1918. A administração colegiada das empresas industriais, em que trabalhadores inexperientes e representantes sindicais tinham voz ativa, ocasionou a queda brutal da produtividade, sob o comunismo de guerra. Até a primavera de 1918, Lênin e Trótski insistiam na necessidade de confiar autoridade executiva a administradores individuais, mas, sem querer abrir mão do que consideravam uma das grandes conquistas da Revolução, os trabalhadores resistiram à tal mudança. Entretanto, com o fim da Guerra Civil, o governo deixou de lado esses arroubos e, na virada de 1921 para 1922, nove entre dez fábricas soviéticas estavam subordinadas a chefes executivos, muitos deles antigos servidores do Antigo Regime.

Apesar disso, nenhuma medida podia retardar o declínio inexorável do produto industrial decorrente da interferência do partido, das dificuldades econômicas com que se via às voltas a força de trabalho e da falta de incentivos. A decadência era visível em vários níveis. Comparada com a de 1913, a produção industrial em larga escala caiu cerca de 82%, em 1920. A de carvão, 73%; a de ferro, 97,6%; a de fios de algodão, 94,9%; a de petróleo, 57,3%. Medida em rublos e descontada a inflação, a produtividade do operário russo despencou, com perda de 74%. O número de trabalhadores industriais empregados decresceu 51%, entre 1918 e 1921. Em suma, sob o comunismo de guerra, o "proletariado" russo foi reduzido à metade e desapareceram três quartos da produção industrial. Examinando os destroços, em 1921, Lênin rugiu: "O que é o proletariado? É a classe ocupada na indústria em larga escala. E onde está a indústria em larga escala? Que tipo de proletariado é esse? Onde está sua [!] indústria? Por que tamanho ócio?" A resposta a essas questões estava nos programas utópicos aprovados pelo próprio Lênin. Nesse mesmo período do rápido desmonte da indústria, os custos de manutenção da burocracia do Conselho Supremo da Economia expandiram-se.

Um dos eixos centrais do comunismo de guerra era o fim do mercado – "o ninho da infecção que produz os germes do capitalismo" –, conforme um teórico do regime. Para os marxistas, o mercado é o coração da economia capitalista, que faz circular o dinheiro, seu sangue vital. A condenação do livre mercado e a distribuição centralizada de mercadorias, sob os auspícios do Estado, não foram medidas determinadas pela escassez provocada pela Revolução e pela Guerra Civil, mas iniciativas direcionadas contra o sistema capitalista e causa das privações.

De acordo com os propósitos comunistas, o Comissariado de Abastecimento, ou *Kompród*, deveria recolher e distribuir os gêneros alimentícios que o governo conseguisse arrecadar junto ao campesinato e outros bens de consumo. A distribuição ficaria a cargo dos recursos próprios do *Kompród*, somados a uma rede de cooperativas anteriores à Revolução, preservadas com relutância pelos bolcheviques, que as nacionalizaram, depois de demitir seus quadros dirigentes, SRs e mencheviques. Todos os habitantes de uma determinada área eram solicitados a participar de "comunas de consumo"; mediante a apresentação de cartões de racionamento, receberiam comida e outros artigos de primeira necessidade. Havia diversas categorias de cartões, quer dizer, alguns asseguravam mais generosidade, sendo distribuídos a trabalhadores da indústria pesada, enquanto outros, dando direito a rações equivalentes a um quarto do normal, eram entregues aos membros da "burguesia".* O sistema prestava-se a um sem-número de abusos e favorecimentos; em Petrogrado, no ano de 1918, a quantidade de cartões impressos foi 30% superior ao número de habitantes e, em 1920, o Comissariado de Abastecimento registrou a distribuição de 21,9 milhões, quando a população urbana não passava de 12,3 milhões.

Nas palavras de Milton Friedman, o sucesso de uma teoria econômica é diretamente proporcional ao "irrealismo de sua base hipotética". As tentativas soviéticas de monopolizar o comércio corroboraram amplamente esse aforisma. Em vez de eliminar o mercado, o comunismo de guerra dividiu-o em dois: um setor estatal, vendendo a preços nominais, ou distribuindo – gratuitamente – bens de consumo, com cartões de racionamento; e, paralelamente, um setor privado ilícito, obediente às leis da oferta e da procura. Para perplexidade dos teóricos bolcheviques, quanto mais se expandia o setor nacionalizado, maior era a "sombra inamovível", como disse um deles, referindo-se ao setor livre; a verdade é que um se mantinha à custa do outro, uma

*A posse de um cartão dando direito à ração mínima permitia à *Tcheká* identificar seus portadores como membros da "burguesia", tornando-os alvo do terror e da extorsão.

vez que grande parte dos bens que deviam ser vendidos aos trabalhadores por preços simbólicos, ou mesmo grátis, acabava desviada para o mercado negro.

O governo inaugurou a gratuidade no setor de serviços, em outubro de 1920, mediante decreto que isentava as instituições soviéticas das tarifas telefônicas, telegráficas e de serviços postais; no ano seguinte, todos os cidadãos obtiveram idêntica franquia. A partir de janeiro de 1921, os locatários de moradias nacionalizadas ficaram dispensados de pagar aluguéis. No inverno de 1920-1921, o *Kompród* estimava ter assumido a responsabilidade pelo abastecimento, gratuito ou a custo nominal, das necessidades básicas de 38 milhões de pessoas.

Obviamente, tais benesses só foram possíveis enquanto o novo regime dispôs de fundos herdados do czarismo. Os bolcheviques podiam dispensar os aluguéis, porque não se preocupavam em consertar as casas que existiam, muito menos em construir outras. No auge do comunismo de guerra, o governo cuidou de reparar e erguer apenas 2.601 edificações, num total de meio milhão. Graças à apropriação dos excedentes da produção por quase nada, os gêneros alimentícios eram distribuídos por algo equivalente. Impossível que tal situação durasse eternamente, pois os prédios desmoronavam e os camponeses recusavam-se a produzir em excesso.

Nesse meio-tempo, o setor privado crescia. A maior parte do que a população urbana tinha em suas mesas, durante o comunismo de guerra, provinha do mercado negro, abastecido por agricultores que enfrentavam a *Tcheká* para vender seus produtos diretamente ao consumidor. Eles eram responsáveis por 66% a 80% do valor calórico dos alimentos consumidos nas cidades russas, durante o inverno de 1919-1920. Portanto, o governo enfrentava uma situação absurda: o rigoroso cumprimento de suas leis contra o livre-comércio levaria a população urbana a morrer de fome. O único remédio consistia na tolerância à ilegalidade das vendas por preços negociados – verdadeiro escárnio à decisão bolchevique de extinguir as leis da oferta e da procura.

EM OUTUBRO DE 1917, quando os bolcheviques tomaram o poder em nome do "proletariado", a expectativa era de que não tardariam melhorias, se não da condição econômica dos trabalhadores, pelo menos, do seu *status* legal e social. Na realidade, os operários russos foram privados de todos os direitos conquistados sob o czarismo, incluindo os de eleger seus representantes sindicais e fazer greves. É evidente que, uma economia controlada, com planejamento central da produção e monopólio estatal do comércio, não podia coexistir com um mercado de trabalho livre. Os controles tinham de abarcar a mão-de-obra. Trótski, que costumava passar para o papel o pensamento de Lênin, apresentou a questão da seguinte forma: "Pode-se dizer que o homem é uma criatura bastante preguiçosa. Em geral, empenhada em evitar o trabalho (...). O único modo de atrair a força de trabalho exigida pelas tarefas econômicas é introduzir o *serviço de trabalho compulsório*."

O ideal socialista previu o trabalhador industrial como uma criatura dotada de qualidades morais únicas. Rapidamente, a responsabilidade política desfez essas ilusões: o operário mostrou-se como qualquer pessoa, nem melhor nem pior do que ninguém, antes de mais nada preocupado com seu bem-estar. No XI Congresso do Partido, em março de 1922, Lênin chegou a negar que a Rússia tivesse um "proletariado" no verdadeiro sentido do termo, insinuando que a maioria dos empregados fabris estavam interessados em escapar do serviço militar. Em resposta, Aleksandr Chliápnikov, proeminente bolchevique de origem proletária, cumprimentou Lênin como "vanguarda de uma classe inexistente".

O regime impôs o trabalho compulsório. Para a burguesia, isso significava servidão em batalhões de trabalhos forçados, incumbidos de tarefas desagradáveis ou perigosas, com a morte pairando sobre a cabeça dos que tentassem fugir. Os trabalhadores dotados de habilidades técnicas foram recrutados a serviço do Estado e mandados, como contingentes militares, aonde quer que a necessidade exigisse, sem considerar preferências pessoais. O Comissariado do Trabalho determinou, em 1922, que seria "fornecida mão-de-obra de acordo com um plano e, conseqüentemente, sem levar em conta peculiaridades e desejos individuais do operário (...)".

Num regime assim, é claro, os sindicatos livres constituíam uma anomalia, justificando sua abolição pelo argumento de que a Rússia soviética tornara-se um "Estado proletário" – a partir da total identidade de interesses, obedecendo ao Estado o trabalhador estaria realizando o que mais convinha a si mesmo, ainda que pensasse de outra forma. A função dos sindicatos, portanto, resumia-se a servir ao Estado. Eis como Trótski definiu o papel dos sindicatos:

> No período de construção do Estado socialista, os sindicatos são necessários não para lutar por melhores condições de trabalho – tarefa da organização social e política como um todo –, mas para organizar a classe trabalhadora com vistas à produção: educar, disciplinar, distribuir e unir categorias inteiras e trabalhadores individuais. Em uma palavra, de mãos dadas com o governo e de maneira definitiva, para integrar os trabalhadores à estrutura de um único projeto econômico.

Os comitês de fábrica, base da força do comunismo, sumiram do mapa à medida que especialistas profissionais assumiram os encargos administrativos. Tratados como órgãos do Estado, os sindicatos sobreviveram, perdendo, porém, o direito de eleger representantes, que como em todos os outros setores da administração eram nomeados pelo partido. O direito de greve também desapareceu, declarado supérfluo, sob a alegação de que não tinha sentido os trabalhadores cruzarem os braços contra si mesmos.

CLARO QUE OS COMUNISTAS de esquerda não podiam deixar de perceber o fracasso dos seus ambiciosos planos econômicos: ao invés de incrementar a produtividade a níveis sem precedentes, o comunismo de guerra só contribuíra para reduzi-la, situando-a num patamar que ameaçava a própria sobrevivência da Rússia. Isso não os desanimava, porém. Bukhárin, um de seus líderes de maior expressão, vangloriava-se da completa demolição do legado capitalista e da limpeza que se fizera, abrindo caminho para o comunismo. Outros argumentavam que as falhas decorriam da manutenção, no setor agrícola, de certo grau de privatização e da administração da economia estar confiada a "especialistas burgueses". O remédio era coletivizar a agricultura e treinar quadros proletários capazes de levar a termo a construção do socialismo.

Fosse qual fosse a explicação ou desculpa, dois fatos eram inegáveis. A Rússia soviética sustentara grande parte dos seus três primeiros anos com o capital herdado, que estava inteiramente gasto já no fim de 1920. Além disso, segundo as palavras de L. Kritsman, um dos arquitetos do comunismo de guerra e seu primeiro historiador, sua economia foi atingida por uma calamidade "sem paralelos na história da humanidade".

A GUERRA CONTRA A ALDEIA

Talvez o maior paradoxo do golpe de outubro tenha sido a tentativa daqueles que o engendraram de introduzir uma "ditadura do proletariado" num país cuja classe operária – incluindo artesãos autônomos – equivalia, no máximo, a 2% da população economicamente ativa. Os camponeses – cerca de 75% a 80% dos habitantes do país – constituíam uma classe "pequeno-burguesa", inimiga do "proletariado", no entendimento dos próprios marxistas. Esse fato e essa percepção garantiam que os comunistas tivessem de governar não pelo consenso, mas pela coação.

Embora por motivos táticos, antes e durante 1917, Lênin encorajasse os camponeses a ocupar as terras dos latifundiários, ele não estava nem um pouco inclinado a aceitar que o campesinato russo se transformasse, como na Europa, numa força conservadora e num baluarte da "contra-revolução". A longo prazo, o único modo de alcançar esse objetivo era por meio da coletivização, que aboliria a propriedade privada e comunal, transformando os camponeses em empregados do Estado. Em novembro de 1918, o *Pravda* previu que os assim chamados "camponeses médios", isto é, a grande maioria dos camponeses que não se valiam do trabalho de outros nem vendiam sua própria força de trabalho, seriam arrastados para fazendas coletivas, "dando pontapés e gritando", tão logo o novo regime estivesse em condições de agir nesse sentido.

Na visão de Lênin, até então era necessário (1) afirmar o controle estatal sobre o abastecimento de gêneros alimentícios, seja por meios de requisições forçadas de produtos, ou mediante um monopólio rigidamente implementado do comércio de cereais; (2) lançar as bases de poder comunista no campo. Esses objetivos sinalizavam uma declaração de guerra às aldeias e, de fato, os bolcheviques a desferiram no verão de 1918. A campanha contra o campesinato, praticamente ignorada tanto na historiografia comunista quanto na ocidental, constituiu uma fase crítica na conquista bolchevique da Rússia. Lênin sabia o quanto isso era importante para que sua revolução, ao contrário de outras anteriores, não se interrompesse no meio do caminho nem escorregasse para os braços da reação.

Na primavera de 1918, os camponeses já haviam se apossado de toda a terra privada e não-comunal – não apenas as pertencentes aos grandes proprietários, investidores privados, igrejas e mosteiros, mas também as adquiridas por outros camponeses que, valendo-se da legislação de Stolípin, estabeleceram seus sítios. Em geral, pessoas de outros distritos não eram admitidas na divisão, e ali onde havia terra sobrando os proprietários as mantinham, embora precariamente, isto é, como uma espécie de reserva, para futuras expropriações.

Embora não desprezíveis, suas aquisições estavam longe das expectativas anteriores à Revolução, segundo as quais a divisão nacional resultaria em lotes de 5 a 15 hectares. Até onde pode ser determinado, a média ficou em torno de 0,405 hectares, ou um acre arável – cerca de 4 quilômetros quadrados – por adulto da comuna. E a distribuição foi tão desigual que 53% das comunas – as mais distantes das áreas de fronteira – não ganharam nada. Os camponeses, céticos quanto à real propriedade da terra que não lhes fora dada pelo czar, mantinham-na separada das suas faixas tradicionais, ou entregavam-na aos sem-terra, quando forçados pelas autoridades a dividir o saque.

Mais tarde, o regime soviético vangloriou-se de ter distribuído gratuitamente 23 milhões de hectares – 230 mil quilômetros quadrados – de terra arável. Na realidade, não foi nem tanto nem gratuito. Antes da Revolução, os camponeses tinham acumulado economias consideráveis, depositadas nos bancos do governo ou mantidas em casa, num montante estimado entre 12 a 13 bilhões de rublos. Embora não tenha sido confiscado por ocasião da nacionalização das caixas econômicas estatais, esse numerário evaporou-se em virtude da inflação. Consideradas essas perdas, o campesinato pagou 600 rublos pré-1918 pelo lote médio de um acre, que um ano antes custaria 64,4 rublos.

Outros pagaram de modo variado – com a perda de seus pertences. Antes da Revolução, aproximadamente um terço da propriedade fundiária pertencia a camponeses "ricos" – *kulaks* – e cossacos. A maior parte foi apropriada pelas comunas que, em 1927, às vésperas da coletivização, detinham 95,3% de toda a terra do país; apenas 3,4% permaneciam em mãos de particulares, enquanto os restantes 1,3% estavam subordinados a entidades estatais.

A alta dos preços agrícolas, desde a Primeira Guerra Mundial até a Revolução de Fevereiro, estimulou os camponeses a ocultar grande parte de seus excedentes, subtraindo-os do mercado na expectativa de obter retornos mais compensadores, no futuro. O Governo Provisório tentou garantir o abastecimento das cidades fazendo aprovar uma lei que tornava obrigatória a comercialização desses excedentes a preços tabelados. A lei – uma das poucas mantidas pelo novo regime – não produziu efeito algum até os bolcheviques chegarem ao poder. Nesse ínterim, escassez e inflação haviam rebaixado as cotações a níveis ínfimos; em agosto de 1918, a tarifa oficial para o quilo de cereal limitava-se a 1 rublo, enquanto no mercado livre de Moscou custava 18, ou 26 em Petrogrado. Disparidade similar verificava-se entre os preços fixados pelo governo e os praticados no mercado, para carnes e batata, produtos incluídos no tabelamento a partir de janeiro de 1919. O camponês reagia contra essa política, escondendo sua produção e reduzindo a área de cultivo.

As requisições forçadas começaram no ano de 1918. Bandos de homens armados incursionavam pelos campos em busca de comida, confiscando o "excedente" – isto é, qualquer coisa que o camponês ainda tivesse em seu poder, depois de alimentar a família e o gado, e de separar para a próxima semeadura. Presumindo que havia sempre algo escondido, os "destacamentos de alimentação" apoderavam-se de tudo o que encontravam, entregando parte disso nos postos de recolhimento do governo e dividindo o restante entre si.

Essa política adquiriu caráter sistemático em maio, quando o Kremlin decidiu conquistar a aldeia da Grande Rússia. Até então, a região rural permanecera fora do alcance do Partido Comunista, sem células nem sovietes locais que transmitissem suas ordens ou se encarregassem de implementá-las. Os levantamentos feitos em 1919 só relacionavam 1.585 comunistas nos distritos rurais da Rússia central. Embora as causas da campanha contra a aldeia tenham sido variadas, para assegurar o apoio da população urbana, sua tônica recaiu no aspecto econômico – a necessidade de forçar os camponeses "ricos" a entregar seus excedentes de comida.

De fato, a escassez de gêneros nas cidades alcançara proporções alarmantes. Mesmo os que dispunham dos melhores cartões de distribuição de alimentos não recebiam mais do que poucos gramas diários de pão; outros, quase nada. Em maio, ao iniciarem-se as requisições, Zinóviev referiu-se aos "burgueses", dizendo:

> Devemos dar a eles um pãozinho por dia, para que não se esqueçam do cheiro. Mas se precisarmos recorrer à palha moída, nesse caso eles receberão o primeiro quinhão.

Contudo, o governo almejava muito mais do que isso. Relatando o começo da campanha aos membros do Comitê Central, Iákov Sverdlóv, seu presidente, não falou de comida, mas de poder.

> Se a autoridade soviética revolucionária é suficientemente forte nas cidades (...) o mesmo não se pode dizer a respeito da aldeia (...). Por isso, devemos encarar com mais seriedade a questão de criar na aldeia duas forças contrastantes e hostis (...), irreconciliáveis. Só mediante a divisão da aldeia poderemos desencadear por lá uma guerra civil semelhante à que ocorreu na cidade (...), somente então estaremos em condições de afirmar que faremos na aldeia o que fizemos na cidade.

Esse extraordinário pronunciamento sinaliza a intenção dos bolcheviques em dominar o campo, incitando uma parte da população rural contra a outra, desencadeando uma guerra civil entre cidadãos que viviam lado a lado, pacificamente. As tropas de assalto seriam formadas por trabalhadores urbanos, camponeses pobres e sem-terra; o "inimigo" eram os *kulaks* – a "burguesia" rural.

Lênin odiava os "burgueses" com a mesma paixão destrutiva que Hitler sentia pelos judeus, não se dando por satisfeito com nada menos do que seu total aniquilamento. Mas se Hitler pôde produzir um critério "racial", para determinar quem era judeu, não existiam padrões capazes de identificar um *kulak*. Raramente usado pelos próprios camponeses, o termo não tinha nenhum significado preciso, designando genericamente os mais arrojados – os "empreendedores", como são conhecidos atualmente. A dificuldade manifestou-se no verão de 1918, quando os comissários encarregados de incitar os camponeses pobres contra seus vizinhos mais ricos relataram que, na população das aldeias sob sua jurisdição, os *kulaks* representavam 40%, talvez a maioria.

A imperiosa divisão da aldeia obrigou Lênin a produzir números extravagantes que pudessem demonstrar uma grande "diferenciação de classe" onde, de fato, isso não existia. Assim, 75% das famílias camponesas – 15 milhões – foram alocadas na categoria "pobres", 15% – 3 milhões – na "média" e 10% – 2 milhões – consideradas "ricas". Se tais qualidades fossem verdadeiras, não teria sido difícil lançar os pobres contra os ricos. Segundo o próprio critério de Lênin, entretanto, as frações extremas eram bem menores do que os números indicavam. Estatísticas contemporâneas atribuíam aos "pobres" uma fração inferior a 4% da população rural, enquanto os "ricos" não representavam mais de 2%; os restantes 94% pertenciam à categoria "média" de agricultores autônomos. O regime desconsiderou esses dados, bem como o *status* econômico de cada indivíduo, e classificou todo camponês que resistisse às requisições forçadas, ou mostrasse hostilidade aberta contra a política oficial, como se fosse um *kulak*.

Os decretos agrários baixados pelos bolcheviques, em maio e junho de 1918, tinham triplo propósito: (1) destruir os camponeses politicamente ativos, quase todos seguidores dos SRs; (2) criar uma rede de sovietes rurais dirigida por comunistas; e (3) requisitar o máximo de alimentos. Com todas as características de uma operação militar, a ofensiva se desenvolveria como uma pinça: de um lado, por meio de uma quinta-coluna de camponeses despossuídos, organizados em Comitês de Pobres – *kombiédi*; e de outro, por meio dos destacamentos responsáveis pelas requisições forçadas, integrados por civis armados e com apoio de unidades militares. Lênin ordenou que o Comissariado da Guerra se transformasse em "Comissariado de Abastecimento Militar", participando ativamente da operação. (Na época, a extensão da ameaça Tchecoslovaca ainda não era clara.) Desta forma, 75 mil soldados juntaram-se a 50 mil paisanos para combater os produtores de alimentos da nação.

O camponês russo jamais vivenciara algo parecido; mesmo sob o regime da servidão, o que ele produzia era seu, e isso ninguém questionava. Ajudado por desertores, resistiu ao ataque da melhor maneira que pôde. Ameaçado por metralhadoras e açoitado, opôs violência à violência, insuflando-se numa rebelião inédita. O historiador Vladímir Brovkin estima que "a magnitude da guerra bolchevique contra os camponeses eclipsou a Guerra Civil contra os Brancos (antibolcheviques)". No ano de 1918, os informes da *Tcheká* relacionaram 245 "insurreições" rurais, ocasionando a morte de 875 bolcheviques e 1.821 rebeldes – outros 2.431 foram executados. Levando-se em conta que o conflito atingiu seu clímax em 1920, esses dados nos fornecem apenas uma pálida idéia da crueza com que se comportavam ambas as partes (ver Capítulo 15).

A resistência e os ínfimos resultados da campanha de recolhimento de cereais enfureceram Lênin a tal ponto que, em agosto, ele deu ordem para que os camponeses surpreendidos vendendo comida fossem entregues aos Tribunais Revolucionários; os que estivessem armados deviam ser mortos. Apelando aos trabalhadores industriais, exortou-os à "última, decisiva batalha":

> O *kulak* detesta a autoridade soviética e está preparado para sufocar e para exterminar centenas de milhares de trabalhadores (...). Os *kulaks* são os exploradores mais brutais, grosseiros e selvagens (...) sugadores de sangue, cresceram durante a guerra (...) aranhas, engordaram à custa de camponeses empobrecidos e trabalhadores famintos (...) sanguessugas, beberam o sangue dos operários, tornando-se mais ricos, enquanto o trabalhador passava fome nas cidades e nas fábricas. Esses vampiros acumularam e continuam a acumular as terras em suas mãos, escravizando, cada vez mais, os camponeses pobres. Guerra impiedosa contra os *kulaks*! Morte a eles!*

Tais explosões de fúria assassina refletiam o fracasso da campanha. Não só eram pequenas as quantidades de comida obtidas nas requisições – o que sobrava, após os coletores separarem seu quinhão – como também foram inúteis os esforços para dividir a aldeia. Confrontados com uma força exterior, os camponeses cerravam fileiras. Apesar de lhes prometerem uma parte da pilhagem, os mais pobres recusavam-se a denunciar os demais. A "diferenciação de classe" no campo não passou de uma miragem dos intelectuais marxistas.

Os sovietes rurais não conseguiram sobrepujar os tradicionais conselhos de aldeia. Quando forçados a participar, os camponeses elegiam seus líderes locais, invariavelmente seguidores dos SRs. Criados às dezenas de milhares, ao longo de 1918-1919, a maioria deles não saiu do papel.

As áreas de plantio reduziram-se; embora logo tenha se dado conta de seu irrealismo, inicialmente o camponês pensou livrar-se das requisições produzindo menos. Nas regiões de cultivo de cereais, a quantidade de terra arada, em 1920, decresceu cerca de 12,5%, relativamente ao ano de 1913. No mesmo período, a produtividade por

---

*O filósofo inglês Bertrand Russell registrou a conversa que manteve com Lênin, em 1920, da seguinte maneira: "Quando expus a questão do socialismo na agricultura, ele não escondeu seu júbilo ao explicar como incitara os camponeses mais pobres contra os mais ricos, comentando: 'Eles os penduraram na árvore mais próxima... Ha! Ha! Ha!' Sua gargalhada, ao pensamento daqueles massacrados, gelou o meu sangue."

acre caiu 30%, em grande parte devido à falta de cavalos de tração requisitados pelas Forças Armadas. A soma desses fatores resultava numa colheita de cereais 40% inferior à época pré-guerra. Um simples mau tempo bastava para que a fome assolasse o país.

Antes da verdadeira fome, a fome asiática em que milhões pereceriam, a Rússia sofreria da desnutrição crônica que suga a energia e a vontade de viver, tanto dos velhos como dos muito jovens, além dos doentes de todas as idades. Segundo critérios pré-revolucionários, quem comesse menos de 200kg de pão por ano padeceria de fome, os habitantes do norte da Rússia, em 1919-1920, viviam sempre famintos. Se tal não ocorreu foi graças à coincidência da vitória bolchevique na Guerra Civil e à reconquista da Sibéria, da região norte do Cáucaso e da Ucrânia, que, tendo escapado do bolchevismo, conseguiu acumular estoques valiosos de cereais.

Os especialistas em técnicas agrícolas já argumentavam, sob o comunismo de guerra, contra essas políticas, que consideravam improdutivas, garantindo que seria possível requisitar gêneros do camponês sem recorrer ao confisco brutal. Novos métodos seriam adotados em março de 1921, com a introdução de um imposto em espécie. Mas Lênin só optou por eles quando se viu frente à perspectiva de uma fome em massa e rebeliões generalizadas. Sua teimosia diante da realidade econômica enraizava-se no desejo de subjugar a aldeia a todo custo e tão rapidamente quanto possível, impedindo que ela minasse seu controle sobre as cidades.

A julgar por seus pronunciamentos públicos, ele acreditou ter alcançado esse objetivo. Em dezembro de 1918, gabou-se do regime ter resolvido problemas que, "em revoluções anteriores, representaram os maiores obstáculos à construção do socialismo". Agora, as forças combinadas do proletariado urbano e dos pobres da aldeia estavam em luta pelo poder na região rural. Isso significava que o tipo de retrocesso comum às revoluções ocidentais não ameaçava a Rússia. Por isso, concluiu Lênin, a campanha contra os *kulaks* "tinha um significado incomparavelmente maior e mais profundo" do que a própria Revolução de Outubro.

Claro que isso era um grande exagero. A bolchevização da aldeia só seria alcançada dez anos depois, por Stálin. Mas aqui, também, foi Lênin quem mapeou o caminho de Stálin.

10
Terror vermelho

A violência é o último recurso dos incompetentes.

— AUTOR DESCONHECIDO

O ASSASSINATO DA FAMÍLIA IMPERIAL

O ex-imperador Nicolau II, a czarina e os filhos do casal passaram os cinco meses seguintes à abdicação em prisão domiciliar, na cidade de Tsárskoie Sieló, residência imperial perto de Petrogrado. No fim de julho, prevendo um ataque alemão contra a capital, Kérenski considerou prudente mandá-los para algum lugar mais distante, evitando assim o envolvimento do antigo monarca em conspirações monarquistas. O lugar escolhido para o exílio foi a cidade de Tobolsk, na Sibéria ocidental; lá, os Românov ocuparam as dependências da mansão do governador, vivendo em razoável conforto, servidos por um grande número de criados e acompanhantes, e em condições de se comunicarem com o mundo exterior.

Alçados ao poder, os bolcheviques ignoraram o ex-soberano e seus familiares até março de 1918; logo após o Tratado de Brest-Litovsk, o ódio contra o Antigo Regime cresceu, dando origem a temores de uma restauração monárquica. Lênin ordenou que o grão-duque Mikhail fosse transferido de Petrogrado para Perm, a oeste dos Urais. Não demorou muito e todos os demais parentes de Nicolau que não estavam presos receberam ordens semelhantes.

Durante certo período, Moscou considerou a possibilidade de promover o julgamento público do ex-imperador, segundo o modelo do que a Convenção fizera com Luís XVI. Em abril, um bolchevique chamado Vassíli Iákovlev (Miachin) viajou a Tobolsk, a fim de escoltar Nicolau até a capital. Na Sibéria ocidental e nos Urais, porém, os comunistas desconfiaram que Iákovlev pretendesse levar toda a família Românov para o Japão, e a missão foi abortada. Depois de negociações cujos detalhes ainda permanecem obscuros, o ex-czar, sua mulher e uma de suas filhas foram entregues ao Soviete de Iekatierinburg, que os encarcerou em condições de segurança máxima numa residência particular especialmente requisitada.* Cercada por duas altas paliçadas, a casa era protegida por guardas armados de metralhadoras e revólveres. Muito embora fossem às vezes humilhados pelos guardas e ficassem isolados do mundo exterior, eles não chegaram a ser maltratados, suportando os infortúnios com uma resignação que tinha raízes na fé religiosa.

No verão de 1918, a situação do regime bolchevique estava tão precária que um julgamento público do ex-czar tornara-se absurdo. A revolta da Legião Tchecoslovaca pôs em risco toda a região dos Urais. O governo, é óbvio, poderia ter transportado a família imperial para Moscou, mas parecia temer alguma interferência alemã, em nome da imperatriz e suas filhas. Sua permanência em Iekatierinburg, por outro lado, despertava o fantasma da libertação de Nicolau e sua transformação num símbolo da resistência antibolchevique. Nessas circunstâncias, Lênin decidiu que o ex-czar seria executado. Inicialmente, a *Tcheká* planejou matar a família durante uma falsa tentativa de fuga, que ela própria trataria de orquestrar. A operação malogrou porque os prisioneiros não cooperaram, em seu lugar tramaram um enredo sofisticado que colocava o ônus da execução sobre o Soviete de Iekatierinburg, agindo, supostamente, na tentativa de impedir que Nicolau fosse seqüestrado pelos tchecos, cada vez mais próximos.

---

*Sofrendo uma dolorosa crise de hemofilia, Alexis foi deixado em Tobolsk, junto com três de suas irmãs, só se juntando ao resto da família, em Iekatierinburg, no fim de maio.

A notícia do assassinato da família imperial se espalhou nas proximidades de Perm, onde o grão-duque Mikhail, primeiro na linha de sucessão ao trono, residia como cidadão comum, sob vigilância policial. Na noite de 12 para 13 de junho, a *Tcheká* encenou o "seqüestro". Na verdade, ele foi levado a uma floresta nos arrabaldes da cidade e fuzilado, junto com seu secretário inglês. Ao mesmo tempo, visando a testar a reação de outros países, os jornais soviéticos divulgaram falsos relatos de que um soldado do Exército Vermelho, por sua própria iniciativa, matara o ex-czar. É provável que o fato de os governos estrangeiros e a imprensa internacional não demonstrarem muito interesse tenha selado o destino dos Românov.

Em meados de junho, uma semana após o assassinato de Mikhail, a família imperial recebeu o que pretendia ser uma comunicação secreta de oficiais monarquistas, informando sobre os passos que estavam sendo dados para libertá-los. Escrita num francês estropiado, essa foi a primeira de quatro mensagens do gênero, produzidas por um funcionário local da *Tcheká*, com a finalidade de encenar uma fuga, durante a qual Nicolau e os seus seriam mortos. Acreditando na autenticidade das mensagens, a família preparou-se para cooperar, mas o esquema foi abandonado, quando Nicolau e Alexandra, talvez com medo de uma armadilha, desistiram de fugir, declarando que aguardariam a chegada de seus libertadores.

Face a esses desdobramentos, a *Tcheká* de Iekatierinburg decidiu executá-los. Embora não haja documentos a respeito – Lênin era um conspirador muito experiente para colocar tais ordens no papel –, o testemunho de Trótski dá conta de que a decisão foi do presidente do Conselho. Em 1935, já no exterior, Trótski escreveu em seu diário:

> Minha visita seguinte a Moscou deu-se após a queda de Iekatierinburg [ou seja, depois de 25 de julho de 1918]. Falando com Sverdlóv, perguntei de passagem: "Ah, sim, e onde está o czar?" "Morto: foi fuzilado", ele respondeu. "E a família?" "A família junto com ele." "Toda?", perguntei, aparentando um traço de surpresa. "Toda", afiançou Sverdlóv. Ele aguardou minha reação, mas permaneci calado por alguns instantes. "De quem foi a decisão?",

> perguntei afinal. "Nós decidimos, Ilitch [Lênin] pensou que não devíamos deixar aos Brancos uma bandeira viva, sobretudo sob as difíceis circunstâncias do presente (...)." Não fiz mais perguntas e considerei o assunto encerrado.*

No início de julho, a guarda dos prisioneiros foi substituída por uma unidade da *Tcheká* formada por comunistas húngaros.

A família imperial passou o 16 de julho como sempre. A última anotação no diário de Alexandra, escrita às 23 horas, não mostra sinais de qualquer preocupação, indicando que ninguém fazia idéia do que estava para acontecer.

Foram todos acordados à 1h30 e informados de que, em vista de tumultos na cidade e ocasionais tiroteios, deviam abrigar-se no porão. Meia hora depois, sob forte vigilância, os sete Românov, seu médico, sua dama de companhia e dois criados foram conduzidos pela escada ao andar de baixo. Logo em seguida, o comandante da casa, um homem da *Tcheká* de nome Iakov Iuróvski, entrou no pequeno cômodo, acompanhado por um pelotão de guardas armados. Descobertas recentemente, suas memórias relatam o que se seguiu:

> Quando o destacamento entrou, [eu] disse aos Românov que à vista do fato de que seus parentes continuavam a ofensiva contra a Rússia soviética, o Comitê Executivo do Soviete do Ural decidira fuzilá-los. Nicolau deu as costas ao destacamento e encarou a família. Então, como se recompondo, tornou a encarar-me, perguntando "O quê? O quê?" [Eu] rapidamente repeti o que já dissera e ordenei ao pelotão que se aprontasse. Cada qual estava devidamente instruído sobre quem fuzilar, mirando diretamente no coração, a fim de evitar muito sangue e maiores delongas. Nicolau não pronunciou mais nenhuma palavra, voltando-se novamente em direção à família. Os outros gritaram algumas exclamações incoerentes. Tudo isso durou alguns segundos. Os tiros demoraram dois ou três minutos. [Eu] matei Nicolau, no ato.

*Essa prova circunstancial parece indicar que Lênin ordenou, apenas, a morte do ex-czar. A decisão de assassinar toda a família e quatro acompanhantes teria sido tomada pelo Soviete local.

No chão, com a cabeça numa poça de sangue, mas ainda respirando, o jovem Alexis também foi morto por Iuróvski com dois tiros na cabeça. Todo o "procedimento", como Iuróvski denominou, durou 20 minutos.

Os corpos foram jogados num caminhão e transportados para um local previamente escolhido, fora da cidade; ao serem despidos, descobriu-se que três das moças tinham costurado em seus espartilhos grandes quantidades de diamantes; Iuróvski teve considerável dificuldade para evitar que os executores os roubassem. Molhados com ácido sulfúrico e querosene, queimados, o que restou deles foi enterrado numa cova rasa, só descoberta em 1989.*

Segundo testemunhas oculares, a população reagiu à notícia da morte de Nicolau com absoluta indiferença. Nas palavras de um adido da embaixada alemã, "mesmo os círculos mais respeitáveis estão bastante acostumados aos horrores, profundamente imersos em suas próprias preocupações, para demonstrarem algum sentimento especial".

Nicolau não foi o primeiro monarca da história a ser executado. Dois outros reis europeus perderam suas vidas em conseqüência de levantes revolucionários: Carlos I, em 1649, e Luís XVI, em 1793. Mas, embora os traços dos acontecimentos possam parecer familiares, todos os demais aspectos são inéditos. Carlos I foi julgado por uma suprema corte de justiça, diante da qual pôde defender-se. O julgamento foi aberto; a execução também aconteceu à vista do público. O mesmo sucedeu a Luís XVI, cujo destino foi decidido pelo voto da Convenção. Nicolau não foi julgado. Condenando-o à morte, o governo soviético jamais publicou documentos pertinentes a algum tipo de processo. O monarca deposto não foi a única vítima; a sentença alcançou sua mulher, filhos e o pessoal doméstico. O ato,

*A fim de apaziguar os alemães, ao anunciarem a execução de Nicolau, os bolcheviques garantiram que a imperatriz e seus filhos tinham sido levados para lugar seguro. Essa farsa, na qual o regime insistiu durante os dez anos seguintes, deu ensejo a diversas lendas, a mais conhecida das quais relativa à suposta sobrevivência da princesa e grã-duquesa Anastácia. Não há absolutamente nenhuma possibilidade de ela ou qualquer outro membro da família imperial ter sobrevivido ao massacre. Mensagem do Soviete de Iekatierinburg ao Kremlin comunicou que todos haviam perecido. O diário de Trótski confirma essa informação.

perpetrado na calada da noite, pareceu mais um massacre do que uma execução, no sentido legal do termo.

Em comparação com as dezenas de milhares de vidas que a *Tcheká* reclamaria, nos anos seguintes à tragédia de Iekatierinburg, e os milhões de mortos, nos expurgos futuros, o fuzilamento de 11 prisioneiros dificilmente pode ser qualificado como um fato extraordinário. Ainda assim, o massacre teve um profundo significado simbólico, sobretudo, por ser desnecessário. Se os bolcheviques estavam realmente preocupados com a possibilidade do czar converter-se em ferramenta da contra-revolução, não lhes faltou tempo para conduzi-lo e a sua família até onde estariam fora do alcance dos tchecos ou de quaisquer outros inimigos. Ocorre que, em julho de 1918, não era esse o interesse político do governo bolchevique, reduzido a um "cadáver ambulante", nas palavras de um cidadão germânico residente em Moscou, atacado de todos os lados e abandonado por muitos de seus partidários. O controle dos poucos adeptos que sobravam exigia sangue. Trótski admitiu-o, em suas memórias, a respeito desses acontecimentos.

> A decisão de executar o ex-czar e sua família não foi apenas prudente, mas necessária. A severidade da punição mostrou a todos que continuaríamos a lutar sem piedade, sem nos determos diante de nada. Não se tratava apenas de amedrontar, aterrorizar e infundir o senso de desesperança no inimigo, mas também de sacudir nossas fileiras, demonstrando que não havia outra saída: vitória total ou ruína definitiva.

Como os protagonistas de *Os possessos*, de Dostoiévski, os bolcheviques viram-se compelidos a matar, para prender seus aliados vacilantes nos laços da culpa coletiva. Quanto mais vítimas inocentes o governo bolchevique tivesse em sua consciência, mais os quadros do partido, acorrentados a seus líderes, sentir-se-iam obrigados a agir sem hesitação nem transigência. O massacre de Iekatierinburg aproximou o regime soviético do "Terror Vermelho", formalmente inaugurado seis semanas depois, e em cuja vigência, ainda nas palavras de Trótski, muitos morreram, não por seus crimes, mas porque "era necessário".

Um governo que se arroga o poder de matar cidadãos não pelo que fizeram, mas porque suas mortes têm "utilidade", penetra num domínio ético completamente novo, ultrapassando a fronteira do genocídio. Mais tarde, o mesmo raciocínio que levou os bolcheviques a condenar os Románov à morte seria aplicado, na Rússia e em outros lugares, a milhões de seres humanos sem nome, apenas por estarem no caminho de um ou outro projeto de construção de uma nova "ordem mundial".

O TERROR EM MASSA

Um partido político que em eleições livres recebesse menos que um quarto dos votos, que tratasse como inimigo qualquer indivíduo ou grupo de oposição, que considerasse *a priori* 90% da população – camponeses e "burgueses" – como inimigos de classes, decerto não poderia governar por consenso e teria de fazer uso permanente do terror. Isso, se desejasse manter o poder. Os objetivos e métodos bolcheviques implicavam terror, que – ao contrário do protótipo jacobino, com apenas um ano de duração – estendeu-se por toda a sua existência. Terror não significava somente execuções sumárias, mas uma permanente atmosfera de ilegalidade, na qual a minoria governante detinha todos os direitos, ao passo que a maioria governada, nenhum: ao cidadão comum restava a impotência. Nas palavras de Isaac Steinberg, SR de esquerda que ocupou por algum tempo o Comissariado de Justiça, "um manto pesado, sufocante, foi jogado sobre a população do país, um manto tecido de desconfiança, vigilância e desejo de vingança". Isso afetava e deformava a vida de todos, todos os dias.

Seguidores e apologistas de Lênin costumam justificar o recurso ao terror como uma lamentável necessidade. Assim escreveu Angélica Balabanoff, apoiadora crítica do regime e primeira-secretária da Internacional Comunista:

> Embora lamentável, o terror e a repressão instalados pelos bolcheviques foram impostos pela intervenção estrangeira e por reacionários russos, determinados a defender seus privilégios e a restabelecer a velha ordem.

Tal apologia suscita mais perguntas do que respostas. Os bolcheviques fundaram a *Tcheká*, principal agência do terror, em dezembro de 1917, antes de qualquer intervenção estrangeira ou oposição doméstica organizada. Uma nota manuscrita de Lênin encontrada no Arquivo Central do Partido, sem data, mas, a julgar por seu conteúdo, escrita pouco antes de a *Tcheká* surgir, provavelmente em novembro de 1917, deixa isso claríssimo. Dirigida a N.N. Krestinski, secretário do Partido Bolchevique, diz:

> Sugiro que formemos imediatamente (de início, pode ser feito em segredo) uma comissão para formular medidas excepcionais (no espírito de Lárin: Lárin tem razão). Digamos você + Lárin + Vladimirski (ou Dzerjinski) + Ríkov? Ou Miliutin? Preparar em segredo o terror: essencial e *urgente*. E decidiremos na terça: formalizá-lo através do *Sovnarkóm* ou de outro jeito.[6]

Embora Lênin preferisse dirigir o terror por trás dos bastidores, encarregando seus subordinados de assinar os decretos, quando se tratava de uma decisão importante era ele quem a tomava. Sempre instruía seus adeptos e aliados no sentido de superarem escrúpulos e agirem com brutalidade "implacável". Seus textos publicados, assim como os que ainda repousam nos arquivos, estão repletos de exortações – enforcamentos e fuzilamentos não são simples punições, mas medidas profiláticas.

Exemplo da predileção de Lênin pelo terror é lembrado por Isaac Steinberg. No *Sovnarkóm*, quando foi apresentado o decreto intitulado "A pátria socialista em perigo", cominando vários delitos mal-definidos – "agitação contra-revolucionária", entre outros – com penas de execução sumária, o SR de esquerda se opôs.

> Objetei que essa cruel ameaça matava todo o espírito do manifesto. Lênin retrucou com escárnio: "Ao contrário, o decreto encerra o verdadeiro espírito revolucionário. Você realmente acredita que possamos vencer renunciando à crueldade do terror vermelho?" Foi difícil argumentar contra ele a esse respeito, e logo chegamos a um impasse. O que estava em discussão era uma medida política rigorosa, que a longo prazo poderia converter-se no terror. Lênin ofendeu-se com minha oposição em nome da justiça revolucionária. Então, gritei exasperado: "Por que nos incomodamos com um Comissariado de Justiça? Vamos chamá-lo de *Comissariado para o Extermínio Social* e pronto!" Com o rosto subitamente iluminado, ele respondeu: "Bem posto... é isso, exatamente... mas não podemos falar assim."

O primeiro passo na introdução do terror em massa foi o banimento da lei e sua substituição pela "consciência revolucionária". Nada semelhante jamais existira. As autoridades soviéticas dispunham de qualquer indivíduo que estivesse no caminho, na prática, implementando a definição dada por Lênin à "ditadura do proletariado", como "governo não restringido pela lei".

O decreto de 22 de novembro de 1917 dissolveu quase todas as cortes e acabou com as profissões associadas ao sistema judiciário. Isso não invalidou explicitamente os códigos legais – o que seria feito um ano depois – mas foi como se o fizesse, desde logo, pois instruiu os juízes (comissionados) a se "guiarem, na tomada de decisões e sentenças, pelas leis do governo destituído que não tivessem sido anuladas pela Revolução e não contradissessem a consciência revolucionária, ou o sentido revolucionário da legalidade".

Em março de 1918, o regime substituiu os tribunais locais por Cortes do Povo, responsáveis pelo julgamento de todos os tipos de crimes, exceto aqueles de natureza política. Uma lei de novembro de 1918 proibia os juízes dessas cortes de se referirem a normas anteriores a outubro de 1917, liberando-os da observância de procedimentos formais. Seu único critério deveria ser "o senso da justiça socialista".

Crimes políticos eram tratados pelos Tribunais Revolucionários, instituídos em novembro de 1917, segundo o modelo da Revolução

Francesa. Essa categoria englobava uma ampla variedade de atividades econômicas consideradas prejudiciais aos interesses do Estado. Os juízes que os presidiam, com o poder de aplicar a pena de morte, precisavam apenas saber ler e escrever.

Desde os primeiros dias do novo regime, milhões de russos viram-se diante de uma situação sem precedentes na História, visto que mesmo nas sociedades primitivas os costumes eram reconhecidos e respeitados, desempenhando função equivalente à das leis. A Rússia soviética, de 1917 a 1922, teve cortes distintas, para crimes comuns e crimes contra o Estado, sem leis que as guiassem; os cidadãos eram julgados por juízes sem qualificação profissional e por delitos que não estavam definidos em nenhum código. Os princípios orientadores da jurisprudência ocidental (e da Rússia, desde 1864) – não há crime sem lei e não há pena sem lei – *nullum crimen sine lege* e *nulla poena sine lege* – foram abolidos. O judiciário, encarregado da distribuição da justiça, transformou-se em uma agência do terror. Não era outra a intenção de Lênin; em 1922, quando a Rússia soviética finalmente ganhou o seu código penal, o Comissariado de Justiça foi instruído de que a tarefa do judiciário comunista consistia na "justificativa do terror (...). A corte não é para eliminar o terror (...) mas para substanciá-lo e legitimá-lo (...)".

Livres para determinar punições de acordo com seus caprichos, essas pseudocortes eram muito lentas e pesadas; desgostoso, Lênin notava que seus juízes, inspirados na aversão russa à pena de morte, hesitavam em aplicar a pena máxima. Assim, ele passou a confiar cada vez mais na polícia secreta, formada por proscritos sociais destituídos de tais escrúpulos.

A *Tcheká* surgiu sob virtual segredo em 7 de dezembro de 1917. Criada com o propósito expresso de implementar a política do terror ordenada por Lênin, seu nome derivou das iniciais da "Comissão Extraordinária para Combater a Contra-revolução e a Sabotagem". Nada se publicou a respeito de sua existência e funções na Coleção de Leis e Regulamentos correspondente aos anos de 1917-1918. Por um longo período, foi considerado crime publicar qualquer informação sobre essa organização, a não ser mediante sua autorização. A estrutura e os métodos da *Tcheká* copiavam o Departamento de Polícia czarista, de onde provinham inúmeros de seus funcionários. A diferença residia nos seus poderes incomparavelmente maiores.

Muitos não-russos constavam da sua folha de pagamentos, porque Lênin considerava seu próprio povo inadequado a esse tipo de trabalho. Ele costumava dizer que "o russo é muito indulgente, incapaz de aplicar as medidas severas do terror revolucionário". Por isso, escolheu para chefiá-la um polonês, Félix Dzerjinski, revolucionário profissional, educado no espírito do nacionalismo polonês e que, na juventude, odiara obsessivamente os russos, pelo que tinham feito a seu povo. Os muitos anos passados nas prisões czaristas e em trabalhos forçados haviam-no tornado cheio de ressentimento contra os responsáveis por seus infortúnios. Magro e ascético, desimcumbia-se das ordens de Lênin com uma dedicação religiosa, enviando pessoas aos pelotões de fuzilamento com a mesma compulsão satisfeita com que, séculos antes, os inquisidores mandavam hereges às fogueiras. Entre seus colaboradores contavam-se inúmeros letões, judeus e armênios.

Os poderes da *Tcheká* cresceram enormemente ao longo de 1918 e na proporção do sentimento de insegurança do regime. Depois que os SRs de esquerda abandonaram o governo, e sobretudo após a insurreição de julho, a *Tcheká* deixou de lado os derradeiros resquícios de constrangimento que ainda pudessem existir e recorreu a execuções sumárias, com freqüência cada vez maior. Todavia, sua arbitrariedade só se tornou desmedida em setembro de 1918, em seguida a um quase bem-sucedido atentado contra a vida de Lênin e que inaugurou o Terror Vermelho, no sentido amplo do termo. Seu patrocinador era Lênin.

NEM O CZAR, no auge do terrorismo dos jovens radicais, temeu tanto por sua vida e foi tão bem protegido como Lênin, que quase nunca viajava para fora de Moscou, a não ser pelos breves períodos que passava na propriedade de campo requisitada em seu nome, perto da capital. Ele só voltou a Petrogrado, cenário do seu triunfo, uma só vez e sempre cercado por guardas letões. Até setembro de 1918, ele se manteve a salvo; o Comitê Central dos Socialistas-Revolucionários rejeitava o terrorismo contra os bolcheviques, em parte por confiarem que eles retomariam seus caminhos revolucionários, e em parte devido ao medo que sentiam de represálias.

No entanto, nem todos os SRs partilhavam dessa inibição e, no verão de 1918, em Moscou, bem debaixo do nariz da *Tcheká*, urdiu-se uma conspiração para assassinar Lênin e Trótski.

Era costume dos líderes bolcheviques, nas tardes e noites de sexta-feira, falar aos trabalhadores e membros do partido sobre tópicos de interesse corrente. Por questões de segurança, as aparições de Lênin aconteciam sem aviso prévio. Na sexta-feira, 30 de agosto, ele discursou diante dos operários da Fábrica Mikelson, em Moscou. Depois de proferir sua diatribe habitual contra os "imperialistas" ocidentais, atravessou uma densa multidão, dirigindo-se ao carro que o esperava, estacionado no pátio.

Foi abordado por uma mulher que se queixava da política soviética de alimentação. Enquanto a escutava, com um pé no estribo, três tiros foram disparados por outra mulher que se aproximara, sem ser notada. Virando-se, ela correu, mas logo parou e deixou-se prender.

Lênin foi conduzido à máxima velocidade para o Kremlin. O exame médico revelou dois ferimentos: um, relativamente inócuo, no braço, e outro, potencialmente fatal, na junção da mandíbula com o pescoço. Sangrando muito, parecia estar prestes a exalar o seu último suspiro.

Nas horas seguintes, a terrorista foi submetida às investigações do pessoal da *Tcheká*. Ela disse chamar-se Fannie Káplan e confessou ter sido exilada na Sibéria por atividades terroristas na juventude; nesse período, conhecera Spiridônovna e outros SRs. Afirmou que decidira assassinar Lênin para puni-lo pela dissolução da Assembléia Constituinte e pela assinatura do Tratado de Brest-Litovsk.

Enquanto durava o interrogatório de Fannie Káplan, na Lubianka, uma equipe médica assistia Lênin; oscilando entre a vida e a morte, ele teve suficiente presença de espírito para assegurar-se de que seus médicos eram bolcheviques.

A *Tcheká* concluiu que Káplan agira por conta própria (o que não impediu o imediato envolvimento da liderança do Partido SR, segundo a versão oficial). Incapaz de descobrir um complô, as autoridades determinaram que a mulher fosse executada, e ela recebeu um tiro nas costas, dado pelo comandante dos guardas do Kremlin. Seu cadáver foi destruído.

Lênin recuperou-se rapidamente e, em outubro, retornou ao gabinete. Mas trabalhou em excesso e foi obrigado a um período prolongado de descanso, em sua *datcha* de campo. No início de 1919, retomou as atividades em tempo integral.

Dado que a tentativa contra a vida de Lênin coincidiu com o assassinato, no mesmo dia, do chefe da *Tcheká* em Petrogrado, M. S. Uritski, os bolcheviques concluíram que estavam diante de uma onda de terrorismo. Para combatê-la, eles desencadearam o "Terror Vermelho". Dois decretos foram baixados, a 4 de setembro e no dia seguinte. Embora assinados, respectivamente, pelos comissários do Interior e da Justiça, é quase certo terem sido inspirados e autorizados por Lênin, que a despeito de seus ferimentos, nesses dois dias, não deixou de assinar outros documentos de Estado. O decreto de 4 de setembro ordenava o fim imediato da política de "indolência e mimos" com os inimigos do regime.

> Os sovietes locais devem encarcerar imediatamente todos os SRs de direita conhecidos. É necessário fazer numerosos reféns entre a burguesia e oficiais militares. Diante de qualquer tentativa de resistência ou ao menor movimento nos círculos da Guarda Branca, deve-se recorrer de imediato às execuções em massa (...). Não deve haver a menor hesitação, nem a menor indecisão, na aplicação do terror em massa.

O decreto de 5 de setembro ordenava que "inimigos de classe" fossem enviados a campos de concentração e que todas as pessoas ligadas a "organizações, conspirações e ações revoltosas da Guarda Branca" fossem sumariamente executadas.

A *Tcheká* e suas ramificações provinciais procederam sem demora a essas medidas. Em Petrogrado, Zinóviev ordenou a execução de 512 reféns, indivíduos em sua maioria associados ao regime czarista e presos há meses, sem nenhuma ligação com o atentado terrorista que vitimara Lênin. Em Moscou, Dzerjinski executou vários ex-ministros, entre eles Protopópov. Curiosamente, nenhum SR foi executado, mesmo aqueles que foram acusados como mentores intelectuais da tentativa de assassinato empreendida por Káplan: o medo de represálias dos SRs era grande.

Uma espécie de psicose assassina tomou conta dos bolcheviques. O jornal do Exército Vermelho incitava a população a *pogroms*:

> Sem clemência, impiedosamente, mataremos nossos inimigos às centenas, ou milhares, deixando que se afoguem no próprio sangue. Pelo sangue de Lênin e Uritski (...) hão de jorrar torrentes de sangue da burguesia – mais sangue, tanto quanto possível.

Dirigindo-se a uma platéia de comunistas, em meados de setembro, Zinóviev disse:

> Devemos arrastar conosco noventa milhões dos cem milhões de habitantes da Rússia soviética. Quanto ao resto, não temos nada a dizer a eles. Que sejam aniquilados.

Pronunciadas por um dos mais altos funcionários do regime, tais palavras significavam uma sentença de morte para dez milhões de seres humanos.

O Terror Vermelho adquiriu impulso próprio, uma vez que os comunistas amedrontados matavam cegamente, defendendo-se de inimigos reais e imaginários. A culpa deixou de ter importância. N. V. Krilenko, funcionário do Comissariado de Justiça cuja chefia viria a assumir, em 1936, expôs a questão, sem rodeios: "Não devemos executar somente os culpados. A morte de inocentes impressionará as massas muito mais." Uma idéia do que tal filosofia representava, na prática, pode ser colhida das memórias de um membro da *Tcheká* de Kíev:

> Se a *Tcheká* requisitava um prisioneiro mantido nos cárceres de Lukianov, sem dúvida a remoção devia ser providenciada com a maior rapidez. Oficialmente, o interno seria informado de seu destino apenas quando ressoassem na sua cela os gritos dos que

> eram chamados para interrogatório; os nomes constantes das listas costumavam ser lidos por volta de 1 hora da manhã – a hora das execuções. Levado para o departamento da prisão onde se carimbavam os documentos, o preso assinava no local apropriado um cartão de registro, geralmente sem ler o que já estava anotado. Normalmente, acrescentava-se logo abaixo da assinatura: fulano foi informado de sua sentença. Isso era mentira, pois o prisioneiro que deixava a cela não recebia nenhum tratamento "delicado", tampouco era avisado com doçura sobre o destino que o esperava. Era-lhe ordenado que se despisse, após o que levavam-no para fora, a fim de executar a sentença (...). Havia um jardim especial, junto à casa de número 40, da rua do Instituto (...), que abrigava a *Tcheká* da província (...). [O] executor – o comandante, ou seu substituto, algumas vezes um de seus assistentes, e, ocasionalmente, um "amador" da *Tcheká* – conduzia a condenado nu até o jardim e, ordenando que se deitasse no chão, matava-o com um tiro na nuca. As armas usadas eram revólveres, geralmente Colts. Como os disparos eram de muito perto, seu crânio explodia em pedaços. O seguinte era trazido da mesma maneira, deitando-se ao lado do anterior, geralmente, ainda agonizante. Quando o espaço do jardim já não comportava novas vítimas, as que vinham a seguir deitavam-se sobre as anteriores, ou eram mortas junto ao portão de entrada (...). Não costumava haver resistência. A maioria pedia para dizer adeus; como não havia ninguém mais, eles abraçavam e beijavam seus próprios executores.

Poucos meses dessa matança indiscriminada bastaram para despertar os escrúpulos até dos comunistas mais resolutos, motivados não tanto por impulsos humanitários, mas por medo de que o terror revertesse contra eles próprios – afinal, um temor justificado, como o tempo se encarregaria de provar. Por acaso, podiam fazer ouvidos moucos às gabolices dos *tchekistas*, que diziam não dever lealdade a ninguém, a não ser à organização, e que "se sentissem vontade" prenderiam qualquer um, inclusive Lênin? Em resposta a isso e sem economizar elogios à polícia por seus serviços prestados à Revolução, Lênin tratava de controlar de alguma forma os poderes de que ela dispunha. No início de 1919, o terror em massa foi suspenso, persistindo a prática de tomar reféns, bem como as execuções sumárias de oponentes do regime, ou meros suspeitos.

Os tiros de Fannie Káplan também inspiraram a política de deificação de Lênin que, depois de sua morte, se converteria num verdadeiro culto oriental, patrocinado pelo Estado.

Lênin tinha necessidades modestas e não demonstrava prazer em ser glorificado. Mas seus seguidores precisavam colocá-lo num pedestal, em parte porque o Estado devia incorporar-se num governante e em parte porque Lênin fora o motor do regime. Elevado ao *status* de semideus, ele e somente ele poderia assegurar legitimidade à organização política cujo único princípio operacional resumia-se a seguir suas ordens.

De 30 de agosto de 1918 em diante, tendo conhecido muito pouco de seu ditador até então, os russos viram-se sujeitos a uma verdadeira torrente leninista que exaltava o "líder pela graça de Deus", segundo Zinóviev, o novo Cristo. A recuperação de Lênin foi descrita como um milagre e explicada com base no determinismo da história que o teria escolhido para conduzir os homens à liberdade e à igualdade. Quando morreu, em 1924, seus sucessores o mumificaram, para exibi-lo em público, num mausoléu, institucionalizando desta forma um processo de deificação iniciado enquanto ele ainda vivia.

Por volta de 1920, a Rússia soviética transformara-se num verdadeiro Estado policial: os tentáculos da polícia secreta estendiam-se por toda a parte. Aos poucos, a *Tcheká* assumiu a supervisão de uma gama cada vez mais ampla de atividades nem sempre associadas à segurança do Estado. A fim de combater a "especulação" – em outras palavras, o comércio privado –, passou a controlar ferrovias e outros meios de transporte. Comissário do Interior desde 1919, Dzerjinski foi nomeado para o Comissariado de Comunicações em abril de 1921. Agentes infiltrados em todos os ramos da administração, na burocracia e nas empresas, mantinham sob vigilância os numerosos "especialistas burgueses", ou "sabotadores" potenciais. Em meados de 1920, os efetivos militares da *Tcheká* chegavam a quase 250 mil homens.

A organização e guarda dos "campos de concentração" figuravam como uma das suas atribuições mais importantes. Esses campos, depois de atingirem pleno desenvolvimento, e junto com o Estado unipartidário e a polícia onipotente, consistiram nas principais contribuições do bolchevismo às práticas políticas do século XX.

Criados durante as guerras coloniais travadas na virada do século pelos espanhóis em Cuba, os americanos nas Filipinas, e os britânicos na África do Sul, os campos de concentração serviam para isolar a população nativa das guerrilhas. Brutais medidas de emergência, eles foram fechados tão logo as operações militares chegaram ao fim. Os campos de concentração soviéticos – assim como seus clones em regimes totalitários posteriores – tinham características e propósitos bem diferentes. Dirigidos não contra inimigos estrangeiros, mas contra oponentes domésticos, eram permanentes e desempenhavam funções econômicas, abastecendo o regime com trabalho escravo.

Trótski mencionou-os pela primeira vez em meados de 1918, referindo-se à rebelião tchecoslavaca e ao seqüestro de ex-oficiais czaristas. Em agosto de 1918, Lênin e Trótski deram ordens para que se construíssem vários deles. O decreto sobre o Terror Vermelho, datado de 5 de setembro de 1918, determinou providências para "salvaguardar a República soviética das classes inimigas, isolando-as em campos de concentração". Na primavera do ano seguinte, seu funcionamento foi regulamentado mediante normas sofisticadas.

As cidades do interior receberam orientação para construir instalações capazes de abrigar no mínimo trezentos internos; os prisioneiros seriam obrigados a realizar trabalhos físicos para cobrir os custos operacionais do campo – "A responsabilidade pelas despesas será da administração e dos internos (...)". Como desestímulo às tentativas de fuga, instituiu-se a chamada "responsabilidade coletiva", transformando os prisioneiros em fiadores: o preço da fiança era a vida de cada um.

Ao final de 1920, havia 84 campos de concentração na Rússia soviética, abrigando cerca de cinqüenta mil detentos; três anos mais tarde, eles já somavam setenta mil, em 315 locais diferentes.

De acordo com Andrzej Kaminski:

> Trótski e Lênin foram os inventores e criadores dos novos campos de concentração. Isso significa que foram patronos, não apenas de estabelecimentos chamados "campos de concentração" (...), mas de um método específico de argumentação legal, uma rede de

> conceitos que, implicitamente, incorporou um gigantesco sistema que Stálin limitou-se a organizar tecnicamente e desenvolver. Comparados aos da época de Trótski e Lênin, os campos stalinistas tinham tão-somente mais espaço. Esses modelos serviram aos nazistas que, por sua vez, também os desenvolveram. Em 13 de março de 1921, o então pouco conhecido Adolf Hitler escreveu em *Völkischer Beobachter*: "Se necessário, evitaremos a corrupção de nosso povo pelos judeus, confinando-os em campos de concentração." A 8 de dezembro daquele mesmo ano, num discurso no Clube Nacional, em Berlim, Hitler manifestou a intenção de criá-los, assim que tomasse o poder.

Diante do Terror Vermelho, o interesse do historiador não pode deixar de concentrar-se nas suas vítimas, estimadas entre 50 e 140 mil. O que se pode dizer com certeza é que, se os jacobinos trucidaram milhares de vidas e Lênin, dezenas de milhares, a onda de terror provocada por Stálin e Hitler resultaria na morte de milhões.

Qual o objetivo da carnificina?

Fazendo eco a Lênin, Dzerjinski vangloriava-se de que o terror e sua agência, a *Tcheká*, tinham salvo a Revolução. É provável que essa afirmação esteja correta, se considerarmos "Revolução" e ditadura bolchevique como sinônimos. Sobram provas de que, no outono de 1918, quando o terror tornou-se sistemático, o índice de rejeição aos bolcheviques abrangia todos os setores da população, exceto o seu próprio aparelho. Em tais circunstâncias, um "terror implacável e impiedoso" era a única maneira de preservar o regime.

Caso a oposição fosse minoritária, não teria sido difícil identificá-la e eliminá-la, cirurgicamente. Na Rússia soviética, entretanto, quem estava em minoria era o regime e seus aliados. Só conseguiram permanecer no poder porque pulverizaram a sociedade, destruindo todas as formas de expressão independente. O Terror Vermelho deu a entender à população que nem os inocentes poderiam sobreviver, a menos que se anulassem, aceitando a inexorabilidade dos fatos. Convertida a sociedade numa aglomeração de átomos humanos, temerosos de atrair atenção e preocupados tão-somente com a própria vida, o regime não precisava mais importar-se com o que cada um pensava

– o governo tinha toda a esfera da atividade pública para si. Assim, umas poucas centenas de milhares de homens conseguiram subjugar cem milhões, ou mais.

É claro que os idealizadores desses métodos pagaram um preço, deformando o poder a ponto de torná-lo irreconhecível. O terror pode ter salvo o comunismo, mas corroeu totalmente a sua alma.

EM NOVEMBRO DE 1918, quando a Guerra Mundial chegou ao fim, os bolcheviques controlavam 27 províncias da Rússia européia, com cerca de setenta milhões de habitantes, metade da população do Império antes da guerra. As terras de fronteira – Polônia, Finlândia, a região Báltica, Ucrânia, Transcaucásia, Ásia Central e Sibéria – tinham-se separado, constituindo Estados soberanos, ou jaziam sob o controle de Brancos antibolcheviques. O domínio soviético englobava as regiões centrais, ocupadas quase exclusivamente por grandes russos. No futuro e ao longo da Guerra Civil, Moscou reconquistaria pela força das armas a maioria, mas não todas as fronteiras, e tentaria expandir o comunismo pela Europa, pelo Oriente Médio e pela Ásia Menor. Seria uma outra fase da Revolução.

No primeiro ano do governo do Conselho dos Comissários do Povo, o terror aleatório e sem precedentes deixou os russos não apenas intimidados, mas atônitos. A experiência obrigou-os a uma reavaliação total: o que fora bom e merecedor de recompensas, agora tornara-se mau e alvo de punição severa. Os tradicionais valores da fé em Deus, caridade, tolerância, patriotismo e frugalidade eram denunciados pelo novo regime como legados inaceitáveis de uma civilização derrotada. Roubo e assassinato, calúnia e mentira eram bons, se cometidos em benefício da causa adequada, definida pelo novo regime. Nada tinha sentido. A perplexidade dos contemporâneos está contida nas reflexões publicadas, durante o verão daquele ano, num dos poucos jornais relativamente independentes que ainda tinham permissão para circular:

Houve um tempo em que o homem vivia em alguma parte além do Portão de Narva e, de manhã, bebia chá de um samovar colocado à sua frente. No jantar, esvaziava metade de uma garrafa de vodca e lia a *Folha de Petrogrado*. Quando, uma vez por ano, alguém era assassinado, ele se indignava por toda uma semana, no mínimo. E agora...

Sobre assassinatos, caro senhor, eles já não escrevem muito, limitando-se a informar que, na véspera, apenas trinta pessoas foram mortas e uma centena roubada(...). Isso significa que tudo está em ordem. Não importa o que aconteça, é melhor nem mesmo olhar para fora da janela. Hoje, eles desfilam com bandeiras vermelhas, amanhã com estandartes, e novamente com bandeiras vermelhas, e mais uma vez com estandartes. Hoje, Kornílov foi morto, amanhã estará ressuscitado. No dia seguinte, Kornílov não será Kornílov, mas Dútov, e Dútov, Kornílov, e eles não são oficiais nem cossacos, nem mesmo russos, mas tchecos. De onde vêm esses tchecos, ninguém sabe... Lutamos contra eles e eles lutam contra nós. Nicolau Românov foi assassinado... ele não foi assassinado? Quem matou quem, quem fugiu de onde, por que o Volga não é mais o Volga, e a Ucrânia não é mais russa? Por que os alemães prometem devolver a Criméia, de onde vem o Hetman, que Hetman, por que ele tem um furúnculo no nariz...? Por que não estamos num asilo de loucos?*

Tão extraordinárias eram as novas condições, tão ultrajantes do ponto de vista do senso comum e da decência, que a grande maioria da população responsabilizava o regime pela situação, considerando-a um cataclismo terrível e inexplicável, irresistível, mas que tinha de ser suportado, até que desaparecesse, do mesmo modo repentino e misterioso como chegara. No entanto, o tempo se encarregaria de desiludir tais expectativas. Os russos não conheceriam descanso nem veriam, nunca mais, o retorno à normalidade. Com o advento da Revolução, suas dores haviam apenas começado.

---

*Referência ao final do conto "O Diário de um Louco", de Gogol. (*N. do RT.*)

Parte III

A Rússia sob o regime bolchevique

11
A Guerra Civil

AS PRIMEIRAS BATALHAS: 1918

Para o governo soviético e seus cronistas, a Guerra Civil, o comunismo de guerra e o Terror Vermelho foram circunstâncias impostas ao novo regime pelos inimigos. O registro histórico, porém, prova justamente o contrário – que nos três casos, os bolcheviques agiram mais do que reagiram; queriam a Guerra Civil e tudo fizeram para provocá-la. Na expectativa de que o conflito eclodisse em seu país e em todo o globo, Lênin conquistou o poder como primeiro passo na consecução desse objetivo. O golpe de outubro lhe pareceria uma aventura fútil se a meta fosse tão-somente a troca de regime na Rússia. Dez anos antes da Revolução, avaliando a experiência da Comuna de Paris, ele concordara com Marx, que atribuiu o colapso do movimento ao fracasso dos *Communards* em acirrar a luta de classes a esse nível. Desde o começo da Primeira Guerra Mundial, o líder bolchevique atacou os socialistas pacifistas, que exigiam o fim da luta. Verdadeiros revolucionários não queriam a paz: "Esse é um lema de filisteus e padres. A palavra de ordem do proletário deve ser: Guerra Civil." Trótski afirmou isso de modo ainda mais direto, quando declarou que "a autoridade soviética é a Guerra Civil organizada".

Os comentários a respeito da Guerra Civil russa fazem referência, em geral, aos combates entre o Exército Vermelho e os Brancos, sobre os quais versará o presente capítulo. No entanto, o conflito teve outras dimensões. Desconhecendo as fronteiras nacionais, os bolcheviques visavam à luta política e social dos regimes existentes contra seus respectivos cidadãos. No sentido mais amplo do termo, a imposição da ditadura unipartidária, o incitamento à luta de classes nas aldeias e o Terror Vermelho, descritos em capítulos anteriores, ocupavam o centro da Guerra Civil russa.

No sentido militar da palavra, ela foi travada em três frentes principais – sul, leste e noroeste – atravessando três fases. A primeira durou um ano, do golpe bolchevique até o armistício, no Ocidente, caracterizando-se por rápidos deslocamentos e combates intermitentes nas pequenas unidades. Nessa fase, as tropas estrangeiras – os tchecoslovacos antibolcheviques, de um lado, e os letões, do outro – dominaram a luta.

O segundo e decisivo estágio durou nove meses, entre março e novembro de 1919. A princípio, os exércitos Brancos fizeram grandes avanços e pareciam prestes a alcançar a vitória, mas a maré da batalha mudou dramaticamente quando o Exército Vermelho derrotou primeiro as forças siberianas, do almirante Koltchak – junho/novembro de 1919 – e, depois, o exército do sul, comandado pelo general Deníkin, e o exército do noroeste, do general Iudenitch – outubro/novembro de 1919. Das ações bélicas travadas durante esse período participaram centenas de milhares de tropas regulares.

A fase conclusiva da guerra correspondeu ao anticlímax do episódio da Criméia, sob o general Wrangel. A evacuação do que restara do exército do sul, em direção a Constantinopla, no mês de novembro de 1920, marcou o fim das hostilidades internas na Rússia, em termos militares; mas em termos políticos e sociais, o processo demoraria anos.

Os bolcheviques sempre classificaram seus oponentes de "Brancos" ou "Guardas Brancos", relacionando-os aos contra-revolucionários da Revolução Francesa – o branco era a cor dos Bourbons. O nome ficou. Deve-se enfatizar, porém, que nenhum dos assim chamados exércitos Brancos, na Rússia, lutava pela restauração da monarquia; todos estavam comprometidos com a reconvocação da Assembléia Constituinte e todos fizeram cumprir, nos territórios sob seu controle, as leis do Governo Provisório. Além disso, no curso da guerra, membro algum da dinastia czarista reclamou o trono. Deve-se reconhecer também as simpatias pró-monárquicas da maioria dos oficiais Brancos.

A Guerra Civil russa teve pouca semelhança com as campanhas da Primeira Guerra Mundial. As tropas estavam em movimento constante, sobretudo ao longo das linhas ferroviárias, deixando amplos espaços desocupados. Os exércitos formavam-se repentinamente, e com a mesma rapidez se desfaziam e desapareciam. As unidades, avançando com impulso aparentemente irresistível, transformavam-se numa turba, quando enfrentavam resistência. As linhas de batalha não estavam submetidas a controle muito rigoroso, sendo comum divisões de várias centenas de homens defenderem uma extensão de 200 quilômetros; tal fluidez tornou quase impossível representar o progresso da guerra em termos gráficos, ainda mais porque na retaguarda dos contingentes principais operavam grupos independentes de "Verdes" – guerrilheiros camponeses – e "Negros" – anarquistas – hostis, tanto em relação aos Vermelhos quanto aos Brancos. Alguns mapas desse tempo assemelham-se a uma pintura de Jackson Pollock, com linhas brancas, vermelhas, verdes e pretas, correndo em todas as direções e terminando aleatoriamente.

Como o Exército Vermelho saiu vencedor, muitos são tentados a atribuir a vitória à sua superioridade de liderança e de motivação. É inegável que fatores subjetivos contribuíram para o resultado, mas a análise da correlação de forças indica que os fatores de natureza objetiva foram muito mais decisivos. A habilidade dos Brancos na superação de esmagadoras adversidades, a ponto de quase atingir o triunfo, demonstra que eram eles os detentores de tática e moral superiores. Perderam porque estavam em menor número e possuíam menos armas.

A grande vantagem dos Vermelhos residiu na unidade que preservaram contra seus muitos inimigos – um único comando militar, que operava sob a direção de uma oligarquia política. Os Brancos não tinham governo; seus exércitos estavam separados por distâncias enormes e sem contato uns com os outros. Para agravar a situação, cada qual compunha-se de diversos grupos étnicos, lutando por causas específicas; os cossacos, em particular, que formavam uma parte significativa das forças Brancas, só obedeciam ordens que lhes parecessem convenientes, demostrando mais interesse em sua terra natal que na Rússia.

A superioridade dos Vermelhos também foi facilitada pelo seu controle das regiões centrais do antigo Império, enquanto seus oponentes operavam na periferia do país. Isso lhes garantiu inúmeros benefícios.

Para começar, dispunham dos recursos humanos muito numerosos provenientes da área mais densamente povoada do país. Quando estourou a Guerra Civil, os bolcheviques governavam um território onde havia cerca de setenta milhões de habitantes, enquanto Koltchak e Deníkin, com exceção de breves períodos, não dominaram populações acima de oito a nove milhões cada um. No outono de 1919, quando se travaram as batalhas decisivas, o Exército Vermelho tinha quase três milhões de soldados; os efetivos combinados dos exércitos Brancos nunca excederam 250 mil homens. Nos combates mais importantes, a vantagem dos Vermelhos era de no mínimo dois para um, às vezes, o dobro.

Suas tropas não só eram maiores como etnicamente homogêneas. Em 1918-1919, a Rússia soviética era 90% formada por gente da Grande Rússia. Nas áreas onde operavam, os exércitos Brancos mantinham contato com diversas minorias étnicas, entre os quais os cossacos, que se consideravam um povo à parte, embora ortodoxos e eslavos. Os lemas patrióticos russos não tinham grande repercussão nessas populações.

Os bolcheviques também foram favorecidos pelo equipamento bélico. Nos depósitos do Exército Imperial, em dezembro de 1917, os comunistas encontraram 2,5 milhões de fuzis, 1,2 bilhão de balas de pequena munição, 12 mil canhões e 28 milhões de granadas. O Exército Vermelho apoderou-se de quase todo esse armamento. Além disso, a maioria das indústrias bélicas localizava-se na Grande Rússia; nos estágios finais da Guerra Civil, o Exército Vermelho tinha mais artilharia e metralhadoras, relativamente ao número de homens, do que tivera o exército czarista. Os Brancos dependiam quase exclusivamente do que os Aliados, sobretudo os britânicos, enviavam.

Brancos e Vermelhos diferiam ainda em outro aspecto, também vantajoso para os comunistas. Enquanto o Exército Vermelho era o braço militar do governo civil, os exércitos Brancos tinham de assumir a dupla função de força militar e administrativa. Os generais Brancos estavam despreparados para lidar com tal responsabilidade, pois, além de inexperientes, foram educados numa tradição que desdenhava a política, considerada aquém da dignidade de um oficial. Eles acreditavam que o envolvimento político geraria dissensões desnecessárias. Diante da recomendação de um de seus conselheiros civis sobre a necessidade de um programa político claro e leis que o implementassem, Koltchak respondeu: "Não, esqueça isso e trabalhe apenas para o Exército. Não percebe? Por mais belas que sejam as leis que você escreva, se perdermos, eles nos fuzilarão do mesmo jeito." Todavia, a Guerra Civil não era um conflito convencional, mas basicamente político, uma luta pelo poder. A exclusiva concentração nas operações militares e o desinteresse por tudo que estivesse além da administração rudimentar fizeram com que os comandantes brancos parecessem ainda mais reacionários, dando a seus adversários uma poderosa arma de propaganda.

O Exército Voluntário, fundado na região cossaca do Don, foi a primeira força Branca organizada. Seu chefe, o general M. K. Alekséiev, jamais poderia ser chamado de monarquista ou reacionário; partícipe das conspirações para destronar Nicolau II, ele desempenhara um papel decisivo na abdicação, persuadindo o último dos Românov a deixar o trono. Patriota russo, sentia que o país tinha o dever moral de manter-se fiel aos Aliados e permanecer na guerra, para lutar contra os alemães e seus fantoches bolcheviques. Depois do golpe de outubro, dirigiu-se a Rostov sobre o Don e convocou quem quisesse integrar um Exército russo. Recebeu alguma ajuda financeira, quantias pequenas, entregues pelos Aliados, que até a ratificação do Tratado de Brest-Litovsk ainda pensaram em dissuadir a Rússia soviética de assinar uma paz em separado, e cortejavam os novos governantes. Logo, outros oficiais e políticos antibolcheviques seguiram para Rostov – entre eles Kornílov, que assumiu o comando do Exército Voluntário.

Notícias a respeito dessa movimentação alarmaram as autoridades de Petrogrado. Uma força foi reunida e mandada contra os cerca de três mil Brancos, forçando-os a evacuar Rostov e procurar refúgio nas estepes do Kuban. Durante a chamada "Marcha de Gelo", eles enfrentaram sem cessar desertores pró-bolcheviques e *inogoródnie**, e Kornílov, o mais popular comandante Branco, perdeu a vida, sendo substituído pelo general Anton Deníkin. O Exército Voluntário conseguiu recrutar numerosos cossacos e, no início da primavera, graças à virada da opinião pública após dois meses de domínio soviético, já recompusera seus efetivos. Rostov foi recapturada, tornando-se uma sólida base de operações.

Aproveitando a mudança da estação, Alekséiev queria que o Exército Voluntário se reunisse aos cossacos do Don para atacar Tsarítsin, o que possibilitaria sua junção aos tchecos e ao Exército do Povo Siberiano. Unidas, as forças antibolcheviques do leste e do sul poderiam estabelecer uma frente de batalha que se estenderia do mar Negro aos Urais. Deníkin, por seu turno, preferia conduzir seu exército novamente em direção ao sul, para as estepes do Kuban, a fim de liquidar as forças bolcheviques à sua retaguarda e recrutar tropas de cavalaria. Sozinhos, os cossacos do Don atacaram Tsarítsin, em novembro e dezembro de 1918, sem lograr êxito.**

A segunda campanha do Kuban, sob o comando de Deníkin, atingiu seu objetivo. Em setembro de 1918, quando terminou, o Exército Voluntário tinha 35 a 40 mil homens (mais de 60% deles cossacos do Kuban). Em agosto, esses sucessos levaram os bolcheviques a reivindicar intervenção militar alemã contra o Exército Voluntário. Seguro, na retaguarda, Deníkin tratou de planejar uma campanha de

---

**Inogoródnie*, ou "estrangeiros", eram os camponeses que habitavam as regiões cossacas sem serem membros de suas comunidades. Donos de pequenos quinhões de terra, ou sem terra alguma, cobiçavam as possessões dos nativos, tornando-se aliados dos bolcheviques nessas áreas.

**A batalha de Tsarítsin, em 1918, marcou o início da discórdia entre Stálin e Trótski. Encarregado por Lênin de recolher alimentos, Stálin foi nomeado para o Conselho Revolucionário Militar, na frente sul, e interferiu em decisões operacionais do comando local, desencadeando o terror contra ex-oficiais czaristas, o que levou Trótski a solicitar sua remoção. Mais tarde, Stálin reclamaria o crédito pela bem-sucedida defesa da cidade, que foi rebatizada em sua homenagem com o nome de Stalingrado.

maior envergadura, possivelmente decisiva, objetivando a tomada de Moscou, na primavera seguinte. Entretanto, desviando-se de Tsarítsin e deixando passar a chance de reunir-se ao Exército Branco do leste, ele perdeu a única oportunidade de unir a frente antibolchevique.

O Exército Voluntário dava atenção mínima às responsabilidades civis. Os generais, avessos a esses assuntos, não dispunham de pessoal qualificado. Confiavam grande parte da autoridade administrativa a oficiais subalternos, que deveriam guiar-se por leis anteriores ao golpe de 25 de outubro de 1917. A população ficava abandonada à própria sorte, o que acarretou mais anarquia do que democracia. Pouco antes de sua morte, em outubro de 1918, Alekséiev criou um corpo consultivo formado por políticos e especialistas, sobretudo cadetes, cujas resoluções não se aplicavam aos comandantes militares. Deníkin chegou a estabelecer um vago programa liberal, prevendo, entre outros itens, a convocação de uma Assembléia Constituinte; fê-lo, contudo, sob pressão britânica, sem acreditar que tais pronunciamentos tivessem maior importância.

O que se pode imputar a ele de mais grave é a indolência que reinava no exército do sul. Quando o chefe da missão militar britânica reclamou da corrupção generalizada, que impossibilitava o abastecimento adequado das tropas, Deníkin respondeu: "Não posso fazer nada. Já me dou por satisfeito que acatem minhas ordens de combate." Roubos, pilhagens, e mais tarde *pogroms*, generalizaram-se e permaneceram impunes, menos entre a minoria disciplinada dos Voluntários do que entre os cossacos e os efetivos recrutados em 1919.

As forças Brancas que se organizaram a oeste originaram-se da Legião Tchecoslovaca, cuja rebelião libertou a Sibéria e a maior parte do médio Volga do controle bolchevique. Estabelecido em Tomsk, um governo local reclamou autoridade sobre a região siberiana e, em fevereiro de 1918, declarou independência. Mais tarde, já em aliança com os SRs e cadetes, esse governo mudou-se para Omsk; as leis soviéticas foram anuladas e as terras devolvidas a seus proprietários. Essa foi uma das poucas administrações eficientes no território do ex-império russo.

Nas províncias controladas pelos tchecos, a autoridade política era exercida por um comitê da Assembléia Constituinte – *Komútch* – com sede em Samara e composto, quase exclusivamente, de ex-deputados SRs. Mais à esquerda do que o moderado governo siberiano, esse comitê manteve boa parte da legislação social bolchevique. Considerando-se a única autoridade legítima na Rússia, tomou providências que nunca se materializaram, a fim de reconvocar a Assembléia Constituinte.

Tanto o governo siberiano quanto o *Komútch* formaram exércitos de voluntários, a que mais tarde incorporaram-se novos efetivos, mediante recrutamento – serviço militar obrigatório. Essas forças apoiavam-se na Legião Tchecoslovaca, designada pelo Conselho Supremo Aliado, no verão de 1918, como parte integrante das suas Forças Armadas e núcleo do projetado exército multinacional russo.

As missões Aliadas tudo fizeram para persuadir o governo e o comitê a se fundirem e, em setembro de 1918, suas pressões resultaram num Diretório, constituído por SRs e simpatizantes sem muita influência, posto que mergulhado em intrigas e, pior, denunciado como um organismo de traição pela ala esquerda do partido, sob a liderança de Victor Tchernóv. Na prática, o Diretório desfez-se a 18 de outubro, quando o Conselho Nacional Tchecoslovaco, em Paris, proclamou a independência da nação. Ato contínuo, a defesa do médio Volga e da Sibéria ficou a cargo do Exército do Povo, bem inferior à Legião que, por insistência da França, concordou em guardar apenas um trecho da ferrovia Transiberiana.

A centelha que causou a queda definitiva do Diretório foi uma nota do Comitê Central SR, nos últimos dias de outubro, conclamando as forças democráticas a se armarem, a fim de evitar uma contra-revolução iminente. Os oficiais conservadores, que já não viam com bons olhos as intrigas dos socialistas, consideraram esse ato como alta traição e fizeram uma conspiração. Na noite de 17 para 18 de novembro, os membros do Diretório foram presos e o poder passou às mãos do almirante Aleksandr Koltchak, ministro da Guerra do governo deposto e que, aos 55 anos, tornou-se "governante supremo".

Escolhido sobretudo por causa de suas boas relações com os britânicos, que o consideravam o mais enérgico e dedicado dos líderes Brancos, Koltchak tinha uma carreira notável como oficial da Marinha e explorador polar; destituído de ambições políticas, só aceitou o cargo por imposição patriótica. No entanto, a não ser pela integridade e devoção desinteressada à tarefa de libertar a Rússia dos bolcheviques, ele não apresentava as qualificações indispensáveis para exercê-lo; além disso, na condição de oficial naval, desconhecia praticamente tudo a respeito da guerra terrestre. Não gostava de política nem de políticos. Pouco à vontade na companhia de outras pessoas, sofria de crises de depressão. Ao cabo de um ano de ditadura, sua trágica sorte colocou-o diante de um pelotão de fuzilamento bolchevique.

Desde o golpe de outubro, os SRs esperavam que o poder caísse em seu colo, tão logo ocorresse a derrocada inevitável – do ponto de vista deles – dos Vermelhos e dos Brancos. Os SRs de esquerda e os chamados Mencheviques Internacionalistas, liderados por L. Mártov, apoiaram os bolcheviques, mas com restrições. Todavia, a principal corrente SR, de direita, desempenhara um papel dominante no *Komútch* e no Diretório antibolchevique de Samara, só perdendo as esperanças em virtude do golpe de Omsk, após o qual eles também desertaram, caindo nos braços de Moscou. Durante o inverno de 1918-1919, os líderes do Partido SR mantiveram conversas com representantes do Partido Bolchevique, com o qual fecharam um acordo, em fevereiro de 1919, renunciando a todas as tentativas de remover o regime comunista pela força. Uma conferência SR realizada em Moscou, em junho, instruiu os membros do partido que estivessem nas áreas sob controle Branco para cair na clandestinidade, desferindo uma campanha de terror contra Deníkin e Koltchak. O Partido Menchevique também fez as pazes com o regime soviético, oferecendo-se para defendê-lo. Como prêmio por essa nova política, SRs e mencheviques tiveram permissão de voltar aos sovietes, dos quais haviam sido expulsos na primavera anterior. A parceria vingaria somente até o fim da Guerra Civil, quando Lênin, mais uma vez, voltar-se-ia contra seus aliados socialistas de outrora.

As campanhas que decidiriam o resultado da Guerra Civil começaram na primavera de 1919, encerrando-se oito meses depois, com a derrota definitiva dos Brancos.

No outono de 1918, o governo soviético superou seus escrúpulos em formar um exército profissional e empenhou-se na mobilização de ex-oficiais czaristas e camponeses.

A decisão de confiar posições de comando no novo Exército Vermelho a veteranos czaristas não foi fácil, exigindo a superação de uma resistência feroz oposta pela Velha Guarda bolchevique. Parecia não haver escolha. Em 1º de outubro de 1918, Lênin ordenou a mobilização de três milhões de soldados, "para ajudar a revolução internacional dos trabalhadores". Uma força desse tamanho – o dobro do exército czarista em tempos de paz – não podia ser comandada por civis comunistas e pelo pequeno quadro de oficiais profissionais favoráveis ao novo regime. Havia cerca de 250 mil oficiais veteranos, jovens em sua grande maioria, formados no curso do conflito mundial e não eram nem um pouco elitistas: dos 220 mil tenentes, 80% que receberam postos durante a guerra eram de origem camponesa e 50% deles nem tinham completado a escola secundária. Ainda assim, eram alvo de suspeitas e perseguições. Com seus salários e pensões cortadas, sobrevivendo com dificuldade, responderam avidamente às ordens de volta à ativa. Outros se submeteram à base de ameaças de severas punições, não apenas contra eles mesmos, mas também contra suas famílias. (Uma instrução secreta de Trótski determinou a mobilização somente dos oficiais cujas famílias residiam em território soviético, de modo que ficassem como reféns.)

Subordinado diretamente ao Comitê Central do Partido Comunista, e presidido por Trótski, comissário da Guerra, o Conselho Militar Revolucionário da República – *Rievvoiensoviét* – era o órgão diretor do novo Exército Vermelho. Incumbido da supervisão das Forças Armadas, com as quais mantinha comunicação constante, o órgão não interferia nas decisões militares dos oficiais profissionais, embora dele fizesse parte o comandante-em-chefe, com ampla autoridade em questões táticas e estratégicas. Todavia, os atos desse "especialista militar" só ganharam força depois de ratificados por um membro civil do conselho. A ele estava subordinado o Estado-Maior de campanha, formado de generais do antigo Exército, que desenvolvia os planos operacionais.

Cerca de 75 mil ex-oficiais superiores czaristas serviram no Exército Vermelho durante a Guerra Civil, incluindo 775 generais do Estado-Maior imperial. Nas frentes de batalha, eles ocuparam 85% dos comandos, chefiando 82% dos exércitos e 70% das divisões. O vulto da sua participação pode ser ilustrado pelo fato de que os dois últimos ministros da Guerra do czar e um ministro da Guerra do Governo Provisório vestiam uniformes do Exército Vermelho.

Descrito por seu biógrafo, Isaac Deutscher, como o "fundador de um grande exército vitorioso", a contribuição de Trótski, na realidade, foi bem mais modesta. A decisão de criá-lo, formado por ex-oficiais czaristas e camponeses, partiu do Comitê Central, e o crédito pelas suas conquistas pertence aos que o comandaram, de fato. Trótski não tinha experiência militar e seu senso estratégico deixava muito a desejar.* O general-historiador Dmitri Volkogonov, que teve acesso aos arquivos sobre suas atividades nesse período, concluiu que do ponto de vista das questões militares o líder bolchevique não passava de um "diletante".

A contribuição de Trótski foi de outra natureza. Dele emanavam as orientações políticas, cuja aplicação ele próprio supervisionava – justamente o que faltava aos exércitos Brancos. Percorrendo as linhas

---

*Por exemplo, no final de 1918, prevendo um desembarque Aliado na Ucrânia, ele pretendeu ali concentrar as Forças Armadas, e não nos Urais, onde Koltchak fazia rápidos progressos. Felizmente para o regime comunista sua opinião não prevaleceu. Um ano depois, ele concebeu um plano fantástico de formar um exército de cavalaria nos Urais, para invadir a Índia – isso numa época em que o Exército Vermelho lutava pela sobrevivência, contra Deníkin. Essa proposta também foi ignorada. Em outubro de 1919, quando o Exército Vermelho estava prestes a desferir um golpe fatal contra os Bancos, no sul, ele escreveu uma longa carta ao Comitê Central, criticando ferozmente a distribuição das tropas e sua estratégia.

de frente em seu trem privado, estava sempre em condições de avaliar com rapidez todo tipo de escassez, fosse de homens ou de equipamentos, interferindo na burocracia para eliminá-las. Orador fascinante, era capaz de reanimar tropas abatidas, e tal como Kérenski, também podia ser chamado "persuasivo-em-chefe". Suas ordens não tinham cunho operacional, consistindo sobretudo em exortações coroadas com pontos de exclamação: "Frente sul, controle-se!", "Cerquem eles!", "Proletários, a cavalo!", "Que vergonha!", "Não percam tempo!", "Mais uma vez, não percam tempo!", e assim por diante. Trótski foi o responsável pela introdução de uma disciplina draconiana entre os soldados, que beirou o terror permanente.

Lênin limitava-se a enviar mensagens alarmadas aos comandantes e comissários políticos na frente de batalha, exortando-os a manter o território a qualquer custo – "até a última gota de sangue" – ou esmagar o inimigo, posto que de outro modo a Revolução estaria perdida. Também não se cansava de recomendar o terror contra a população civil. "Tentem punir a Letônia e a Estônia por meios militares (...) penetrando por algum ponto da fronteira, um quilômetro que seja, para enforcar uns cem ou mil oficiais e gente rica", ordenava ele a um lugar-tenente de Trótski. Em fevereiro de 1920, ameaçou "trucidar" os habitantes de Maikop e Grózni, se houvesse sabotagem nos campos de petróleo. Num bilhete a Trótski, escrito poucas horas antes de ser baleado, em 30 de agosto de 1918, ele se referiu ao mau desempenho do Exército Vermelho, em Kazán, aventando que não seria má idéia executar Vatsetis, comandante da frente leste, por "novo atraso ou fracasso" – o mesmo Vatsetis que dois meses antes tinha salvo seu governo da rebelião SR de esquerda.

A alta taxa de deserções era uma prova de que o Exército Vermelho sofria graves problemas morais.* Entre outubro de 1918 e abril de 1919, quase um milhão de homens deixaram de responder ao recrutamento. Fontes comunistas estimam que, entre junho de 1919 e junho de 1920, cerca de 2,6 milhões de soldados tenham abandonado seus

*Na definição soviética, não comunicar rapto ou ausência temporária (ausência sem abandono) significava deserção.

postos; na segunda metade de 1919, o número de desertores Vermelhos era superior ao contingente do Exército Voluntário do Sul. A aplicação das severas punições esbarrava no limite além do qual haveria o extermínio de mais da metade das tropas. A maioria dos desertores eram devolvidos às suas unidades. No segundo semestre de 1919, foram executados 612; depois da Guerra Civil, nas operações militares dirigidas em sua maioria contra a guerrilha camponesa, em 1921, os fuzilamentos chegaram a 4.337. As normas disciplinares rigorosíssimas determinadas por Trótski refletiam problemas de difícil superação. Justificando-as, seu autor declarou que

> não se pode construir um exército sem repressão. Não se pode conduzir massas humanas para a morte sem que os oficiais em comando tenham à sua disposição a pena de morte. Enquanto os malignos macacos sem rabo chamados seres humanos, orgulhosos de sua tecnologia, organizarem exércitos e travarem guerras, os comandantes terão de apresentar aos soldados a [escolha de] morte possível, na frente de batalha, ou a morte certa, na retaguarda.

As regras mais duras aplicavam-se aos oficiais, cujas famílias eram tratadas como reféns, enquanto eles próprios corriam o risco de execução sumária, por motivo de uma simples suspeita. Em agosto de 1918, Trótski ordenou que em caso de retirada "injustificada", o comissário político deveria ser executado primeiro, seguido por seu comandante militar. Os recrutas também estavam sujeitos à punição máxima. Entrando para o serviço ativo, tinham de reconhecer que seus camaradas não apenas podiam, mas tinham o dever de matá-los imediatamente caso fugissem do campo de batalha, falhassem no cumprimento de ordens, ou mesmo se queixassem da falta de comida. Implementando sua noção de confrontar as tropas com "a morte possível, na frente de combate, ou a morte certa, na retaguarda", Trótski armou "destacamentos de barreira", constituídos por homens de confiança, comunistas em sua esmagadora maioria, responsáveis pela patrulha das estradas. Tais penas excederam a tudo o que existira no exército czarista, mesmo na época da servidão. Nos exércitos Brancos a contrapartida era tão pouca, que os prisioneiros e desertores do Exército Vermelho espantavam-se com a frouxidão das tropas inimigas.

Uma propaganda intensiva acompanhava o sistema punitivo. Distribuindo panfletos, cartazes e jornais produzidos especialmente para os soldados, os trens percorriam sem cessar as frentes de combate. O objetivo desse esforço era convencer as tropas de que a vitória dos Brancos não significaria outra coisa senão o retorno da monarquia, a restauração da propriedade privada da terra e dos *pogroms* de trabalhadores.

EMBORA EXAGERADA em suas proporções, a "intervenção estrangeira" tornou-se um fator determinante no curso da Guerra Civil. Não fosse pela assistência militar fornecida aos Brancos, notadamente pela Grã-Bretanha, o Exército Vermelho teria triunfado muito mais cedo. Ao mesmo tempo, antes de tudo não se pode esquecer que jamais houve uma ação estrangeira conjunta em solo russo; cada nação perseguia interesses próprios, muitas vezes conflitantes entre si, agindo em resposta a diferentes grupos domésticos, cujos interesses também eram heterogêneos, alguns favoráveis à intervenção, outros contrários. Além disso, exceto pela Grã-Bretanha, em 1919, as potências estrangeiras não tencionavam derrubar o governo comunista. Ao longo do primeiro ano da Guerra Civil, intervieram tão-somente para reativar a frente oriental – com a ajuda dos bolcheviques, se possível, ou sem ela, se necessário. No período decisivo, quando os canhões silenciaram, a oeste, a intervenção perdeu o sentido. Não demorou muito para que os Estados Unidos e a França se retirassem. Os japoneses permaneceram, não para lutar contra o Exército Vermelho, mas para anexar as províncias da Rússia banhadas pelo Pacífico. Restou a Inglaterra, emprestando seu apoio aos exércitos Brancos até o outono de 1919, sobretudo por estímulo de Winston Churchill, um dos poucos estadistas europeus a compreender as implicações que a vitória comunista teria no tocante ao seu país e à paz mundial. Enfim, cabe enfatizar que a Guerra Civil foi uma luta fratricida; enquanto os russos perderam milhões, entre soldados e civis, a Grã-Bretanha, único país a permanecer em combate, teve cerca de quatrocentas baixas.*

A pessoa-chave da intervenção Aliada era o primeiro-ministro britânico, David Lloyd George, que agiu em harmonia com o presidente norte-americano, Woodrow Wilson. Em suas memórias, ele escreveu:

> Teria tratado com os sovietes, considerando-os o governo russo *de fato*. O presidente Wilson faria o mesmo. Mas ambos concordamos que seria impossível obter o apoio do Parlamento e do Congresso, no caso de Wilson, e da opinião pública de nossos respectivos países, atemorizada com a violência bolchevique e temerosa de sua ampliação.

Em que pese a verdade de tais palavras, as pressões sobre Lloyd George foram mais diversificadas, e seus motivos bem mais complexos do que o texto revela.

Em seu país, ele tinha de enfrentar dois partidos fortes. Churchill, porta-voz conservador, pretendia nada menos que uma cruzada internacional para desalojar os bolcheviques; encabeçando um governo de coalizão, o liberal Lloyd George não podia ignorá-lo. De outro lado, o Partido Trabalhista e o Congresso dos Sindicatos opunham-se ferozmente ao envolvimento na Rússia. Assim, tentando conciliar esses antagonismos, a intervenção se fez de maneira pouco enérgica, encerrando-se da forma mais rápida e decente possível.

Lloyd George justificou sua relutância em dar ajuda efetiva e reconhecimento diplomático aos Brancos, argumentando que a Revolução Francesa demonstrara a futilidade das tentativas de reprimir revoluções por meio da força militar; que os bolcheviques seriam inevitavelmente derrubados, caso não fossem capazes de obter apoio popular; e que por manter-se no poder confirmavam gozar de tal apoio, sem sombra de dúvida. Todavia, ele tinha razões ainda mais fortes para não intervir a favor dos Brancos: acreditava que os bolcheviques

*Sem contar os tchecoslovacos e os letões, que também "intervieram", por assim dizer, lutando ao lado dos bolcheviques e perdendo milhares de homens.

representavam ameaça menor do que a restauração de um Estado nacional russo. Em dezembro de 1918, ele comunicou ao gabinete de Guerra não imaginar que a Rússia bolchevique "fosse, de modo algum, tão perigosa como o antigo império czarista, com seu agressivo corpo de oficiais e milhões de soldados". Um ano depois, em público, manifestaria opiniões similares. Essa linha de argumentação assemelhava-se à dos alemães, poloneses e norte-americanos, sendo mais preconcebida do que baseada no conhecimento real da Rússia.

Inicialmente, Lloyd George e Woodrow Wilson tentaram trazer os dois pólos beligerantes da Guerra Civil para a mesa de negociações. Eles acreditavam que a estabilidade na Rússia era essencial à paz durável na Europa Oriental. A missão secreta de William Bullitt, diplomata amador americano mandado para Moscou em março de 1919, não deu resultado. Enquanto o governo soviético mostrava-se mais do que disposto a negociar o armistício, a fim de evitar um possível ataque Aliado, os Brancos rejeitaram a proposta. Sondagens no sentido de uma conferência na ilha de Prinkipo, perto de Constantinopla, também fracassaram. Nessas circunstâncias, Lloyd George não teve remédio senão aceitar a intervenção. No início de 1919, ele pôs no papel as regras que considerava mais importantes para o sucesso do empreendimento:

> 1. Não se deve tentar a conquista da Rússia bolchevique pela força das armas.
> 2. Nosso apoio a Koltchak e Deníkin só deve ser mantido enquanto, nas áreas sob seu controle, o sentimento da população for claramente antibolchevique.
> 3. Os exércitos antibolcheviques não devem ser usados para restaurar o Antigo Regime czarista (...) nem para impor novamente aos camponeses as velhas condições feudais [!] sob as quais eles viviam em suas terras.

Destinada sobretudo ao almirante Koltchak, a ajuda britânica consistia em provisões militares e instrutores. Em certas ocasiões, tropas de combate inglesas atacavam alvos navais vermelhos e operavam tanques em combates terrestres. Também realizavam planos de reconhecimento. No outono de 1919, especialistas britânicos estimaram o valor total de sua assistência em 100 milhões de libras (ou 500 milhões de dólares) – cifra que Churchill considerou muito exagerada, argumentando que a maior parte do auxílio constava de excedentes da Primeira Guerra Mundial, sem uso para a Grã-Bretanha e, conseqüentemente, com pouco valor monetário.

Churchill era o mais ardente defensor da intervenção militar, considerando o comunismo uma força satânica e a causa Branca identificada à da Inglaterra. Para ele, a guerra abrira uma nova era na História na qual os interesses e conflitos nacionais superariam fronteiras, assumindo caráter ideológico. Tal convicção permitiu que compreendesse antes e melhor do que outros estadistas as implicações do comunismo e, posteriormente, do nacional-socialismo. Em setembro de 1919, quando a Grã-Bretanha estava para abandonar os Brancos, ele escreveu:

> É um equívoco supor que desperdiçamos um ano inteiro participando das batalhas de russos antibolcheviques. Ao contrário, eles é que lutaram do nosso lado, e essa verdade tornar-se-á cruamente dolorosa quando eles forem exterminados e os bolcheviques dominarem os vastos territórios do Império russo.

Seus temores baseavam-se em considerações geopolíticas. Discípulo de H. J. Mackinder, ele receava que, assumindo o controle do coração da Eurásia, os comunistas unissem forças com a Alemanha e o Japão para dominar o mundo:

> Se abandonarmos a Rússia, a Alemanha e o Japão não farão o mesmo. Os novos Estados que deverão surgir no leste da Europa estarão espremidos entre o bolchevismo russo e a Alemanha. Esta recuperará, graças à influência sobre a Rússia, muito mais do que perdeu em colônias além-mar e províncias no oeste. No outro extremo da Ferrovia Transiberiana, o Japão chegará à solução similar. Em cinco anos, ou menos, todos os frutos de nossas vitórias estarão perdidos, e ficará claro que a Liga das Nações não passa de uma bobagem; a Alemanha estará mais forte do que nunca; os interesses britânicos na Índia serão perigosamente afetados. Depois de tudo, teremos abandonado o campo sob humilhações e derrotas.

Sem aliados no gabinete, desprezou-se grande parte das advertências de Churchill. De fato, embora seus temores e prognósticos estivessem bem fundamentados, sua terapêutica – intervenção militar maciça, de preferência em escala internacional – estava fora da realidade, pois não considerava a exaustão da Europa, após a Grande Guerra.

A posição da França em relação à Rússia era bastante simples, determinada por dois objetivos: evitar a reaproximação russo-alemã e compensar as imensas perdas decorrentes das expropriações praticadas pelos bolcheviques. Os franceses não acreditavam que os Brancos tivessem a mínima chance de vitória. Em 1918, o marechal Foch, comandante-em-chefe das Forças Aliadas, expressou o ceticismo da diplomacia de seu país, negando "grande importância ao exército de Deníkin, posto que exércitos não existem sozinhos (...) devem ter atrás de si governo, legislação e um país organizado. Melhor ter um governo sem Exército do que um Exército sem governo". Apesar de sua intransigente hostilidade em relação ao Kremlin, a França quase nada fez para ajudar seus oponentes. Uma pequena força da legião estrangeira, enviada para o sul da Rússia, em março de 1919, retirou-se tão logo foi derrotada por brigadas ucranianas aliadas ao Exército Vermelho. Rigorosamente, em vez de intervir na Rússia, a França concentrou seus esforços em separá-la da Alemanha por meio de uma "cerca de arame farpado" de Estados amigos, ancorados na Polônia.

Com relutância e sob pressão britânica, a intervenção norte-americana iniciou-se em 1918, em parte para evitar que valiosas provisões militares, nos portos ao norte da Rússia, caíssem em poder da Alemanha, e em parte para dar cobertura à retirada da Legião Tchecoslovaca, e em parte, ainda, visando impedir a invasão da Sibéria oriental pelos japoneses. As tropas norte-americanas em solo russo jamais se envolveram em combate.

Os japoneses desembarcaram tropas em Vladivostok, a pretexto de proteger seus cidadãos e juntarem-se à força interaliada na frente oriental, e seus objetivos eram meramente predatórios. Não ajudaram Koltchak; ao contrário, dificultaram a vida do almirante, apoiando-se em senhores de guerra cossacos, que aterrorizavam a população do Extremo Oriente, mantendo a região fora do controle do almirante.

Na primavera de 1919, Koltchak montou uma grande ofensiva na direção do Volga. Suas perspectivas se frustraram em virtude do frágil comando e da desorganização da retaguarda. Como administrador, ele foi um desastre. Aquartelados em Omsk, dois mil oficiais planejavam as operações de um exército formado por 140 mil homens. Não obstante algumas unidades chegarem a receber três vezes mais do que o necessário, as provisões destinadas às linhas de frente eram sempre pilhadas, uniformes britânicos e outros produtos eram desviados, e armas e munições, vendidas para o inimigo. O anedotário refere-se ao chefe da missão militar britânica, general Alfred Knox, como o intendente do Exército Vermelho; falava-se de uma carta, enviada a ele por Trótski, agradecendo a remessa de equipamentos. Ninguém cuidava da população civil. Quando seu exército estava a caminho da extinção, em outubro de 1919, Koltchak declarou a um aliado civil, que reivindicava maior atenção à política:

> Você sabe que considero inúteis todas as suas leis civis (...). Eu impus a mim mesmo um grande objetivo: derrotar o Exército Vermelho. Sou comandante-em-chefe e não tenho de me preocupar com reformas. Escreva apenas aquelas normas para uso imediato e deixe o restante para a Assembléia Constituinte.

A ofensiva começou de forma excelente. As tropas bolcheviques com que se defrontou não estavam motivadas, sofrendo os efeitos combinados da propaganda Branca e de rebeliões camponesas, na retaguarda. Além disso, eram pouco numerosas; prevendo desembarques maciços dos Aliados, no mar Negro, Moscou negligenciara a frente oriental. Em meados de abril, os Brancos avançaram até 100 quilômetros do Volga, ou menos, ocupando em poucas semanas 300 quilômetros quadrados de um território com mais de cinco milhões de habitantes.

Percebendo o erro, o Comando Vermelho deu a mais alta prioridade à frente oriental, e enviou consideráveis reforços, até que em junho já desfrutava de preponderância, crescendo ainda mais nos meses que se seguiram.

Para Koltchak, era fundamental garantir o reconhecimento do Ocidente a sua condição de legítimo sustentáculo da autoridade estatal na Rússia; ele calculava que a população local levaria mais a sério um contendor apoiado pelos poderes vitoriosos na Guerra Mundial. (Da mesma forma, em 1918, os oponentes dos bolcheviques sentiram-se desencorajados ao perceberem o apoio que lhes dava a Alemanha.) O Conselho Supremo Aliado condicionou esse reconhecimento até mesmo ao pagamento das dívidas externas, mas o almirante aceitou quase tudo o que lhe foi imposto, validando os "decretos e promessas" do Governo Provisório de 1917. Mesmo assim, protelou-se o reconhecimento internacional, em grande parte porque o presidente Wilson desconfiava das intenções democráticas de Koltchak. Em meados de junho, quando o Conselho finalmente reuniu-se, em Paris, a fim de decidir o que fazer a respeito, os exércitos do almirante já estavam em retirada e nunca se recuperaram.

Na primavera de 1919, enquanto as forças de Koltchak sofriam graves reveses, o Exército Voluntário do Sul embrenhara-se no território cossaco. Deníkin tinha feito planos de atacar Tsarítsin e Ástrakhan, para juntar-se às tropas do almirante, mas abandonou essa idéia; em março e abril, após uma série de vitórias, o Exército Vermelho ameaçava invadir a região do baixo Don, onde ele mantinha suas bases, objetivando até mesmo a "liquidação" dos cossacos. Uma ordem secreta de Moscou determinava

> a aniquilação completa, rápida e decisiva dos cossacos como (...), a destruição de sua base econômica, a eliminação física dos oficiais e da elite cossaca.

Trótski resolveu que os "ninhos de reles traidores e vira-casacas fossem extirpados (...). Os Cains devem ser exterminados". O uso do verbo "exterminar" em relação a todo um grupo étnico-social era um prenúncio do que mais tarde se chamaria de genocídio. O programa foi desenvolvido em 1920-1921, no fim da Guerra Civil.

Deníkin se viu diante de uma escolha dolorosa: abandonar o Don, unindo suas forças as de Koltchak, ou desistir dessa idéia, para salvar o território. Ao optar pela segunda alternativa, ele pôs de lado a opinião de alguns de seus oficiais mais antigos, inclusive a do general Peter Wrangel, comandante do Exército do Cáucaso, talvez o mais hábil oficial Branco. O Exército Voluntário foi dividido em dois: uma tropa menor, sob o comando de Wrangel, recebeu a missão de capturar Tsarítsin, enquanto os maiores contingentes entravam pelas planícies do Don.

Seus críticos consideram que, ao tomar essa decisão, ele deixou escapar uma segunda chance de aliar-se a Koltchak, cujas forças já estavam em retirada, quando, no fim de julho, após uma brilhante campanha, Wrangel capturou Tsarítsin. Os Voluntários prosseguiram sua ofensiva, logrando vitórias espetaculares que os conduziram à captura de Khárkov e Iekatierinoslav, na Ucrânia.

O contra-ataque do Exército Vermelho, no leste, teve início em fins de abril, em Ufá, que caiu em 9 de junho. Os bolcheviques continuaram avançando, mas a maré da batalha só mudou quando o 5º Exército cruzou os Urais, a única barreira natural existente na região. Seu comandante, Mikhail Tukhatchevski, aristocrata de 27 anos, servira com a elite dos Guardas Semiónovski. A tomada de Tcheliábinsk, no fim de julho, significou o desmoronamento das forças Brancas que, em menor número, recuaram em toda a frente. As notícias – junto com a derrota de Koltchak – produziram um efeito devastador no ânimo dos aliados britânicos. Ao tomar conhecimento desses fatos, lorde Curzon, secretário do Exterior, comentou: "Uma causa perdida." O exército siberiano, mesmo lutando bravamente na retaguarda, não poderia conter a ofensiva Vermelha e empreendeu sua retirada, em direção a Omsk. Um dos lados não tinha condições de substituir suas baixas, enquanto o outro dispunha de reservas quase inesgotáveis.

O centro da Guerra Civil transferiu-se para o sul, onde o exército Branco avançava com um ímpeto que parecia imbatível.

Chegando a Tsarítsin poucos dias após sua captura, Deníkin fez uma reunião de comando para decidir sobre a próxima campanha. Em 3 de julho, ele baixou a Ordem Nº 08878, conhecida como "Ordem de Moscou", fixando o próximo e talvez último objetivo – a tomada da capital. O plano previa um tríplice ataque. Wrangel conduziria o

Exército do Cáucaso pelo flanco direito e avançaria sobre Moscou, a partir do nordeste. Os cossacos do Don manteriam sob sua guarda a região central da frente de batalha. A força principal, formada pelo Exército Voluntário e por outras unidades cossacas e recém-recrutadas, seguiria direto até Moscou, através de Kursk, Oriol e Tula. Wrangel opinou que o ataque decisivo deveria ser em seu setor, mas Deníkin objetou, dizendo: "Entendo! Você quer ser o primeiro a pôr os pés em Moscou!"

Apesar do seu tradicional excesso de cautela, Deníkin foi obrigado a assumir riscos em virtude de dois fatores: de um lado, a força crescente do Exército Vermelho e, de outro, a provável suspensão da ajuda britânica, antes do início do inverno. Por ocasião da "Ordem de Moscou", contra 180 mil Vermelhos, no sul, ele dispunha de 85 mil, não mais. Durante as batalhas decisivas de outubro e novembro, os bolcheviques ainda receberam reforços: cerca de sessenta mil homens.

A luta se desenvolveu com incrível ferocidade. Capturados, os oficiais Brancos costumavam ser torturados. S. S. Kámenev, comandante-em-chefe do Exército Vermelho, ordenou que "não se fizessem prisioneiros". Embora aparentemente sem se envolver com torturas, os Brancos também executaram muitos comandantes e comissários.

Nos meses de agosto e setembro, Deníkin prosseguiu em seus avanços. As três divisões do Exército Voluntário que marchavam na vanguarda capturaram Kursk, em 20 de setembro. Mas, à medida que se expandiu, a frente Branca tornou-se mais tênue. Eram mil quilômetros de extensão, em forma de cunha, com bases em Kíev, no lado oeste, e Tsarítsin, a leste, e a ponta em Kursk. Descrito por um historiador como cenário de lutas entre "patrulhas e colunas de tropas que avançavam ocasional e lentamente, desprovidas de reservas", o único setor compacto ficava ao norte, onde dez mil homens guarneciam uma frente de 12 quilômetros de largura. A eles caberia realizar o ataque decisivo contra Moscou.

MUITO EMBORA os líderes Brancos tentassem evitar a política, deixando-a para o futuro, depois da vitória, alguns assuntos não podiam ficar de lado. Um deles dizia respeito às terras não-russas de fronteira, que proclamaram independência, em 1917-1918. Os generais Brancos adotavam o lema "Rússia una e indivisível". Favoráveis à restauração do antigo Império, nas palavras de Deníkin, não estavam dispostos a arriscar-se por uma federação. Pressionados a reconhecer a autonomia daquelas regiões, os líderes Brancos afirmavam não dispor de autoridade para privar o Estado russo de territórios e simplesmente postergavam a questão até a Assembléia Constituinte. Essa política lhes custou caro.

Entre todos os que se aproveitaram das turbulências, na Rússia, e reclamado soberania, os poloneses e finlandeses eram os dois povos mais importantes, do ponto de vista político.

Em toda a Europa não existia um único estadista que conhecesse os russos, sobretudo os socialistas, melhor do que Pilsudski, que com eles trabalhara na juventude; em 1887, ele fora preso e exilado na Sibéria por participar do mesmo atentado contra Alexandre III, que custou a vida do irmão de Lênin. O líder polonês tinha perfeita consciência da oportunidade histórica que favorecia a afirmação de independência de seu país contra os dois inimigos tradicionais, a Alemanha e a Rússia, paralisados – um pela derrota, na guerra, e o outro pela revolução. Ele também estava certo de que cedo ou tarde as duas nações recuperariam seu poderio, voltando-se contra a Polônia. O futuro só estaria assegurado, na sua opinião, mediante a extensão das fronteiras polonesas para o leste e a criação de um muro protetor de Estados pára-choques. Assim como a França considerava a Polônia o principal elo de sua cadeia de segurança, a leste da Alemanha, Pilsudski vislumbrava uma Ucrânia independente, baluarte da Polônia contra a Rússia.

As sondagens que realizou junto a Deníkin não o deixaram nada satisfeito. Pessoalmente, o comandante Branco e seus conselheiros políticos deixaram claro que aceitariam a soberania polonesa sobre os territórios delimitados pelo Tratado de Viena, em 1815, isto é, Varsóvia e as províncias limítrofes, o que só poderia ser formalizado pela futura Assembléia Constituinte. Sendo assim, Pilsudski concluiu que uma vitória bolchevique na Guerra Civil equivaleria a um mal menor, impedindo o retorno dos sentimentos nacionalistas grão-russos e a restauração do antigo Império.

O envolvimento da Polônia na Guerra Civil poderia acarretar sérias conseqüências. Em 1919, tropas polonesas penetraram várias centenas de quilômetros através da Bielo-Rússia e da Ucrânia, podendo influir bastante na correlação de forças. Confiante na vitória, Deníkin não via razão para ceder a Pilsudski; ele supunha que não restava alternativa ao líder polaco senão aliar-se aos que lutavam contra os bolcheviques. Em contrapartida, para o governo comunista, a neutralidade da Polônia era uma questão de sobrevivência, e Moscou estava pronta a fazer tantas concessões fronteiriças quanto fosse necessário; a revolução mundial logo as tornaria irrelevantes.

Em meados de julho, por intermédio de um comunista polonês, Moscou e Varsóvia abriram negociações secretas. Ostensivamente, os dois países limitavam-se a combinar trocas de prisioneiros. Na verdade, as discussões envolviam a questão das fronteiras; dispostos a fixá-las conforme a vontade de Pilsudski, os bolcheviques só exigiam que a Polônia se abstivesse de ajudar Deníkin. Nos últimos dias do mês de outubro de 1919, o representante polonês disse ao diplomata russo com quem mantinha contato: "Podemos nos unir e derrotar Deníkin. Lance seus regimentos contra ele e Iudenitch, que nós não moveremos uma palha." De fato, organizadas na retaguarda dos Vermelhos, as forças polonesas não as hostilizaram, assistindo impassíveis à ofensiva contra os Brancos, na Ucrânia ocidental. Essa política de não-interferência foi de inestimável valia para o Exército Vermelho, permitindo o deslocamento de 43 mil homens da frente polonesa, enviados contra as tropas de Deníkin. Posteriormente, Pilsudski vangloriou-se da sua inação deliberada, considerando-a decisiva para o resultado da guerra civil. Deníkin e Tukhatchevski concordaram com essa opinião. O que eles desconheciam eram os planos que o político polonês tinha elaborado para atacar os bolcheviques, tão logo se livrassem de Deníkin.

O não reconhecimento da autonomia da Finlândia, por parte dos Brancos, produziu efeito igualmente desastroso às operações no cenário noroeste do conflito, onde um pequeno exército, sob as ordens do general N. N. Iudenitch, esteve muito perto de tomar a cidade de Petrogrado. Assim que a independência foi proclamada, em 4 de novembro de 1917 (NE), o governo de Lênin, prontamente, reconheceu a soberania do novo país, sem embargo de medidas imediatas de apoio à guarnição russa e aos comunistas nativos, que pretendiam desferir um golpe contra o governo. O general Carl Mannerheim organizou uma força de resistência nacional e conseguiu libertar as regiões mais ao norte, mas os comunistas mantiveram o domínio sobre o território, ao sul, onde estava a capital, Helsinque. Em abril de 1918, ignorando as objeções de Mannerheim, os alemães desembarcaram tropas na Finlândia e esmagaram a rebelião comunista.

No comando de um pequeno Exército Branco que se formara na Estônia com a ajuda britânica, Iudenitch solicitou apoio aos finlandeses, no início de 1919, para atacar Petrogrado pela rota mais direta, cruzando o istmo da Carélia, ao norte do lago Ládoga. Mannerheim hesitou em atender ao pedido, em parte porque a Grã-Bretanha e outros aliados não demonstravam estar muito de acordo com aquelas manobras, mas sobretudo porque Koltchak, superior de Iudenitch, recusava-se a reconhecer a independência da Finlândia, chegando a desautorizar seu lugar-tenente quando este pretendeu fazê-lo por conta própria. Iudenitch se viu forçado a lançar sua ofensiva a partir da Estônia, o que tornou a missão muito complicada.

Realmente, àquela altura dos acontecimentos, o reconhecimento do governo de Mannerheim teria sido pouco mais que uma formalidade, dado que a Finlândia já era um Estado totalmente soberano e reconhecido como tal por vários países, entre os quais a França, a Alemanha e a Rússia soviética. Exemplo da falta de sensibilidade política dos generais Brancos, esse fato prova que eles só se preocupavam mesmo com operações militares.

O colapso de Koltchak, em quem tinham depositado suas esperanças, representou uma boa dose de amargura para aquele pequeno grupo de políticos britânicos favoráveis à intervenção. Lloyd George, que a adotara com fortes restrições, manifestou publicamente seu ceticismo, afirmando: "Se Deníkin tivesse o povo atrás de si, os bolcheviques nunca poderiam vencê-lo" – como se o resultado das batalhas fosse uma espécie de eleição. No início de agosto de 1919, o gabinete de Guerra resolveu oferecer a Deníkin uma última proposta de ajuda, um "pacote de produtos não-comercializáveis", sinalizando que nada mais lhe seria enviado. Essa iniciativa foi, justamente, na época em que ele estava mais perto do que nunca da vitória. Em 7 de outubro, quando o Exército Voluntário do Sul aproximava-se de Oriol, a 300 quilômetros de Moscou, e Iudenitch estava em plena investida sobre Petrogrado, os britânicos remeteram a sua "Contribuição Final para o general Deníkin", totalizando 14 milhões de libras, ou 70 milhões de dólares, cerca de 20% dos quais constituídos por excedentes de guerra.

Estavam lançadas as sementes da traição. Com a derrota de Koltchak, a Grã-Bretanha procurou desligar-se da questão. Assim que o avanço de Deníkin em direção a Moscou sofresse os primeiros reveses, ele seria abandonado. Ninguém tinha dúvidas a esse respeito.

MEDONHOS *POGROMS* sucederam-se, durante toda a Guerra Civil, nas terras ucranianas, a oeste do rio Dnieper. Desde meados do século XVII, quando da invasão do país por cossacos rebelados contra os poloneses, os judeus nunca deixaram de sofrer perseguições, num prelúdio do genocídio praticado pelos alemães, um quarto de século mais tarde.

À exceção de uma pequena minoria que concluíra cursos de educação superior, ou fora capaz de reunir fortunas consideráveis, todos os habitantes judeus do Império russo estavam obrigados a morar em cidades do chamado Território Demarcado, área apartada das províncias da extinta Comunidade Polonesa, que coubera à Rússia nas partilhas do século XVIII. Confinados a esse território, eles podiam inscrever-se nos registros cartoriais, vivendo livremente e desempenhando suas atividades artesanais e comerciais. O rápido crescimento demográfico tornou sua situação econômica cada vez mais desesperadora. Muitos preferiram a emigração, tomando diversos caminhos em direção à Europa e às Américas. Os que ficaram enfrentaram todo o tipo de obstáculos: eram proibidos de integrar o serviço público civil e o corpo de oficiais, ou severamente restringidos, por meio de cotas de admissão nas universidades. Como resultado de tal discriminação, um número desproporcional de jovens judeus aderiu ao movimento revolucionário. Alguns políticos russos, dotados de maior visão, entre eles Stolípin, eram favoráveis ao fim das restrições medievais impostas aos judeus, mas suas propostas jamais conseguiram superar as barreiras da oposição anti-semita, na Corte e na burocracia.

O Território Demarcado teve morte natural durante a Primeira Guerra Mundial, quando dezenas de milhares de judeus, vivendo perto da zona de combate e acusados de serem simpatizantes dos alemães, foram expulsos para o interior da Rússia. O Governo Provisório aboliu todas as restrições que ainda havia contra eles. Em 1917 e nos anos subseqüentes, pela primeira vez na história russa, os judeus foram absorvidos pelo funcionalismo público. Logo após a Revolução, repentinamente surgiram em lugares onde nunca tinham sido vistos antes, ocupados com atividades que jamais exerceram. Desgraçadamente para os russos, essa maior visibilidade dos judeus coincidiu com as misérias do comunismo. Nas palavras de um intelectual judeu contemporâneo:

> Os russos nunca tinham visto antes judeus em posições de autoridade, como governadores, policiais, ou mesmo simples empregados dos correios. Obviamente, sempre houve tempos melhores e tempos piores, mas o povo russo vivia, trabalhava e dispunha dos frutos de seu trabalho, a nação russa crescia e enriquecia, o nome russo era grande e inspirava admiração. De repente, há um judeu em toda esquina e em todos os degraus de poder (...) o russo o vê como juiz e carrasco. O cidadão comum encontra judeus a cada passo – não comunistas, mas pessoas tão infelizes quanto ele, dando ordens, trabalhando para o regime soviético, esse regime que está em toda parte, do qual não se pode escapar. Um regime assim, se tivesse saído das mais baixas profundezas do inferno, não poderia ser mais malévolo ou insolente. Será por acaso espantoso que o russo, comparando o passado com o presente, conclua que o presente regime é judeu e, portanto, diabólico?

Como resultado dessa identificação, eclodiu um anti-semitismo virulento, espraiando-se da Rússia para todo o mundo. Assim como o socialismo e o nacionalismo eram, respectivamente, as ideologias da *intelligentsia* e do antigo *establishment* civil e militar, a "judeofobia" tornou-se uma ideologia das massas. A conexão entre os judeus e o comunismo, conseqüência da Revolução e exportada da Rússia para a

Alemanha de Weimar por nacionalistas radicais e alemães bálticos, foi de imediato assimilada por Hitler e por ele transformada em doutrina principal do nazismo.

O paradoxo é que, embora fossem amplamente percebidos como trabalhando em benefício de seu próprio povo, os bolcheviques de origem judia não apenas deixavam de se considerar judeus, mas ainda se ofendiam com alusões a esse respeito. Comportavam-se como renegados, que escapavam de sua condição judaica pela via do comunismo. Nora Levin, historiadora do judaísmo soviético, escreve:

> O bolchevismo atraía judeus marginais, suspensos entre dois mundos – o judeu e o gentio –, que criavam uma nova pátria para si, uma comunidade de ideólogos, determinados a refazer o mundo à sua própria imagem. De modo bastante deliberado e consciente, esses judeus rompiam com as restrições da vida social, religiosa e cultural do território demarcado e atacavam a cultura secular dos socialistas judeus e sionistas. Tendo abandonado suas próprias origens e identidade, e ainda não encontrando, ou partilhando, ou mesmo sendo completamente admitidos na vida russa – exceto no ambiente partidário –, os judeus bolcheviques localizavam sua pátria ideológica no universalismo revolucionário.

Trótski – o satânico "Bronstein", dos anti-semitas russos – reagia com fúria ilimitada sempre que alguém ousava referir-se a ele como judeu. Quando uma delegação de judeus procurou-o, em busca de ajuda, respondeu com raiva: "Não sou judeu, sou um internacionalista." Em outra ocasião, ele afirmou que os judeus não o interessavam mais do que os búlgaros. No outono de 1919, de passagem pela Ucrânia, ele nem sequer tomou conhecimento de milhares de judeus que pereciam em *pogroms*. Outro comunista judeu, Karl Radek, chegou a ponto de confidenciar a um jornalista alemão que gostaria de "exterminar" todos os judeus.

O Exército Branco do sul não deu sinais de anti-semitismo, pelo menos durante o primeiro ano de sua existência: os judeus lutaram em suas fileiras e participaram das campanhas, na Marcha de Gelo. Isso mudou ao longo do inverno de 1918-1919, em parte porque os judeus foram responsabilizados pelo Terror Vermelho – sobretudo pelo assassinato de Nicolau II e sua família – e em parte porque os russos anticomunistas, recusando as origens autóctones do bolchevismo, precisavam de um outro bode expiatório, após o recuo dos alemães. Convém enfatizar, entretanto, que o Exército Voluntário não se envolveu em *pogroms*, organizados somente por aventureiros ucranianos – bandos do líder nacionalista Semion Petlura e outros fora-da-lei, que aterrorizavam a região – e cossacos, que serviam nas fileiras brancas e consideravam a Guerra Civil uma ocasião propícia à pilhagem.

Os excessos anti-semitas começaram durante a ocupação alemã da Ucrânia, em 1918, intensificando-se após a retirada dos exércitos do *Kaiser*. Os piores episódios, em dois momentos, ocorreram nos meses de maio e agosto-outubro de 1919. Os cossacos Brancos só participaram da última fase, a mais selvagem.

Segundo o padrão, os *pogroms* envolviam tanto a população local como os forasteiros, objetivando antes de mais nada o saque – a violência física contra os judeus era o meio de lhes extorquir dinheiro, embora o sadismo não estivesse de todo ausente. Ao invadir uma casa judia, os bandidos exigiam tudo o que valesse alguma coisa; os estupros e a maioria dos assassinatos resultavam da recusa das vítimas ou de sua impossibilidade em atender às imposições. Trens militares transportavam mobiliário e outros bens das famílias para as regiões do Don, Kuban e Terek, sendo o refugo do butim distribuído aos camponeses que apareciam com carroças e sacos. Houve ocasiões em que as sinagogas foram profanadas, destruindo-se os pergaminhos da Torah e outros objetos religiosos; em geral, esses motivos tinham muito menor peso do que as razões econômicas e sexuais.

Para as organizações judaicas, os *pogroms* mais terríveis eram aqueles perpetrados pelos bandos de ladrões ucranianos. Durante a Guerra Civil, essas entidades levantaram dados sobre 1.236 casos de violência anti-semita, 887 deles classificados como *pogroms* e os demais como simples "excessos", isto é, sem dimensão de massa. Desse número total, os seguidores de Petlura foram responsáveis por 40% dessas ocorrências – 493 casos –, cabendo aos senhores de guerra locais outros 25% – 307 –, às tropas de Deníkin, 17% – 213 – e ao Exército Vermelho, 8,5% – 106. Sobre esses últimos, os historiadores têm sido surpreendentemente silenciosos.

Seria incorreto atribuir a totalidade dos massacres aos exércitos Brancos, mas a verdade é que Deníkin e seus comandantes foram omissos ante as atrocidades praticadas pelos cossacos, seus aliados, o que representava não apenas uma nódoa, mas contribuía para desmoralizar as forças sob seu comando. Pessoalmente, o comandante do Exército do Sul não possuía os traços típicos do anti-semita contemporâneo: nos cinco volumes da crônica que escreveu a respeito da Guerra Civil, não há uma única palavra de acusação contra os judeus, nem pelo comunismo nem por sua derrota. Ao contrário, ele expressa remorso pelo tratamento que suas tropas dispensaram aos judeus e pelos *pogroms*. Deníkin era um homem fraco, inexperiente em política, que tinha frágil controle sobre seus soldados. Considerando inútil opor-se às paixões dominantes e com medo de parecer pró-judeu, preferiu ceder às pressões de seus oficiais anti-semitas. Em junho de 1919, procurado por uma delegação judia, que solicitava uma declaração sua condenando os *pogroms*, disse que "aqui as palavras não têm poder, qualquer clamor será inútil, podendo ainda irritar as massas, suscitando nelas a suspeita de que se pretende entregar algo aos judeus, e tornando mais difícil a sua situação". Nas raras ocasiões em que Deníkin e seus subordinados tentaram punir a violência anti-semita, indo de encontro à psicose dominante, suas ordens deixaram de ser cumpridas. Em Kíev, por exemplo, quando um general branco mandou à corte marcial três oficiais que haviam se envolvido num *pogrom*, a sentença capital acabou sendo suspensa diante da ameaça de novo *pogrom* que vitimaria centenas de judeus.

O anti-semitismo dos exércitos Brancos está documentado e sempre foi bastante divulgado. O mesmo não se pode dizer das reações soviéticas aos excessos praticados nos territórios sob seu controle. Os bolcheviques não toleravam os *pogroms* que não raro acobertavam o anticomunismo. Mas também não denunciavam a violência dos Brancos, para não serem acusados de servir aos interesses "judeus". Fingiam não notar os *pogroms* realizados por suas próprias tropas. No arquivo secreto de Lênin, recentemente aberto a estudiosos, existe uma ordem dada por ele a comunistas da Ucrânia, no fim de 1919, que contém o seguinte parágrafo:

> Judeus (referir-se a eles polidamente, como "pequena-burguesia judia") e populações locais devem ser tratados com vara de ferro: transferi-los para a frente de batalha, não deixá-los em órgãos do governo (talvez somente em percentagens insignificantes, em circunstâncias muito especiais e sobre controle de classe).[7]

A única figura proeminente a condenar os *pogroms* de forma clara e inequívoca foi o chefe da Igreja Ortodoxa, o patriarca Tíkhon, que na epístola de 21 de julho de 1919 denunciou a violência contra os judeus, afirmando que essa prática trazia "desonra para os que a perpetravam e desonra para a Igreja Sagrada".

Jamais será possível precisar o número de mortes nos *pogroms* de 1918-1920, mas não resta dúvida de que foi elevado. Há provas de que 31.071 vítimas tiveram enterro apropriado, mas nada se sabe a respeito daqueles cujos restos foram queimados ou deixados insepultos. Por isso, estima-se que o total de mortos esteja entre cinqüenta e cem mil. Não bastasse a matança, os saques deixaram a população judia da Ucrânia inteiramente empobrecida. Sob todos os aspectos, exceto pela ausência de uma organização central que os dirigisse, os *pogroms* da Guerra Civil russa prenunciaram o Holocausto, que duas décadas mais tarde conduziria ao sistemático genocídio de judeus: a identificação fatal do comunismo ao judaísmo.

Na época, esse reconhecimento ganhou ampla aceitação, não somente em círculos russos e alemães de extrema-direita, mas também entre ingleses e americanos cultos, lançando as sementes psicológicas da "Solução Final", de Adolf Hitler. Os *Protocolos dos Sábios de Sião*, texto falso sobre uma apócrifa estratégia israelita visando à dominação do mundo gentio, tornou-se um best seller internacional, posto que parecia explicar o que, de outra forma, seria inexplicável – o fenômeno do comunismo. Espalhadas por extremistas russos, histórias fantásticas a respeito da origem judaica de todos os líderes soviéticos –

exceto Lênin – tinham livre trânsito no exterior. Basta dizer que *sir* Eyre Crowe, um dos mais antigos funcionários do Ministério do Exterior britânico, respondendo a um memorando em que Chaim Weizmann, futuro presidente do Estado de Israel, protestava contra os *pogroms*, observou: "O que possa parecer ao Sr. Weizmann ultrajes contra os judeus pode aos olhos dos ucranianos ser retaliação contra os horrores organizados, dirigidos e cometidos pelos judeus bolcheviques."

Quais são os fatos? É inegável que, tanto no Partido Bolchevique quanto no aparelho soviético, no movimento comunista europeu e na III Internacional, os judeus desempenharam papel extraordinário, tiveram uma participação desproporcional ao peso que tinham entre os habitantes de seus respectivos países. Mas eles sempre foram um povo muito ativo e proeminente em muitos campos da atividade humana. Embora constituam menos do que 0,3% da população mundial, os judeus ganharam um em quatro Prêmios Nobel de Medicina, e um em cinco de Física, entre 1901 e 1970. Conforme o testemunho do próprio Mussolini, quatro dos sete fundadores do Partido Fascista eram judeus.[8] Hitler confirmou que eles foram dos primeiros a apoiar financeiramente o movimento nazista.

O que não se pode deduzir é que a maioria dos judeus russos concordasse com os comunistas. Durante a Revolução e ao longo de toda a Guerra Civil, o Partido Bolchevique sempre foi minoritário, não refletindo as opiniões da população: Lênin admitiu que os comunistas constituíam "uma gota de água" no "mar" da nação. Em outras palavras, não poucos comunistas eram judeus, mas poucos judeus eram comunistas. Em 1917, quando os judeus russos tiveram a oportunidade de expressar suas preferências políticas, não votaram nos bolcheviques, tampouco nos sionistas e nos partidos socialistas democratas. Nas eleições para a Assembléia Constituinte, o apoio ao bolchevismo não veio do velho Território Demarcado, mas das Forças Armadas e das cidades da Grande Rússia. O censo do Partido Comunista, realizado em 1922, mostrou que apenas 959 membros judeus tinham se filiado antes de 1917.

Ao longo da Guerra Civil, em meio ao conflito Vermelhos *versus* Brancos, a população judia aproximou-se gradualmente do regime comunista por instinto de autopreservação. Eles receberam bem os Brancos que entraram na Ucrânia, pois haviam sofrido cruelmente sob os comunistas, não como judeus, mas como "burgueses". Desencantados com as políticas que os excluíam da administração e toleravam *pogroms*, bandearam-se para o Exército Vermelho, em busca da proteção dos oficiais e comissários judeus. Como num círculo vicioso, por serem supostamente a favor dos comunistas, os judeus eram perseguidos, o que os tornava pró-comunistas para sobreviver; a mudança de fidelidade, longe de garantir segurança, justificava novas perseguições.

EM NOVEMBRO DE 1919, o exército do almirante Koltchak converteu-se numa turba em debandada – foi um "salve-se quem puder". Milhares de oficiais, acompanhados por suas mulheres e amantes, assim como hordas de soldados e civis, deslocaram-se às pressas na direção leste, para Osmk, esperando encontrar uma praça fortificada. O fluxo de refugiados inchou a população urbana de 120 mil para mais de meio milhão de habitantes. Os feridos e doentes eram abandonados à própria sorte. Na terra de ninguém, entre os Vermelhos que avançavam e os Brancos que se retiravam, bandos de ladrões – a maioria cossacos – roubavam, matavam e estupravam.

> Quando por estradas cobertas de lama o corpo principal das forças de Koltchak chegou à cidade, presenciaram uma situação indescritível. A estação ferroviária, as ruas e os edifícios públicos transbordavam de expatriados. Soldados e suas famílias esmolavam de casa em casa. Para afastar a fome, esposas de oficiais prostituíam-se. Os que ainda tinham algum dinheiro gastavam-no em libertinagens e bebedeiras, nos cafés, enquanto mães e filhos congelavam até a morte, nas calçadas. Separadas de seus pais, órfãs, sem condições de encontrar um pedaço de pão ou um pouco de calor, crianças morriam aos montes. Muitos armazéns que não fechavam suas portas, por causa do medo, eram roubados. Inutilmente, bandas militares tentavam alegrar o ambiente das

cervejarias. Omsk transformara-se num mar de miséria... A indescritível condição dos feridos, postos de dois em dois nas camas dos hospitais, ou deitados no chão, agravava-se com a falta de medicamentos, anti-sépticos e analgésicos; improvisavam-se ataduras de lençóis, toalhas de mesa e roupas íntimas femininas.

O tifo grassava; comboios superlotados de doentes e moribundos entupiam de lixo humano a Ferrovia Transiberiana.

Koltchak pretendia defender Omsk, mas foi convencido a abandoná-la, seguindo para Irkutsk, em 13 de novembro de 1919, com o Exército Vermelho nos seus calcanhares. O que restava de suas tropas viajava em seis trens; um deles, composto de 29 vagões, carregava o Tesouro russo e outros valores, que os bolcheviques haviam transportado para Kazán. Controlando as margens da ferrovia, os tchecos e eslovacos percorriam o campo, saqueando tudo o que estava à vista; eles desviaram o comboio de Koltchak a fim de dar passagem aos seus próprios trens. No fim de dezembro, sete semanas após ter deixado Omsk, o almirante estava "encalhado" a 500 quilômetros a oeste de Irkutsk, praticamente abandonado por todos e mantido incomunicável por "seus" guardas tchecos.

Por aqueles dias, Irkutsk foi palco de um golpe: uma coalizão de grupos de esquerda dominada pelos socialistas-revolucionários formou um Centro Político que decretou a deposição de Koltchak, assumindo o governo da Sibéria. Ao saber desses acontecimentos, em 4 de janeiro de 1920, Koltchak anunciou sua demissão, colocando-se a si próprio e a seu tesouro sob a proteção dos tchecos, que se comprometeram a escoltá-lo ao encontro das missões aliadas.

O que aconteceu a seguir nunca foi satisfatoriamente explicado. Ao que parece, Koltchak foi traído pelo comandante da Legião Tchecoslovaca e pelo chefe da Missão Francesa Militar, sendo entregue ao Centro Político de Irkutsk. Em troca, os tchecos puderam seguir rumo a Vladivostok e de lá embarcaram para casa. Koltchak, sua amante de 26 anos e seu primeiro-ministro foram presos.

O Comitê Militar revolucionário da cidade decidiu interrogar o almirante, criando uma comissão que funcionou entre 21 de janeiro e

6 de fevereiro. A investigação, misto de inquérito e julgamento, terminou abruptamente em 6 de fevereiro: Koltchak foi condenado à morte. Anunciada poucas semanas depois, a explicação oficial deu conta de que ele estava para ser raptado por tropas Brancas, sob o comando do general V. O. Kappel. Todavia, um documento codificado, localizado no Arquivo Trótski, em Harvard, revela que a execução foi ordenada por Lênin. O texto, rascunhado no verso de um envelope dirigido ao presidente do Comitê Militar Revolucionário siberiano, diz:

> Não divulgue nenhuma informação sobre Koltchak; não imprima absolutamente nada, e, só depois de ocuparmos Irkutsk, mande um telegrama, no modelo oficial, explicando que as autoridades locais, antes de nossa chegada, agiram de tal e tal modo, temendo a ameaça de Kappel e o perigo de complôs da Guarda Branca.

O procedimento assemelhava-se muito ao que tinha sido empregado para camuflar o assassinato da família imperial – crime supostamente cometido por iniciativa de autoridades locais, temerosas de que o prisioneiro fosse levado embora de seu cativeiro.

Na noite de 6 para 7 de fevereiro, Koltchak e seu primeiro-ministro foram retirados de suas celas e fuzilados; jogaram os corpos nas águas geladas de um rio próximo.

AO SUL E A NOROESTE, temporariamente, a sorte parecia sorrir aos Brancos. Logo, tudo terminaria num idêntico desastre.

Em 12 de setembro de 1919, Deníkin ordenou a seus exércitos – "do Volga à fronteira romena" – que avançassem na direção de Moscou. A 20 de setembro, o Exército Voluntário do Sul tomou Kursk. Segundo Viatcheslav Mólotov, secretário do Comitê Central, Lênin chegou a dizer que o governo soviético estava liquidado e que o Partido iria para a clandestinidade.[9] Obedecendo às ordens de Dzerjinski, a *Tcheká* dividiu os 12 mil reféns em várias categorias, organizando-as em levas de sucessivas execuções, para evitar que caíssem em poder do inimigo.

Os Brancos recebiam informações de uma organização clandestina, chamada Centro Nacional, dirigida por um advogado liberal, N. N. Schépkin, informando sobre o estado de espírito da população e aconselhando os lemas que deveriam ser utilizados na sua mobilização. O Centro possuía um escritório em Petrogrado, que passava dados militares a Iudenitch. Uma série de acidentes fortuitos ajudou a *Tcheká* a descobrir o Centro e, em setembro de 1919, seus líderes, incluindo Schépkin, foram executados.

De vitória em vitória, o Exército do Sul foi cortando o perímetro de defesa bolchevique. Em 13/14 de outubro, tomou Oriol, a 300 quilômetros de Moscou, enquanto as tropas de Iudenitch lutavam na região de Gatchina, bem próximo de Petrogrado. O objetivo seguinte de Deníkin era Tula, importante centro de produção de armamentos e última grande cidade no caminho da capital. A mobilização em massa somada às tropas transferidas da frente polonesa, graças ao acordo com Pilsudski, asseguraram ao Exército Vermelho uma vantagem numérica insuperável.

Em 11 de outubro, quando a luta no sul atingia o clímax, Iudenitch desferiu sua segunda ofensiva contra as forças que defendiam Petrogrado. Cinco dias bastaram para que seu exército alcançasse Tsárskoie Sieló, antiga residência imperial, a apenas 25 quilômetros da velha capital. Os Brancos lutavam brilhantemente, valendo-se da escuridão da noite como cobertura para amedrontar e desorientar o inimigo, que imaginava estar enfrentando tropas muito mais numerosas. O surgimento de poucos tanques provocou a fuga precipitada dos Vermelhos. Apoiando a operação, a Marinha britânica bombardeou Kronstadt, afundando ou danificando bastante 11 navios soviéticos, inclusive dois couraçados.

Lênin chegou a dar ordens sigilosas para evacuar a cidade, mas Trótski e Stálin convenceram-no a defendê-la, evitando os efeitos nocivos que sua queda provocaria no moral dos Vermelhos. Participando pela primeira e única vez dos combates, Trótski assumiu a defesa, ordenando que fossem feitas barricadas. Berrando aos soldados desalentados seus discursos vibrantes, ele fez pouco do inimigo e seus tanques e virou a situação. No dia 20, quando Iudenitch atingiu os subúrbios de Petrogrado, Trótski reuniu as tropas em fuga e, montado a cavalo, levou-as de volta à batalha.

Em 21 de outubro, o 7º Exército Vermelho contra-atacou, atravessando rapidamente as linhas Brancas, que não tinham reservas. O avanço do 5º Exército Vermelho a partir do sul selou a sorte do exército de Iudenitch, que não teve escolha senão recuar na direção da Estônia, onde foi desarmado. Nos meses que se seguiram, a Rússia soviética assinou tratados de paz com as três repúblicas bálticas e com a Finlândia.

NO FIM DE SETEMBRO DE 1919, a oeste de Oriol, o alto comando Vermelho reuniu um "grupo notável" de tropas de choque. Tudo foi feito em sigilo. Seu núcleo consistia nos Fuzileiros letões, envergando as familiares jaquetas de couro; transferido da frente ocidental, o contingente estava pronto, mais uma vez, para prestar serviços inestimáveis ao regime comunista. O comandante encarregado da frente sul, A. I. Iegórov, oficial SR, reforçou o "grupo" com um corpo de cavalaria recém-formado, sob o comando de Budióni. O Exército Voluntário seria atacado pelo leste.

Em 18/19 de outubro, as 2ª e 3ª Brigadas atacaram o Exército Branco que se retirava para Tula, derrotando os exaustos Voluntários e forçando-os, no dia 20, a abandonar Oriol. No combate, pereceram metade dos oficiais e mais de 40% dos soldados.

A situação do Exército Voluntário era perigosa, mas não totalmente perdida, quando de repente, vindo do leste, apareceu o Corpo de Cavalaria de Budióni, reforçado por 12 a 15 mil homens de infantaria. Em 19 de outubro, Budióni derrotou os cossacos do Don, que defendiam Vorônies, e ocupou a cidade. Em 29, cruzou o Don e atacou o estratégico tronco ferroviário de Kastornoie, ocupando-a depois de duas semanas de luta feroz, no dia 15 de novembro. A ofensiva sobre Moscou terminara. O Exército Voluntário do Sul recuou para Kursk. Seu comandante, soldado capaz, mas dado à bebida e mulherengo, foi substituído por Wrangel.

Em meio a esses reveses, os Brancos sofreram mais um rude golpe. Em 8 de novembro, num discurso público, Lloyd George declarou que o bolchevismo não podia ser derrotado pela força das armas e que a Grã-Bretanha "não pode (...) permitir-se continuar uma intervenção tão custosa, numa Guerra Civil interminável". Em 17 de novembro, dirigindo-se aos parlamentares, na Câmara dos Comuns, ele citou Disraeli, segundo o qual "uma Rússia grande, gigantesca, colossal e crescida rolava como uma geleira em direção à Pérsia e às fronteiras do Afeganistão e da Índia, a maior ameaça com que o Império Britânico podia ser confrontado". A luta de Koltchak e Deníkin por uma "Rússia indivisível" não interessava à Grã-Bretanha, assegurou ele.

De acordo com Deníkin, o impacto dessas palavras sobre suas tropas foi devastador. Isso foi confirmado por uma testemunha britânica, o jornalista C. E. Bechhofer:

> O efeito dos discursos de Lloyd George foi eletrizante. Até aquele momento, os Voluntários sentiam-se confortados com a idéia de que estavam lutando uma das fases finais da Grande Guerra, e que a Inglaterra ainda era o primeiro de seus aliados. De repente e com horror, perceberam que a Grã-Bretanha considerava o conflito mundial encerrado e a guerra na Rússia meramente civil. Em poucos dias, toda a atmosfera no sul da Rússia mudou. Qualquer que fosse a firmeza de propósitos anterior, ela fora tão minada, que o pior se tornou possível. A opinião de Lloyd George, de que a causa Voluntária estava perdida, contribuiu bastante para assegurar a sua derrota.

Em 17 de novembro, sabendo que três dias antes Koltchak abandonara Omsk, os Brancos evacuaram Kursk em marcha cada vez mais acelerada. A notícia da queda de Khárkov e de Kíev, um mês depois, transformou a retirada em correria – tal como ocorrera na Sibéria –, com turbas de soldados e civis em pânico fugindo para o sul, em direção ao mar Negro. Em Novorossiisk, atacadas por uma terrível epidemia de tifo, as massas aguardavam uma vaga a bordo dos navios aliados. Só um punhado conseguiu embarcar e quando a cavalaria de Budióni entrou na cidade, centenas foram imediatamente passados pelas armas e dezenas de milhares levados para os campos de concentração.* Os bolcheviques promoveram uma verdadeira devastação nos povoados cossacos, deportando seus habitantes que, por volta de 1921, estavam reduzidos à metade. Em dez anos, já durante a coletivização, a cultura cossaca deixara de existir.

Na Criméia, em 2 de abril de 1920, generais Brancos obrigaram Deníkin a exonerar-se do comando, escolhendo como seu sucessor o general Wrangel, que se transferira para a reserva e vivia em Constantinopla. Ele regressou num navio inglês, trazendo uma nota do Alto Comissariado britânico, solicitando o fim da "luta desigual". A Inglaterra prometia interceder junto ao governo de Moscou em favor de uma anistia geral, deixando claro que não proporcionaria mais [aos Brancos] "qualquer ajuda ou subvenção".

Wrangel não alimentava ilusões sobre o prosseguimento da luta contra um exército de um milhão de homens, mas não queria abandonar centenas de milhares de soldados e civis anticomunistas, praticamente refugiados na Criméia. Aproveitando a pausa decorrente da luta entre poloneses e russos, na Ucrânia, ele restaurou a disciplina de suas tropas e formulou um programa de reformas tendentes a fazer da Criméia um Estado democrático e socialmente progressista, que servisse de modelo para os russos, após a queda do comunismo. Todavia, quando as hostilidades na Ucrânia cessaram, em 18 de outubro, o tempo de Wrangel esgotou-se. Dois dias depois, as operações do Exército Vermelho contra a Criméia foram reiniciadas e, em 14 de novembro, o que restara das tropas de Wrangel embarcou em navios britânicos e franceses, rumo a Constantinopla. De lá, os refugiados civis e militares dispersaram-se pela Europa, juntando-se aos emigrados da Rússia soviética que os haviam precedido.

---

*No dia 28 de julho de 1920, antes do ataque decisivo dos exércitos de Wrangel na Criméia, Stálin telegrafou a Trótski, ao que parece fazendo referência a instruções deste último: "Planejamos emitir e distribuir a ordem sobre a exterminação de todos os membros do gabinete de Wrangel no instante da ofensiva de nosso general": RTsKhIDNI, Fundo 558, Opis 1, delo 1.875, Lista 1, publicado em *Bolchevístskioe rukovodstvo: Pieriepíska, 1912-1917* (Moscou, 1996), 150.

Entre os lugares-comuns da historiografia moderna figura a atribuição da derrota dos Brancos, na Guerra Civil, à falta de apoio da população e de vontade, deles próprios, em adotar plataformas liberais de cunho social e político. Tal proposição supõe que a Guerra Civil é uma espécie de disputa por popularidade, decidida pelas preferências da maioria. Na realidade, o conflito envolveu minorias, enquanto a população mantinha-se distante – como "uma praga, em ambos os lados", segundo comentário contemporâneo. A alienação do campesinato em relação aos Brancos pode ter resultado da sua indefinição a respeito das apropriações de terra, mas os camponeses também estavam bastante irados com os confiscos de comida comandados pelos bolcheviques. Testemunhas oculares contam que as populações sentiam saudades dos Brancos, quando viviam sob os Vermelhos, mas os queriam de volta, após passar por um governo Branco. Os chamados bandos Verdes, lutando contra os Brancos e os Vermelhos, expressavam bem melhor os sentimentos dos russos e ucranianos, na Guerra Civil.*

Em última análise, portanto, o triunfo Vermelho deve ser creditado aos fatores "objetivos", anteriormente mencionados, a saber: controle das regiões centrais da Rússia, seus recursos humanos e militares amplamente superiores e unidade do comando.

As baixas humanas da Guerra Civil foram imensas, a maioria delas em conseqüência de epidemias e da fome; calcula-se que somente as doenças infecciosas tenham ceifado mais de dois milhões de vidas. O Exército Vermelho sofreu principalmente na frente nacional, isto é,

*Para compreender a facilidade com que ocorrem oscilações extremas na Rússia, basta lembrar os acontecimentos de agosto de 1991 e outubro de 1993. No primeiro caso, uns poucos milhares de civis, ajudados por um pequeno contingente do exército, frustraram um golpe militar que se propunha a restaurar o comunismo. O resultado foi o colapso da União Soviética e a dissolução do Partido Comunista. No segundo, uns poucos milhares de soldados, reunidos com grande dificuldade, habilitaram o presidente Iéltsin a liquidar a oposição parlamentar. Nas duas ocasiões, que marcaram o término dos setentas anos de governo comunista, a maioria esmagadora do povo – as "massas" – ficou à parte, esperando em total passividade o resultado do conflito.

na luta contra os camponeses, perdas estimadas em um milhão. Os mortos nos exércitos Brancos chegaram a 127 mil – segundo o cálculo de um demógrafo –, excluídos os que caíram prisioneiros, sendo enviados a campos de concentração, onde pereceram por fuzilamento ou maus-tratos.

Finalmente, cerca de um milhão e meio a dois milhões de russos abandonaram o país. Constituindo uma alta proporção da elite instruída que dirigira a Rússia, antes da Revolução, a maioria tomou o rumo da França e da Alemanha, países que receberam, cada um, quatrocentos mil emigrados. Encarando o exílio como temporário, eles acabaram sendo obrigados a buscar novas pátrias em cada lugar que os acolheu. O que esse êxodo representou para a Rússia em perda de talentos, conhecimentos e experiências desafia quantificações.

12
O novo império

O país onde ocorreu a Revolução "Russa" e a Guerra Civil "Russa" era um império no qual os russos, propriamente ditos – grão-russos –, constituíam apenas uma minoria. Realizado em 1897, o primeiro censo nacional contou 125 milhões de habitantes, excluindo-se aqueles residentes no ducado da Finlândia. Desse número, 56 milhões eram grão-russos; 22 milhões, ucranianos, e seis milhões, bielo-russos, entre 85 grupos lingüísticos diferentes. Mas mesmo essa conta inflava o tamanho da nacionalidade dominante, pois os aplicadores do censo tabularam não a filiação étnica, mas a língua natal; mais tarde, verificou-se que considerável número de não-russos – 8,2%, em 1926 – adotava o idioma russo como seu e eram listados como tais. Em termos de origem étnica, na época da Revolução, os grão-russos não ultrapassavam 52 milhões, ou 42% da população do Império.

O censo de 1897 registrou 85 grupos lingüísticos diferentes, o menor deles incluindo apenas centenas de indivíduos. Embora interessantes para o antropólogo ou etnógrafo, para o historiador eles são de importância menor. Do ponto de vista político, importantes para o historiador, as minorias do império russo eram menos do que uma dúzia.

Tendo vivido por quase cinco séculos sob a Polônia católica, os ucranianos mantiveram muitas afinidades com os grão-russos, em termos de língua e religião, mas experimentaram um desenvolvimento peculiar. Embora em menor escala, pode-se dizer o mesmo relativamente aos bielo-russos. Ambas as nacionalidades tinham experiência muito menor com as três instituições básicas na vida dos grão-russos: autocracia patrimonial, servidão e posse comunal da terra. Na virada do século, ainda não podiam considerar-se nações – o sentido de identidade nacional permanecia confinado a uma pequena camada da *intelligentsia*. O movimento nacionalista ucraniano, estimulado e financiado por uma Áustria interessada no enfraquecimento da Rússia, só conseguiu se expandir durante a Revolução e a Guerra Civil.

Por volta de 1900, São Petersburgo privara os oito milhões de poloneses de todos os direitos de autogestão e os administrava como se o país, que já tinha ocupado posição de destaque no cenário europeu, fosse uma província qualquer. É difícil imaginar como os russos esperavam manter em submissão permanente um povo antigo e culturalmente muito superior à massa de sua própria população, mas eles agiam como se isso fosse possível devido à importância geopolítica da Polônia – um posto avançado russo, na Europa.

Depois dos eslavos, em número – entre 14 e 15 milhões, ou cerca de 11% da população total do Império –, havia vários grupos turco-tártaros que professavam a religião do Islã – a maioria, sob sua forma sunita – e que se espraiavam do mar Negro até o Pacífico, concentrados em três regiões. Na Ásia Central – estepes e Turquestão – a maior dessas regiões era habitada por sete milhões de muçulmanos, todos sunitas, exceto os xiitas tadjiques, e que falavam dialetos turcos. Outro grupo muçulmano, e o primeiro a submeter-se ao controle do governo russo, compreendia os turcos que viviam ao longo do médio Volga e nos Urais – os tártaros, de economia agromercantil, e 1 milhão e trezentos mil nômades da Basquíria. A terceira área localizava-se no Cáucaso e na península da Criméia.

A Finlândia foi incorporada em 1809, como presente do então aliado Napoleão, constituindo-se numa entidade autônoma, dotada de parlamento próprio; autocrata em todas as suas outras possessões, o czar governava os finlandeses como monarca constitucional. Os habitantes da Finlândia estavam isentos das leis russas e do recrutamento pelo Exército russo. Na virada do século, esse acordo começou a ruir por causa de violações da Constituição finlandesa por funcionários russos.

Nas áreas bálticas, então conhecidas como Livônia, Curlândia e Estônia, preponderavam os alemães, grandes proprietários de terras e donos do comércio. Os letões e estonianos formavam uma classe mais baixa de camponeses e trabalhadores.

Os georgianos – 1,4 milhão, em 1897 – e armênios – 1,2 milhão – constituíam uma minoria cristã ortodoxa. Na Geórgia, os mencheviques nativos dominavam o cenário político, tendo desempenhado papéis de relevo no Partido Socialdemocrata russo. A Dashnaktsutiun, principal organização nacionalista armênia, lutava pela união das populações que viviam nos dois lados da fronteira, uma delas sob governo otomano.

Sujeitos a leis discriminatórias, os cinco milhões de judeus formavam uma categoria à parte. Seu *status* devia-se tanto à intolerância religiosa quanto ao medo dos agentes da polícia de segurança de que empreendimentos capitalistas, nos quais os judeus sobressaíam, acabassem por destruir a estabilidade social, caso pudessem expandir-se livremente. Quase todos eles viviam no Território Demarcado, que cercava a Polônia, o oeste da Ucrânia, a Bielo-Rússia e a Lituânia.

Com exceção dos poloneses, que exigiam soberania, e em menor grau, os finlandeses, as minorias étnicas não causavam muitos problemas às autoridades imperiais. O que veio a ser conhecido mais tarde como "questão das nacionalidades" representava uma ameaça mais potencial do que tangível à unidade do Império.

A Revolução de 1905 e o regime constitucional que dela se originou estimularam as consciências. Até o ano seguinte, representantes de diversos povos reuniram-se em congressos para debates e reivindicações. Nas campanhas eleitorais para a Duma, as minorias apresentaram seus candidatos, em geral filiados a partidos socialistas russos ou democratas-constitucionais liberais. Em seus programas, os partidos das minorias – sempre à exceção dos poloneses – restringiam-se a reivindicações territoriais ou de caráter cultural, dentro da estrutura do Império Russo, sem exigir, por enquanto, independência.

Considerando a importância que as questões étnicas passariam a ter, é surpreendente a pouca atenção que a essa altura os russos dedicavam a elas: mesmo intelectuais ativos na política tratavam nacionalidades e nacionalismo como temas secundários, basicamente como reações à discriminação, fadadas a desaparecer com a introdução da democracia política e social. Essa insensibilidade decorria de uma combinação de fatores históricos e geográficos. Ao contrário dos impérios europeus, que se constituíram *a posteriori* dos Estados nacionais, na Rússia o processo foi simultâneo e único na História. Além disso, sendo a Grande Rússia uma nação não marítima, suas possessões coloniais eram territorialmente contíguas, e não, como na Europa, separadas por Oceanos. Os grão-russos instruídos esperavam que as minorias se integrassem e o país, assim como os Estados Unidos, se fundisse numa só nação. A analogia não pode ser aceita sem reservas, visto que os Estados Unidos, a não ser por índios nativos e escravos trazidos da África, foram povoados por imigrantes, enquanto as regiões que compunham o Império Russo tiveram de ser conquistadas pela força das armas.

O PROBLEMA DAS NACIONALIDADES aguçou-se dias após a eclosão da Revolução de Fevereiro. O colapso do czarismo proporcionou aos grupos étnicos a oportunidade de não só articular antigas reivindicações, mas insistir no seu atendimento imediato. Reivindicações que nas províncias habitadas por sólida maioria russa assumiam formas de expressão econômicas e sociais, nas regiões predominantemente não-russas encontravam escape no nacionalismo. Um exemplo: para os nômades quirguizes e casaques, na Ásia Central, os colonos russos que tomaram seus pastos e os transformaram em terra arável representavam não uma classe hostil, mas um inimigo étnico.

Mobilizando-se com rapidez, já em 4 de março de 1917, os ucranianos formaram em Kíev um Soviete regional a que deram o nome de Rada. Inicialmente moderados em suas demandas, os líderes nacionalistas ucranianos tornaram-se cada vez mais radicais à medida que a autoridade central, na Rússia, ruía. Em 10 de junho, o Rada proclamou-se o único órgão autorizado a falar em nome do povo ucraniano e passou a ter autoridade quase soberana. Em agosto, o Governo Provisório não teve outra alternativa senão reconhecer as suas reivindicações.

Até então, o separatismo ucraniano ainda era um movimento majoritário da *intelligentsia*, estimulada e apoiada financeiramente por austríacos e alemães. Ao longo de 1917, entretanto, a agitação cresceu, incorporando a massa do campesinato que não queria dividir sua terra – muito mais fértil – com os russos. Reagindo a essa situação, seus representantes políticos exigiam que o assunto fosse decidido pelos próprios ucranianos.

Em maio de 1917, os muçulmanos realizaram um Congresso Pan-Russo Muçulmano em Moscou. A dispersão populacional refletiu-se nas reivindicações; os tártaros do Volga queriam permanecer integrados a um Estado russo unitário, exigindo tão-somente autonomia cultural, mas outros davam preferência a um acerto federativo. Submetida ao voto, a plataforma federal ganhou. O Congresso criou um Conselho Nacional Central – *Shura* – representativo dos muçulmanos da Rússia.

Na esteira da desintegração generalizada do Estado russo naquele ano, essa instituição de cúpula se enfraqueceu, acarretando a regionalização das atividades políticas. Na estepe, o partido Alash Orda começou a reivindicar autonomia para quirguizes e casaques e a restituição das terras que lhes foram tomadas por colonos russos e ucranianos. Em algumas áreas, turcos nativos e eslavos recém-chegados entraram em luta.

Mais ao sul, no Turquestão, onde os muçulmanos superavam os russos na proporção de 17 para 1, em abril de 1917 formou-se um Comitê Muçulmano Central. Tal como na estepe, os eslavos enterraram suas diferenças para formar uma frente única contra os nativos.

Em 1918-1919, a Ásia Central transformou-se no cenário de violentos conflitos, em que as questões sociais assumiam um caráter racial.

No Cáucaso, como se não bastasse a intricada estrutura étnica, a intervenção dos alemães e turcos só agravou a conjuntura política.

Na Geórgia, reduto da socialdemocracia, os intelectuais associaram suas aspirações nacionais aos movimentos democráticos russos: a luta pela independência só surgiu depois que o golpe bolchevique destruiu as esperanças de um governo democrático. A maioria dos armênios vivia no Império Otomano. Durante a Primeira Guerra Mundial, foram acusados de deslealdade e expulsos; deportados da Anatólia oriental, centenas de milhares pereceram. Em 1917-1918, em situação precaríssima, eles procuraram a proteção de outras nações cristãs, entre as quais os Estados Unidos. Todavia, acabaram por aceitar a hegemonia russa e a bolchevização. Os turcos azeris tinham muitas afinidades com os azerbaijanos, que viviam do outro lado da fronteira, no norte do Irã, e, durante a guerra, simpatizavam com o Império Otomano. Além desses três grupos importantes, havia numerosas comunidades muçulmanas menores nos vales das montanhas caucasianas.

Uma semana depois de tomar o poder, em Petrogrado, os bolcheviques baixaram uma "Declaração de Direitos dos Povos da Rússia", assinada por Lênin e Stálin, esse como comissário das Nacionalidades. Sem condições nem restrições, o documento reconhecia o direito amplo e irrestrito de todas as nações à independência. As minorias étnicas que quisessem separar-se da Rússia podiam fazê-lo. Significava pura e simplesmente a implementação da teoria das nacionalidades formulada por Lênin e segundo a qual o fator de integração econômica era tão forte, que as pequenas nacionalidades não poderiam tirar proveito da autodeterminação, permanecendo vinculadas à Rússia por vontade própria.

Os fatos decepcionaram as expectativas de Lênin, forçando-o a negar suas promessas quase imediatamente. Na virada de 1917 para 1918, ansiosas por escaparem do governo bolchevique e da Guerra Civil, as regiões fronteiriças, uma após outra, declararam-se independentes. Os alemães e austríacos incentivavam essa tendência. Em fevereiro de 1918, reconhecendo a soberania da Ucrânia, os dois países forçaram Moscou a fazer o mesmo. O exemplo foi seguido pela Finlândia, Lituânia, Letônia e Estônia. A Transcaucásia formou uma federação independente, em abril de 1918. Apenas a Ásia Central permaneceu sob controle russo, devido à lealdade da população eslava à terra natal.

Como qualquer outro comandante militar capaz de modificar a tática conforme as circunstâncias, Lênin resolveu abandonar, na prática, o princípio da autodeterminação nacional em favor do federalismo, que ele sempre rejeitara, temendo a institucionalização das diferenças étnicas. O federalismo que Lênin tinha em mente não era aquele que garante aos Estados membros *status* igual e autoridade sobre seus territórios, mas algo que não assegurava nem uma coisa nem outra. Sob o regime unipartidário, a fonte exclusiva de autoridade legislativa, executiva e judiciária era o Partido Comunista. Não obstante o Estado estivesse dividido em linhas étnicas, de forma que os não-russos pudessem sentir que tinham soberania, o Partido Comunista exerceria controle efetivo sobre a "federação". Foi esse modelo que Lênin adotou e, em 1922-1924, incorporou à Constituição do novo Estado, a União das Repúblicas Socialistas Soviéticas. Supunha que outros países viriam juntar-se à URSS, à medida que se convertessem ao comunismo, formando uma comunidade que acabaria por cobrir toda a face da terra.

Em 1919, o caos e a instabilidade na Ucrânia tornaram a situação indescritível. Tão logo os alemães se retiraram, o governo fantoche que tinham instalado veio abaixo, revelando o antagonismo entre os nacionalistas, liderados por Semion Petlura, em Kíev, e os comunistas pró-russos, em Khárkov. Nenhum dos grupos, porém, controlava parte considerável do país, uma vez que vastas áreas permaneciam sob o domínio de senhores da guerra, ocupados com *pogroms* e pilhagens. No verão, os exércitos de Deníkin tomaram a maior parte da Ucrânia. Quando os Brancos saíram, em novembro-dezembro, o Exército Vermelho instaurou um regime comunista que logo se dividiu em duas facções rivais, uma totalmente submissa ao governo de Moscou, e outra nem tanto. Em 1920, a *Tcheká* efetuou inúmeras prisões e execuções em território ucraniano, aproveitando para liquidar os senhores da guerra locais.

Os bolcheviques não tinham praticamente nenhuma penetração entre os muçulmanos, mas não deixavam de cortejá-los, sobretudo tendo em vista sua estratégia de revolução mundial: a simpatia da população islâmica era essencial à radicalização do Oriente Médio. Assim, superando resistências dos russos locais, os tártaros e os habitantes da Basquíria ganharam autonomia, direito que se revelou bastante inexpressivo, tanto que em 1920 o médio Volga testemunhou revoltas contra o governo de Moscou, obrigado a um esforço considerável para abafá-las.

Praticamente o mesmo cenário repetiu-se na Ásia Central, onde eslavos locais, determinados a preservar o regime colonial, sabotaram as iniciativas de Moscou em nome da população local. Eles derrotaram a tentativa muçulmana de estabelecer um governo nacional em Kokand, no Usbequistão, e incendiaram a cidade. Os muçulmanos reagiram com a guerrilha. Conhecidos como *basmachis*, os guerrilheiros atacavam postos avançados comunistas e povoados russos. Essa guerra, que atingiu o auge em 1920-1922, não foi totalmente controlada até o fim da década.

O primeiro muçulmano de maior proeminência convertido ao comunismo foi um ex-professor tártaro, Mirza Sultan-Galiev. Protegido de Stálin, ele fez rápida carreira no partido. Todavia, observando o tratamento dado pelos comunistas aos muçulmanos, sobretudo na Ásia Central, e a disposição dos eslavos de enterrar suas diferenças juntando forças contra o Islã, Galiev começou a questionar se o comunismo seria mesmo capaz de libertar os povos do mundo colonial. Ocorreu-lhe que a verdadeira divisão da humanidade não era entre a "burguesia" e o "proletariado", mas entre as nações imperiais exploradoras e suas colônias. Uma vez no poder, a classe trabalhadora das nações imperialistas comportava-se exatamente como a "burguesia". A partir dessa premissa, ele concluiu que os povos coloniais deviam impor uma "ditadura" sobre seus senhores coloniais – os europeus. Tais idéias heréticas, prenúncio da ideologia de Mao Zedong, foram consideradas fora de propósito e inaceitáveis pela liderança do Partido Comunista Russo. Primeira vítima dos expurgos stalinistas, Sultan-Galiev foi expulso, preso e executado. Supõe-se que foi a primeira vítima dos expurgos de Stálin.

Em 1918, o Cáucaso caiu sob a influência dos alemães e dos turcos. Berlim estava mais interessada nas reservas de manganês da Geórgia e nos campos de petróleo de Baku. Os turcos tinham seus planos para a região. Os dois países estabeleceram esferas de influência, os germânicos dominando Tíflis, e os turcos, Baku. No fim de maio, quando a Geórgia, a Armênia e o Azerbaijão proclamaram-se independentes, a diplomacia do *Kaiser* e a do sultão unidas pressionaram no sentido da dissolução da Federação Transcaucásica.

A Geórgia foi o mais bem-sucedido desses três Estados. Encabeçando o governo pelos três anos subseqüentes, os mencheviques eram mais instruídos e tinham conexões internacionais mais amplas do que as dos líderes de outras repúblicas vizinhas. Implementando um programa de reforma agrária, expropriaram as terras e distribuíram lotes de 4 quilômetros quadrados entre os agricultores pobres. Também nacionalizaram as grandes empresas industriais e os meios de transporte. Mesmo considerando os conflitos com as minorias islâmicas da Abkházia e da Ossétia, eles souberam lidar razoavelmente bem com as responsabilidades da independência.

Moscou jamais desistiu de suas reivindicações no tocante à Transcaucásia, área que antes da Revolução abastecera a Rússia com dois terços de seu petróleo, três quartos do manganês e um quarto do cobre. Aguardou o momento oportuno para reconquistá-la, o que foi feito em dois estágios – em abril de 1920 e em fevereiro de 1921 –, mediante uma estratégia que combinou agressão militar e subversão interna. Mas o que habilitou Moscou a reafirmar seu domínio na região foi a política de indiferença adotada pelas grandes potências, sobretudo a Grã-Bretanha, e a neutralidade amistosa do líder turco, Kemal Atatürk, que repudiava as ambições pan-islâmicas e panturcas do extinto Estado otomano. Em troca da promessa de Moscou de evitar agitação comunista na Turquia e apoiá-lo contra os aliados, concordou com a reconquista russa no Cáucaso.

Os preparativos para a campanha do Cáucaso estavam quase prontos em meados de março de 1920, quando Lênin ordenou a tomada do Azerbaijão e da Geórgia. No mês seguinte, o Comitê Central do Partido Comunista Russo criou uma Seção do Cáucaso – *Kavbiuró* – encabeçado por um amigo próximo de Stálin, o georgiano Sergo Ordjonikidze, com a dupla missão de impor o governo soviético e dar apoio aos movimentos "antiimperialistas" no Oriente Médio. O Conselho tinha sob suas ordens o 11º Exército Vermelho, responsável pela operação.

Ao meio-dia de 27 de abril de 1920, representantes do Partido Comunista do Azerbaijão entregaram ao governo um ultimato para que deixasse o poder em 12 horas. Antes que o prazo se esgotasse, as tropas bolcheviques cruzaram a fronteira e, no dia seguinte, sem encontrar resistência, entraram em Baku. De imediato, Ordjonikidze implantou o terror, prendendo e executando políticos locais, incluindo o primeiro-ministro e o chefe do Estado-Maior do governo deposto.

Prosseguindo em sua ofensiva, o 11º Exército avançou sobre as capitais da Armênia e da Geórgia, mas foi obrigado a interromper a marcha em 25 de abril, devido ao ataque polonês contra a Ucrânia. No dia 4 de maio, Lênin ordenou o recuo na Geórgia, e, três dias depois, assinou um tratado de reconhecimento da independência do país, comprometendo-se a não interferir em suas questões internas. Mediante uma cláusula secreta, o novo país consentia na legalização do Partido Comunista. Serguei Kírov foi enviado de Moscou a Tíflis, para lançar as sementes da futura conquista da Geórgia. Em junho, um tratado similar foi assinado com a Armênia. Graças à guerra com a Polônia, as duas repúblicas receberam um indulto temporário.

A campanha contra o Cáucaso foi retomada em dezembro de 1920, após a suspensão das hostilidades entre a Rússia e a Polônia. A sovietização da Armênia ocorreu em meio à disputa territorial com a Turquia, relativa à Anatólia oriental; pelo acordo de paz, a região deveria pertencer aos turcos, mas os armênios a reivindicavam, mantendo sua ocupação. No fim de setembro de 1920, os turcos contra-atacaram. A maré da batalha estava a seu favor. Aproveitando as dificuldades do país, em 27 de novembro Lênin e Stálin ordenaram que Ordjonikidze tratasse de conter o avanço otomano. Dois dias depois, a missão diplomática soviética em Erevan apresentou-se ao governo armênio, dominado pelo Partido Dashnaktsutiun, com um ultimato que exigia a transferência imediata do poder ao "Comitê Revolucionário da República Socialista Soviética da Armênia", baseado no território do Azerbaijão. Os armênios receberam a interferência soviética muito bem, considerando-a como a salvação da pátria. Em dezembro, convertida em república soviética, a Armênia foi posta sob um governo de coalizão do Dashnaktsutiun com comunistas.

A Geórgia estava cercada. Em respeito aos termos do tratado de maio, Tíflis libertara da prisão quase mil georgianos comunistas, que agora ocupavam-se com a preparação de uma insurreição armada. Em dezembro, Ordjonikidze e Stálin já tinham tudo pronto para uma invasão, mas Moscou preferiu aguardar. Lênin tinha sérias dúvidas sobre o bom senso da operação. S. S. Kámenev, comandante-em-chefe do Exército Vermelho, opunha-se firmemente a ela, alegando que o 11º Exército estava reduzido por causa das deserções e reforçá-lo seria problemático, dadas as lutas que estavam sendo travadas contra camponeses rebeldes na Rússia. Questões de ordem internacional também tinham de ser levadas em conta. No início de 1921, em face do colapso da economia nacional e aos inúmeros levantes rurais, o Politburo cogitava da possibilidade de abandonar o comunismo de guerra em favor de uma política econômica mais liberal; para isso seriam necessários créditos e investimentos do Ocidente, eventualmente dificultados por uma agressão contra a Geórgia.

Não fosse pela pressão incansável de Stálin e Ordjonikidze, ávidos por conquistar sua terra natal, Lênin poderia ter deixado a situação inalterada. Mas cedeu, convencido de que os Aliados consideravam a Geórgia já na esfera de influência russa. Em 26 de janeiro, Ordjonikidze recebeu luz verde. A última conquista territorial soviética, até 1939, seguiu os mesmos padrões das anteriores. Em 11/12 de fevereiro, eclodiu uma "rebelião" de massas hostis, insuflada pelo Kavbiuro, numa região contestada, entre a Geórgia e a Armênia.

Prestimosamente, no dia 16, unidades do 11º Exército cruzaram a fronteira entre o Azerbaijão e a Geórgia e avançaram sobre Tíflis. A Cavalaria de Budióni juntou-se à operação. Os georgianos tentaram resistir, mas foram esmagados e, a 25, entregaram Tíflis. O restante do país desistiu da luta desigual, sobretudo depois que os mencheviques, antes de partirem, assinaram com os bolcheviques um acordo que retinha Batumi, reivindicada pelos turcos.

Mesmo após confirmarem-se as opiniões mais otimistas, Lênin ainda se mostrava preocupado com o ritmo da sovietização da Geórgia. Ele sabia da popularidade do governo menchevique e confiava pouco nas habilidades diplomáticas de Ordjonikidze, a quem advertiu, reiteradamente, para que tivesse mais tato nas relações com o inimigo derrotado e com comunistas locais. Esses avisos, Ordjonikidze e seu patrão, Stálin, preferiram ignorar. Os conflitos que se seguiram, envolvendo toda a população do país, precipitaram uma grave crise nas fileiras do Partido Comunista Russo.*

Com a conquista da Geórgia, estabilizaram-se as fronteiras que a Rússia soviética manteria até setembro de 1939. Formalmente consistindo em seis repúblicas independentes, o país podia ser considerado uma anomalia constitucional, visto que nem a relação entre suas repúblicas nem o papel do Partido Comunista Russo, no novo Estado multinacional, estavam sequer aproximadamente definidos. A forma do novo Estado que deu à luz a União das Repúblicas Socialistas Soviéticas só foi determinada em 1922-1924, constituindo-se em tema gerador de desentendimentos acalorados entre Lênin, em seus últimos dias, e Stálin em ascensão.

---

*Ver Capítulo 15.

13
Comunismo de exportação

Enquanto Lênin permaneceu no poder, a política internacional da Rússia soviética foi um acessório das políticas do Partido Comunista Russo, servindo em primeiríssimo lugar aos interesses da revolução permanente. Jamais será suficiente enfatizar que os bolcheviques pretendiam menos mudar a Rússia que a manter como trampolim para mudar o mundo. "Os interesses do socialismo e da revolução mundial estão acima dos interesses nacionais, dos interesses do Estado", disse Lênin, em maio de 1918. Para os fundadores do regime comunista, a revolução não poderia sobreviver por muito tempo a menos que envolvesse outros países. Eles imaginavam que o campo "capitalista", muito mais forte, logo esmagaria o avanço revolucionário com uma combinação de sanções econômicas e ações militares; mesmo que isso não acontecesse, ou ainda que o assalto pudesse ser repelido, o Estado comunista enfrentaria dificuldades insuperáveis, isolado, cercado por inimigos e povoado por um campesinato retrógrado e hostil.

Na prática, uma vez que a Rússia soviética foi o primeiro e por muito tempo o único país comunista no mundo, os bolcheviques passaram a identificar os interesses da Rússia com os do comunismo. À medida que suas expectativas de ampliar a revolução se frustraram, por volta de 1921, não tiveram alternativa senão conferir aos seus interesses nacionais a mais alta prioridade: enquanto para os russos o comunismo era uma realidade, para os outros povos não passava de uma esperança.

Cuidando daquilo que convinha ao país e, ao mesmo tempo, servindo de quartel-general de uma revolução supranacional, de uma causa que não conhecia fronteiras, o regime bolchevique desenvolveu ainda mais sua política internacional de duas frentes. Em nome do Estado soviético, o Comissariado de Relações Exteriores mantinha relações formais com todas as nações dispostas a manter negócios com a Rússia. A tarefa de promover a revolução mundial ficou a cargo de um novo órgão, a III Internacional, ou Internacional Comunista – *Comintern* –, fundada em março de 1919. Independente tanto do governo soviético quanto do Partido Comunista Russo, na realidade o Comintern era um departamento do Comitê Central bolchevique. Assim, Moscou pôde conduzir uma política simultânea de "coexistência pacífica" e subversão.

Na sua dupla missão ofensiva e defensiva, cabia ao Comintern promover a revolução no exterior e neutralizar os esforços "capitalistas" para deslanchar uma cruzada contra a Rússia soviética. A defensiva produziu maior êxito. Apelando com *slogans* políticos dirigidos aos socialistas e liberais, no exterior, e com perspectivas de negócios lucrativos que atraíssem empresários estrangeiros, os agentes do Comintern conseguiram frustrar muitas iniciativas anticomunistas. O *slogan* "Tirem as mãos da Rússia" funcionou. No início da década de 1920, virtualmente todos os países europeus já tinham restabelecido relações diplomáticas e comerciais com o governo antes tratado como fora da lei. Por outro lado, todas as revoluções tentadas na Europa, no Oriente Médio ou no Extremo Oriente terminaram em fracasso. Isso quase condenou a Rússia a voltar às suas tradições nativas autocráticas e burocráticas e tornou inevitável a ascensão de Stálin, bem cedo convencido de que as perspectivas de revolução global eram próximas de zero. Antes da eclosão de outra guerra mundial, o importante era construir a base do poder doméstico.

APÓS O ARMISTÍCIO de novembro de 1918, Lênin tentou exportar a revolução para a Finlândia e para os países bálticos. Derrotadas, em Estado de anarquia e à beira da fome, as Potências Centrais constituíam um alvo muito atraente. Em janeiro de 1919, Karl Radek foi à Alemanha, a fim de estabelecer contato com a Liga Spartacus, ala radical do Partido Socialdemocrata Independente (USPD), fundada por Karl Liebknecht e Rosa de Luxemburgo. Desconsiderando as hesitações dos espartaquistas, Radek lançou apelos aos soldados e trabalhadores alemães, conclamando-os a boicotar as eleições para a Assembléia Nacional e derrubar o governo socialista interino.

Essa estratégia, cópia fiel da experiência de outubro de 1917 na Rússia, fracassou; os socialistas alemães, evitando os erros de Kérenski e do Soviete, agiram com vigor para esmagar a tentativa de uma minoria em desafiar a vontade da nação. Em 5 de janeiro de 1919, quando os espartaquistas e o USPD promoveram uma revolta em Berlim, o governo convocou os veteranos, formando destacamentos voluntários que liquidaram o levante em dez dias. Rosa de Luxemburgo e Liebknecht foram mortos. Radek foi preso.

Ignorando esse revés, os comunistas alemães tentaram tomar o poder em outras cidades. No auge da insurreição, em Munique, no dia 7 de abril de 1919, proclamaram a República Socialista da Bavária. Imitando o modelo russo, seu programa previa o armamento dos trabalhadores, expropriação de bancos, confisco de terras dos *kulaks* e criação de uma polícia de segurança autorizada a fazer reféns. A estratégia mostrava uma notável ignorância sobre o respeito inato dos trabalhadores alemães pelo Estado e pela propriedade privada. Esses esforços também resultaram em fiasco.

Apenas na Hungria os comunistas alcançaram sucesso, ainda que momentâneo e motivado por sentimentos nacionalistas. Tendo lutado do lado perdedor, os húngaros formaram, no final da guerra, um governo liberal; quando os Aliados entregaram a Transilvânia – de população majoritariamente húngara – à Romênia, o governo voltou-se para os comunistas, liderados por Béla Kun; encarregado por Moscou do repatriamento de prisioneiros de guerra, ele acabara na cadeia, acusado de agitação. O que os liberais propunham era um governo de coalizão, na esperança de que assim se tornasse mais fácil obter apoio do Exército Vermelho contra os romenos. Béla Kun assumiu a chefia de um governo dominado pelos comunistas e que pôs em prática reformas sociais e econômicas radicais, acompanhadas de terror. Em abril de 1919, quando os romenos invadiram a Hungria e a ajuda soviética não se materializou, a decepção foi completa. Kun teve de fugir, abrindo espaço para o almirante Nicholas Horthy, conservador e anticomunista. Sua tentativa de fazer a revolução na vizinha Áustria nunca decolou.

Assim, em que pese as condições bastante propícias na época, todos os esforços destinados a promover levantes revolucionários na Europa central terminaram em fracasso. Moscou não perdeu dinheiro nem quadros, mas também não ganhou nada. Ficou provado que os trabalhadores e camponeses europeus tinham uma mentalidade muito diferente da que prevalecia entre os russos. A desmoralização do comunismo abriu os caminhos para os nacionalistas extremistas. Referindo-se aos resultados alcançados, Neil McInnes declarou que, "no Ocidente, essa política equivocada aterrorizou as classes governantes e parcelas ponderáveis da classe média com o espectro da revolução e, ao mesmo tempo, por meio do próprio bolchevismo, forneceu um modelo conveniente à força contra-revolucionária do fascismo".

Em março de 1919, o Comissariado de Relações Exteriores transferiu a responsabilidade pela subversão no exterior à Internacional Comunista, fundada num congresso convocado às pressas e pelo voto de representantes do "proletariado internacional". Na verdade, dos 35 delegados, apenas cinco viajaram de seus respectivos países, e somente um deles tinha mandato. Os demais eram comunistas russos ou indivíduos que viviam na Rússia. Zinóviev, a quem Lênin nomeara presidente do Comintern, exultava:

> O movimento avança com velocidade tão vertiginosa que se pode dizer, com segurança, que em um ano já teremos esquecido as lutas pelo comunismo na Europa, pois ao cabo de um ano toda a Europa será comunista. Então, a luta do comunismo vai se transferir para a América, e talvez para a Ásia e outras partes do mundo.

Durante um ano, o Comintern só existiu no papel. Só se tornou uma organização operacional depois do II Congresso, no verão de 1920. Dessa vez, os comunistas estrangeiros e simpatizantes estavam mais bem representados; havia 217 delegados de 36 países. Além dos russos, com um terço dos delegados, as maiores bancadas vieram da Alemanha, Itália e França. Embora algumas propostas bolcheviques não deixassem de suscitar resistência, eles quase sempre conseguiam aprová-las. O ambiente do Congresso era de euforia, pois enquanto transcorriam suas sessões, o Exército Vermelho avançava sobre Varsóvia, numa ofensiva que os comunistas interpretavam como o primeiro estágio da conquista da Europa. Num verdadeiro delírio revolucionário, em 23 de julho de 1920, Lênin telegrafou para Stálin, na Ucrânia:

> A situação no Comintern é soberba. Zinóviev, Bukhárin e eu pensamos que a revolução na Itália deve ser acirrada, imediatamente. Minha opinião é de que, para isso, a Hungria e, talvez, a Tchecoslováquia e a Romênia, também, devam ser sovietizadas.

Transmitida em código, essa mensagem só pôde ser compreendida no contexto das decisões tomadas no início de julho de 1920, quando, em meio à guerra contra a Polônia, cogitava-se levar a revolução para o oeste e o sul da Europa.

Numa reunião fechada de líderes comunistas, em setembro de 1920, Lênin pronunciou um discurso que só veio a público em 1992, revelando que o Politburo já decidira usar o conflito polonês como pretexto para uma ofensiva dirigida ao coração do continente europeu.

O conflito soviético-polonês foi iniciado pela Polônia. Pilsudski, que durante a Guerra Civil russa mantivera uma posição neutra a fim de permitir que o Exército Vermelho derrotasse Deníkin, desde então se preparava para a luta contra a Rússia soviética. Sua intenção não era derrubar o governo bolchevique, mas transformar a Ucrânia independente num Estado pára-choque entre a Polônia e a Rússia. Com base no tratado secreto firmado com o líder nacionalista ucraniano, Simion Petlura, no fim de abril, uma força polaco-ucraniana cruzou a fronteira da Ucrânia soviética, avançando sobre sua capital, Kíev. É indubitável que os poloneses foram os agressores. Todavia, há provas de fontes soviéticas de que o Exército Vermelho acumulava forças para tomar a iniciativa, conforme o discurso feito por Lênin, em setembro de 1920.

A ofensiva fez rápidos progressos. Em 7 de maio, os poloneses ocuparam Kíev e promoveram, segundo comentários, a décima quinta mudança de regime na capital da Ucrânia, desde o colapso do czarismo. Mas, embora previsto, não houve nenhum levante de massas ucranianas. Ao contrário, explodindo num frenesi patriótico, que envolveu até mesmo elementos anticomunistas, a Rússia soviética levantou-se em bloco para defender o seu patrimônio. No início de junho, a cavalaria de Budióni rompeu as linhas polonesas. Com os invasores em retirada e o Exército Vermelho já se aproximando da fronteira da Polônia, lorde Curzon, ministro britânico do Exterior, mandou um recado aos russos: façam a paz, pois se a Polônia for invadida, Grã-Bretanha e França vão intervir.

O Politburo viu-se diante de uma decisão histórica. Como Lênin explicou depois do acontecimento, a derrota dos Brancos encerrara a fase "defensiva" da guerra contra os Aliados – para ele, os exércitos Brancos eram meros peões.

> E assim (...) chegamos à conclusão de que o ataque militar Aliado contra nós estava encerrado, que a guerra defensiva contra o imperialismo tinha acabado: nós ganhamos (...). (Por favor, não registre: isso não é para publicação) (...) Temos uma nova tarefa diante de nós (...). Podemos e devemos tirar proveito da situação militar para começar uma guerra ofensiva (...). [Aprendemos] que de alguma forma, perto de Varsóvia, não está [somente] o centro do governo burguês da Polônia e a república do capital, mas o centro de todo o sistema contemporâneo do imperialismo internacional, e que as circunstâncias nos permitem sacudir esse sistema, conduzindo uma política direcionada não à Polônia, mas à Alemanha e à Inglaterra.

Tais observações, que parecem incoerentes, são a prova de que Lênin realmente acreditava na iminência de uma revolução, na Alemanha e na Inglaterra. Ele também pensava que a Hungria e a Tchecoslováquia estavam prestes a explodir. E concluía: "Tivesse a Polônia se tornado soviética (...) o Tratado de Versalhes (...) e todo o sistema internacional nascido das vitórias sobre a Alemanha teria sido destruído." Seu objetivo só seria alcançado 19 anos depois, por Hitler e Stálin.

Superando as objeções de Trótski e as hesitações do comando militar, Lênin persuadiu seus seguidores a desconsiderar as advertências de Curzon e ordenou que o Exército Vermelho marchasse sobre Varsóvia. Em 22 de julho, essas ordens previam a conquista da capital por volta de 12 de agosto. Um Comitê Revolucionário Polonês, composto de cinco homens, já estava a postos para administrar a Polônia sovietizada.

Foi em meio a esses acontecimentos que se abriram os trabalhos do II Congresso do Comintern. Diariamente, os avanços do Exército Vermelho, marcados num grande mapa pendurado na parede, recebiam aplausos dos delegados.

No plenário, Lênin perseguia três objetivos. O primeiro era criar um Partido Comunista em cada país – fosse do nada ou de rachas, que tirassem dos partidos socialistas existentes seus elementos mais radicais, submetendo-os à "disciplina de ferro" com base na "mais completa confiança e camaradagem" em relação ao centro, isto é, Moscou. O segundo objetivo decorria do primeiro. À diferença da II Internacional, ou Internacional Socialista, estruturada como uma federação de partidos independentes e iguais, o Comintern deveria ser centralizado: nas palavras de Zinóviev, devia haver um "único Partido Comunista, com seções em diferentes países". O Comitê Executivo do Comintern, como um departamento do Comitê Central do Partido Comunista Russo, acatava seus comandos sem a menor hesitação. Para concretizar o terceiro objetivo de Lênin, os partidos comunistas deveriam infiltrar-se e assumir o controle dos sindicatos e parlamentos em cada país. O objetivo final do Comintern era "insurreição armada" contra todos os governos.

Algumas dessas propostas suscitaram oposição. As delegações comunistas no Ocidente objetaram particularmente quanto à insistência de Lênin no sentido de que os sindicatos participassem de eleições parlamentares; eles acreditavam que essa política só serviria para revelar suas próprias fraquezas. Lênin argumentou que mesmo pequenos grupos seriam capazes de manipular as instituições, influenciando a opinião pública. A "correlação de forças" era tão favorável aos "imperialistas" que a única opção seria explorar as dissensões no campo adversário, constituindo alianças temporárias com qualquer aliado potencial, e esperar serenamente os resultados. Além disso, Lênin frisou que só se devia "fazer uso das instituições burguesas com o propósito de destruí-las". Nesses termos, Bukhárin concordou com ele. A fim de evitar aquilo que Marx chamava de "cretinismo parlamentar", os comunistas tinham de combinar o trabalho legal com a atividade ilegal. De acordo com a resolução do II Congresso:

> O parlamentar comunista deve ter em mente que não é um legislador, empenhado em promover entendimentos com outros legisladores, mas um agitador do partido, enviado para o campo inimigo a fim de pôr em prática as decisões do partido. O deputado comunista presta contas não ao corpo amorfo de eleitores, mas a seu partido comunista, na legalidade ou na clandestinidade.

Antes de terminar, o II Congresso adotou seu documento mais importante, listando 21 "condições" para admissão de novos partidos filiados. Lênin formulou-as com a máxima intransigência, e o fez deliberadamente, para que fossem inaceitáveis aos socialistas moderados e democratas, posto que os preferia excluir. As condições mais importantes são:

> ARTIGO 2: Os "reformistas e centristas" devem ser expulsos de todas as organizações pertencentes ao Comintern.
>
> ARTIGO 3: Os comunistas devem criar em todo lugar "organizações clandestinas" que, no momento decisivo, emergirão para assumir a revolução.
>
> ARTIGO 4: Tais organizações devem fazer propaganda nas Forças Armadas, para evitar que elas sejam usadas com propósitos "contra-revolucionários".
>
> ARTIGO 9: Essas organizações devem assumir o controle de sindicatos.
>
> ARTIGO 14: Elas devem ajudar a Rússia soviética a repelir a contra-revolução.
>
> ARTIGO 16: Todas as decisões dos Congressos do Comintern e do Comitê Executivo do Comintern se aplicam aos partidos membros.*

*Imitando muitos dos métodos de Lênin, Hitler impôs os "25 pontos programáticos" como condição de ingresso no Partido Nazista, na Alemanha e na Áustria.

Ao término do conclave, a queda de Varsóvia e o estabelecimento de uma república soviética na Polônia pareciam iminentes. Os poloneses recuavam cerca de 15 quilômetros por dia. A 28 de julho, o Exército Vermelho ocupou Bialystok, já em território polonês; dois dias depois, o auto-intitulado Comitê Revolucionário anunciou o lançamento das bases da futura "República Socialista Soviética Polonesa", e declarou que todas as fábricas, propriedades agrícolas e florestas passavam ao patrimônio nacional.

A ofensiva desdobrava-se em duas frentes: o exército principal, sob comando de Tukhatchevski, avançava pelo norte, enquanto um exército menor, chefiado por Iegórov, no qual Stálin era o comissário político, investia pelo sul. Os poloneses não receberam nenhum auxílio do Ocidente. Pacotes de suprimentos que lhes eram destinados ficaram retidos no cais de Londres: os estivadores ingleses recusaram-se a carregá-los. A Alemanha fechou seu território ao trânsito de qualquer equipamento militar que tivesse o mesmo destino. Os franceses enviaram consultores que sugeriram uma estratégia defensiva, mas os poloneses imaginavam que seria preferível uma contra-ofensiva, desde que pudessem escolher o melhor momento para desencadeá-la.

Até hoje, a causa precisa da esmagadora derrota sofrida pelo Exército Vermelho permanece obscura. Trótski acusou Stálin de não ter cumprido as ordens que recebera, de promover a junção dos exércitos. Mas só a responsabilidade de Lênin poderia respaldar a busca de objetivos geopolíticos maiores. Sem uma decisão de Moscou, Tukhatchevski não destacaria parte considerável das forças que sitiavam Varsóvia, mandando-as em direção ao Corredor Polonês, para ocupá-lo, unindo a Prússia oriental à Alemanha; o propósito de Lênin era entregá-lo à República de Weimar, a fim de ganhar o apoio dos nacionalistas germânicos. Não por indisciplina, Stálin não foi para o norte unir-se ao grosso das tropas bolcheviques, mas porque sua missão consistia justamente em invadir e sovietizar a Hungria e a Tchecoslováquia.

De qualquer modo, explorando brilhantemente a lacuna surgida na frente soviética, Pilsudski surpreendeu os russos, desferindo uma contra-ofensiva que pôs em risco fatal a sua retaguarda e os forçou à retirada. Algumas divisões penetraram na Prússia Oriental, onde foram desarmadas e feitas prisioneiras; quase cem mil homens entregaram-se ao exército polonês. Moscou teve de pedir um armistício, e depois tratado de paz, assinado em Riga, em março de 1921. Por suas cláusulas, a Rússia soviética foi obrigada a conformar-se dentro de fronteiras muito menos vantajosas do que poderia obter, caso o conselho de lorde Curzon encontrasse eco.

O fracasso do Exército Vermelho e o colapso dos seus planos mais ambiciosos provocaram um efeito devastador sobre Lênin. Do primeiro encontro direto com o nacionalismo europeu ele saíra perdedor. Em vez de enfrentar "guardas Brancos" locais, os libertadores russos confrontaram-se com a nação polonesa unida. "Os poloneses viam no Exército Vermelho o inimigo, não o irmão libertador", queixou-se Lênin a um comunista alemão:

> Eles sentiam, pensavam e agiam não de maneira revolucionária, social, mas como nacionalistas, como imperialistas. A revolução com a qual contávamos, na Polônia, não aconteceu. Os trabalhadores e camponeses (...) defenderam a classe inimiga, deixando nossos bravos soldados morrer de fome, atacando-os de emboscada e os massacrando até a morte.

A experiência curou Lênin da falácia de que o incitamento ao antagonismo de classe, tão bem-sucedido na Rússia, haveria de prevalecer, sempre e em toda a parte, sobre o sentimento nacional. Ele se tornou também muito mais cauteloso quanto ao emprego do Exército Vermelho fora das fronteiras soviéticas. Em 1923, quando Chiang Kai-chek visitou Moscou, na qualidade de representante do Kuomintang, Trótski lhe disse que, depois da guerra com a Polônia, Lênin proibira o envolvimento direto de tropas soviéticas em campanhas contra o "imperialismo", para evitar confrontos com forças nacionalistas.

TÃO LOGO O II Congresso do Comintern acabou, o Comitê Executivo tomou providências para implementar suas resoluções. A Europa Ocidental testemunhou uma repetição dos fatos que vinte anos antes destruíram a unidade da socialdemocracia russa. País após país, os socialistas radicais tomavam a iniciativa de formar um Partido Comunista, rachando e enfraquecendo os antigos partidos socialdemocratas.

O Partido Socialista Italiano (PSI) fora a única organização socialista européia importante a comparecer ao II Congresso. A maioria, liderada por G. M. Serrati, votou pela aceitação das 21 Condições e juntou-se ao Comintern. Uma minoria se opôs, mas pelo bem da unidade, em vez de romper, submeteu-se. Os reformistas permaneceram no PSI, em lugar de serem expulsos, como exigia o Artigo 2. O fato pareceu a Lênin inaceitável, e como Serrati se recusasse a excluir a minoria, tornou-se alvo de uma traiçoeira campanha de calúnias, subscrita pelo Comintern. Acusado de suborno, ele terminou sendo expulso do Comintern. Curvando-se aos desejos do Comintern, seus seguidores romperam com o PSI para criar o Partido Comunista Italiano (PCI). Nas eleições parlamentares realizadas pouco depois, o PCI obteve um décimo dos votos dados aos socialistas. A divisão debilitou a esquerda italiana, facilitando a tomada do poder por Mussolini, em 1922.

Em dezembro de 1920, o Partido Socialista Francês aceitou, por uma maioria de três para um, participar do Comintern, declarando-se Partido Comunista; a minoria derrotada, como na Itália, manteve a denominação de Partido Socialista.

Na Alemanha, os elementos mais radicais estavam concentrados no Partido Socialdemocrático Independente (USPD), favorável a um governo do tipo soviético. Após prolongadas hesitações, em outubro de 1920 o USPD votou por aceitar as 21 Condições e filiar-se ao Comintern. O racha produziu três agremiações distintas. Um grupo, nascido da Liga Spartacus, fundou o Partido Comunista Unificado da Alemanha (VKPD); outro permaneceu no USPD; o terceiro manteve-se leal ao Partido Socialista. O VKPD transformou-se no maior partido comunista fora da Rússia. Como na Itália, o processo facilitou a ascensão dos extremistas nacionalistas, que confrontaram não uma frente socialista unida, mas três partidos concorrentes entre si.

Nos demais países do continente, o Comintern deu origem a diversos partidos comunistas que tinham pouca influência.

Alcançar o segundo objetivo do Congresso – penetrar e assumir o controle dos sindicatos – era mais difícil. Os trabalhadores mostravam-se muito menos atraídos por *slogans* comunistas do que os intelectuais. Ainda assim, Lênin estimulava seus seguidores a usarem quaisquer meios, bons ou maus, para ganhar hegemonia sobre a organização trabalhista.

> Em caso de necessidade, devemos (...) recorrer a todo tipo de manobra, artimanha, expediente ilegal, encobrimento, supressão da verdade, para penetrar nos sindicatos e permanecer neles, para dirigi-los, a qualquer custo, no sentido do trabalho comunista.

Na França, país de forte tradição sindical, o Comintern conseguiu ser bem-sucedido. Mesmo assim, no âmbito de toda a Europa, suas tentativas de controlar o trabalhismo, segundo o Artigo 9 das 21 Condições, frustrou-se. "No Ocidente, durante os próximos 15 anos [1920-1935], os comunistas foram incapazes de conquistar um único sindicato", escreveu Franz Borkenau.

Perplexo e irritado com esses fracassos, Lênin os atribuiu à inércia e falta de firmeza dos europeus, admoestando: "Deve-se ensinar, ensinar e ensinar os comunistas ingleses a trabalhar como os bolcheviques trabalharam." Os russos, acostumados à ideologia que via no conflito de classes a única realidade social, desconsideravam os avisos de que a Europa era diferente. A experiência demonstraria que os operários e agricultores europeus não eram anarquistas nem estranhos ao sentimento de patriotismo. Se o comunismo frutificou na Rússia, mais do que no Ocidente, isso deveu-se àquele fator imponderável desprezado pelos marxistas – cultura política.

Não se pode deixar de levar em conta a circunstância de os cidadãos de países europeus mais avançados usufruírem de um bem-estar do qual não pretendiam abrir mão e que os levava a defender a manutenção do *status quo*; isso incluía seguro-desemprego e seguro-saúde, assim como pensões para idosos. Os trabalhadores que recebiam tal assistência do Estado não se deixavam seduzir pela sua derrubada, isto é, não se inclinavam a arriscar os benefícios que obtiveram do capitalismo pelas promessas do comunismo, mais generosas, muito mais incertas, porém. Na Rússia não existia nenhum sistema semelhante, e os bolcheviques falharam em não considerar a importância desse fator.

Concentrando sua atuação nos países industriais, o Comintern não ignorava as colônias. A leitura da obra de J. A. Hobson, *Imperialismo* (1902), convencera Lênin de que o capitalismo avançado só conseguia sobreviver graças às matérias-primas, mão-de-obra barata e mercados fornecidos pelas colônias. Na sua opinião, privá-lo dessas condições seria um golpe de misericórdia.

Contudo, as colônias não tinham um "proletariado" carecendo, portanto, da base social indispensável à revolução comunista. Sua vinculação à luta contra o "imperialismo" exigia o redimensionamento da luta de classe. Para isso, Lênin lançou mão do nacionalismo, que era reacionário nos países capitalistas, mas potencialmente progressista nas suas dependências. Assim, ele propôs o açulamento das guerras coloniais de "libertação nacional", nas quais as massas se aliariam à "burguesia" nativa. Os comunistas promoveriam e conduziriam essas lutas, mas manteriam uma identidade distinta: uma vez vitoriosos, voltariam as massas contra os outrora aliados "burgueses".

O punhado de comunistas das áreas coloniais que compareceram ao II Congresso opuseram-se a essa estratégia com argumentos morais e práticos. Eles não estavam dispostos a formar uma frente única com seus inimigos de classe, que consideravam tão ruins como seus senhores coloniais; e temiam identificar-se com sentimentos nacionalistas reacionários. Lênin sustentou seu argumento e ganhou. O II Congresso aprovou a resolução de "apoiar ativamente os movimentos de libertação" nas colônias.

Os riscos dessa política ficaram evidentes nas experiências da Turquia e da China.

Kemal Atatürk, chefe de Estado da Turquia, fora aliado de Moscou no tempo em que seu país estivera sob ocupação aliada, mas não tinha a menor intenção de tolerar os comunistas em seu próprio território. Sem demora, ele liquidou o Partido Comunista Turco e introduziu a ditadura unipartidária. Richard Loewenthal chamou-o de o primeiro ditador nacionalista a abraçar o modelo político comunista, dispensando a ideologia comunista.*

Na China, ao longo da década de 1920, a política comunista de apoio e ao mesmo tempo de infiltração em forças nacionalistas foi um desastre ainda pior. A Rússia soviética forjou uma causa comum com o Partido Nacionalista – *Kuomintang* – fundado por Sun Yat-sen e liderado por seu sucessor, o general Chiang Kai-chek, ajudando-os a lutar contra os poderes estrangeiros em seu território. Em troca, o Kuomintang admitiu chineses comunistas em suas fileiras. Em 1927, porém, quando já estava firme no poder, Chiang rompeu com os comunistas, expulsou-os do Kuomintang e suprimiu os sindicatos sob seu controle.

SE NAS OPERAÇÕES realizadas no exterior a Rússia soviética tivesse de contar com o único e exclusivo apoio dos comunistas, suas perspectivas teriam sido sombrias: na primavera de 1919, quando nasceu o Comintern, o número de vegetarianos, na Inglaterra, e de nudistas, na Suécia, com certeza superava o dos comunistas em cada um desses países. Por volta de 1920-1921, o número de aliados no estrangeiro crescera consideravelmente, mas ainda assim eles eram muito poucos para fazer uma revolução ou moldar políticas nacionais que favorecessem Moscou. Tais sucessos – sobretudo no Ocidente – deveram-se, principalmente, a liberais e "companheiros de viagem", indivíduos dispostos a apoiar a causa soviética sem se tornarem comunistas – que rejeitavam tanto a sua teoria quanto a sua prática, mas sentiam-se capazes de encontrar pontos de concordância – ou, ainda, que aceitavam o comunismo como um fenômeno positivo, mas recusavam sua disciplina. Formados basicamente por intelectuais, os dois grupos prestaram inestimáveis serviços à Rússia soviética.

Observando comunistas e simpatizantes que afluíram a Moscou durante a década de 1920, o jornalista americano Eugene Lyons escreveu:

---

*A influência do bolchevismo sobre o fascismo e o nacional-socialismo é discutida em *Rússia under the Bolshevik Regime*, Capítulo 5, de minha autoria.

> Livres das cidades onde eram desprezados e perseguidos, nunca estiveram tão perto dos potes de mel do poder, e acharam o gosto embriagante. Imagine você, não se tratava de um poder faz-de-conta num partido revolucionário oprimido e clandestino, mas o poder que se expressa em exércitos, aviões, polícia, obediência cega de subordinados e uma visão de dominação final do mundo. Aliviados dos riscos e das responsabilidades sob os quais trabalhavam em casa, seus anseios por posição, carreira e privilégios em muitos casos tornavam-se tão atraentes quanto uma paisagem luxuriante. Ninguém que não tenha estado próximo ao movimento revolucionário em seu próprio país poderá entender exatamente com que ansiedade palpitante os radicais estrangeiros abordam as realidades de um regime proletário estabelecido e em funcionamento. Ou a exaltação com que confrontam os signos e símbolos daquele regime. É uma espécie de auto-realização, uma identificação vibrante com o poder. Frases, imagens e cores, melodias e pensamentos conectados, em minha mente, com anos de desejo ardente e mesmo uma certa dose de sacrifício agora tornavam-se claros, ocupavam os lugares de honra, dominação, poder ilimitado!

Em geral, os liberais e socialistas ocidentais que visitavam a Rússia soviética, como convidados oficiais do governo, não tinham ilusões, mas racionalizavam o lado pior da vida soviética de duas maneiras: ou era legado do czarismo e conseqüência da hostilidade ocidental, ou traço inevitável da tentativa sem precedentes de construir uma sociedade verdadeiramente livre e igualitária.

Muito próximos de tais grupos, mas por motivos inteiramente diversos, estavam os reacionários ocidentais, que gostavam da União Soviética pela única razão de que seus próprios governos, com os quais tinham discordâncias, não gostavam. Segundo *A Nova República*, eles "amavam a Rússia por causa de seus inimigos". Nesse grupo podemos incluir alguns senadores americanos isolacionistas. Da mesma forma, o editor William Randolph Hearst, com toda a sua reputação de ultra-reacionário, louvava o regime de Lênin como "a mais verdadeira democracia no mundo", simplesmente porque desprezava a Grã-Bretanha, anti-soviética. Na década de 1930, pela mesma razão, Hearst tornou-se hitlerista.

Tão logo ficou claro que os comunistas obedeciam cegamente às ordens de Moscou, eles perderam credibilidade, o que fez subir a cotação dos companheiros de viagem, que só obedeciam aos ditames de suas consciências e ganhavam uma platéia respeitosa e atenta. Essa aparente autonomia era particularmente eficaz no caso de autores proeminentes, cuja reputação literária dava a impressão de garantir integridade. Declarações pró-soviéticas de romancistas célebres, como Romain Rolland, Anatole France, Arnold Zweig e Lion Feuchtwanger, ou de estudiosos, como Sidney e Beatrice Webb e Harold Laski, tinham peso considerável junto aos públicos instruídos. Moscou cultivava os intelectuais estrangeiros simpatizantes, tratando-os com uma deferência que superava qualquer padrão a que estivessem acostumados em seus países.

Em troca, eles silenciavam sobre o papel do partido e da polícia de segurança, referindo-se à Rússia comunista como uma sociedade governada por sovietes democraticamente eleitos, um país que se esforçava, sob as mais difíceis condições, para realizar os mais altos ideais da cultura ocidental.

Suas motivações variavam tanto quanto as personalidades de cada um – nas palavras de Eugene Lyons, "catedráticos hereges ou ateus em busca de uma religião, solteironas à procura de compensações revolucionárias, radicais ansiosos por reforçar sua fé vacilante". Angelica Balabanoff, secretária do Comintern, testemunha que os visitantes eram divididos em quatro categorias: "superficial, ingênuo, ambicioso ou venal". Na prática, poucos se encaixavam exclusivamente em uma categoria única. Um idealista "ingênuo" manteria mais facilmente a fé, desde que recompensado com fama ou dinheiro, enquanto um visitante "venal" desfrutava melhor os lucros que obtivesse quando os justificava com fórmulas idealistas, do tipo "o comércio promove a paz".

O interesse material – não simplesmente no sentido venal – transformou muitos estrangeiros em porta-vozes dos comunistas. Uma poderosa máquina de propaganda funcionava para o bem ou para o mal. Companheiros de viagem ingleses tinham acesso ao Clube do Livro de Esquerda, de Victor Gollancz, que em meados de 1939 distribuiu não-ficção pró-soviética para cinqüenta mil assinantes. *O sol da meia-noite* (*Darkness at Noon*), do comunista desencantado Arthur Koestler, a partir de uma tiragem inicial de mil exemplares, vendeu, no primeiro ano, menos de quatro mil, embora a obra viesse a assumir, mais tarde, o *status* de clássico. *A revolução dos bichos* (*Animal Farm*), de George Orwell, foi rejeitado por 14 editores, sob a alegação de ser anti-soviético. Jornalistas ocidentais credenciados em Moscou podiam entregar-se a um estilo de vida muito além do alcance de seus colegas em qualquer outro lugar – contanto que escrevessem apenas o que as autoridades soviéticas aprovassem; a alternativa era o descredenciamento e a expulsão. Para homens de negócios amistosos havia bons negócios e concessões.

É provável que a maioria dos simpatizantes se enquadrasse na categoria "ingênuo", apoiando a experiência comunista porque desejava ardentemente um mundo livre de guerras e da miséria. A essa gente desgostava o capitalismo, que tolerava a pobreza e cujas contradições internas tendiam à guerra. Revoltados com a vulgaridade da cultura de massa, os estetas encantavam-se com os esforços de levar a "alta" cultura ao povo. Acreditando na melhoria da humanidade e diante de um mundo que estava longe da perfeição, eles logo aceitavam os ideais comunistas como reais, tirando de suas consciências todas as provas em contrário. Vivendo na Rússia na década de 1930, período de fome e ausência absoluta de direitos humanos, Koestler desenvolveu o hábito de racionalizar o que quer que visse e ouvisse, tratando a realidade soviética como irreal – "uma membrana que tremia, esticada entre o passado e o futuro". Tendo posto em sua mente o que ele chama de "máquina classificatória automática (...) aprendi a selecionar como 'herança do passado' o que me chocava, e 'sementes do futuro' o que me parecia bom". A partir de tal condicionamento, o ajuste mental tornava-se simples.

Exemplo clássico de companheiro de viagem idealista, o jornalista americano John Reed, filho de pais ricos, formado em Harvard, foi para a Rússia em 1917 sem nenhum conhecimento do país, de seu idioma ou do socialismo. Testemunhando os acontecimentos de outubro, ele escreveu um relato do golpe bolchevique – *Dez dias que* *abalaram o mundo* – publicado em 1919, com uma introdução de Lênin. No texto, estruturado como roteiro de cinema, os bolcheviques são os "mocinhos", e seus oponentes, "vilões". Amplamente aceito como relato autêntico, o livro não passa de propaganda produzida por um estrangeiro entusiasmado, em busca de romantismo. Mais tarde, Reed participou do Comintern, abandonando-o em pouco tempo, desiludido com suas práticas autoritárias.*

A declarada hostilidade ao capitalismo bem como a negativa total da propriedade privada deviam ter feito da comunidade de negócios ocidental um inimigo inconciliável do regime comunista. Na verdade, muitos dos barrigudos capitalistas de cartola que ilustravam os cartazes de propaganda soviética comportavam-se em relação à Rússia soviética de maneira bastante amistosa. Nenhum outro grupo social excedeu a comunidade de negócios americana e européia na colaboração assídua e efetiva com Moscou. No verão de 1920, quando as primeiras missões soviéticas chegaram à Europa, em busca de créditos e equipamentos, os grandes empresários abriram os braços; considerada o maior mercado "vazio" do mundo, a Rússia oferecia ilimitadas oportunidades de investimentos. No início de 1921, advento da NEP – Nova Política Econômica –, a experiência soviética era encarada com grande otimismo, tendo-se a impressão de que o restabelecimento do pequeno comércio sinalizava o abandono do comunismo.

Não podendo ignorar que o regime comunista violara todas as normas de comportamento civilizado, dentro e fora de suas fronteiras, os negociantes argumentavam que cada país era livre para ter o governo que quisesse. Em 1920, Bernard Baruch disse que "a meu ver, o povo russo tem o direito de estabelecer qualquer forma de governo que deseje". O problema é que o povo russo não "estabelecera" o governo.

Também se dizia que o comércio civiliza, ensina o bom senso e desautoriza doutrinas abstratas. Lloyd George justificou relações comerciais com Moscou, argumentando: "Falhamos em nossas tentativas

---

*Documentos divulgados posteriormente revelaram que ele recebeu do Tesouro do Comintern, em 1920, um milhão de rublos, equivalentes a mil dólares, ou 50 onças de ouro.

de devolver a Rússia à sanidade pela força. Acreditamos que podemos fazer isso e salvá-la pelo comércio. As operações comerciais produzem um efeito de sensatez, inculcando simples cálculos de soma e subtração, que levam à desistência de teorias extravagantes." Henry Ford – anticomunista e anti-semita feroz – também acreditava no peso da realidade comercial. Ele imaginava que os negócios altamente lucrativos que realizava na União Soviética contribuíam para a industrialização do país, e afirmava que, dessa forma, eles se comportariam com decência cada vez maior, pois "correção em mecânica [e] correção em moral são basicamente a mesma coisa".

De um modo geral, os empresários consideravam as teorias comunistas como mera propaganda e simplesmente desacreditavam na possibilidade de alguém, em seu juízo perfeito, levá-las a sério, tão extravagantes lhes pareciam. Os comunistas não pretendiam o que diziam – prova de que podiam ser tentados com recompensas materiais –, mas, mesmo que pretendessem, logo teriam de ceder lugar a líderes mais realistas. De um jeito ou de outro, não havia mal em colocá-los à prova.

O REGIME SOVIÉTICO encorajava essas tendências, não apenas porque precisava desesperadamente dos investimentos ocidentais, mas por calcular que o comércio pavimentaria o caminho do reconhecimento diplomático. Os fatos viriam provar que esse raciocínio estava correto.

Moscou projetou uma imagem favorável do comunismo no exterior por meio de uma propaganda sistemática e pelo controle total das fontes de informação.

Os serviços de telégrafos foram nacionalizados e monopolizados, criando-se a ROSTA – Agência Telegráfica Russa –, antecessora da TASS, surgida em 1925. A agência detinha o monopólio de todas as notícias que emanavam da Rússia Soviética.

Numa época em que a imprensa escrita era a principal fonte de notícias, a cobertura favorável estaria assegurada pelo credenciamento apenas dos jornais e jornalistas dos quais se pudesse presumir cooperação. Como Moscou tornara-se uma referência para todos os jornais importantes, a maioria aceitou enviar correspondentes amistosos. Rapidamente, eles aprendiam a minimizar, racionalizar ou ignorar informações adversas, confundir a distinção entre intenções e realidades soviéticas e zombar das críticas ao regime. Adquirido o hábito, todos praticavam a autocensura, acabando por transformar-se em propagandistas do sistema. A remessa dos boletins estava sujeita à aprovação do Departamento de Imprensa do Comissariado de Relações Exteriores. "Levávamos [os boletins] para serem censurados, como se fossem ensaios que devêssemos entregar ao professor, em Cambridge, esperando ansiosamente enquanto eram lidos, observando mínimos sinais de hesitação, qualquer erguer de sobrancelhas, temendo o movimento do lápis, para cortar algo", lembra o correspondente e escritor inglês Malcolm Muggeridge. Ao recusar uma de suas reportagens, o censor explicou que ela era inaceitável por ser verdadeira.

Jornais que recusaram esse jogo – o principal deles foi o *Times*, de Londres – ficaram sem correspondente. Em contrapartida, Walter Duranty, de *The New York Times*, adotou um estilo tão condescendente, que se transformou num apologista do regime; em troca, ele levava uma vida de luxo, incluindo os favores de uma amante russa. Seus boletins – distorcendo a realidade a ponto de negarem a fome ucraniana, de 1932-1933 – ajudaram a criar uma opinião pública amistosa em relação a Stálin, e, em 1933, facilitaram a concessão do reconhecimento diplomático dos Estados Unidos.

O regime comunista também financiava jornais estrangeiros, como o *Daily Herald*, por exemplo, órgão da ala radical do Partido Trabalhista britânico. No início de 1920, sob risco de insolvência, seu editor foi buscar ajuda em Moscou, e, em troca do subsídio, adotou uma posição francamente pró-soviética. Mais tarde, naquele mesmo ano, Krásin e Kámenev aproveitaram uma viagem a Londres para concluir um acordo comercial com a Grã-Bretanha, e entregaram a George Lansbury pedras preciosas e platina, avaliadas em 40 mil libras, além de 35 mil libras em dinheiro. Quando os fatos foram divulgados pela Scotland Yard, que os mantinha sob severa vigilância, Kámenev teve de deixar a Inglaterra e Lansbury foi forçado a devolver o dinheiro; mesmo assim, ele foi eleito presidente do Partido Trabalhista, em 1931.

Assim, a verdade ficou encoberta e criou-se um clima favorável à Rússia soviética, tanto pela colaboração econômica quanto pela normalização das relações diplomáticas.

AS DÍVIDAS EXTERNAS da Rússia constituíam o principal obstáculo à alavancagem dos negócios e à normalização das relações diplomáticas. Em janeiro de 1918, o governo soviético recusou todas as obrigações contraídas por regimes anteriores – czarista e Governo Provisório – acarretando perdas estimadas em 6,59 bilhões de dólares – quantia que na década de 1990 chegou a valer dez vezes mais. Além disso, os decretos de nacionalização infligiram pesados prejuízos aos proprietários estrangeiros de empresas e companhias seguradoras. Só os investidores franceses sofreram um baque de 2,8 bilhões de dólares.

Ciente do problema, mas sem querer nem poder resolvê-lo de maneira satisfatória, Moscou encenou a farsa do pagamento, admitindo as dívidas "em princípio", mas exigindo que as potências ocidentais pagassem reparações pelos danos resultantes da sua intervenção na Guerra Civil. Calculando o montante de tais indenizações, cuja premissa era a responsabilidade direta e exclusiva dos Aliados e que incluía as perdas em vidas humanas e os estragos materiais, um funcionário do Comissariado de Finanças somou 8,25 bilhões de dólares, mais 15 bilhões de dólares pelas "perdas causadas por *pogroms*" e "prejuízos morais" infligidos ao povo russo, mais o custo de epidemias, declínio na educação e todos os outros males que atingiram a Rússia, desde outubro de 1917. Assim, ele chegou à cifra total de 92,9 bilhões de dólares, cerca de dez vezes o débito com o Ocidente.

Visto que o país não honrava suas dívidas, as primeiras relações comerciais foram estabelecidas com cooperativas russas, tidas como associações privadas, embora tivessem sido nacionalizadas. Mais tarde, em abril de 1921, a Grã-Bretanha assinou um acordo comercial com a Rússia soviética. Outros países fizeram o mesmo, logo a seguir.

OS ARQUITETOS DA POLÍTICA internacional soviética tinham particular interesse em quatro países – França, Alemanha, Estados Unidos e Grã-Bretanha. A prioridade coube à Alemanha. Em conseqüência, a França manteve o *status* de inimiga implacável, por causa das pesadas perdas financeiras que sofrera e em virtude do medo de uma aliança potencial entre Moscou e Berlim. Para evitar isso, Paris construiu um *cordon sanitaire*, isolando os dois países. O Quai d'Orsay conduziu uma política intransigente em relação à República de Weimar, o que acabou por empurrar os nacionalistas alemães para os braços dos bolcheviques.

Os Estados Unidos, pouco envolvidos nas rivalidades continentais e que relativamente pouco perderam com as expropriações, consideravam a Rússia soviética um Estado fora-da-lei, recusando tratar oficialmente com o país. Em 1920, o secretário de Estado norte-americano explicou que essa política tornara-se inevitável, dadas as violações praticadas pelo regime soviético contra "todo uso e toda convenção que dão base à estrutura da lei internacional". Seus líderes, observou ele, "que têm freqüente e abertamente alardeado que desejam assinar acordos e compromissos com potências estrangeiras, não demonstram a menor intenção de observar tais compromissos nem pôr em prática tais acordos". Prosseguindo, ele disse:

> Eles declaram que a existência do bolchevismo na Rússia, e a manutenção de seu próprio governo depende, e deve continuar a depender, da ocorrência de revoluções em todas outras grandes nações civilizadas, incluindo os Estados Unidos (...).

Sob tais argumentos, Washington recusou-se a reconhecer diplomaticamente a Rússia soviética, sem levantar objeções a que cidadãos americanos estabelecessem relações comerciais com o país. Na década de 1920, essas relações de negócios não eram nada desprezíveis.

A Grã-Bretanha fez a paz com a Rússia soviética. Churchill argumentou que os bolcheviques eram fanáticos, que nada os convenceria a abandonar sua causa: "Eles acreditam que os insucessos do regime resultam do fato de não ter sido testado em larga escala, e que para garantir o seu êxito será indispensável implementá-lo em todo o mundo". O problema é que o anticomunismo de Churchill era amplamente considerado como uma obsessão pessoal; da mesma forma como não o escutaram antes, não o escutariam mais tarde quando tentou despertar o alarme.

A chave das ambições globais soviéticas era a Alemanha, país mais industrializado da Europa, com a classe trabalhadora mais numerosa, mas condenado pelos Aliados a desempenhar o papel de pária internacional. Aqui, os principais obstáculos não eram os nacionalistas e capitalistas, desejosos de se juntarem aos bolcheviques contra os países da antiga *Entente*, mas os socialdemocratas. Tendo aprovado a tomada do poder, em outubro de 1917, os líderes do SPD criticavam sem cessar os comunistas russos por terem liquidado a liberdade política, que consideravam essencial ao socialismo. Tais críticas, combinadas com suas posições pró-Aliados, inviabilizavam a colaboração com os russos, obrigando Moscou a voltar-se para os nacionalistas germânicos, radicais e conservadores, obcecados com o Tratado de Versalhes e prontos a fazer qualquer acordo que pudesse ajudá-los a combatê-lo.

O Comissariado de Relações Exteriores e o Comintern condenaram os termos do tratado imediatamente após sua divulgação, em maio de 1919. Um ano depois, quando a abortada insurreição Kapp* ainda estava em curso, os líderes do Partido Comunista Alemão, muito provavelmente sob as ordens de Moscou, adotaram uma postura neutra, declarando que "o proletariado não levantará um dedo pela república democrática". Como a Alemanha não se converteria ao comunismo, eles preferiam um governo autoritário de direita a uma democracia sob a égide do SPD.

O mais influente defensor de uma aliança entre a Alemanha e a Rússia Soviética era o general Hans von Seeckt, comandante-em-chefe do Exército e oficial militar de mais alta patente no país. Para ele, as Forças Armadas eram a alma da nação e o tratado, que virtualmente a

*Tentativa de *putsch* organizada por generais e políticos de extrema direita com o propósito de implantar uma ditadura militar (*N. do T.*)

desarmara, sua sentença de morte. Seus planos visavam à reconstrução do poderio militar alemão, objetivo que imaginava inalcançável sem a ajuda dos russos. "Apenas em firme cooperação com a Grande Rússia a Alemanha terá chance de recuperar sua posição como potência mundial", escreveu Seeckt. Em conseqüência, as negociações que estabeleceu com a Rússia tinham em vista dotar a Alemanha de aviação, artilharia pesada, tanques e gás venenoso. Secretamente, essa colaboração estendeu-se até o outono de 1933, preparando ambos os países para a Segunda Guerra Mundial.

No verão de 1920, quando o Exército Vermelho chegou às portas de Varsóvia, Seeckt bendisse a vitória russa, interpretando-a como o princípio do fim do Tratado de Versalhes – a queda da Polônia eliminaria a maior parte do *cordon sanitaire* criado pela França. "O futuro pertence à Rússia, incansável e inconquistável", escreveu ele. Para escapar ao destino de uma nação de "hilotas", era indispensável aliar-se a Moscou e assegurar o respeito dos Aliados. Acreditando que tal união poderia granjear as simpatias dos elementos radicais, o general não demonstrava temer quaisquer outras repercussões internas que ela pudesse suscitar.

Os círculos empresariais pareciam igualmente entusiasmados. Antes de 1914, a Rússia tinha sido a sua maior parceira comercial e, agora, eles se preocupavam com as investidas anglo-saxônicas sobre áreas que anteriormente dominavam. Por outro lado, confiavam que o estabelecimento de vínculos comerciais com Moscou tornaria os comunistas interessados na estabilidade do governo de Weimar – "Os bolcheviques nos salvarão do bolchevismo", foi um dos *slogans* lançados pelo Ministério das Relações Exteriores. Realmente, o comércio entre os dois países cresceu com rapidez, e já por volta de 1932, 47% das importações soviéticas provinham da Alemanha.

Embora o mundo ignorasse, o terreno da reaproximação germano-soviética já estava plenamente aplainado, em 1922, quando da assinatura do Tratado de Rapallo.

NO CÔMPUTO FINAL, os esforços diplomáticos e econômicos soviéticos foram muito mais bem-sucedidos do que a subversão do Comintern, cujos registros, desde que foi fundado, em 1919, até sua dissolução, em 1943, são um rol de fracassos ininterruptos, provavelmente causados pela ignorância dos bolcheviques a respeito da Europa. Seus líderes passaram muitos anos em diversos países ocidentais: entre 1900 e 1917, Lênin morou na Europa, com exceção de dois anos, de sete, para Trótski, e de cinco para Zinóviev. Mas só freqüentavam círculos restritos de exilados, travando contato apenas com os elementos mais radicais do movimento socialista. Isolados por sua própria barreira mental – a expressão "cortina de ferro" estava corrente só em 1920 – sabiam muito, mas entendiam pouco do Ocidente, e recusavam-se a receber ensinamentos. "Não haverá mais nada para aprender nas lutas, nos movimentos e nas revoluções de outros países? Os russos vieram aqui só para ensinar?", perguntou um exasperado delegado britânico do Comintern a Zinóviev. Outro delegado britânico ao II Congresso da Internacional, de volta a casa, escreveu:

> Talvez o fato mais evidente tenha sido a total incapacidade de elaboração do Congresso no que diz respeito ao movimento britânico. Algumas das táticas que foram úteis e bem-sucedidas na Rússia provocariam desastres grotescos na Inglaterra, caso as colocássemos em prática. É quase inconcebível a diferença entre as nossas condições de país altamente organizado, industrialmente centralizado, politicamente compacto e insular, e a Rússia medieval, semibárbara, politicamente organizada de modo frouxo e infantil. É preciso ter estado lá, para constatar.

Moscou, não apenas deixaria de ouvir tais reclamos, como ainda puniria severamente aqueles que ousaram criticar suas políticas. Assim, um importante comunista alemão, Paul Levi, que alertara o Kremlin contra insurreições na Alemanha, foi declarado "traidor" e expulso do Comintern, em abril de 1921. Punido não por estar errado – Lênin admitiu que seu conselho era válido –, mas por ter-se insubordinado.

Cada vez mais, os bolcheviques passaram a fiar-se em indivíduos flexíveis e submissos, que inevitavelmente se mostravam destituídos de integridade e corruptíveis. Angelica Balabanoff não conseguiu demover Lênin de gastar o que quer que fosse para "comprar" seguidores e parcelas da opinião pública. Ouvindo-a exprimir seu mal-estar, Lênin respondeu: "Peço que você não economize. Gaste milhões, muitos, muitos milhões." Os arquivos do Comintern registram grandes quantias despendidas com pessoas, publicações e partidos estrangeiros, subsídios que garantiam a Moscou o controle sobre os comunistas europeus, se bem que aviltassem sua qualidade, afastando os mais convictos e atraindo aventureiros inescrupulosos.

A todas essas causas do fracasso do Comintern pode ser adicionada ainda uma terceira, imponderável pela sua natureza, e que tinha a ver com o "russianismo" do bolchevismo. Os radicais russos sempre se distinguiram por um extremismo intransigente, uma atitude de "ou tudo ou nada", "de ruptura", que desdenhava conciliações. Antes da tomada do poder, com pouquíssimos seguidores, eles se identificavam apenas por suas idéias. Gente assim também existia no Ocidente, sobretudo entre os anarquistas, mas constituíam uma minoria insignificante. Todavia, os radicais ocidentais queriam antes reformular que destruir a ordem vigente; já os russos achavam que havia pouco a preservar em seu país. A seus olhos, os comunistas e simpatizantes ocidentais não eram para valer. "Bolchevismo é uma palavra russa", escreveu um anticomunista exilado, em 1919,

> mas não apenas uma palavra. Porque sob esse disfarce, com essa forma e essas manifestações que se cristalizaram na Rússia durante quase dois anos, o bolchevismo tornou-se um fenômeno exclusivamente russo, deitando profundas raízes na alma russa. Quando se fala em bolchevismo alemão, ou bolchevismo húngaro, eu sorrio. Será realmente bolchevismo? Na aparência. Talvez, politicamente. Mas sem a sua alma peculiar. Sem a alma russa. É pseudobolchevismo.

14
Vida espiritual

Para os marxistas, cultura é a superestrutura erguida sobre as bases da economia, refletindo os interesses e valores das classes dominantes. A religião não passa de uma crença primitiva, relíquia de um tempo em que os homens ainda se esforçavam por entender o mundo ao redor; é um instrumento utilizado pela classe dominante em termos econômicos para manter os trabalhadores subjugados. Por isso, o triunfo do socialismo trará uma nova cultura, expressão dos interesses e valores do proletariado em ascensão. A religião desaparecerá.

Os bolcheviques aceitavam essas proposições como axiomáticas. Uma vez no poder, eles trataram de implementá-las, buscando criar uma nova cultura proletária, e lançaram-se num assalto brutal contra todo o tipo de fé e práticas religiosas. Alguns defendiam o fim inexorável da herança do passado, enquanto outros preferiam uma abordagem mais sutil. Lênin, que em todas as questões tinha a última palavra, no campo da cultura apoiava a tendência mais liberal, embora no que dissesse respeito à religião fosse favorável à perseguição.

CULTURA COMO PROPAGANDA

Os líderes bolcheviques consideravam a cultura em termos puramente instrumentais: um ramo do governo preocupado em moldar as mentes e promover atitudes favoráveis à construção da sociedade socialista. No fundo, sua função era a propaganda, no sentido mais amplo da palavra. Esse era o objetivo da literatura, das artes cênicas e visuais e, sobretudo, da educação.

É evidente que não foram eles que inventaram a propaganda, praticada pelo menos desde o início do século XVII, quando o papado instituiu o *Congregatio de Propaganda Fide*, para divulgar o catolicismo. Durante a Primeira Guerra Mundial, todas as potências beligerantes fizeram propaganda. A inovação bolchevique consistiu em conferir-lhe importância capital; os comunistas empenharam-se – e em medida surpreendente conseguiram – em criar um mundo de ficção, paralelamente e em flagrante contradição à experiência do dia-a-dia, obrigando os cidadãos soviéticos a acreditar ou, pelo menos, fingir que acreditavam nele. Para tanto, o Partido Comunista monopolizou todas as fontes de informação e procedeu de forma a isolar a população do mundo exterior. Esses esforços foram empreendidos numa escala tão gigantesca, com tal habilidade e determinação, que o universo imaginário projetado eclipsou, para muitos cidadãos soviéticos, a realidade viva, resultando em algo parecido à esquizofrenia intelectual.

Numa admirável dualidade, a história da cultura soviética revela ampla experimentação e liberdade criativa ilimitada e utilitarismo a serviço dos interesses políticos da nova elite governante. Enquanto os historiadores e estrangeiros concentravam-se nas excêntricas criações dos artistas bolcheviques e companheiros de viagem, silenciosamente, e de forma muito mais significativa, surgia uma burocracia para quem a cultura nada mais era do que propaganda, e a propaganda, a mais elevada expressão cultural. Na década de 1930, quando Stálin já detinha o controle completo, toda a experimentação cessou abruptamente.

No campo da política cultural, ao longo dos primeiros anos do novo regime, a questão que dividia os bolcheviques dizia respeito à herança do passado. O grupo ligado ao movimento de Cultura Proletária – *Proletkúlt* – considerava que do ponto de vista da sociedade comunista as obras produzidas nos períodos "feudal" e "burguês" eram irrelevantes; melhor seria destruí-las ou, pelo menos, ignorá-las, liberando, assim, a criatividade do proletariado. Seus líderes, fortemente apoiados pelo comissário de Educação, Anatóli Lunatchárski, mobilizou energias para pôr em prática essa teoria. Abriram estúdios destinados ao aprendizado de desenho e pintura e "oficinas", em que compunham poesia.

O conteúdo da nova cultura permaneceu vago, para que a criatividade espontânea das massas o definisse. Num ponto, porém, os teóricos do *Proletkúlt* concordavam: não havia lugar para a "inspiração" individual, considerada uma ilusão "burguesa". A cultura originava-se das relações econômicas entre os seres humanos em luta com a natureza. Na sociedade socialista, baseada no princípio do coletivismo, a cultura assumiria necessariamente um caráter coletivo. Um proeminente membro do movimento, Aleksei Gástiev, metalúrgico transformado em poeta e teórico, imaginava um futuro no qual as pessoas estariam reduzidas a autômatos, identificados por números, em vez de nomes, destituídas de idéias e sentimentos pessoais:

> A psicologia do proletariado é extraordinariamente uniformizada pela mecanização, não somente dos movimentos, mas também do pensar cotidiano (...). Essa qualidade lhe confere um notável anonimato, tornando possível designar a entidade proletária em separado, como A, B, C ou 325, 075 etc. (...) Isso significa que, para a psicologia proletária, de um extremo a outro do mundo, não há mais um milhão de cabeças, mas uma única cabeça global. No futuro, sem que se perceber, essa tendência tornará impossível o pensamento individual.

Alguns teóricos do *Proletkúlt* viam nos jornais diários um modelo da criatividade coletiva. Tentavam, em "oficinas de poesia", fazer com que cada participante produzisse um verso, formando estrofes, linha por linha. Na melhor das hipóteses, o *Proletkúlt* proporcionou uma educação mais refinada a pessoas que desconheciam arte e literatura; na pior, perdeu tempo em experiências diletantes, improdutivas e ou sem valor duradouro.

A política foi a sua ruína. Lênin considerava com ceticismo o conceito de "cultura proletária". No fundo, sua opinião a respeito do nível cultural e da criatividade potencial das massas russas era muito desfavorável, cabendo ao governo, justamente, inculcar-lhes hábitos modernos, científicos e técnicos. Ele considerava absurdo jogar fora toda a herança artística e literária do passado em prol de criações imaturas de escritores e artistas amadores, recrutados entre trabalhadores. Mesmo assim, tolerou as atividades do *Proletkúlt*. O próprio Lunatchárski não se preocupava em supervisionar as suas atividades, muito embora fosse o Comissariado da Educação que as financiasse. No auge, o movimento chegou a ter oitenta mil membros ativos e quatrocentos mil simpatizantes. Aleksandr Bogdânov, seu fundador e teórico-chefe, acreditava que as organizações culturais deviam ser independentes das instituições políticas e coexistir, em termos de igualdade, com as instâncias partidárias. Tão logo tomou conhecimento disso, no outono de 1920, Lênin ordenou que as organizações do *Proletkúlt* se subordinassem ao Comissariado. A partir de então, gradualmente, o movimento sumiu do mapa.

O regime comunista exercia um rígido controle sobre as atividades culturais por meio da censura e do monopólio das organizações produtoras de cultura.

A censura era uma velha tradição na Rússia. Até 1864, fora praticada da forma mais pesada, a "preventiva", abandonada na Europa havia muito, e que exigia que cada manuscrito fosse aprovado por um funcionário do governo, antes da publicação. Naquele ano, teve início a censura "punitiva", com base na qual autores e editores eram levados a julgamento pela publicação de material cujo teor viesse a ser considerado revoltoso. Afinal, em 1906, a censura foi abolida.

A importância que os bolcheviques atribuíam ao controle da informação logo tornou-se patente no primeiro decreto baixado quando chegaram ao poder, determinando a supressão de todos os jornais que não reconhecessem a legitimidade do novo governo. A resistência foi tamanha que ele foi suspenso, e a fiscalização sobre a palavra impressa assumiu outras formas. O governo monopolizou a produção e distribuição de papel-jornal e notícias, ao mesmo tempo em que tornou os editores responsáveis pela publicação de informações hostis às autoridades passíveis de julgamento por um tribunal revolucionário. A despeito desses obstáculos e sempre na iminência de desaparecer, a imprensa livre conseguia sobreviver; na primeira metade de 1918, havia várias centenas de jornais independentes circulando por todo o país, 150 deles em Moscou. Mas seu tempo estava contado, só que Lênin não escondia que pretendia fechar toda a imprensa livre logo que as condições permitissem.

A ocasião surgiu em julho de 1918. Em seguida ao levante SR de esquerda, na capital, o governo fechou todos os jornais e periódicos não-bolcheviques, alguns dos quais fundados no século XVIII. A ação sem precedentes eliminou de uma só penada todas as fontes de informação e opinião independentes. O país foi lançado de volta às condições anteriores a Pedro, o Grande, quando só se publicava a opinião do Estado, única fonte de noticiário.

Tal como ocorria durante o regime czarista, o governo de Lênin mostrava-se mais indulgente com livros, que alcançavam um público relativamente pequeno. Mas também nessa área adotaram-se medidas severas de restrição à liberdade de expressão, com a nacionalização de tipografias e casas editoras, reunidas na Editora do Estado – *Gosizdat* –, cujo aval era indispensável à publicação de qualquer obra literária.

Esse processo culminou, em junho de 1922, com o estabelecimento de um escritório central de cultura, inocuamente chamado Administração Principal para Assuntos Literários – ou pela abreviação *Glavlít* –, subordinado ao Comissariado da Educação. Com exceção dos materiais oriundos do Partido Comunista, de suas ramificações e da Academia de Ciências, todas as demais publicações estavam sujeitas à censura prévia da Glavlít, que possuía uma seção destinada à censura, inclusive das artes cênicas. Rapidamente, os russos adaptaram-se à autocensura, só produzindo aquilo que a experiência lhes ensinara ter alguma chance de obter licença. Na década de 1920, embora a Glavlít não exercesse à risca o controle sobre os livros, o aparato já estava montado. Nos anos 1930, ele seria utilizado para erradicar todo e qualquer traço de pensamento independente.

O novo regime cortejava avidamente os escritores, entre os quais encontrava um antagonismo quase unânime. Exceto por uns poucos poetas e romancistas desejosos em colaborar, os autores russos reagiram às restrições impostas a seu ofício, indo ao exterior ou recolhendo-se ao mundo privado. Os que escolheram a segunda alternativa enfrentaram privações materiais extremas, congelando no inverno e passando fome o ano inteiro. A submissão às novas autoridades garantia padrões mínimos de vida, mas poucos escritores se renderam.

Somente o grupo dos Futuristas colaborou com os bolcheviques por convicção. Surgido na Itália, às vésperas da Primeira Guerra Mundial, seus adeptos depois apoiaram Mussolini. Os futuristas italianos, assim como os russos, desprezavam a burguesia e todas as suas obras, ansiando por uma nova cultura harmonizada com a tecnologia moderna e o ritmo da era da máquina. Louvando a brutalidade bárbara, querendo varrer os museus e bibliotecas da face da terra e orientando-se pelo "impulso" em lugar da razão, foram atraídos pelo fascismo e pelo comunismo, movimentos que partilhavam seu ódio à desgastada civilização burguesa.

Laureado pelo regime bolchevique, o poeta futurista Vladímir Maiakóvski, todavia, personificava a antítese do ideal comunista de homem coletivo. Egocêntrico obsessivo, intitulou com seu próprio nome a primeira peça que escreveu, e batizou seu primeiro livro com uma única palavra – *Eu!* – e sua autobiografia de *Eu mesmo*. Esforçava-se para estar sempre no centro das atenções, fosse montando peças escandalosas, gritando poemas, em leituras públicas, ou pintando cartazes de propaganda. Lênin desprezava suas excentricidades e considerava seus poemas como demonstrações de "clara estupidez". Mas Maiakóvski prosperava, porque era o único poeta de talento desejoso de cantar as glórias do novo regime. Sua prosódia inovadora assim como seu desdém pela moralidade tradicional promoviam a auto-imagem comunista como vanguarda da História. Em 1930, quando as autoridades stalinistas começaram a restringir sua liberdade, ele se suicidou.

Ao mesmo tempo em que elogiava Maiakóvski, as autoridades consideravam muito mais a seu gosto os versos de Demian Biédni, poeta capaz de transformar em versos quaisquer *slogans* que o regime imaginasse apropriados para o momento. Trótski o elogiava por escrever, não apenas naqueles raros momentos em que estava inspirado pelas musas, "mas dias e dias a fio, pressionado pelos fatos (...) e pelo Comitê Central". Diz-se que suas canções inspiraram as tropas do Exército Vermelho em combate.

A grande poesia, a poesia duradoura, era escrita por poetas que tentavam isolar-se. Anna Akhmátova e seu marido, Nikolai Gumilióv, assim como Óssip Mandelstam, Serguei Iessênin e Boris Pasternak, levaram vidas quietas, reclusas e obscuras, sem subsídios. Gumilóv foi fuzilado em 1921, acusado de participação numa organização contra-revolucionária: ele é tido como o primeiro escritor russo de renome, sepultado em local desconhecido. Iessiênin matou-se, em 1925. Mandelstam pereceu num campo soviético, em 1939. Akhmátova e Pasternak sobreviveram, suportando humilhações que almas menos resolutas não teriam agüentado.

Aleksandr Blok foi um caso especial. Importante poeta simbolista desde antes da Primeira Guerra Mundial, não demonstrara até então maior interesse por política. Em 1917-1918, porém, levado pelo tumulto revolucionário, em estado de delírio criativo escreveu o poema mais extraordinário saído da Revolução. "Os Doze" fala de Guardas Vermelhos armados – homicidas e implacáveis – marchando atrás de um Cristo invisível, para esmagar o mundo "burguês". O desencanto de Blok começou quase de repente, no instante em que viu as forças elementares, cujos elogios cantava, extintas pela mão de ferro do Estado. Parou de publicar poesia e morreu, em 1921, completamente desiludido.

Os primeiros anos do novo regime foram uma fase difícil para o romance, posto que os escritores de maior talento recusavam-se a pôr sua arte a serviço de uma causa política que, além do mais, insistia em atribuir aos personagens não vontades individuais, mas interesses de classe. Numa fase posterior, a ficção soviética, enfatizando a violência, procurou mostrar como a Revolução e a Guerra Civil destruíram antigos valores e costumes. Um gênero especial era o do romance antiutopia, representado por *Nós*, de Zamiatin, que retratava o mundo de pesadelo vislumbrado por Gástiev. Publicado inicialmente no exterior, inspirou *1984*, de George Orwell.

Num país em que boa parte da população era analfabeta, os bolcheviques preferiam outros meios para difundir suas idéias e influenciar as massas. O teatro e o cinema, muito mais eficazes, receberam estímulos que abrangiam até mesmo as formas não-convencionais dos cabarés políticos, apresentações de rua e encenações ao ar livre de fatos históricos.

A encenação de dramas de caráter revolucionário tinha em vista granjear apoio para o regime e, ao mesmo tempo, difundir desprezo e ódio por seus oponentes. Os diretores soviéticos tomavam emprestadas da Alemanha e de outros países ocidentais técnicas inovadoras. Nas ruas das cidades, nas fábricas e na frente de batalha, graças à eliminação do palco formal, estimulava-se a platéia a interagir com os atores que, misturando realidade e fantasia, contribuíam para eliminar a distinção entre o real e a propaganda.

O teatro de "agit-prop" vulgarizava os protagonistas, reduzindo-os a modelos de perfeita virtude e de mal absoluto. Ignoram-se os conflitos mentais e psíquicos, essência do genuíno drama, em benefício de antagonismos primitivos entre personagens "bons" e "maus", que agiam somente conforme seus interesses de classe.

Disfarçados de passantes casuais, os atores profissionais ridicularizavam o Antigo Regime e os "capitalistas" estrangeiros, apelando para a xenofobia e a inveja, atiçando-as até o nível do ressentimento aberto e idealizando-as como expressões de consciência de classe.

A ação de *Você me ouve, Moscou?* – notável drama de ódio escrito por S. Tretiakóv, encenado em 1924 por Serguei Eisenstein, mais tarde famoso como diretor de cinema – transcorria na Alemanha contemporânea e representava a luta de trabalhadores comunistas contra os "fascistas", levando a platéia a um alto grau de vibração:

> O segundo e terceiro atos criavam (...) tensão que se descarregava no quarto ato, na cena dos trabalhadores [alemães] tomando de assalto o cais ocupado pelos fascistas. Na platéia, os espectadores pulavam nas cadeiras. Houve gritos: "Ali adiante, ali! O conde está escapando! Agarrem-no!" Um corpulento estudante, pondo-se de pé, gritou na direção da prostituta de luxo: "Por que estão hesitando? Agarrem-na." Quando a meretriz foi morta no palco e empurrada escadas abaixo, ele praguejou com satisfação, acrescentando: "Ela mereceu." Disse isso com tamanho vigor, que uma senhora vestida de peles, sentada perto dele, não pôde suportar, levantando-se rapidamente e exclamando assustada. "Meu Deus! Isso vai acontecer aqui também?" E correu para a saída. Cada fascista morto era afogado em aplauso e gritos. (...) um militar, sentado

numa das últimas cadeiras, puxou o revólver e mirou na meretriz, sendo dominado pelos vizinhos. O entusiasmo afetou os próprios figurantes que, incapazes de se conter, juntaram-se ao ataque. Tiveram de ser controlados.

Muito prestigiados, em 1920, os espetáculos a céu aberto e com a participação de milhares de extras costumavam encenar eventos históricos de maneira sempre favorável aos comunistas. Um dos mais célebres – *A tomada do Palácio de Inverno* –, incluindo seis mil atores secundários, foi realizado no terceiro aniversário do Golpe de Outubro, no centro de Petrogrado. Filmado mais tarde por Eisenstein, culminava no ataque dos Guardas Vermelhos ao Palácio de Inverno, com cenas que se converteram numa suposta representação de um fato que jamais aconteceu, na realidade.

Em razão dos custos mais baixos, o governo recorria cada vez mais ao cinema. Os produtores cinematográficos soviéticos sofreram forte influência do norte-americano D. W. Griffith, copiando suas técnicas de *close* e montagem, capazes de despertar fortes emoções nas platéias. Da mesma forma, artistas, arquitetos e compositores adaptaram seu talento com facilidade às mudanças revolucionárias do país.

Tal como o teatro comunista em seus primeiros tempos, o Construtivismo, movimento artístico que marcou a década de 1920, procurou romper barreiras. Abominando a "alta arte" tradicional em todas as suas modalidades e inspirados na Bauhaus alemã, trabalhando com pintura e arquitetura, desenho industrial e tipográfico, costura e anúncios, os construtivistas russos rejeitavam o formalismo e tentavam injetar estética no cotidiano. Aleksandr Ródtchenko exibiu três "telas" cobertas com nada mais do que as três cores primárias e declarou a morte da pintura.

Os museus perderam o prestígio à medida que a atenção se voltava para a arte de rua. Os cartazes polarizavam muito mais atenção. Durante a Guerra Civil, eles proclamavam o triunfo inevitável do Exército Vermelho sobre o inimigo, representado como um verme repulsivo. Mais tarde, serviram a propósitos didáticos, como o combate à religião. Entre 1918 e 1919, os edifícios públicos e as residências, bem como os trens e os bondes, apareceram inteiramente cobertos de grafitos sobre lemas de propaganda.

Os arquitetos de vanguarda acreditavam que as novas edificações comunistas tinham de ser construídas com materiais apropriados à nova era: declarando "burguesas" a madeira e a pedra, optaram pelo ferro, vidro e concreto. O mais conhecido exemplo desse tipo de desenho arquitetônico foi o monumento à III Internacional, projetado por Vladímir Tátlin. Renomado integrante do movimento construtivista, Tátlin queria que a arquitetura "proletária" fosse móvel, e desenhou seu monumento em três níveis giratórios: o mais baixo faria uma rotação por ano; o mediano, uma vez por mês; e o mais alto, a 400 metros do solo, uma vez por dia. A construção, que seria a mais alta do mundo, nunca foi erguida. Tátlin também projetou uma máquina voadora que jamais saiu do chão.

A atividade musical declinou em virtude da emigração dos melhores compositores e músicos; os que permaneciam dedicavam-se a organizar "orgias musicais" em que os "burgueses" instrumentos de sopro e cordas eram desprezados, substituídos por motores, turbinas e sirenes. Um "mestre do ruído", oficialmente designado, substituía o maestro. *Sinfonias de apitos de fábrica*, apresentadas em Moscou, produziam sons tão bizarros que as platéias não reconheciam nelas nem mesmo as melodias mais familiares. O novo gênero alcançou seu maior triunfo em Baku, durante as comemorações do quinto aniversário do Golpe de Outubro, por ocasião de um "concerto" a cargo das unidades da Armada do Cáspio, reunindo apitos de bordo, sirenes de fábrica, duas baterias de artilharia, metralhadoras e aeroplanos.

As obras de escritores e artistas subsidiadas pelo governo de Lênin quase nada tinham em comum com o gosto das massas a que supostamente se dirigiam e cuja cultura permanecia enraizada na religião. Estudos a respeito dos hábitos russos de leitura indicam que antes e imediatamente depois da Revolução, camponeses e trabalhadores liam, sobretudo, folhetos religiosos; em se tratando de leitura secular, eles preferiam a literatura escapista. As novidades que surgiram nas áreas do romance e da poesia, pintura, arquitetura e música refletiam as tendências da vanguarda européia, satisfazendo apenas o gosto da elite cultural. Stálin compreendeu isso muito bem e, tão logo alcançou o poder, tratou de cortar essas experiências, impondo padrões literários e estéticos que se limitavam a reproduzir criações do passado, clássicos literários ou peças do tipo *Lago dos cisnes*, ou que por seu realismo cru e didatismo ultrapassavam os piores excessos da era vitoriana.

NO IDIOMA RUSSO, há dois termos para designar "educação": *vospitânie* refere-se à transmissão do conhecimento, e *obrazovânie* equivale à "instrução", ao ato de moldar a personalidade. O regime soviético dedicou-se inteiramente à *vospitânie*, no sentido de que todas as instituições – dos sindicatos ao Exército Vermelho – assumiram a tarefa de inculcar o espírito do comunismo num novo tipo de ser humano – tanto que, para alguns contemporâneos, a Rússia soviética aparecia como uma escola gigantesca. Isso era educação, no sentido amplo da palavra, ou segundo a definição de Helvétius. Os bolcheviques, porém, não desprezaram a educação no sentido mais estreito, mais convencional. É claro que as atividades de sala de aula tinham de ser conduzidas de maneira correta no tocante à política: Lênin rejeitava a idéia de uma educação ideologicamente "neutra". Conseqüentemente, em 1919, o Programa do Partido considerava as escolas "um instrumento para a transformação comunista da sociedade". Isso implicava na "purificação" dos alunos, na extirpação das idéias "burguesas", sobretudo das crenças religiosas, envolvendo ainda a revelação dos novos valores e uma perspectiva científica, tecnológica.

O ideal era a instrução e a educação, como responsabilidades do Estado, começarem desde o nascimento. Os pais não tinham direitos sobre suas crianças. Segundo Ievguêni Preobrajênski, importante porta-voz comunista nesses assuntos:

> Do ponto de vista socialista, é uma total imbecilidade que um indivíduo trate seu corpo como propriedade pessoal inalienável, posto que ele não passa de um elo na evolução das espécies. Todavia, dez vezes mais estúpida é a visão de descendência.

Foram traçados planos ambiciosos destinados a remover as crianças do cuidado dos pais, que só se frustraram por falta de fundos. Os proponentes de tais idéias radicais não levaram em conta que, enquanto as mães tomam conta de seus filhos sem nada cobrar pelo serviço, outros teriam de ser pagos para o trabalho.

Um decreto de maio de 1918 nacionalizou todos os estabelecimentos de ensino que, poucos meses depois, fundiram-se num sistema de Escolas Consolidadas de Trabalho, com currículos padronizados em dois níveis: o inferior, para crianças de 8 a 13 anos, e o superior, abrangendo a faixa etária entre 13 e 17 anos. A presença tornou-se obrigatória e as classes eram mistas.

A autoridade dos professores foi severamente restringida. Chamados "trabalhadores escolares" – abreviadamente, *chkrabi* –, eles não podiam castigar os alunos, passar trabalho de casa ou decidir sobre sua aprovação. A administração da escola cabia aos comitês de que os "trabalhadores escolares" faziam parte, juntamente com alunos mais velhos e operários de fábricas próximas. Lunatchárski, admirador da filosofia educacional de John Dewey, enfatizava o "aprender fazendo". Idéias pedagógicas importadas do Ocidente só obtiveram sucesso em algumas poucas escolas-modelo; nas demais, a incompreensão dos professores a respeito dos novos métodos, aliada à escassez de recursos, determinavam um rebaixamento geral dos padrões. Entre 1918-1922, a dotação orçamentária do Comissariado da Educação manteve-se abaixo de 3%, segundo Lunatchárski, cobrindo de 25% a 33% das necessidades. Por volta de 1925-1926, o gasto *per capita* com educação era um terço menor do que tinha sido em 1913. Tal como nos anos finais do regime czarista, apesar das promessas de educação universal, somente 45% das crianças em idade escolar freqüentavam as aulas.

Fontes contemporâneas indicam que as inovações baixaram as exigências acadêmicas e reduziram a autoridade dos professores. Um trabalho literário, escrito sob a forma de diário, supostamente por um garoto de 15 anos, transmite algo da atmosfera dominante nas salas de aula, no início dos anos 1920.

Hoje, nossa classe sofreu uma afronta. Eis o que aconteceu. Uma nova *chkrabikha* veio ensinar ciências naturais. Elena Nikitichna Kaurova, a quem apelidamos Elnikitka. Ela nos entregou as lições e falou:

— Crianças!

Então eu me levantei e disse:

— Não somos crianças.

Ao que ela rebateu:

— Claro que vocês são crianças, e não me dirigirei a vocês de outro jeito.

Respondi:

— Por favor, seja mais educada ou nós a mandaremos para o inferno.

Isso foi tudo. Todos me apoiaram.

Elnikitka ficou vermelha e respondeu:

— Nesse caso, seja bem bonzinho para sair da sala de aula.

Mais um vez, respondi:

— Em primeiro lugar, isso não é uma sala de aula, mas um laboratório; e nós não somos expulsos.

E ela:

— Você é um malcriado.

E eu:

— Você é igualzinha às professoras da velha escola. Só elas tinham tais direitos.

E pronto. Todos ficaram do meu lado. Elnikitka saiu da sala correndo como se tivesse se queimado.

No quarto aniversário do Golpe de Outubro, tristemente, Lunatchárski foi obrigado a admitir o fracasso dos ambiciosos planos governamentais que pretendiam revolucionar a educação:

> Para muitos, o comunismo de guerra pareceu a estrada mais curta para o comunismo (...) Para nós, pedagogos comunistas, a decepção foi especialmente aguda. As dificuldades de construir um sistema socialista de educação popular em um país ignorante, analfabeto, avolumaram-se além de toda medida. Não tínhamos professores comunistas. Os meios materiais e os recursos eram insuficientes.

Em que pese todo o alarde sobre os avanços na qualidade e acessibilidade da educação, a melancólica verdade era que muitas crianças não apenas careciam dos benefícios da escolaridade formal como também haviam perdido o direito mais elementar, assegurado à maioria dos animais: o cuidado paterno. Durante a década de 1920, crianças órfãs e abandonadas – *biesprizôrnie* – vagavam pela Rússia, como criaturas pré-históricas. Contemporâneos estimaram entre sete e nove milhões, três quartos filhos de trabalhadores e camponeses, o número de crianças com menos de 13 anos vivendo em bandos e sobrevivendo da mendicância, do roubo e da prostituição. "Andando em grupos, pouco falantes, com aparência inumana, rostos crispados, cabelos emaranhados e olhos vazios", lembrava Malcolm Muggeridge. "Eu as vi em Moscou e Leningrado, amontoadas debaixo das pontes, escondidas em estações ferroviárias, surgindo de repente como um bando de macacos selvagens, e se dispersando e desaparecendo, logo a seguir." Algumas foram alojadas em colônias estatais, mas lá chegavam fisicamente doentes e socialmente inassimiláveis. Stálin tiraria de suas fileiras muitos seguidores leais, jovens sem família ou raízes comunitárias, que só contavam com a sua proteção.

A educação superior permaneceu intocada durante o primeiro ano, embora os bolcheviques tivessem perfeita ciência de que a maioria dos mestres universitários eram adeptos do Partido Constitucional-Democrata, opondo-se ao regime e a tudo o que ele representava. Lênin atribuía imensa importância à ciência como instrumento para modernização da Rússia e estava disposto a fazer todos os esforços que garantissem a cooperação dos professores acadêmicos. "Um grande estudioso, um grande especialista nessa ou naquela área deve ser poupado ao máximo, mesmo que seja um reacionário", disse ele a Lunartchárski. Nesse contexto, o verbo "poupar" – *schadít* – demonstra que tal tolerância deveria ser condicional e temporária.

Essa política visava a beneficiar sobretudo a principal instituição científica do país, a Academia de Ciências, com a qual foi feito um acordo: concentrando-se em ciência aplicada mais do que em ciência pura, ela teria permissão para manter sua autonomia, permanecendo livre do controle do Comissariado de Educação e da Glavlít.

As universidades tiveram menos sorte. Entre 1918 e 1921, os comunistas liquidaram com sua autonomia, aboliram os *campi* e encheram essas instituições de estudantes desqualificados, mas politicamente promissores.

Um decreto de 1º de outubro de 1918 acabou com os graus de doutor e mestre e demitiu catedráticos com mais de dez anos de prática didática, ou cadeiras em qualquer outra instituição por mais de 15 anos. Seus cargos foram declarados vagos, a serem preenchidos por concurso nacional, cujos candidatos não precisavam ter diploma superior, mas tão-somente uma "reputação" apropriada. Várias novas universidades surgiram, algumas delas destinadas ao ensino da teoria comunista. No inverno de 1918-1919, as autoridades fecharam as faculdades de Direito e os cursos de História, onde tinham encontrado resistência mais forte, substituindo-os por escolas de "ciência social", que ministravam o marxismo-leninismo. Em 1921, por ordem de Lênin, todos os universitários foram obrigados a freqüentar cursos de materialismo histórico e sobre a história da Revolução Bolchevique.

O *status* de educação superior foi definitivamente regulado pelo estatuto universitário de setembro de 1921, que restaurou muitos itens do notoriamente reacionário estatuto de 1884. As faculdades perderam o direito de escolher reitores e catedráticos, atribuição que passou para o Comissariado de Educação. O governo ignorou os protestos acadêmicos, demitindo os professores que deles participaram, chegando ao ponto de mandar alguns para o exílio.

O decreto de 2 de agosto de 1918 virou pelo avesso os procedimentos de admissão, autorizando qualquer cidadão com 16 anos ou mais a inscrever-se numa instituição de ensino superior de sua livre escolha, sem comprovar os níveis de escolaridade anterior, ou fazer-se aprovar por exames de admissão, ou pagar taxas de ensino. Esse "ingresso aberto", advogado por alguns radicais norte-americanos, nos anos 1960, e até mesmo adotado por alguns colégios, nos Estados Unidos, encheu as universidades russas com estudantes que não tinham preparo adequado nem comprometimento com os estudos. A maioria logo abandonou o meio não-familiar e as universidades, na década de 1920, permanecendo como uma reserva de jovens de classe média e da *intelligentsia*.

Cientes disso, as autoridades tomaram providências paliativas, criando as "Faculdades do Trabalhador". Ligadas a instituições de ensino superior, as chamadas *Rabfaki* ofereciam cursos aos operários e camponeses ávidos por adquirir educação superior. Tais cursos mostraram-se bastante bem-sucedidos e capacitaram muitos que, de outra forma, permaneceriam desqualificados para entrar nas universidades.

Ainda assim, o perfil social das universidades não mudou muito: em 1923-1924, em cada sete estudantes, havia apenas um trabalhador, menos do que nos últimos anos do czarismo, e em parte porque as privações da existência cotidiana sob o comunismo fizeram dos estudos superiores um luxo que poucos podiam manter.

Um dos primeiros e mais ambiciosos objetivos culturais do regime bolchevique foi um programa nacional de erradicação do analfabetismo. Nos anos finais do czarismo, quase a metade da população sabia ler e escrever. Ainda assim, o novo governo atribuiu grande importância à alfabetização universal, com o que pretendia promover o ensino de habilidades industriais modernas. Conseqüentemente, em dezembro de 1919, foi decretada a "liquidação do analfabetismo" para todos os russos entre 8 e 50 anos. Quem já sabia tinha de estar a postos para ensinar, e quem se recusasse a aprender ficaria sujeito ao risco de enfrentar um processo criminal. Dezenas de milhares de "pontos de liquidação" foram montados nas cidades e aldeias, em geral, oferecendo cursos com duração de três meses. Embora os camponeses se mantivessem à margem da campanha, por associarem o ensino bolchevique à propaganda do ateísmo, em toda a Rússia Européia, entre 1920 e 1926, cerca de cinco milhões de pessoas passaram por cursos de alfabetização.

Como em muitos outros aspectos de diversas áreas em que os comunistas, depois de tomarem o poder, atuaram sem medir dificuldades e custos, convictos de que os problemas poderiam ser resolvidos mediante a aplicação de energia e força suficientes, não ocorreu nenhuma melhoria milagrosa. Antes da Revolução, 42,8% dos russos eram alfabetizados; a proporção entre os homens atingia 57,6%. O esforço contra o analfabetismo elevou esses índices a 51,1% e 66,5%, respectivamente, resultado de uma aceleração nada espantosa, e sim da continuidade do progresso já alcançado sob o czarismo. Nas escolas, que só podiam acomodar metade das crianças em idade escolar, o número de alfabetizadas equivalia ao das que não sabiam ler ou escrever. Nadiéjda Krupskaia, mulher de Lênin, que desempenhou um papel ativo nesse campo, reconheceu com pesar que todo o esforço empreendido propiciara tão-somente a "estabilização" do analfabetismo.

No curso da Revolução e da Guerra Civil, a língua russa sofreu mudanças interessantes. A mais surpreendente foi o uso generalizado de palavras abreviadas, tais como *Sovnarkóm* e Proletkúlt. "Senhor" – *gospodín* – cedeu lugar a "camarada" – *továrisch*. A ortografia foi simplificada. "Deus" passou a ser escrito com inicial minúscula.

Tais eram as maneiras da casta oficial e da população urbana. De sua parte, os camponeses falavam como sempre o fizeram, reinterpretando o novo vocabulário de modo particular e definindo "casamento civil", por exemplo, como "pessoas não casadas vivendo juntas"; "kammunist" como "alguém que não acredita em Deus", e "bilhão" como "papel-moeda". Perguntados sobre Karl Marx, a quem chamavam "Mars", respondiam: "o mesmo que Lênin".

NA ESFERA DAS QUESTÕES éticas, os fundadores do socialismo limitaram-se a declarar que todos os padrões morais nada mais eram que subprodutos das relações de classe, relativos e passageiros, portanto. Assim, cada classe produzia sua própria ética; os chamados princípios eternos de certo e de errado não passavam de engodos. Todavia, os comunistas viam-se diante da tarefa de definir as normas de comportamento que deveriam imperar na nova sociedade. Sob o comunismo, Preobrajênski e Bukhárin declaravam que o único critério de moralidade consistia no bem da causa. De acordo com Bukhárin, "para o proletariado, a 'ética' vai aos poucos se transformando em regras simples e compreensíveis de conduta necessária". Como a implementação desse princípio teórico teve de ser deixada a cargo do Partido Comunista, ou melhor, de sua liderança, os critérios éticos acabaram por equiparar-se aos interesses do governo. No final da década de 1930, quando Preobrajênski e Bukhárin foram julgados, torturados e executados por ordem de Stálin, que os acusava de crimes que não haviam cometido – segundo seus próprios padrões eles não tinham margem para reclamar: o "comunismo" operava como parecia "necessário".

A Revolução pretendia provocar mudanças fundamentais no *status* das mulheres, que, de acordo com Friedrich Engels, nas condições de uma sociedade de classe, estavam submetidas à escravidão doméstica. Sob o socialismo, emancipadas das tarefas familiares pelas creches, lavanderias e cozinhas comunais, as mulheres poderiam assumir empregos e tornar-se membros plenos da sociedade. Conseqüência dessa mudança seria o florescimento do amor, posto que o vínculo do casamento não se apoiaria mais na dependência econômica da mulher. Uniões infelizes seriam dissolvidas pelos procedimentos simples do divórcio.

Fiéis a esses preceitos, em dezembro de 1917, os comunistas introduziram uma lei de divórcio até então inédita, que permitia a cada parceiro terminar o casamento sob pretexto de incompatibilidade de gênios. Eles não chegaram a legalizar o aborto, mas toleravam sua prática disseminada. Geralmente realizado sob condições sem higiene e por pessoal desqualificado, o número de vítimas era grande. Para remediar essa situação, em novembro de 1920, o governo adotou a supervisão médica para os abortos que fossem solicitados – medida igualmente sem precedentes.

Na Rússia, como em outros países, durante a Primeira Guerra Mundial, a moral sexual afrouxou-se bastante. A idéia do amor livre – baseado apenas na atração sexual –, importada da Escandinávia e da Alemanha, ganhou ampla aceitação nos círculos de vanguarda. Os comunistas justificavam-no a partir do seu repúdio aos valores e às convenções "burguesas".

A defensora do amor livre na Rússia soviética foi Aleksandra Kollontai, única mulher a alcançar os mais altos conselhos do regime. Filha mimada de um rico general, casou e divorciou-se cedo, juntando-se aos bolcheviques durante o conflito mundial. Kollontai pregava e praticava a liberdade sexual sem restrições como precondição de maturidade emocional e sucesso nas relações homem-mulher. Seus casos escandalizaram alguns bolcheviques e divertiram outros, conferindo-lhe uma notoriedade que obscurece o fato de ela nunca ter sido uma comunista típica. Lênin rejeitava com profunda aversão a filosofia do amor livre e sua máxima, atribuída a Kollontai – fazer sexo deve ser tão natural como beber um copo de água. Ainda que a turbulência geral do período possa ter levado ao sexo casual, pesquisas realizadas junto à juventude estudantil russa, nos anos 1920, revelavam que o ideário de Kollontai tinha pouca aceitação. A maioria das moças questionadas ansiava não por sexo, mas por amor e casamento.

A liberdade sexual irrestrita não prevaleceu: a maioria dos jovens não a desejava e as autoridades, determinadas a mobilizar a sociedade, tinham outra coisa em mente, tendendo à moral tradicional. O novo código de família, promulgado em 1936, bania o aborto. Sob Stálin, o Estado procurou fortalecer os laços domésticos: o amor livre caiu em desgraça, como não-socialista. Da mesma forma que na Alemanha nazista contemporânea, a ênfase recaiu na criação de uma juventude vigorosa destinada a assumir funções militares.

A TOLERÂNCIA RELATIVA demonstrada por Lênin com relação aos intelectuais chegou a um fim abrupto, na primavera de 1922. A mudança de comportamento parece ter sido causada pelo colapso da economia e pelas alterações físicas provocadas por repetidos derrames que sofreu, acarretando mania persecutória e hostilidade agressiva, mesmo no que diz respeito a seguidores mais próximos. Lênin considerava insuportável a alegria com a qual intelectuais liberais e socialistas saudavam seus insucessos.

Em março de 1922, ele declarou guerra aberta à "ideologia burguesa", determinando que a GPU, sucessora da *Tcheká*, tornasse inócuos os contra-revolucionários, espiões e "corruptores da juventude" que proliferavam nas fileiras da *intelligentsia*. A polícia de segurança executou essa ordem prendendo 120 dos mais importantes quadros acadêmicos, a maioria dos quais foi deportada para a Alemanha. Um decreto dessa época reafirmou a prática czarista do exílio interno, medida reservada aos criadores de problemas, que podiam ser condenados, mediante meros procedimentos administrativos, a penas de até três anos. O exílio permanente, porém, foi outra inovação bolchevique.

COMPARADAS COM SUAS práticas políticas e econômicas, as diretrizes culturais de Lênin primavam por um liberalismo relativo. Embora no último ano de sua vida consciente, antes de se tornar mudo em virtude de um derrame que o incapacitou totalmente, ele tenha tentado vingar-se do pensamento independente, foi sua rejeição à hostilidade do *Proletkúlt* contra a herança cultural que garantiu a sucessivas gerações de cidadãos soviéticos acesso à grande literatura, à arte e à música de além-fronteiras. Isso ajudou-as a sobreviver, intelectual e espiritualmente, diante de provações jamais vistas. Ao mesmo tempo, sua abordagem instrumentalizada da cultura, concebida como um ramo da propaganda, contribuiu para a esterilidade criativa, tão logo exauriu-se o fluxo inicial de experimentações. Pior: metodicamente, e ainda durante a vida de Lênin, o regime comunista corrompeu a tal ponto a "cultura popular", por meio de ataques à religião e aos valores tradicionais, que se produziu um vácuo espiritual, eviscerando o próprio sistema dominante e contribuindo grandemente para sua autodestruição final.

GUERRA À RELIGIÃO

A cultura da vasta maioria dos habitantes do que fora o Império Russo apoiava-se na religião, fonte do seu senso de dignidade e coragem. Cristãos, judeus e muçulmanos não davam maior atenção à "alta cultura", reduto de elites secularizadas. A tomada do poder por uma minoria beligerantemente atéia, tendente a extirpar todas as crenças, produziu um efeito devastador. Depois das privações econômicas, nenhuma ação do governo de Lênin infligiu maior sofrimento à população como um todo do que a profanação de suas convicções religiosas, o fechamento das igrejas e os maus-tratos infligidos ao clero.

A política bolchevique nesse setor desdobrou-se em dois aspectos – um cultural e outro político. Em comum com outros socialistas, os novos dirigentes da Rússia consideravam as religiões mera superstição, obstáculos que impediam a modernização. A Igreja Ortodoxa, por sua posição dominante, força institucional e ideologia conservadora, polarizava as atenções no debate, em que se opunham duas tendências: alguns argumentavam que a fé era uma expressão primitiva de necessidades espirituais genuínas que deveriam ser canalizadas para crenças seculares; outros propunham um ataque direto, perseguições e campanhas de ridicularização. Depois de um período em que as duas táticas coexistiram, os defensores do ateísmo puro saíram ganhando.

Com relação à religião organizada, desde o início, prevalecera uma posição intransigente: não havia lugar para ela na sociedade comunista. Voltadas principalmente contra a Igreja Ortodoxa, as campanhas assumiram uma variedade de formas: o clero foi privado de meios de subsistência, as igrejas espoliadas converteram-se em prédios públicos para usos diversos, baniu-se a educação religiosa e festas comunistas substituíram os feriados dedicados aos santos.

Sob o czarismo, o cristianismo ortodoxo retribuía os favores e privilégios com total dependência à monarquia. Desde Pedro, o Grande, que aboliu o patriarcado, a Igreja estava a cargo de um ministério de assuntos espirituais, o chamado Santo Sínodo, encabeçado por um leigo. Para os clérigos reformistas, que pleiteavam um caminho mais independente, a subordinação representava um sinal de fraqueza; mas eles eram minoritários no contexto da hierarquia eclesiástica predominantemente conservadora.

Em 1917, a Igreja convocou um concílio, o primeiro que deveria realizar-se em 250 anos. Os conservadores venceram com facilidade, restabelecendo o patriarcado. O escolhido foi Tíkhon, metropolitano de Moscou, homem de fé arraigada e posições moderadas, dotado de personalidade demasiadamente flexível. Ele preferia que o clero se mantivesse afastado da política, devotando-se ao socorro espiritual, numa época de grandes privações. Ignorou, assim, as medidas com que o novo regime limitara as atividades eclesiásticas, tais como a legalização dos casamentos civis, a secularização das escolas dirigidas por religiosos e a nacionalização das propriedades agrárias das paróquias e dos mosteiros. Por outro lado, considerou impossível manter silêncio em face da Guerra Civil. Em 19 de janeiro/1º de fevereiro de 1918, Tíkhon divulgou uma encíclica contra os "monstros da raça humana" que "em lugar do amor cristão [semeavam] as sementes da malícia, do ódio e da luta fratricida", amaldiçoando os cristãos que participassem de tais abominações.

No dia seguinte, os bolcheviques baixaram um decreto enganosamente intitulado "Sobre a separação da Igreja e do Estado", cujo texto atingia os fundamentos econômicos da Igreja Ortodoxa, ordenando o confisco de todos os seus fundos, incluindo construções e objetos usados em rituais, e, ao mesmo tempo, proibindo a cobrança de taxas e seu recolhimento pelo clero. Mandados suplementares baniram o ensino religioso para menores. O afastamento aludido pela nova legislação deixava espaço para cabidos isolados, extinguindo a igreja como estrutura. Qualquer cooperação ou simples consulta entre clérigos de diferentes paróquias seria considerada um indício de atividades contra-revolucionárias. Para não se arriscar à fúria popular, no curso da Guerra Civil, o regime não cuidou de fazer cumprir, estritamente, todos os itens desse decreto, mas regulamentou-o, para que pudesse ser implementado tão logo possível.

Ao longo de 1918, soldados, marinheiros e Guardas Vermelhos saquearam igrejas e mosteiros. Em algumas localidades, justiçaram padres e atacaram procissões, matando, entre fevereiro e maio, 687 pessoas. O estado de guerra entre o governo comunista e a Igreja Ortodoxa intensificou-se a partir de outubro, quando Tíkhon condenou publicamente o Terror Vermelho. Apelando aos líderes vermelhos para que cessassem suas abominações, ele clamou: "De outro modo, todo o sangue virtuoso que derramar clamará contra você (Lucas 11:51), e com a espada perecerá quem tenha levantado a espada (Mateus 26:52)." Por tais palavras, ele foi colocado sob prisão domiciliar.

Por volta de 1921-1922, embora tendo perdido todos os seus privilégios e não possuindo mais qualquer fonte de recursos, a Igreja Ortodoxa ainda mantinha um *status* exclusivo, sendo a única instituição – além da minúscula Academia de Ciências – a permanecer fora do controle do Partido Comunista. Para Lênin, essa situação era intolerável, e para destruí-la inteiramente ele provocou um conflito aberto, explorando as divergências entre o clero conservador e os que defendiam reformas e, de fora, levou os conservadores à prisão e a julgamento, sob falsas acusações de subversão. Desferida em março de

1922, a campanha anti-religiosa significou uma extensão de Outubro aos últimos vestígios institucionais da velha ordem.

O *casus belli* foi a suposta indiferença da Igreja às dificuldades enfrentadas por mais de trinta milhões de cidadãos soviéticos, padecendo sob a fome que atingira o país, na primavera de 1921 (ver Capítulo 15). Trótski sugeriu que a Igreja fosse obrigada a entregar todos os objetos de valor, incluindo os chamados vasos consagrados, para serem vendidos; os recursos assim obtidos seriam aplicados na ajuda aos famintos. Definida a estratégia, e muito menos interessadas nas vítimas do flagelo do que na derrota da instituição religiosa, as autoridades rejeitaram todas as alternativas oferecidas por Tíkhon.

Um decreto de 26 de fevereiro de 1922 instruiu os sovietes a remover das igrejas todos os objetos de ouro, prata e pedras preciosas, incluindo os vasos consagrados, cujo uso indevido era considerado um sacrilégio. Opondo-se a isso, Tíkhon ameaçou excomungar aqueles que tentassem implementar o decreto e, mais uma vez, foi punido com prisão domiciliar.

Em muitas localidades, os próprios fiéis resistiram fisicamente às tropas encarregadas do confisco, registrando-se centenas de incidentes, atribuídos a organizações "contra-revolucionárias", agindo supostamente sob ordens de exilados russos. Um desses episódios ocorreu no início de março, em Chuia, cidade têxtil situada a nordeste de Moscou, onde civis de peito aberto enfrentaram uma companhia de soldados armados com metralhadoras. Alarmado com tal desafio, o Politburo suspendeu temporariamente os arrestos.

Doente e sem participar dessas deliberações, Lênin desconsiderou tal decisão. Para ele, a fome oferecia uma oportunidade única de "quebrar" a Igreja, demonstrando à massa de camponeses a sua suposta insensibilidade não-cristã face ao sofrimento do povo. Em extensa nota dirigida ao Politburo, com data de 19 de março de 1922, mas só tornada pública em 1970, ele insistia em que a campanha avançasse sem esmorecimento:

> É agora e apenas agora, quando em regiões assoladas pela fome, ocorrem casos de canibalismo e as estradas estão tomadas por centenas, talvez milhares de cadáveres, que podemos (e, portanto, devemos) prosseguir a requisição de valores [da Igreja] com a mais feroz e impiedosa energia, não nos detendo diante de nada, a fim de reprimir qualquer resistência (...). Envie-se a Chuia um dos membros mais enérgicos, inteligentes e eficientes do Comitê Executivo Central Pan-Russo (...) com instruções diretas do Politburo, determinando a prisão de tantos quanto possível – não menos que algumas dezenas – representantes do clero local, habitante do burgo, burgueses sob suspeita de envolvimento mesmo indireto em atos de resistência violenta (...). Tão logo tenha cumprido sua missão, o representante do Comitê deve retornar a Moscou para prestar contas (...). Com base no seu relato, o Politburo baixará instrução detalhada às autoridades judiciárias sobre o julgamento dos rebeldes de Chuia que se opõem à ajuda aos famintos e cujo processo deve ser conduzido com a máxima rapidez, encerrando-se com numerosas execuções (...) na medida do possível, não apenas naquela cidade, mas também em Moscou e em vários outros centros (...). Nesse caso, quanto mais representantes da burguesia reacionária e do clero conseguirmos executar, melhor.

D. A. Volkogonov, historiador russo que teve acesso irrestrito aos arquivos de Lênin, leu uma de suas ordens, exigindo informações diárias sobre quantos padres foram executados.

Os "julgamentos" começaram quase de imediato, consistindo em verdadeiros espetáculos, muito mais parecidos com o teatro "de agitação" do que com procedimentos judiciários: cuidadosamente escolhido o elenco de personagens, o resultado era preestabelecido pelas autoridades. Em abril de 1922, 54 padres e leigos foram submetidos a tais procedimentos, em Moscou; em junho, o mesmo ocorreu, em Petrogrado. Um jornalista inglês apurou que a campanha de 1922 resultou na morte de 28 bispos e 1.215 padres. Prova recentemente divulgada indica que mais de oito mil pessoas foram executadas ao longo daquele ano. Em termos monetários, o ganho foi mesquinho – algo em torno de 4 a 8 milhões de dólares –, a cifra menor provavelmente mais próxima da realidade; as paróquias tinham muito menos riqueza do que a imaginação popular imaginava. Uma parte muita pequena dessa quantia terá servido para aliviar a fome, cujo combate era sustentado por recursos provenientes, sobretudo, dos Estados Unidos e da Europa.

À campanha contra a Igreja Ortodoxa seguiram-se ataques contra as crenças e os rituais religiosos, em geral. Em 1919, as autoridades ordenaram a exposição das relíquias de vários santos, às quais se atribuía poderes milagrosos. Revelou-se que as tumbas continham não os restos perfeitamente preservados, conforme afirmavam os clérigos, mas esqueletos ou bonecos. O efeito que as denúncias produziram sobre o povo comum pode ser aquilatado pelo depoimento de um velho camponês, colhido por um visitante americano: "Nossos santos desapareceram, no céu, e cientes de que seus túmulos seriam profanados por incréus, colocaram trapos e palha onde repousavam suas relíquias sagradas. Foi um grande milagre."

As organizações atéias, apoiadas na juventude comunista, a Komsomol, lançaram uma campanha para desmoralizar os feriados religiosos. No Natal da Komsomol, bandos de jovens desfilavam carregando imagens e satirizando as cerimônias que ocorriam em igrejas próximas. Vestidos como padres e rabinos, os rapazes caminhavam ao longo das ruas de Moscou, fazendo palhaçadas e gritando blasfêmias, acompanhados de moças que cantavam assim:

> Não precisamos de rabinos nem de padres!
> Vamos espancar os burgueses e estrangular os *kulaks*!

Festas similares tiveram lugar em outras cidades. Em Gomel, na Bielo-Rússia, por exemplo, a população etnicamente mista foi convocada para assistir a um "julgamento" de "deuses" ortodoxos, cristãos e judeus, encenado num teatro local. Os juízes, secundados pela platéia, condenaram as "divindades" à morte e, no dia de Natal, elas foram queimadas em praça pública.

Medidas foram tomadas para desacreditar, aos olhos das crianças, São Nicolau, o Papai Noel russo, e os anjos, que "escravizavam a mente dos pequenos". Às vésperas dos feriados santos, organizavam-se encenações satíricas "sobre a Conferência de Lausanne, o regime de Kérenski e vida burguesa no exterior".

O povo reagia a tais atos de sacrilégio com mudo horror, tanto que uma resolução do Partido Comunista, datada de 1923, determinou a sua diminuição, reconhecendo que apenas intensificavam o "fanatismo religioso". A partir de então, o ateísmo militante tornou-se menos ostensivo. A Sociedade dos Sem-Deus, por meio de seu jornal e de outras publicações, continuou a ridicularizar todas as religiões, no caso dos judeus, recorrendo a estereótipos anti-semitas que prenunciavam práticas nazistas.

Conforme já observamos, esses ataques foram seguidos de várias iniciativas que visavam a dividir internamente a instituição clerical. O regime separou os elementos reformistas ortodoxos e os colocou em uma "Igreja Viva", criada em março de 1922, justamente quando se desencadeou o confisco dos valores da Igreja. Administrada por um departamento especial da GPU, ela mantinha padres renegados a seu serviço.

Em maio, confinado num mosteiro perto de Moscou, Tíkhon concordou em retirar-se, sendo substituído por uma nova instituição, a Administração Superior da Igreja, no fundo, um Santo Sínodo restaurado, sob o comando do governo, por intermédio da polícia de segurança. Seguiu-se uma grande campanha pública pelo fim do Patriarcado que fez vários bispos se juntarem na Igreja Viva. Os que desafiavam a nova hierarquia ilegítima foram presos e trocados por clérigos mais obedientes. Em agosto, havia uma cisão na Igreja Ortodoxa: de seus 143 bispos, 37 prestavam obediência à Igreja Viva, enquanto 36 opunham-se a ela; os 70 restantes mantinham-se omissos. Tíkhon amaldiçoou a Administração Superior da Igreja e todos que a ela se ligaram. Praticamente banidos, os adeptos do Patriarcado derivaram para a clandestinidade.

A máxima subserviência da Igreja Viva ao novo regime tornou-se patente nas resoluções do seu II Conselho, em abril de 1923. A reunião louvou o Golpe de Outubro como um "ato cristão", negou que os comunistas perseguissem a Igreja e rendeu graças a Lênin por seu papel como "líder mundial" e "tribuno da justiça social". O governo soviético foi declarado o único no mundo a empenhar-se na realização ideal do "Reino de Deus". O Patriarcado foi abolido.

Nesse ponto, Tíkhon se rendeu. Em junho de 1923, ao que parece assustado ante a perspectiva de uma cisão permanente, ele endereçou uma carta às autoridades, negando seu passado "anti-soviético" e retirando a maldição que lançara contra a Igreja Viva. Em recompensa, as igrejas patriarcais tiveram permissão para reabrir suas portas. Tíkhon morreu em abril de 1925; em um testamento de autenticidade questionável, recomendou aos cristãos ortodoxos que apoiassem o governo soviético. Dessa época em diante, até a queda do regime comunista, no início dos anos 1990, a Igreja deixou de criar problemas.

Tendo cumprido seu papel, a Igreja Viva perdeu o apoio do Kremlin e, gradualmente, desapareceu. No início da década de 1930, a maioria de seus líderes foram presos.

As instituições judaicas também sofreram com a política bolchevique anti-religiosa,* segundo alguns, mais do que os próprios cristãos, pois suas instituições não cuidavam apenas de rituais e da educação da juventude, mas também serviam de centros de vida comunitária. A historiadora Nora Levin apóia esse ponto de vista:

> O ataque à vida religiosa dos judeus foi particularmente penetrante e devastador, pois suas crenças e observâncias religiosas fazem parte de todos os aspectos de sua vida cotidiana (...). Relações familiares, trabalho, oração, estudo, cultura e recreação integravam-se numa teia (...) um elemento que fosse perturbado abalaria o conjunto.

---

*A percepção generalizada de que os judeus estavam por trás da perseguição à Igreja Ortodoxa decorria da prática comunista de lançá-los em campanhas anti-religiosas. Em maio de 1922, escrevendo para uma publicação judaica de Nova York, Maksim Górki, romancista amigo de Lênin, testemunhou: "Sei de casos em que jovens comunistas judeus são envolvidos de propósito [na perseguição à Igreja], para que o filisteu e o camponês observem – são os judeus que estão arruinando os mosteiros [e] zombando dos 'lugares sagrados'. Parece-me que isso ocorre em parte por medo e por um claro intento também de comprometer o povo judeu. Entre os comunistas, há muitos anti-semitas."

A tarefa foi confiada ao Bund, partido dos socialdemocratas judeus que se fundira ao Partido Comunista, em 1921, e cujos membros partilhavam do desprezo bolchevique pela religião, odiando de modo particular o sionismo. Organizados em "seções judias" – *Ievsiektsii* –, eles desenvolviam atividades anti-religiosas, profanando sinagogas e transformando-as em clubes ou depósitos. Também aboliram os tradicionais órgãos comunitários de autogestão, banindo o hebreu – considerado como um idioma "burguês" – em favor do iídiche, e perseguindo os partidários do restabelecimento de Israel. Os remanescentes do Bund foram expurgados em dezembro de 1929, sendo alguns deles executados.

A Igreja Católica não escapou ao massacre. Em março de 1923, as autoridades iniciaram o julgamento de 16 padres católicos, a maioria poloneses. Condenado à morte, o prelado recebeu indulto sob forte pressão internacional. Outro sacerdote, porém, foi executado em seu lugar.

O Islã recebeu tratamento mais tolerante, uma vez que Moscou cortejava a população islâmica do Oriente Médio. Até o fim da década e ao contrário dos padres e rabinos, os muçulmanos mantiveram seus direitos eleitorais, seu ensino religioso e suas propriedades clericais.

É difícil aquilatar o efeito que a perseguição teve sobre os sentimentos religiosos da população. Relatos de testemunhas deixam a impressão de que o enfraquecimento da Igreja Ortodoxa intensificou os sentimentos religiosos. Nos anos 1920, as igrejas encheram-se com devotos, e imensas multidões participaram das procissões nos dias santificados. Alguns contemporâneos acreditavam que a perseguição incrementou o fervor religioso, erguendo-o a níveis nunca antes alcançados.

Mas ainda haveria outras provações que nenhuma religião jamais sofrera antes.

15
Comunismo em crise

Nada que pudesse obstruir
o governo central foi mantido;
mas, por isso mesmo,
nada podia escorá-lo.

— ALEXIS DE TOCQUEVILLE

NEP – O FALSO TERMIDOR

Termidor é o mês do calendário revolucionário francês no qual, em 1794, o terror jacobino repentinamente cessou e o país retornou à normalidade que culminaria na restauração dos Bourbon, vinte anos depois. Para revolucionários profissionais, o termo significa uma maldição; os bolcheviques estavam determinados a não permitir uma contra-revolução termidoriana.

Todavia, na primavera de 1921, o colapso da economia e a eclosão de uma rebelião nacional forçaram a adoção da Nova Política Econômica – a NEP –, que muitos contemporâneos interpretaram como o fim da fase jacobina da Revolução Russa, o início do seu "Termidor". A analogia mostrou-se falsa: a NEP não representou o abandono definitivo da violência revolucionária, mas uma pausa que em poucos anos abriria caminho para excessos ainda mais graves.

A diferença mais óbvia entre o genuíno Termidor francês e o pseudo-Termidor russo está na queda dos jacobinos, que se deu no primeiro, enquanto no segundo foram os neojacobinos que iniciaram as reformas. Mantendo-se no poder, os bolcheviques conservaram as posições que lhes permitiram abandonar tudo aquilo que decidiram, tão logo desapareceu o perigo de uma contra-revolução. "Espero que fique claro para todos os camaradas", disse Zinóviev, em dezembro de 1921, "que a Nova Política Econômica é apenas um desvio temporário, um recuo tático, uma limpeza de terreno, para um novo e decisivo ataque do trabalho contra o capital internacional." Além disso, o Termidor russo só afetou a economia, cuja liberalização foi contrabalançada pelo estreitamento dos controles políticos, isto é, uma intensa repressão.

O comunismo de guerra desarticulara a produção, e o fim da Guerra Civil não trouxera nenhum alívio; ao contrário, o ano de 1920 foi marcado pelas mais selvagens experiências de legislação trabalhista e de políticas monetárias. O governo manteve o confisco das safras camponesas, cujos "excedentes", em muitos casos, nada mais eram que os cereais necessários ao sustento e ao plantio da safra seguinte. Condições climáticas adversas, reduzindo ainda mais as reservas de pão, fez com que o campo experimentasse os primeiros sintomas da fome.

A má administração erodiu o apoio que restava aos bolcheviques, transformando seguidores em inimigos e inimigos em rebeldes. As "massas", que durante a Guerra Civil haviam sido informadas da responsabilidade dos Brancos e de seus apoiadores estrangeiros por todas as privações, recusavam-se a aceitar explicações depois que a luta armada acabou. De início, foram poucos os trabalhadores comunistas que devolveram seus cartões de filiação, mas entre 1920-1921 apenas 2% ou 3% dos operários ainda pertenciam ao partido. Desmobilizados pelo Exército Vermelho, os soldados retornavam aos campos para pegar em armas – do mar Negro ao Pacífico, as rebeliões camponesas eclipsavam todos os levantes rurais ocorridos sob o czarismo, envolvendo centenas de milhares de homens. Nas palavras de Lênin, a nau bolchevique não era senão uma casca de noz no mar da nação – e o mar estava se enfurecendo.

O novo regime sobreviveu a essa revolta nacional graças a uma combinação de repressão e transigência, abafando com brutalidade ilimitada as rebeliões e aplicando a Nova Política Econômica, com tudo o que ela representava em matéria de concessões. Dispondo de um exército imenso, incomparavelmente mais bem equipado e conduzido de forma profissional, esmagou os camponeses, sem programa político nem comando unificado, exatamente como os czares o fizeram. Mas a força militar não teria sido suficiente. Afinal, foi o abandono do confisco de comida que pacificou o campo e salvou os bolcheviques.

A mais perigosa das revoltas camponesas eclodiu em meados de 1920, na província de Tambov, a 350 quilômetros de Moscou. Próspera província agrária, antes da Revolução, Tambov chegara a produzir até um milhão de toneladas de cereal por ano, quase um terço do total das exportações. O comunismo de guerra, conforme frisamos, eliminou o excedente e reduziu drasticamente as reservas de pão. De acordo com Vladímir Antónov-Ovséienko, funcionário soviético encarregado de sufocar a rebelião de Tambov, nos anos imediatamente anteriores à Primeira Guerra Mundial, os habitantes da província consumiam 293 quilos de cereal *per capita*, anualmente, dispondo ainda de 121 quilos de forragem animal. Em 1920-1921, o consumo *per capita* caíra para 69 quilos de cereal, não incluindo o cereal destinado ao plantio, mas sem desconto da forragem. Depois das entregas compulsórias, a população retinha somente 25 quilos *per capita*, cerca de um oitavo do que precisava para sobreviver. Por volta de janeiro de 1921, metade dos habitantes da província passava fome.

A rebelião de Tambov foi espontânea, mas não demorou a encontrar um líder de excepcional talento e coragem, Aleksandr Antónov (nenhuma relação com Antónov-Ovséienko), que reuniu uma ampla força guerrilheira, capaz de travar luta contra o Exército Vermelho regular e os destacamentos especiais da *Tcheká* enviados à região. No início de 1921, Antónov tinha sob seu comando algo entre vinte mil e cinqüenta mil combatentes, desferindo ataques contra instalações militares e administrativas. Após cada investida, as forças de assalto desapareciam nas aldeias. Considerados por Moscou como "bandidos", os rebeldes enfrentaram os reforços enviados pelo Kremlin com o sucesso da experiência adquirida. Tornou-se óbvio que seria preciso isolá-los de suas famílias e da população simpatizante, e para isso implantou-se o terror: Antónov-Ovséienko solicitou e obteve autorização para recorrer a medidas como a tomada e execução de reféns, campos de concentração e deportações em massa.

Mas a fome não assolava somente o campo. Durante o inverno de 1920-1921, a situação do estoque de alimentos e combustíveis, nas cidades da Rússia européia, fazia lembrar a véspera da Revolução de Fevereiro. Em Petrogrado, que mais uma vez sofria por causa da distância em relação às áreas de cultivo, as fábricas tiveram de parar as máquinas; dispensados, os trabalhadores vagavam pelo campo em busca de comida, correndo o risco de interceptação por "destacamentos de triagem", que confiscavam o que o errante havia pilhado.

Contra essas circunstâncias, em fevereiro de 1921, os marinheiros da base naval de Kronstadt, louvados por Trótski como "o orgulho e a beleza" da Revolução, levantaram a bandeira da revolta.

A centelha que deu início ao motim foi uma ordem do governo, reduzindo em um terço a mesquinha ração de pão, na capital e em Petrogrado. A medida provocou distúrbios e greves, cujos participantes exigiam desde o direito de comprar direto dos camponeses até eleições honestas para os sovietes, liberdade de expressão e o fim da política do terror. Adotando os lemas dos trabalhadores, os marinheiros formaram um Comitê Revolucionário Provisório, assumindo a defesa da ilha contra o ataque previsto do continente. Sem ilusões a respeito da sua capacidade para resistir às forças do Exército Vermelho, eles contavam com a possibilidade de atrair a atenção do país e das suas forças armadas.

A expectativa se frustrou. À diferença de Nicolau II, Lênin reagiu, atribuindo o motim a generais da Guarda Branca, supostamente manipulados por SRs e agentes dos serviços de informação franceses. No comando das operações, Trótski ordenou aos amotinados que se rendessem imediatamente, do contrário enfrentariam o confronto; com pequenas mudanças de linguagem, esse ultimato poderia ter sido dado por qualquer governador-geral czarista. Ordenou ainda que as mulheres e filhos dos amotinados residentes em Petrogrado fossem tomados como reféns.

Em 7 de março, sob o comando direto de Tukhatchevski, o Exército Vermelho atacou Kronstadt, atravessando as águas congeladas do golfo da Finlândia. Na retaguarda da força de ataque, os destacamentos de metralhadora da *Tcheká* tinham ordens para atirar nos soldados que batessem em retirada. Mesmo assim, a debandada foi inevitável, à medida que o canhoneio da base naval derrubava os que avançavam. Alguns soldados recusaram-se a atirar; cerca de mil passaram para o lado dos rebeldes. Trótski ordenou a execução de um entre cinco soldados que tivessem desobedecido às ordens.

No segundo dia de combate, o Comitê Revolucionário Provisório de Kronstadt baixou uma declaração programática, intitulada "Pelo que estamos lutando", lançando acusações contra os bolcheviques, que haviam "traído" a Revolução e instituído uma tirania "muito pior que o czarismo", e conclamando a população a derrubar a "autocracia comunista", substituindo-a por um regime democrático, baseado em sovietes honestamente eleitos.

Ao longo da semana seguinte, enquanto reforçava fortemente suas tropas, Tukhatchevski pressionava o reduto rebelde com ataques noturnos. Desalentados pela falta de repercussão dos apelos que fizeram à nação, os marinheiros ressentiam-se de provisões, cada vez mais escassas. O assalto final, na noite de 16 para 17 de março, reuniu cinqüenta mil homens do Exército Vermelho contra 17 mil insurgentes. Na manhã de 18 de março, os comunistas controlavam a ilha. Eles massacraram várias centenas de prisioneiros. Os restantes, exceto aqueles que conseguiram escapar por cima do gelo, para a Finlândia, foram confinados em campos de concentração. A campanha de Kronstadt não contribuiu para aumentar a reputação de Trótski, que embora gostasse de auto-elogiar seus triunfos militares e políticos, nas memórias que escreveu no exílio omitiu qualquer menção ao seu papel nesse trágico acontecimento.

Entrementes, a rebelião de Tambov continuava a crescer. Periodicamente, como se tratasse de uma guerra regular, o Comitê Militar-Revolucionário prestava contas a Lênin e Trótski a respeito das operações realizadas contra os "bandidos". Embora esses informes relatassem sucessivas vitórias, Moscou acabou tendo de encarar o fato de que os meios militares convencionais eram incapazes de subjugar rebeldes que travavam uma guerra não-convencional. Lênin resolveu recorrer ao terror ilimitado. Confiando a operação a Tukhatchevski, no comando de um exército de mais de cem mil homens, e a

Antónov-Ovséienko, ele os autorizou a tomar as medidas que julgassem necessárias para privar os guerrilheiros de apoio popular. Segundo um relatório de Antónov-Ovséienko, os comandantes vermelhos empregavam os seguintes meios:

> Uma "sentença" especial é pronunciada nas aldeias, enumerando os crimes cometidos contra o povo trabalhador. Toda a população masculina é posta sob jurisdição do Tribunal Revolucionário Militar, e as famílias dos bandidos são removidas para um campo de concentração, como *reféns*, seqüestrando-se provisoriamente suas propriedades. Um prazo de duas semanas é concedido ao bandido, para que se entregue, ao fim do qual a família é deportada da província e decretado o confisco definitivo de seus bens.

No entanto, apesar da barbaridade, essas medidas falharam e foi preciso intensificar o nível de terror, baixando-se uma nova ordem, conforme a seguinte:

> 1. Os cidadãos que não se identificarem devem ser executados imediatamente (...)
> 4. As famílias que esconderem um bandido devem ser presas e exiladas da província. Suas propriedades serão confiscadas e o parente mais velho executado imediatamente, sem julgamento.
> 5. As famílias que oferecerem abrigo aos membros da família de um bandido ou esconderem os bens de um bandido devem ser tratadas como bandidos; o homem mais velho da casa deve ser executado imediatamente, sem julgamento (...)
> 7. Essa ordem deve ser lida nas assembléias de aldeias e será posta em prática rigorosa e impiedosamente.

O terror e as operações militares que espalhavam gás venenoso nas florestas isolaram a força rebelde camponesa. O fim do confisco forçado, em março de 1921, fez desaparecer a principal causa das rebeliões rurais, em Tambov e em outros lugares, e o campo rapidamente voltou à calma.

A habilidade demonstrada por Aleksandr Antónov, que mantivera em apuros um exército regular numericamente superior, causou forte impressão no comando militar comunista, que ordenou estudos sobre a guerra não-convencional. Adicionando operações guerrilheiras ao seu repertório tático, o Exército Vermelho pôde valer-se delas, durante a Segunda Guerra Mundial, da mesma forma que os invasores alemães copiariam os seus métodos de terror contra a população civil, desenvolvidos nas campanhas de 1920-1921, contra as guerrilhas camponesas.

A NECESSIDADE DE FAZER concessões para pacificar o campo já era óbvia, mesmo antes de Kronstadt, mas Lênin recusava-se a ceder ante a principal reivindicação dos camponeses – o direito à liberdade de dispor de sua produção – por considerá-los uma classe implacavelmente anti-socialista. Certa ocasião, ele chegou a declarar que "nós" preferimos morrer a permitir o livre-comércio de cereais. Kronstadt obrigou-o a isso. Em 15 de março, véspera do ataque final de Tukhatchevski contra os marujos do Báltico, o Politburo resolveu abolir as requisições compulsórias dos excedentes da produção agrícola. A partir de então, os camponeses pagariam uma taxa fixa, mediante a entrega de produtos, e caso o abastecimento não ficasse assegurado dessa forma, o governo obteria mais, em troca de bens manufaturados. Na prática, como esses artefatos eram inacessíveis, quase todo o excedente da produção seguia para o mercado, anulando o monopólio estatal do comércio varejista e, em conseqüência, franqueando todo o consumo à livre iniciativa. As autoridades mantiveram sob controle a indústria pesada, os bancos, o comércio atacadista, os transportes e as importações e exportações – "forças de comando" da economia. Essa era a essência da Nova Política Econômica.

A idéia de abolir o dinheiro foi posta de lado. Cédulas de rublos, impressas na maior velocidade permitida pelas máquinas, perderam quase todo o valor. Sem renunciar a elas, o governo adotou um novo padrão monetário, uma moeda lastreada no ouro, chamada *tchervôniets*.

Os primeiros frutos da NEP foram produzidos pela agricultura. Estimulados a incrementar o cultivo, os camponeses começaram a plantar mais; em 1925, a extensão da área cultivada equiparou-se aos níveis de 1913. As melhorias chegaram muito tarde para evitar a fome que matou milhões, em 1921-1922.

Devido à falta de capital, a produção industrial recuperou-se muito mais lentamente. Lênin tinha grande expectativa de que os investidores estrangeiros acorreriam à Rússia, mas eles se afastaram, assustados com o não-pagamento das dívidas contraídas pelo Antigo Regime e com a nacionalização dos fundos privados. No último ano do NEP, em 1928, apenas 31 empresas estrangeiras estavam estabelecidas na União Soviética, e seu capital, desde 1925, mantinha-se em torno de 16 milhões de dólares. A maioria delas dedicava-se à exploração das riquezas naturais do país, sobretudo madeira.

Embora a NEP previsse um planejamento mais amplo, esse projeto teve de ser abandonado. Em contrapartida, Lênin concentrou-se num programa ambicioso de eletrificação que servisse de base a uma economia industrial moderna. Suas esperanças não se materializaram também em virtude da falta de recursos, estimados em quinhentos milhões por ano, durante 10 a 15 anos.

No seu conjunto, as medidas econômicas introduzidas a partir de março de 1921 assinalaram um grave revés às perspectivas dos bolcheviques. Lênin admitiu que o comunismo de guerra tinha sido um erro e, tacitamente, reconheceu que seus críticos estavam certos quando argumentavam que a Rússia precisava de um longo período de desenvolvimento capitalista, antes de estar pronta para o socialismo. Ele não chegou a explicitar a duração da NEP, mas insinuou que ela não seria abandonada logo. Ao liquidá-la, em 1928-1929, partindo para a coletivização e a industrialização forçadas, Stálin agiu segundo o espírito de Lênin, embora movimentando-se muito mais cedo e mais rápido do que este o faria, caso ainda estivesse vivo.

PARA OS BOLCHEVIQUES, o afrouxamento dos controles econômicos e a emergência condicional da iniciativa privada significavam perigo político. No Politburo, em 1922, Trótski proclamou que "como partido governante podemos admitir o especulador na economia, mas não o permitimos no campo da política". Assim, o período que se seguiu à introdução da NEP combinou liberalização econômica com repressão política intensificada contra a Igreja Ortodoxa e os partidos socialistas rivais, crescente hostilidade à *intelligentsia*, censura ainda maior e leis criminais mais severas e destinadas a punir toda e qualquer dissidência.

A polícia de segurança continuou a ser o principal instrumento do controle político, apenas deixando de praticar um terror indiscriminado para tornar-se um ramo da burocracia especializado na infiltração. Até onde conseguiu penetrar pode ser deduzido das posições mantidas por seu chefe, Félix Dzerjinski, que serviu, ao longo de diversos períodos, como comissário do Interior, comissário de Transporte e presidente do Conselho Supremo da Economia Nacional. Numa tentativa de escapar à triste fama adquirida pela *Tcheká*, o governo substituiu-a, em fevereiro de 1922, por uma organização inocuamente chamada Administração Política do Estado, ou GPU, dois anos depois renomeada OGPU. Como o Departamento de Polícia, dos tempos czaristas, a GPU era parte do Ministério do Interior.

Embora teoricamente tivesse poderes mais limitados do que a *Tcheká*, pois os chamados crimes ordinários – de natureza não-política – tinham passado à jurisdição do Comissariado de Justiça, na realidade, a GPU destinava-se ao combate dos delitos econômicos e do "banditismo", com poderes para exilar e condenar à morte indivíduos suspeitos, mediante simples ordem administrativa. Responsável por uma rede de campos de concentração e mais de cem mil funcionários civis, além de considerável força militar, operava praticamente livre de controles externos.

A introdução da NEP não fortaleceu o princípio de "legalidade revolucionária", que continuou a ser rotineiramente violado, não apenas por causa dos poderes cedidos à GPU, mas porque Lênin considerava a lei de um ponto de vista político e as cortes judiciais como agências do governo. Sua concepção de legalidade ficou expressa quanto da redação do primeiro Código Criminal da Rússia soviética. Inconformado com a excessiva indulgência que atribuía aos juristas, ele definiu os crimes políticos de modo que incluíssem "participação ou assistência a organizações que ajudem por meio de propaganda e agitação a burguesia internacional". Nesses termos, qualquer atividade política independente podia levar à morte. De fato, foi sob os artigos 57 e 58 do Código Criminal que as vítimas do terror stalinista foram condenadas. É claro que Lênin não podia ignorar as implicações das ordens que transmitia ao comissário de Justiça. A tarefa do Judiciário, ele escreveu, resumia-se a "legitimar" o terror. Pela primeira vez na história, os procedimentos judiciários tinham sua função definida, não a partir da necessidade de se dispensar justiça, mas para justificar a violência indiscriminada do Estado.

Sob Lênin, toda a teoria jurídica estava voltada à eliminação dos obstáculos que dificultassem a punição daqueles que o governo considerava indesejáveis. Historiadores comunistas, referindo-se às práticas judiciais predominantes na década de 1920, definiam a lei como um "princípio disciplinador que contribui para o fortalecimento do Estado soviético e o desenvolvimento da economia socialista". Posto que as normas processuais tinham em vista facilitar a tarefa da acusação, não se exigia nenhuma ruptura real da regra do Direito para caracterizar a "culpa"; bastava um "intento" percebido para determinar a punição, ou ainda, as conseqüências prejudiciais à sociedade, resultantes de um ato que tivesse ou não violado o preceito legal. Os direitos dos acusados eram rigidamente limitados; os advogados de defesa, obrigatoriamente membros do partido, tomavam como premissa que seus clientes, de fato, haviam praticado algum delito, restringindo-se a invocar circunstâncias atenuantes. Um importante jurista soviético argumentou, em 1929, antes do terror de Stálin, que a lei em vigor permitia a condenação de qualquer pessoa, mesmo inocente. Dificilmente seria possível ir tão longe na destruição da lei e do processo.

Assim eram os julgamentos dos padres ortodoxos e católicos e de líderes do Partido Socialista-Revolucionário, realizados simultaneamente, em Moscou. Até 1931, os mencheviques beneficiaram-se de um indulto; mais tarde, também tiveram de sujeitar-se aos simulacros de processos legais. As autoridades predeterminavam a escolha dos réus, assim como ditavam suas sentenças: os procedimentos formais de justiça só serviam para ensinar à população uma lição política. Lênin exigia "julgamentos exemplares, *educacionais*". Trótski concordava: em carta ao Politburo, escreveu que os julgamentos deviam ser "uma produção política elegante".

Os SRs foram divididos em dois grupos de réus, sendo um deles formado por acusados "amistosos", desejosos de dar ao Estado provas que justificassem seu indulto, fornecendo ao povo um exemplo de colaboração recompensada. Aos líderes foram negados advogados competentes e eles passaram por diversas humilhações, tendo de submeter-se até mesmo a uma manifestação de "trabalhadores" que clamavam por sua morte, encenada por Bukhárin, ele próprio um dos advogados de defesa. Com base no artigo 57, os juízes condenaram 11 dos acusados à pena capital, absolvendo os que forneceram as "provas" que fundamentaram o processo. Para surpresa geral, as sentenças foram comutadas. Em suas memórias, Trótski conta que convenceu Lênin a poupar os SRs, temendo uma onda de terrorismo antibolchevique que fatalmente os atingiria em primeiro lugar. As execuções foram suspensas, portanto, sob a condição de que o Partido SR abandonasse a tática do terrorismo e a subversão contra o regime soviético. Quando o regime não tinha mais razão para temê-los, nos anos 1930 e 1940, eles foram exterminados; apenas duas militantes ainda viviam, após a morte de Stálin.

TUDO ISSO SE PASSOU enquanto o flagelo da fome provocava um número de vítimas jamais registrado em qualquer época da história da Europa.

A Rússia já atravessara desastres periódicos causados pela quebra de safras resultantes de condições climáticas desfavoráveis. A experiência ensinou ao camponês a lidar com tais calamidades naturais, pondo de lado reservas suficientes para um ou dois anos de más colheitas. Em 1920-1921, porém, os efeitos da seca foram exacerbados pela política agrária dos bolcheviques. A ruína confirmou o ditado de que "más colheitas vêm de Deus, mas a fome vem dos homens". A escassez de chuvas prolongou-se até o ano seguinte, aumentando os prejuízos decorrentes das requisições compulsórias.

No ano de 1920, segundo o Comissariado de Abastecimento, o camponês colheu apenas o bastante para seu alimento e o replantio, ficando totalmente sem reservas.

A seca de 1921 atingiu cerca da metade das áreas de produção de cereais e em 20% delas a perda da safra foi total. Na Rússia e na Ucrânia, cerca de 33,5 milhões de pessoas passavam fome. A região mais afetada foi a das Terras Pretas do Volga, justamente de onde provinham, em tempos normais, a maior parte dos cereais. A colheita rendeu menos do que 90 quilos *per capita* – metade da quantidade necessária à mera sobrevivência.* Na maior parte do restante do país, sobrou o dobro, no máximo. As vinte principais províncias de plantio, que antes da Revolução produziam 20 milhões de toneladas de cereais por ano, em 1920 forneceram apenas 8,45 milhões de toneladas, decaindo para 2,9 milhões, em 1921 – uma quebra de 85%. Em 1892, época da última grande fome na Rússia, a colheita caíra 13% abaixo do normal. É óbvio que a diferença decorreu da política bolchevique, que levou o camponês a reduzir sua área de cultivo e, em alguns casos, chegou a privá-lo de cereais para semear.

Na primavera de 1921, os camponeses das áreas atingidas pela fome comeram grama, casca de árvore e ratos. Tártaros empreendedores ganharam dinheiro vendendo uma substância chamada "barro comestível", que custava até 500 rublos por 350 gramas. Foram confirmados casos de canibalismo. Milhões de seres humanos miseráveis abandonaram suas aldeias e rumaram para a estação ferroviária mais próxima, entupindo as gares, numa tentativa de alcançar regiões onde houvesse comida. O transporte lhes era negado, pois até julho de 1921 Moscou recusava-se a admitir a catástrofe. Nas palavras de um contemporâneo, eles esperavam "por trens que nunca vinham, ou pela morte inevitável". Os que permaneciam nas aldeias prostravam-se em suas casas, muito fracos para se locomover. Nas cidades,

---

*Embora os números variassem de região para região, as estimativas mais precárias sustentavam que um camponês necessitava de no mínimo 163 quilos por ano para se sustentar, além de 40 quilos a 80 quilos para o replantio. Antes de 1914, o consumo médio anual *per capita* tinha sido de 270 quilos, incluindo cereais para semear.

cadáveres atravancavam as ruas, de onde eram recolhidos e jogados em carroças – não raro depois de terem sido desnudados – e lançados em valas comuns.

No rastro da fome, vieram as epidemias que devastaram corpos enfraquecidos pela fome. O assassino principal era o tifo, mas centenas de milhares foram vítimas de febre tifóide e varíola.

O governo soviético mostrava-se paralisado; nas palavras do historiador francês Michel Heller, "confrontava um problema que, pela primeira vez, não podia resolver pela força". No início, as autoridades fingiram que não havia nada de errado. Depois, quando a catástrofe tornou-se por demais evidente, atribuíram-na aos "Brancos" e "imperialistas". Enfim, quando a tragédia revelou-se em toda a sua extensão, buscou a ajuda de personalidades. Em julho, certamente com a aprovação de Lênin, Maksim Górki lançou um apelo aos países estrangeiros, solicitando comida e remédios. O governo também autorizou a formação de um comitê não-partidário, supervisionado por uma célula comunista, para organizar o apoio.

No pós-guerra, Herbert Hoover, então secretário de Comércio dos Estados Unidos, organizara a Administração de Ajuda Americana – ARA – para prestar auxílio à Europa; ele ofereceu socorro similar à Rússia. Lênin considerou odioso aceitar ajuda de um importante país capitalista, sobretudo porque Hoover impunha duas condições: a libertação de todos os americanos que estivessem em prisões soviéticas e a não-interferência no seu programa. "A vileza da Liga das Nações, da América e de Hoover é extraordinária", disse Lênin ao Politburo. "Este homem precisa ser punido, *publicamente esbofeteado*, para que *todo o mundo veja.*" Sem outra opção, porém, ele acabou por aceitar a oferta de Hoover e suas condições.

No verão de 1922, quando suas atividades atingiram o auge, a ARA alimentava diariamente cerca de 11 milhões de pessoas. Outras organizações estrangeiras distribuíam comida a mais três milhões. Algumas agências forneciam medicamentos. Graças a tais esforços, as mortes quase cessaram. Estima-se que as atividades filantrópicas salvaram pelo menos nove milhões de pessoas, entre 1920 e 1922, período em que 5,1 milhões pereceram de fome e de doenças. Esse foi o maior desastre humano na história da Europa (não causado por guerras), desde a Peste Negra, no século XIV.

Em junho de 1923, a ARA suspendeu sua assistência. De fato, os serviços já não eram tão necessários, embora também tenha pesado a informação de que o governo soviético aceitava caridade da América, enquanto vendia cereais no exterior para juntar recursos e comprar equipamentos industriais e agrícolas. A abertura dos arquivos soviéticos, na década de 1990, trouxe à luz o fato adicional de que, no auge da fome, Trótski pagou milhões de dólares à Alemanha, que lhe forneceu fuzis e metralhadoras.

A Nova Política Econômica também repercutiu na política externa soviética. Desde o reconhecimento internacional, a diplomacia do Kremlin vinha operando, mais explicitamente do que nunca, em dois níveis: o comercial-diplomático convencional e o subversivo-revolucionário não-convencional. Moscou perseguia com avidez a normalização das relações com os demais países, interessada no comércio e nos investimentos estrangeiros, imprescindíveis à concretização da NEP. Assim, desistiu de fomentar insurreições. Depois de um levante improvisado e malsucedido, na Alemanha, em 1923, nada mais fez para derrubar governos europeus. Em vez disso, por intermédio do Comintern, implementou uma estratégia de infiltração institucional.

A exemplo do que ocorria na Rússia, as 21 Condições que subordinavam os partidos comunistas estrangeiros a Moscou foram revigoradas. A ilusão federativa desfez-se em dezembro de 1922, no IV Congresso do Comintern, cujas resoluções explicitaram que os PCs estrangeiros não tinham direito a opiniões independentes do PC da Rússia, e que no caso de conflito prevaleceriam os interesses do Estado soviético (que logo seria rebatizado de União Soviética).

Ao interpretar a 14ª das 21 Condições, impondo aos comunistas estrangeiros que ajudassem a Rússia soviética a repelir a "contra-revolução", Bukhárin explicou que isso significava apoio irrestrito, em qualquer época, à política externa do governo soviético. O comunista só teria uma pátria, a Rússia soviética, e um governo, o governo soviético.

Para evitar que os partidos estrangeiros questionassem ou interferissem nas resoluções da mais alta autoridade nominal do Comintern – o plenário de seus congressistas – estabeleceu-se que eles só se reuniriam depois do próprio Congresso. Essa cláusula assegurava que os delegados estrangeiros não poderiam mais votar em nome de suas organizações nacionais. De fato, os mandatos imperativos foram banidos. Os membros da Executiva passaram a ser selecionados pelo Congresso e tornaram-se irremovíveis, a menos que a própria Executiva decidisse demiti-los, sob o pretexto de que "todo cargo executivo pertence não à pessoa que o detém, mas à Internacional Comunista como um todo". Dos seus 21 novos integrantes, 15 deveriam residir em Moscou.

O IV Congresso adotou essas normas quase por unanimidade, contra a única voz discordante do delegado do Brasil. Julius Braunthal, historiador das Internacionais Socialistas, escreveu:

> A Internacional Comunista transformara-se num partido bolchevique mundial, rigidamente centralizado e militarmente disciplinado, pronto, conforme o Congresso demonstrara, para aceitar todas as ordens russas sem questionamentos. Agora, os partidos comunistas de todo o mundo tinham se convertido, de fato, em seções do Partido Comunista russo, regido pelo Politburo, que também regia o Estado soviético. Estavam reduzidos, portanto, a agências do governo russo.

A nova estrutura tinha a vantagem que em geral deriva da organização rígida e da férrea disciplina. Por outro lado, tendia a obscurecer a visão da Executiva do Comintern quanto à grande variedade de situações com as quais se confrontavam seus filiados estrangeiros, ou mais precisamente, suas filiais, impondo-lhes estereótipos baseados nas experiências bolcheviques. Alguns aceitaram esses métodos por respeito aos sucessos bolcheviques, outros por carreirismo, mas os que se opuseram foram expurgados. A dissensão foi efetivamente silenciada.

A reação dos partidos socialistas europeus e da II Internacional, que os coordenava, foi ambígua. Como os mencheviques, eles condenavam as políticas violentas e a ausência de liberdade que caracterizavam o regime de Lênin, mas mantinham-se a distância, em consideração à Rússia soviética e para não prejudicar seu pronto reconhecimento diplomático. Justificavam essa atitude com o argumento de que o bolchevismo era uma aberração passageira de um fenômeno histórico de cunho progressista que, inevitavelmente, evoluiria no rumo da democracia. Uma resolução adotada em maio de 1923, num encontro de partidos socialistas europeus, realizado em Hamburgo, afirmava que a intervenção estrangeira nas questões soviéticas objetivaria não a correção dos "erros da fase atual da Revolução Russa",

> mas a sua destruição. Longe de consolidar uma democracia genuína, limitar-se-ia a estabelecer um sangrento governo contrarevolucionário, veículo da exploração do povo russo.

A política externa da Rússia, em nível convencional, concentrava-se na Alemanha, tida como a arena mais provável da revolução européia e aliado potencial contra os superpoderes "capitalistas", a Grã-Bretanha e os Estados Unidos. Moscou perseguia os dois objetivos ao mesmo tempo, ao que parece, inconciliáveis: subversão e colaboração.

No período imediatamente posterior à Primeira Guerra Mundial, além da recusa da América em participar da Liga das Nações, o fato mais relevante, em termos de relações globais, foi o Tratado de Rapallo, assinado pela Rússia soviética e pelo governo alemão, na cidade de Gênova, no dia 26 de abril de 1922. A conferência fora convocada para resolver os problemas políticos e econômicos europeus não equacionados pelo Tratado de Versalhes e para reintegrar a Rússia e a Alemanha na comunidade internacional. Esses foram os primeiros convites que os dois países receberam, desde o término do conflito. Nos bastidores, porém, Moscou e Berlim tramavam um acordo em separado que, conforme o interesse dos bolcheviques, seria capaz de exacerbar a animosidade entre vitoriosos e vencidos.

A Alemanha tinha fortes razões para buscar um entendimento com o Kremlin. Uma delas era o restabelecimento da parceria comercial com a Rússia, posição da qual fora desbancada pelos ingleses e norte-americanos. Em 1921 e início de 1922, os bolcheviques mantiveram várias conversações com empresários germânicos, ao longo das quais foi acertado o apoio à reconstrução econômica da Rússia soviética. As considerações geopolíticas eram ainda mais importantes. O Tratado de Versalhes transformara a Alemanha numa nação pária. Para muitos, a reconquista do *status* de potência mundial só seria possível mediante uma aliança com a Rússia soviética, outro Estado pária.

Mais do que o agravamento das relações entre a Alemanha e os Aliados, Moscou carecia do capital alemão, de seus equipamentos e de sua tecnologia militar. A precariedade de suas Forças Armadas tornara-se patente na derrota contra a Polônia; mais tarde, apesar de ter vencido a Guerra Civil, o Exército Vermelho não chegaria sequer ao nível de um exército ocidental de segunda grandeza. A modernização indispensável só poderia ser alcançada com a ajuda de Berlim. O interesse da Rússia na assistência militar coincidiu com a necessidade da Alemanha em auxiliar os russos, driblando as especificações do Tratado de Versalhes que a proibiam de fabricar tanques, aviação militar, artilharia pesada e gás venenoso. O general von Seeckt, chefe do Reichswehr, foi quem impulsionou a colaboração militar entre os dois países, a partir de 1919, e que se intensificou depois de março de 1921; estendendo-se até setembro de 1933, nove meses depois de Hitler ter chegado ao poder, essa mútua cooperação ajudou russos e alemães a se prepararem para a Segunda Guerra Mundial, que desejavam e promoveram.

De início, apesar de todas as vantagens previstas, a Alemanha vacilou diante de um tratado formal, temendo a reação aliada. Diplomatas soviéticos ajudaram a superar essa hesitação, recorrendo ao artifício que Stálin usaria com ainda mais sucesso em 1939, ou seja, insinuando estar prestes a assinar um acordo em separado com os Aliados. Os alemães engoliram a isca. Em meio à Conferência de Gênova, os dois países assinaram, na vizinha Rapallo, um pacto bilateral mediante o qual as duas potências concediam uma à outra reconhecimento diplomático e *status* de grande favorecimento, abandonando reivindicações financeiras oriundas da Primeira Guerra Mundial e decretos de nacionalização.*

Rapallo permitiu o rápido crescimento do comércio soviético-alemão, à custa do comércio soviético com a Grã-Bretanha; em 1922-1923, um terço das importações russas proveio da Alemanha. Além disso, os alemães instalaram em várias cidades russas fábricas e campos de testes de armas proibidas pelo Tratado de Versalhes. Na base aérea de Lípetsk, por exemplo, aeroplanos contrabandeados da Holanda foram usados para treinamento de pilotos em táticas que a Wehrmacht empregaria na Segunda Guerra Mundial. Ali a Luftwaffe de Hitler teve a sua "fundação espiritual", segundo o testemunho de um contemporâneo. Em troca, oficiais do Exército Vermelho foram admitidos nas academias militares germânicas. Em 1933, quando a cooperação se encerrou, o marechal Tukhatchevski, vice-comissário de Guerra, dirigindo-se ao adido militar alemão em Moscou, disse que "a ajuda do Reichswehr foi decisiva para a organização do Exército Vermelho, e isso jamais será esquecido".

É evidente que, as duas nações responsáveis pela Segunda Guerra Mundial participaram de um jogo mortal – num primeiro momento na condição de aliados e, depois, como inimigos. As potências ocidentais, apesar de reiteradas advertências sobre tais atividades clandestinas, nada fizeram para impedi-las.

A CRISE DO NOVO REGIME

A supressão de grupos políticos e publicações rivais não eliminou as discordâncias, apenas transferiu-as para o campo das lutas internas do Partido Comunista. Na crise de 1921-1922, Trótski reconheceu que "agora (...) todo o descontentamento passa exclusivamente por nossas fileiras". Tal circunstância punha em risco o princípio cardeal do

*Documentos de arquivo recém-divulgados revelam que, já no mês de fevereiro de 1922, Lênin instruiu Tchitchérin, comissário soviético de Relações Exteriores, a "sabotar" a conferência de Gênova: RTsKhIDNI, Fundo 2, Opis 2, delo 1.119, publicado em Richard Pipes, ed., *The Unknown Lênin* (New Haven, Conn., 1966), 145.

bolchevismo, chave dos seus sucessos – a unidade disciplinada, que exigia obediência sem questionamento às decisões tomadas pelos órgãos dirigentes. A escolha não era fácil: sacrificar a unidade e todas as vantagens que decorriam dela, tolerando a dissensão aberta, ou sufocar as dissonâncias e correr o risco de calcificação da cúpula do partido e seu distanciamento das bases. Optando sem maior hesitação pela segunda alternativa, Lênin lançou as sementes da ditadura pessoal de Stálin.

No início da década de 1920, uma das maiores preocupações dos líderes bolcheviques, sobretudo de Lênin, era a aparentemente incontrolável burocratização do regime. Eles tinham o sentimento – e provas estatísticas para apoiá-lo – de que o governo estava sobrecarregado por uma classe de funcionários repletos de mordomias. Seu crescimento devorava a maior parte do orçamento, em troca de cada vez menos serviços. Para Lênin, cuja expectativa era de que a Revolução reduzisse o serviço civil ao mínimo, até ao ponto de eliminá-lo por inteiro, esse inchaço tornou-se fonte de uma inquietação obsessiva.

Que o fato os surpreendesse prova, mais uma vez, que o realismo implacável dos bolcheviques não excluía uma alta dose de ingenuidade. Nunca lhes ocorreu que o "poder" – *vlast* –, de que eles nunca se fartavam, significava não apenas oportunidade, mas também responsabilidade; que tal responsabilidade implicava dedicação integral de numerosos quadros profissionais; e que esses profissionais, talvez, não estivessem preocupados apenas, ou sequer basicamente, com o bem-estar público, voltando-se para suas necessidades particulares, no mínimo com o mesmo empenho. A burocracia comunista abriu postos de trabalho e perspectiva de carreira para elementos de classe média baixa, antes excluídos das repartições públicas. Os próprios operários que abandonavam as fábricas por cargos de escritório deixavam de ser trabalhadores, fundindo-se à casta burocrática e adquirindo seus hábitos.

Imbuídos da filosofia marxista, considerando a política como subproduto dos conflitos de classe, e o governo como instrumento da classe dominante, os bolcheviques não previram que a burocracia estatal pudesse ter interesses próprios, distintos da classe a que deviam servir – no caso soviético, o "proletariado". Pelas mesmas razões, eles estavam impedidos de compreender a natureza do problema do qual já se haviam dado conta. Como qualquer conservador czarista, Lênin não imaginava outra forma de conter os abusos da burocracia senão por sucessivas "comissões de controle", mandando inspetores fazerem supervisões e insistindo em não haver nada de errado que "homens bons" não pudessem ser corrigidos.

Na realidade, a burocracia tomava conta tanto do aparelho estatal como do aparato partidário. Em sua origem, o Partido Comunista bolchevique tinha certo grau de democracia. As decisões coletivas do Comitê Central encaminhavam as questões do dia-a-dia, enquanto os congressos anuais, constituídos de delegados escolhidos por organizações locais, determinavam a "linha" geral a que todos se subordinavam.

À medida que assumiu responsabilidades cada vez maiores sobre a administração do país, seus quadros e seu aparato administrativo foram se tornando mais numerosos. Em março de 1919, o partido tinha 314 mil membros. Nessa época, junto ao Secretariado que manuseava a papelada, o Comitê Central criou o Politburo e o Orgburo, inaugurando um processo de concentração da autoridade na cúpula, em Moscou. Ao término da Guerra Civil, já era considerável a quantidade de funcionários dedicados ao trabalho partidário em tempo integral, praticamente desligados de qualquer contato com as massas de trabalhadores cujos interesses supostamente deveriam representar. Dentre eles é que os órgãos centrais do partido cooptaram a elite que, no verão de 1922, somava mais de 15 mil quadros. Nas palavras do cientista político Merle Fainsod, de Harvard:

> A burocratização da vida do partido acarretou conseqüências inevitáveis (...). O funcionário que consagrava todo o seu tempo às questões internas usufruía vantagens óbvias em comparação com o membro raso do partido, que trabalhava numa fábrica ou numa repartição do serviço público. Profissionalmente preocupada com a administração do partido, a burocracia ocupava o centro das iniciativas, sua direção e seu controle. Em todos os níveis da hierarquia, a transferência de autoridade tornava-se evidente – dos congressos para as conferências, para os comitês que eles nominalmente elegiam, e dos comitês para as secretarias, que aparentemente executavam as determinações que deles emanavam.

Passo a passo, espontânea e quase imperceptivelmente, o aparato do Comitê Central suplantou os órgãos de base do partido, não apenas tomando a maioria das decisões em seu nome, mas indicando seus quadros executivos. Partiam de Moscou as indicações tanto dos funcionários que deveriam exercer suas funções nas províncias como dos delegados aos congressos do partido, nominalmente sua autoridade maior.

A lógica inexorável do processo de centralização não parou. Depois que o Partido Comunista assumiu toda a vida política organizada, na Rússia, o Comitê Central assumiu a sua direção; em seguida, o Politburo passou a tomar todas as decisões pelo Comitê Central; três homens – Stálin, Kámenev e Zinóviev – dirigiam-no; finalmente, Stálin avocou o poder decisório do Politburo. Uma vez que o processo culminara em uma ditadura pessoal, a morte de Stálin levou a um gradual esgarçamento da estrutura centralizada e à desintegração da autoridade do partido, terminando no colapso do Estado comunista.

Numa sociedade que privara seus cidadãos de todos os direitos, era inexorável que o centralismo derivasse para a corrupção e outros abusos. O elevado ideal de Lênin, expresso no abnegado quadro comunista, modesto e trabalhador, nem de longe se realizou. A exemplo do funcionalismo czarista, os membros do partido gozavam de quase total imunidade, o que os deixava livres para tiranizar e extorquir tributos de cidadãos comuns. Não bastasse isso, o partido tratou de corromper sua própria burocracia, distribuindo rações extras de comida aos mais graduados, assim como habitações especiais e subsídios para custear roupas e cuidados médicos. Eles viajavam em vagões ferroviários com assentos estofados, enquanto cidadãos comuns tinham de brigar por assentos de madeira. E tinham direito a longas temporadas em estações de águas, no estrangeiro, à custa do governo. Cada um dos líderes do partido possuía a sua *datcha*. O primeiro a adquirir um retiro espiritual foi Lênin; em outubro de 1918, ele tomou posse de uma propriedade antes pertencente a um general czarista, em Górki, a 35 quilômetros de Moscou. Trótski apropriou-se da luxuosa casa de campo dos Iussúpovs, enquanto Stálin assumiu a mansão de veraneio de um magnata do petróleo.

A burocracia estatal cresceu de forma ainda mais espetacular, não só em virtude da absorção de responsabilidades antes exercidas por interesses privados, como graças aos privilégios estimulados pela desordem e a escassez dominantes. O Comissariado de Educação, por exemplo, tomou a seu cargo todas as escolas, privadas e religiosas, bem como todas as atividades ligadas à vida cultural, além da censura. Como resultado, em maio de 1919, sua folha de pagamento era dez vezes maior que a do ministério correspondente, na época do czar.

Russos na folha de pagamento do governo tinham muitas vantagens: acesso a bens além do alcance de cidadãos comuns, assim como oportunidade para embolsar subornos e gorjetas. Eles se inscreviam aos montes. No primeiro ano da ditadura comunista, a proporção de funcionários burocráticos em relação aos trabalhadores fabris era um terço mais alta do que em 1913. Embora o tráfego ferroviário fosse cinco vezes menor e o número de trabalhadores do setor permanecesse estacionário, o quadro burocrático da administração do transporte cresceu cerca de 75%. Entre 1917 e meados de 1921, o número de empregados do governo cresceu de 576 mil para 2,4 milhões. Em números redondos, havia duas vezes mais burocratas do que trabalhadores de fábrica.

A falta de experiência administrativa dos bolcheviques e a deficiência do nível educacional médio de seus quadros obrigaram o governo a contratar grande número de ex-funcionários czaristas. Um historiador russo estimava que mais de meio milhão de empregados nos escritórios centrais dos comissariados e talvez 90% dos escalões superiores da burocracia estatal tinham desempenhado alguma função na gestão dos negócios públicos antes de outubro de 1917. O pesquisador australiano T. H. Rigby, estudando os mesmos dados, chegou à espantosa conclusão de que as mudanças de pessoal administrativo feitas pelos bolcheviques nos cincos primeiros anos de governo poderiam ser comparadas aos que ocorreram em Washington no auge do "spoils system".

Entregar posições de comando do Estado a pessoas que considerava inimigas implacáveis do regime deixava Lênin exasperado, embora isso resultasse de seu apetite insaciável de poder e da conseqüente tendência de manter tudo sob seu controle.

LÊNIN NÃO ERA O ÚNICO a surpreender-se diante da burocratização da vida soviética e do papel desempenhado por "especialistas burgueses", na direção do Estado e da economia. Isso também contrariava o Sindicato dos Metalúrgicos, encabeçado por Aleksandr Chliápnikov, um dos poucos operários a alcançar um *status* mais elevado no Partido Bolchevique. Sempre leais, antes e depois da Revolução, os metalúrgicos aprovavam todas as medidas do novo governo destinadas a silenciar a oposição política e restringir as liberdades civis. Quando da rebelião de Kronstadt, eles estavam entre os primeiros a se apresentar como voluntários, a fim de combater o levante. O que os incomodava era que, sob a "ditadura do proletariado", os trabalhadores tivessem tão pouco a dizer e a *intelligentsia* concentrasse tanto poder. Segundo seu ponto de vista, isso causava desavenças entre o regime e o trabalho. Aqueles que os apoiavam foram apelidados pelos *apparatchiks* como "Oposição dos Trabalhadores".

O movimento surgiu no curso do IX Congresso do Partido, realizado em março de 1920, e que pôs fim à administração colegiada da economia e ao "controle dos trabalhadores", confiando a responsabilidade gerencial aos quadros burocráticos. A partir de então, os sindicatos não deveriam interferir na administração ou cogitar da defesa de direitos, mas concentrar-se em manter a disciplina do trabalho. Posta em prática em nome da eficiência industrial, essa política provocou vigorosa resistência dos trabalhadores sindicalizados, sujeitos à autoridade do mesmo *burjúi* (burguês) que lhes dava ordens, nos tempos do Antigo Regime.

No X Congresso, para deter a maré dominante e ampliar o espaço da classe operária, a Oposição dos Trabalhadores apresentou duas propostas. A primeira, para que o partido expurgasse os oportunistas e aumentasse a participação dos trabalhadores nos organismos de direção, todos os comunistas deveriam ser convocados ao trabalho braçal, durante pelo menos três meses por ano. A segunda proposição era pela gradual transferência do controle da economia para os sindicatos.

Lênin rejeitou-as como "desvios sindicalistas" e advertiu sobre os perigos da "espontaneidade pequeno-burguesa". Ele argumentava que a "Oposição dos Trabalhadores" não representava os verdadeiros operários, a maioria dos quais perecera ao longo dos anos da guerra civil, mas camponeses que ocuparam seus postos, e que se faziam passar por doentes para fugir ao trabalho. Reagindo a essa afirmação, Chliápnikov afirmou que 16 dos 41 delegados do X Congresso que apoiavam a oposição – quase 40% – tinham se juntado ao Partido Bolchevique antes de 1905; considerados em bloco, antes de 1914. Outro contra-argumento sustentava que a oposição estava obcecada pela democracia; Trótski defendeu o direito de o partido assegurar sua ditadura, mesmo se "temporariamente isso se chocasse com o espírito da democracia do trabalhador".

A liderança do partido confrontou-se com uma situação absurda: reivindicava governar a Rússia soviética em nome do "proletariado", talvez formado por não mais que 1% da população – do que apenas 2% ou 3% pertencentes ao partido –, mas quando pressionada por um minúsculo grupo de trabalhadores, negava que a Rússia soviética tivesse uma classe operária. Não resta a menor dúvida de que a essa altura o "proletariado" convertera-se em pura abstração.

As propostas da Oposição dos Trabalhadores foram derrotadas, e o grupo foi obrigado a se dissolver; nos anos seguintes, seus ex-integrantes sofreram duras perseguições. Além disso, o X Congresso adotou uma resolução secreta, banindo a formação de "facções", definidas como grupos organizados em torno de posições diferentes das aceitas pelo partido como um todo:

> A fim de manter a rigorosa disciplina dentro do partido e em todas as atividades soviéticas, [para] alcançar maior unidade e garantir a eliminação de todo o partidarismo, o Congresso autoriza o Comitê Central, em casos de violações de disciplina (...) a aplicar todas as medidas (...) até a exclusão do partido.

Na opinião de alguns historiadores, essa resolução marca um momento decisivo da história do Partido Comunista e do Estado soviético. Nas palavras de Trótski, ela transferiu "o regime político dominante, ao nível do Estado, para dentro do partido governante". A partir de então, o partido também se submeteu à ditadura. A dissensão seria tolerada apenas enquanto fosse individual – não organizada. A resolução – que facilitou muito a ascensão de Stálin ao poder absoluto – privava os militantes do direito de desafiar a maioria que controlava o Comitê Central, posto que a divergência singular sempre poderia ser repelida como não representativa, enquanto a oposição organizada era ilegal.

Recentemente, a partir das lembranças de Viatcheslav Mólotov, tornou-se público que o próprio Lênin violou descaradamente as regras contra o partidarismo, ao reunir seus seguidores mais leais num conclave secreto à margem do XI Congresso, cujo objetivo era elaborar uma lista de candidatos ao Comitê Central. Questionado por Stálin, justificou-se dizendo que era necessário garantir um resultado satisfatório.[10]

OS PRIMEIROS SINTOMAS da doença de Lênin – dores de cabeça e insônia – apareceram em fevereiro de 1921, causados por motivos fisiológicos e psicológicos (a derrota na Polônia e as concessões da NEP tinham destruído sua autoconfiança). Em dezembro, acreditando que Lênin estava trabalhando demais, o Politburo ordenou que tirasse férias de seis semanas, proibindo-o de ir ao seu gabinete, em Moscou, sem permissão do secretariado. As medidas não produziram efeito. Lênin passou no campo a maior parte de março de 1922, demonstrando uma agressividade freqüente e anormal; foi nesse estado de espírito que ele ordenou a prisão, o julgamento e as execuções dos SRs e de padres. No XI Congresso do Partido, seus dois discursos foram incoerentes, repletos de insultos e ataques pessoais contra alguns de seus mais próximos colaboradores. Os médicos especialistas trazidos da Alemanha, que a princípio diagnosticaram uma "neurastenia induzida por exaustão", acabaram por concluir que ele sofria de paralisia progressiva, mal que o levaria inexoravelmente à incapacidade e à morte.

O problema da sucessão estava posto na ordem do dia. Aos olhos do mundo, Trótski parecia ser o herdeiro natural. Seu direito, porém, era mais aparente do que real. Ele só se juntara ao partido às vésperas do Golpe de Outubro, depois de ter submetido Lênin e seus adeptos a críticas e escárnios impiedosos anos a fio. A Velha Guarda bolchevique nunca o perdoou. Nas eleições para o Presidium do Comitê Central, realizadas no VIII Congresso, em março de 1919, quando estava no auge de sua fama, ficou em nono lugar, depois de Lênin, de Stálin e Bukhárin, que dividiram o segundo lugar, e ainda atrás do relativamente desconhecido M. Tomski.[11] Dois anos depois, no X Congresso, seu desempenho foi pior, chegando em décimo lugar, sem conseguir superar sequer o discreto arquiburocrata Viatcheslav Mólotov. Arrogante e excessivamente ambicioso, costumava produzir memorandos que criticavam diversos aspectos da política soviética, que Lênin em geral relegava aos arquivos.

As questões partidárias cotidianas estavam cada vez mais a cargo de Stálin. Afável, o georgiano dava mostras de saber trabalhar em equipe, aparentando ser moderado, calmo e eficiente. Ele assumiu toda a penosa papelada que os demais bolcheviques, na cúpula, evitavam, preferindo aquecer-se à luz dos holofotes. Em abril de 1922, Lênin indicou-o para o cargo de secretário-geral,[12] posto que não parecia ter grande importância naquela época, mas que, combinado com sua participação no Politburo e no Orgburo – somente ele pertencia aos três organismos de direção partidária –, garantiram-lhe uma base de poder sem igual. Stálin controlava as indicações para os postos executivos no aparato do partido e nomeava funcionários que lhe fossem pessoalmente leais. Adulava-os com rações suplementares de alimentos e outras regalias. Assim, tão logo a luta decisiva pela sucessão de Lênin teve início, ele estava numa posição privilegiada e em condições de superar todos os outros concorrentes.

Por mais incrível que pareça, Lênin não previu que a marcha dos acontecimentos desembocaria numa ditadura pessoal. No inverno de 1918-1919, aconselhado por um historiador menchevique a assumir poderes discricionários para resolver a crise econômica, rejeitou a idéia como "completamente absurda" – o aparelho do partido crescera tanto que um ditador seria intolerável. Preocupava-o muito mais um eventual "racha", causado pelas rivalidades entre Stálin e Trótski, que ele não tinha idéia de como evitar e temia que destruíssem a estrutura monolítica do partido.

No fim de maio de 1922, Lênin sofreu sua primeira síncope, que resultou na paralisia temporária das pernas e do braço direito e na perda da fala. Afastado nos meses seguintes, suas responsabilidades foram transferidas para o triunvirato formado por Zinóviev, Kámenev e Stálin – a chamada tróica. Stálin avistava-se freqüentemente com Lênin, em Górki, relatando os acontecimentos e pedindo conselhos. De acordo com Maria, irmã de Lênin, eram encontros muito amistosos. Com a aprovação de Lênin e fechada a questão entre si, a tróica submeteria ao Politburo e ao *Sovnarkóm* resoluções rotineiramente aprovadas. Sem aliados, Trótski votava com a maioria ou se abstinha.

O jogo de Stálin foi de fato brilhante. Assumindo uma postura moderada em todos os assuntos, a ponto de defender a unidade do partido, mesmo em questões de princípio, ele enganou a todos, entre os quais Lênin. Não tinha inimigos. Do próprio Trótski, que o descreveu como a "mediocridade notável" do partido, ele procurou aproximar-se, até ser repelido. Em sua *datcha* de campo promovia reuniões em que se discutiam as questões mais graves, mas onde também havia música, canto e dança, com a presença das mulheres e filhos dos participantes. Como o predador que se faz passar por um inseto inofensivo, insinuava-se por entre as presas que de nada suspeitavam.

Em setembro de 1922, Lênin propôs que o Politburo indicasse Trótski e Kámenev vice-presidentes do Conselho dos Comissários do Povo e do Conselho de Trabalho e Defesa, respectivamente. A idéia foi bastante valorizada pelos admiradores de Trótski, que viram nela um sinal de que ele fora escolhido como sucessor. Todavia, conforme registros, Trótski considerou a oferta tão humilhante que a "recusou categoricamente". A rejeição, atitude sem precedente para um alto dirigente comunista, não contribuiu para aumentar sua reputação no partido.

Stálin retornou a Górki no dia seguinte e, ao que parece, garantiu o consentimento de Lênin para fazer com que Trótski fosse repreendido. O Politburo expressou "pesar" por ele não ter considerado adequado o posto oferecido. Foi o primeiro estágio da campanha para desmoralizá-lo. Pouco depois, em nome da tróica, Kámenev sugeriu a Lênin a expulsão de Trótski. Lênin reagiu furiosamente:

> Lançar Trótski ao mar – é o que você está insinuando. Não pode ser interpretado de outra maneira, o cúmulo do absurdo. A menos que você me tenha como totalmente equivocado, como pode pensar assim??? Crianças ensangüentadas diante dos olhos...*

De repente, a maré virou a favor de Trótski. Nos últimos meses de 1922, em estado que beirava à paranóia clínica, Lênin pressentiu que o triunvirato estaria enredando-o; a pretexto de proteger sua saúde, tentava aliená-lo das questões de Estado. Sua convicção baseava-se nos procedimentos observados nos encontros do Politburo, aos quais ele voltara a comparecer. Cansando-se facilmente, porém, ele saía antes do fim das reuniões e, no dia seguinte, era informado de graves decisões tomadas na sua ausência. Contra isso, em 8 de dezembro de 1922, ele determinou que as discussões não deveriam durar mais do que três horas, deixando-se os problemas pendentes para outra data. A agenda seria distribuída com pelo menos 24 horas de antecedência.

Em seu crescente isolamento, Lênin aproximou-se de Trótski, também proscrito, por conta de uma questão menor. Discordando da tendência do Politburo, que tencionava relaxar o monopólio estatal sobre o comércio exterior, solicitou que Trótski agisse como seu procurador e derrotasse a proposta. Poucos dias depois, na noite de 15 para 16 de dezembro, sofreu um segundo ataque. Trótski foi bem-sucedido em persuadir o Politburo a aceitar a resolução de Lênin sobre comércio exterior, episódio que alarmou o triunvirato, uma vez que parecia prenunciar uma aliança entre ele e Lênin. Assim, no mesmo dia – 18 de dezembro – Stálin e Kámenev obtiveram do Politburo uma autorização que outorgava ao primeiro a supervisão do tratamento de Lênin. A cláusula mais importante dizia:

---

*A última frase vem de *Boris Godunov*, referindo-se às alucinações que o personagem de Púchkin vivenciou por (supostamente) assassinar o *czariévitch* a fim de apoderar-se do trono.

> Atribuir ao camarada Stálin a responsabilidade pessoal pelo isolamento de Vladímir Ilitch [Lênin], tanto em relação aos contatos pessoais com [trabalhadores] comunistas, quanto à correspondência.

Seguindo tais instruções, Lênin só deveria trabalhar por poucas horas, ditando para suas secretárias, uma das quais era mulher de Stálin. Ele não devia manter contato com ninguém de fora da casa, com exceção dos membros do Politburo, e sempre por intermédio do secretário-geral. Foi por essa época que Lênin solicitou a sua secretária, Lídia Fótieva, uma porção de cianureto, para o caso de tornar-se afásico.

Em 21 de dezembro, aparentemente desconfiando de suas secretárias, Lênin chamou Krupskaia e ditou para ela uma nota em que congratulava-se com Trótski pela vitória no Politburo. Para Stálin, o conteúdo do texto confirmou a aliança entre os dois. Ele telefonou a Krupskaia, repreendendo-a severamente por ter desobedecido ao regime estabelecido para Lênin e ameaçando submetê-la à investigação por parte das autoridades do partido. Krupskaia teve um ataque histérico, chorando e rolando pelo chão, mas nem chegou a conversar com o marido a respeito, porque ele foi acometido por um terceiro ataque. Em 24 de dezembro, os médicos ordenaram que Lênin limitasse seus ditados a no máximo dez minutos por dia, considerando-os como notas pessoais que não exigiriam resposta; obedecendo às determinações de Kámenev e Stálin, sutilmente, eles procuravam evitar sua intervenção em questões de Estado e que se correspondesse com Trótski. "Nem os amigos nem o pessoal doméstico devem informar Vladímir Ilitch de qualquer coisa sobre a vida política, a fim de não lhe fornecer material para reflexões e preocupação", dizia a instrução. A decisão foi como colocar Lênin sob prisão domiciliar.

O tratamento autoritário dado por Stálin às minorias étnicas agravou a hostilidade que Lênin alimentava em relação a ele. A idéia de um Estado multinacional, cujos cidadãos estariam sujeitos à autoridade altamente centralizada de Moscou, implicava no tratamento respeitoso das minorias, possibilitando-lhes a superação de séculos de dominação imperial grã-russa. Lênin acreditava que tal objetivo poderia ser alcançado mediante a concessão de *status* federativo e autonomia cultural limitada às diversas nacionalidades soviéticas, submetidas *pari passu* ao rígido controle do partido. Longe de qualquer sentimento nacionalista, ele desprezava e temia o chauvinismo russo, que considerava uma ameaça à revolução comunista em escala mundial.

Stálin, um georgiano que falava russo com sotaque estrangeiro cômico, encarava a questão de modo diferente. Percebendo que a população da Rússia constituía a base do poder comunista – em 1922, dos 376 mil membros do partido, 72% (270 mil) eram russos; boa parte do restante vivia sob condições totalmente russificadas – desde o início de sua carreira, ele se identificou com os grão-russos. Para um político mais interessado no poder nacional do que em subverter o mundo, o chauvinismo russo não significava perigo, mas oportunidade.

Ao cabo da Guerra Civil, os comunistas reconquistaram a maioria das fronteiras povoadas por não-russos. O Estado soviético consistia em quatro repúblicas: Rússia (RSFSR), Ucrânia, Bielo-Rússia e Federação Transcaucasiana – uma fusão forçada das repúblicas do Azerbaijão, Armênia e Geórgia. Isso foi realizado pelo vice-rei comunista no Cáucaso, Sergo Ordjonikidze, colaborador próximo de Stálin, passando por cima das fortes objeções dos comunistas georgianos, que queriam seu país entrando na União diretamente, como uma das repúblicas constituintes.

Por indicação de Lênin, em agosto de 1922, a comissão constitucional que debateu os termos das futuras relações federativas foi presidida por Stálin; na época, eles ainda mantinham entendimentos amistosos. Sua proposta era muito simples: as três repúblicas se integrariam à RSFSR como entidades autônomas, submetendo-se a seus órgãos do Estado. Esta concepção centralizadora, que equiparava a Ucrânia, ou a Geórgia, com a Basquíria, apontava para uma "Rússia una e indivisível", como nos tempos do czar.

Não era absolutamente o que Lênin tinha em mente. Ele pretendia garantir às principais nacionalidades um *status* de repúblicas autônomas com toda a respectiva gama de comissariados sem temer que essa medida despedaçasse o país; as tendências centrífugas, argumentava, seriam paralisadas pelo Partido Comunista unitário. Submetendo o texto de Stálin a uma crítica mordaz, propôs que as quatro repúblicas – incluindo a Rússia – formassem uma nova entidade supranacional, denominada "União das Repúblicas Socialista Soviéticas da Europa e Ásia". À medida que se tornassem comunistas, outros países poderiam aderir. Stálin não teve alternativa senão aceitar a posição de Lênin, muito embora a considerasse "escolástica".

Mas a querela em torno das nacionalidades não terminou nesse ponto. Lênin foi informado de que Stálin e Ordjonikidze estavam garroteando a oposição comunista na Geórgia, que resistia a ser incorporada à Federação Transcaucasiana. Antevendo o quanto tal comportamento poderia minar as perspectivas comunistas nas regiões colonizadas do mundo, ele consumiu seus últimos meses de vida preparando um grande discurso político, para o próximo XX Congresso do Partido, marcado para março de 1923, no qual centraria fogo contra Stálin e sua política chauvinista.

Sentindo-se traído por seus companheiros, Lênin recusou encontrar-se com quem quer que fosse durante os 13 meses de vida que lhe restaram. Trótski, Stálin, Zinóviev, Kámenev, Ríkov – todos foram mantidos a distância.

Os últimos memorandos que ditou expressam profunda preocupação com o destino da Rússia soviética. No mais importante deles, depois considerado seu "testamento", tece comentários sobre diversos líderes bolcheviques que poderiam sucedê-lo. Descreveu Trótski como a "pessoa mais capaz do Comitê Central", embora excessivamente autoconfiante e personalista. Lembrou a vacilação de Zinóviev e Kámenev, em outubro de 1917. Identificou Bukhárin como o favorito do partido, ainda que duvidando de sua completa formação marxista. Stálin, que segundo Lênin tinha acumulado "poder sem limites", foi brindado com a seguinte anotação: "Não estou convencido de que ele sempre saberá usar esse poder com prudência suficiente." Poucos dias depois, Lênin ditou um acréscimo, da seguinte maneira:

> Stálin é muito rude, e esse defeito, tolerável em nosso meio e nas nossas relações de comunistas, torna-se intolerável quando se trata das funções de secretário-geral. Proponho, portanto, que os camaradas considerem os meios de afastar Stálin de seu posto, nomeando em seu lugar outra pessoa que, sob todos os pontos de vista, tenha sobre Stálin apenas a vantagem de ser mais paciente, mais leal, mais polido e mais atento com os camaradas, menos caprichoso (...).

Lênin só citava os vícios menores de Stálin, suas falhas de conduta e temperamento; a crueldade sádica, a megalomania, o ódio aos que lhe pareciam superiores sob qualquer aspecto – isso ele soube escamotear muito bem, enganando Lênin e todos os outros, até o fim.

A impressão que se extrai da leitura desses derradeiros comentários de Lênin é que ele não considerava ninguém à sua altura e capaz de substituí-lo. De um jeito ou de outro, suas observações chegaram ao conhecimento de Stálin por intermédio de Fótieva.

No dia 5 de março de 1923, Lênin ouviu Krupskaia falando ao telefone. Questionada, ela lhe contou sobre um incidente com Stálin, em dezembro. De imediato, Lênin escreveu uma carta na qual acusava o secretário-geral de insultá-lo na pessoa de sua mulher, ameaçando romper relações caso não recebesse completa retratação. Calmamente, Stálin respondeu que estava pronto a pedir desculpas, embora não fizesse a mínima idéia do erro que cometera.

Se Lênin – ou Trótski, agindo em seu nome – tivessem-no atacado abertamente diante do plenário do XX Congresso, Stálin estaria politicamente liquidado. Em permanente contato com os médicos que cuidavam de Lênin, ele ficou sabendo que as perspectivas, a partir do quadro de saúde do paciente, não eram nada boas. Jogando com o tempo, em 9 de março, Stálin inesperadamente anunciou o adiamento do conclave por um mês e ganhou a aposta. No dia seguinte, Lênin sofreu um grande ataque que lhe tirou de vez o poder da fala. Até sua morte, em janeiro de 1924, limitou-se a balbuciar monossílabos. Em maio, acharam por bem removê-lo para Górki. Para todos os efeitos práticos, era agora um morto-vivo. Ele exibia uma ânsia incomum por elogios e deliciava-se em ler relatos laudatórios sobre si mesmo e suas realizações.

Com Lênin fora de ação, Trótski viu-se praticamente isolado. Tentou manter sua posição aplacando Stálin e seus seguidores. Deste modo, recusou-se a levar avante o pedido de Lênin, feito em 5 de março, para defender o caso da Geórgia no Congresso do Partido. Na véspera do Congresso, assegurou a Kámenev que apoiaria a nova indicação de Stálin para secretário-geral. Seu comportamento vem desde então intrigando contemporâneos e historiadores. A explicação mais provável para sua política de conciliação é a de que estava desesperançoso de desafiar Stálin, sobretudo sendo de nacionalidade judia. A conciliação, todavia, foi infrutífera. Àquela altura, as linhas estavam vivamente traçadas e qualquer um que quisesse entrar no partido tinha de assumir uma nítida posição contra Trótski.

Em outubro de 1923, em dificuldades desesperadoras, Trótski lançou uma contra-ofensiva. Se os de dentro insistiam em tratá-lo como um intruso, então ele iria patrocinar a causa dos intrusos, aqueles que, tal como ele, se haviam juntado em 1917 ou mais tarde, e por essa razão viam impedido seu acesso aos postos principais, monopólio da Velha Guarda. Antes numa carta confidencial ao Comitê Central e depois nas páginas do *Pravda*, ele acusou o partido de ter-se tornado intoleravelmente burocratizado e que a plebe não mais ousava expressar suas opiniões. Eram os mesmos argumentos que a Oposição dos Trabalhadores previra pouco tempo antes e que ele próprio condenara.

O plenário do partido aprovou por 102 a 2 (sem abstenções) repreendê-lo por "faccionismo". A censura justificava-se pelo fato de Trótski dispor do apoio do chamado Grupo dos 46, que sustentava opiniões similares e com o qual ele mantinha contato.

O jogo acabara para Trótski; o resto anticlimático. Ele não tinha defesa contra a maioria do partido, como ele próprio reconheceria em 1924: "Nenhum de nós quer ser e nenhum de nós pode ser frontalmente contra o partido. Em última análise, nosso partido está sempre certo." Em janeiro de 1925, ele seria forçado a renunciar ao posto de comissário de Guerra. Seguiram-se a expulsão do partido e o exílio para a Ásia Central e depois para além-mar; e, finalmente, o assassinato no México por um agente stalinista. Os movimentos para eliminá-lo, orquestrados por Stálin com a conivência de Zinóviev, Kámenev, Bukhárin e os outros, foram levados a cabo com o sólido apoio dos quadros do partido, que acreditavam estar protegendo a entidade de um articulador egoísta.

A história registra inúmeros casos de perdedores, moralmente superiores, que ganharam a simpatia da posteridade. Mas é difícil experimentar simpatia por Trótski. Não se pode contestar que ele era mais culto que Stálin e seus acólitos, intelectualmente mais brilhante, mais corajoso e mais honrado. Tal como Lênin, entretanto, suas virtudes só se manifestavam nas fileiras do partido. Em relação aos oponentes, que se empenhavam em ampliar a margem de democracia, seus padrões éticos eram completamente diferentes, muito assemelhados aos que predominam nos círculos do crime organizado, contribuindo para a criminalização da política que caracterizou o bolchevismo e os regimes totalitários que o imitaram. Não há dúvida de que ele mesmo ajudou a forjar as armas que o destruíram – discordante minoritário, tornou-se estranho, inimigo sem direito a tratamento justo. Sua sorte foi idêntica àquela que, com seu total consentimento, coube aos cadetes, aos SRs, aos mencheviques, aos ex-oficiais czaristas, que se recusaram a lutar no Exército Vermelho, à Oposição dos Trabalhadores, aos marinheiros de Kronstadt, aos camponeses de Tambov e ao clero. Ele acordou para os perigos do totalitarismo apenas quando se sentiu pessoalmente ameaçado; sua súbita conversão à democracia foi mera autodefesa, não uma defesa de princípios.

Trótski imaginava-se como um leão derrotado por um bando de chacais. Realmente, a imagem adquiriu maior intensidade quanto mais monstruosos revelaram-se os atos de Stálin, e assim ela foi propalada na Rússia e no exterior, por todos os que tinham algum interesse em salvar uma versão idealizada do leninismo. Mas ele também fez parte da quadrilha, e não se enobreceu na derrota, antes perdeu por ter sido menos esperto, numa luta sórdida pelo poder.

LÊNIN MORREU no dia 21 de janeiro de 1924. Todo o escalão superior do partido correu para Górki, a fim de prestar um derradeiro tributo de respeito ao líder revolucionário. Trótski estava em Tíflis, a caminho da reserva georgiana de Sukhumi e, embora pudesse ter retornado a tempo para o funeral, preferiu dirigir-se às ensolaradas praias do mar Negro, enquanto o corpo de Lênin, assistido pela Velha Guarda, era exposto em câmara ardente, na gelada Moscou.

Que destino dar aos restos de Lênin? Sua viúva queria que ele fosse enterrado ao lado da mãe, em Petrogrado. Mas os líderes do partido precisavam de um Lênin físico, que impressionasse os camponeses com sua imortalidade, e decidiram embalsamá-lo. Usando um composto que não se evaporava, destruidor de fungos e bactérias, e neutralizador da fermentação, a tarefa estava concluída no final de julho. Vinte e dois cientistas garantiram que por cem anos a múmia não se decomporia. Assim, exibido a princípio num mausoléu de madeira, e a partir de 1930, num outro de pedra, ele se tornou patrimônio do Estado e objeto de veneração popular.

Assim, os bolcheviques, que cinco anos antes, em uma ruidosa campanha de blasfêmia e ridículo, expuseram as relíquias da igreja ortodoxa como uma fraude, criaram uma relíquia sagrada. Ao contrário dos santos da Igreja, cujos restos profanados reduziam-se a trapos e ossos, o deus bolchevique, como convém à era da ciência, era feito de álcool, glicerina e formol.

16
Reflexões sobre a Revolução Russa

A Revolução Russa de 1917 não foi um incidente isolado, mas uma seqüência de atos violentos e rupturas mais ou menos simultâneas, envolvendo atores cujos objetivos diferentes eram, em certa medida, contraditórios. Seu início foi marcado pela revolta dos elementos mais conservadores da sociedade russa, agastados com a familiaridade que Raspútin desfrutava junto à Coroa, e o mau gerenciamento do esforço de guerra. A revolta envolveu os liberais, que desafiaram a monarquia, receando que ela tornasse a revolução inevitável. Não se tratava senão de encaminhar a guerra de forma mais efetiva e de impedir a revolução. Em fevereiro de 1917, quando a guarnição de Petrogrado ensarilhou armas diante da multidão, os generais entraram em acordo com os políticos na esperança de evitar que o motim alcançasse a frente de batalha, convencendo Nicolau II a abdicar. O gesto do czar, embora tendo em vista a vitória militar, na realidade derrubou toda a estrutura do Estado russo.

Ainda que o descontentamento social e a agitação da *intelligentsia* radical não desempenhassem papel significativo nesses fatos, ambos os fatores elevaram-se, no instante em que a autoridade imperial ruiu. Na primavera e no verão de 1917, os camponeses tomaram e distribuíram entre si as propriedades não-comunais. Depois, a rebelião atingiu as tropas, na frente, provocando deserções em massa e pilhagens, os trabalhadores, que assumiram o controle das empresas industriais, e as minorias étnicas, que aspiravam à autonomia. Cada segmento perseguia seus próprios objetivos, mas o efeito cumulativo dos ataques à estrutura social e econômica, no outono de 1917, acabou por lançar a Rússia na anarquia.

Apesar de reivindicar o *status* de grande potência, a partir do seu imenso território, o Império Russo erguia-se sobre uma estrutura frágil, artificial, mantida não por vínculos orgânicos, que conectassem governantes e governados, mas por elos mecânicos e burocráticos, representados pela polícia e o Exército. Seus 150 milhões de habitantes não estavam presos por algum sentido de identidade nacional ou por fortes interesses econômicos. Produto de séculos de governo autocrático, a Rússia Imperial era uma costura de poucos pontos, fato assinalado por um dos principais historiadores e figuras políticas da época, Pável Miliukóv:

> Para fazer que entendam [o] caráter especial da Revolução Russa, devo chamar atenção para [os] traços peculiares que acumulamos ao longo de todo o processo da história da Rússia. Em minha mente, esses traços se resumem num só. A diferença fundamental que distingue nossa estrutura social da de outros países civilizados reside numa certa fraqueza, ou falta de forte coesão, ou

> amálgama capaz de constituir um complexo social. É possível observar que a falta de consolidação social russa agrega-se a cada aspecto da sua vida civilizada: política, social, mental e nacional. Do ponto de vista político, as instituições do Estado russo sempre estiveram distantes das massas populares (...) como conseqüência do seu aparecimento tardio, as instituições do Estado na Europa Oriental necessariamente adotaram formas diferentes de seus modelos ocidentais. O Estado oriental não teve tempo para nascer, num processo de evolução orgânica, resultando de um transplante.

Levando-se em consideração esses fatores, torna-se óbvia a insustentabilidade da noção marxista de revolução, a partir do descontentamento social (de "classe"). Embora existissem várias contrariedades na Rússia Imperial, a queda do regime e a desordem resultantes foram motivadas de forma decisiva e imediata por dados políticos.

A Revolução foi inevitável? É fácil acreditar que tudo "está escrito", e há historiadores que racionalizam essa fé primitiva com argumentos pseudocientíficos; eles seriam mais convincentes se previssem o futuro tão infalivelmente como imaginam desvendar o passado. Parafraseando um ditado jurídico, e em termos psicológicos, pode-se dizer que a ocorrência fornece 90% de justificativa histórica. Edmund Burke foi considerado louco, em sua época, por criticar a Revolução Francesa: setenta anos depois, de acordo com Matthew Arnold, suas idéias ainda eram consideradas "ultrapassadas e superadas pelos fatos". Tão enraizada é a crença na racionalidade e, portanto, na inevitabilidade dos acontecimentos históricos, quanto maiores e mais peso têm suas conseqüências, mais parecem como parte da ordem natural das coisas, e a tal ponto que chega a ser extravagante questioná-las.

Com relação à Rússia, o máximo que se pode dizer é que a revolução era mais provável do que improvável, por várias razões. O motivo mais ponderável talvez tenha sido o declínio do prestígio do czarismo aos olhos de uma população acostumada a ser governada por uma autoridade invencível – que via na invencibilidade o critério da legitimidade. Depois de um século e meio de vitórias militares e de expansão, a partir de meados do século XIX, até 1917, a Rússia tornou-se vítima de sucessivas humilhações: a derrota, em seu próprio solo, na Guerra da Criméia; a perda dos frutos da vitória sobre os turcos, no Congresso de Berlim; a ruína na guerra contra o Japão; derrota empreendida pelos alemães, na Primeira Guerra Mundial. Uma série de reveses semelhantes teria prejudicado a reputação de qualquer governo. Para o da Rússia, foi fatal.

A desgraça do czarismo foi determinada pela ascensão de um movimento revolucionário e sua incapacidade de abafá-lo, apesar do recurso à repressão rigorosa. As concessões meio frouxas de 1905 não facilitaram o relacionamento entre a oposição e o czarismo, nem o tornaram mais popular aos olhos do povo, que simplesmente não podia entender como um verdadeiro soberano permitia-se ser insultado por instituições governamentais. O princípio de Confuciano de T'ien-Ming – o chamado Mandato do Céu, que em seu significado original atrelava a autoridade do governante à conduta virtuosa – na Rússia derivava da conduta vigorosa; um governante fraco, um "perdedor", não tinha o direito de guiar a nação. Um chefe de Estado russo jamais poderia ser avaliado segundo padrões de moralidade ou de popularidade. O que importava era que inspirasse medo a amigos e inimigos, merecendo, como Ivan IV, a alcunha de Terrível. Nicolau II foi derrubado não pelo ódio, mas pelo desprezo.

Não se pode deixar de considerar, também, o campesinato russo. Embora constituindo cerca de 80% da população, sem jamais ter se integrado à estrutura política nacional e sem tomar parte ativa na condução das questões de Estado, mesmo de modo passivo e no entanto ameaçador ao *status quo*, os camponeses constituíam um fator de desequilíbrio. Dizer que eram "oprimidos" não esclarece quem os oprimia. Às vésperas da Revolução, eles tinham plenos direitos civis e legais, além de possuírem, direta ou comunalmente, 90% das terras agrícolas do país e igual proporção do gado. Pobres, segundo os padrões ocidentais, estavam em melhor situação do que seus pais e eram mais livres que seus avós. Decerto, gozavam de maior segurança que os rendeiros sitiantes irlandeses, espanhóis ou italianos.

O que os prejudicava não era a opressão, mas o isolamento: viviam apartados da vida política, econômica e cultural do país, ignorando as mudanças que desde o tempo de Pedro, o Grande, puseram a Rússia no curso da ocidentalização. Muitos contemporâneos observaram que os camponeses estavam fincados na cultura moscovita: culturalmente tinham tanto em comum com a elite governante quanto a população nativa das colônias africanas inglesas com a metrópole vitoriana. Descendendo em sua maioria dos servos, que sequer eram súditos, pois ficavam abandonados pela monarquia aos caprichos do latifundiário e do burocrata, permaneceram, mesmo após a emancipação, como uma força estranha e malévola, leais tão-somente à família e à comuna. Sua vaga devoção ao distante czar alimentava-se da esperança de que ele lhes doaria a terra cobiçada. Anarquistas instintivos, nunca integrados à vida nacional, repelindo o *establishment* conservador e a oposição radical, a seu respeito o viajante francês marquês de Custine ouviu dizer, já em 1839, que algum dia a Rússia seria palco de uma revolta dos barbudos contra os barbeados. A existência dessa massa de camponeses alienados, mas potencialmente explosivos, imobilizava os mecanismos de direção do Estado, crentes da sua docilidade e temerosos de que quaisquer concessões políticas pudessem sinalizar a rebelião.

As tradições da servidão e as instituições sociais predominantes no campo – a célula de trabalho familiar e o sistema quase universal de propriedade comunal – bloquearam no campesinato o desenvolvimento das qualidades essenciais à cidadania moderna. Embora a servidão não fosse escravidão, as duas instituições tinham em comum o fato de que servos, como escravos, não possuíam direitos jurídicos e, logo, o sentido de legalidade. Michael Rostovtseff, principal historiador russo da antiguidade clássica e testemunha ocular de 1917, concluiu que esse sistema pode ter sido pior que a escravidão, uma vez que o total desconhecimento da liberdade impedia o servo de adquirir os atributos de um verdadeiro cidadão; na sua opinião, essa foi a principal causa do bolchevismo. Para os servos, a autoridade era naturalmente arbitrária; para defender-se dela eles não cogitavam de direitos legais ou morais, apelando para a esperteza, como se a vida não passasse de uma guerra hobbesiana de todos contra todos. Essa atitude favoreceu o despotismo, pois a ausência de disciplina interna e respeito à lei exigia que a ordem fosse imposta de fora; quando essa alternativa perdeu a eficácia, sobreveio a anarquia, que abriu caminho a um novo despotismo.

Embora pouco antes da Revolução os camponeses já fossem proprietários de 90% da terra arável do país, eles ambicionavam os outros 10% controlados por senhores de terra, mercadores e os chamados *kulaks*. Nenhum argumento econômico ou legal poderia demovê-los da convicção de que o direito à terra era uma dádiva de Deus à comuna e aos seus integrantes. Quer dizer: junto ao escasso senso de legalidade, o camponês tinha pouco respeito pela propriedade privada, tendências exploradas e exacerbadas por intelectuais radicais que, para atingir seus próprios objetivos, incitaram-nos contra a ordem vigente.

Os trabalhadores industriais também contribuíram para desestabilizar o *status quo*, mas não por terem assimilado ideologias revolucionárias – poucos o fizeram, e mesmo esses poucos foram excluídos dos cargos de liderança nos partidos revolucionários. Egressos da aldeia havia, no máximo, duas gerações, a maioria estava apenas superficialmente urbanizada, carreando para a fábrica atitudes rurais típicas, adaptadas às novas condições. Sem demonstrar interesse particular por questões políticas, praticavam uma espécie de anarquismo não-ideológico, acreditando que tinham direito às instalações industriais e às máquinas fabris assim como seus parentes, na aldeia, tinham direito à terra. Numericamente insignificante para desempenhar um papel relevante na Revolução, a classe operária russa, em alta proporção constituída por camponeses temporariamente empregados, somava no máximo três milhões de trabalhadores, ou 2% da população.

Fator de importância decisiva para a revolução foi a *intelligentsia*, cuja influência, na Rússia, foi maior do que em qualquer outro lugar. O peculiar sistema de "postos" do serviço público czarista excluía pessoal estranho à administração, distanciando os elementos mais cultos e tornando-os suscetíveis a esquemas fantásticos de reforma social, inventados, mas nunca praticados, na Europa Ocidental. Até 1906, a ausência de instituições representativas e de uma imprensa livre, combinadas com o crescimento do sistema educacional, levou a elite cultural a reivindicar o direito de falar em nome do povo emudecido.

Não existem provas de que a *intelligentsia* de fato refletisse a opinião das "massas". Ao contrário, tudo indica que os camponeses e trabalhadores desconfiavam bastante dos intelectuais, antes e depois da Revolução. Mas, como a verdadeira vontade do povo não dispunha de meios de expressão, pelo menos até 1906, a intelectualidade politizada obteve certo sucesso, posando de porta-voz.

Tornando-se uma casta, identificada e coesa por idéias grupistas, num clima de extrema intolerância, a *intelligentsia* adotou a visão iluminista de que as mudanças no meio inevitavelmente mudam a natureza humana, moldada por ele, imaginando que assim a "revolução" acarretaria uma total transformação da condição humana e a criação de uma nova raça de seres humanos – na Rússia, é claro, mas também em todos os outros lugares. A ênfase que atribuíam às iniqüidades existentes não passava de estratagema para ganhar apoio popular; nenhuma correção das iniqüidades poderia persuadir os anarquistas, socialistas-revolucionários, mencheviques e bolcheviques a desistir de suas aspirações revolucionárias. Embora expressos em termos científicos, seus pontos de vista eram imunes a provas contrárias e muito semelhantes à fé religiosa.

A *intelligentsia*, que definimos como intelectuais que ambicionam o poder, manteve uma hostilidade intransigente à ordem existente; nada que o regime czarista pudesse fazer, exceto cometer suicídio, lhes bastaria. Eles eram revolucionários, não para a melhoria das condições do povo, mas para dominá-lo e reconstruí-lo à própria imagem. Confrontaram o regime imperial com um desafio insuperável, a menos que empregasse os métodos introduzidos mais tarde por Lênin. Reformas, fossem aquelas da década de 1860, ou as de 1905-1906, apenas aguçavam o seu apetite impulsionando-os a excessos revolucionários ainda maiores.

Golpeada por reivindicações camponesas e sob ataque direto da *intelligentsia* radical, o único recurso da monarquia para impedir o colapso era ampliar a base de sua autoridade, dividindo o poder com as forças políticas conservadoras. Os precedentes históricos indicam que a partilha de poder, em democracias bem-sucedidas, foi inicialmente limitada, e que só a pressão popular logrou transformá-la em direitos comuns. Envolver os conservadores, muito mais numerosos do que os radicais, tanto na tomada de decisões quanto na administração, teria forjado pelo menos em parte um vínculo orgânico entre o governo e a sociedade, assegurando à Coroa apoio, no caso de levantes, isolando os radicais. Essa política fora aconselhada à monarquia por alguns funcionários de visão mais acurada e deveria ter sido posta em prática, na época das Grandes Reformas. Em 1905, forçado por uma rebelião nacional a conceder o parlamento e algo parecido ao voto democrático, o czar já não tinha essa opção: a aliança liberal-radical, na Duma, afogou as forças conservadoras. Isso fez com que os conservadores na Duma fosse submersos por intelectuais militantes e camponeses anarquistas.

Só um vínculo muito estreito entre governo e cidadãos poderia superar as terríveis pressões desencadeadas pelo conflito mundial sobre as potências beligerantes. Na Rússia, essa ligação jamais existiu. Tão logo os reveses militares dissiparam o entusiasmo patriótico inicial e o desgaste provocado pela guerra tomou conta do país, o regime czarista mostrou-se incapaz de mobilizar apoio público. Na época do colapso, a monarquia estava sozinha.

Foram complexas as motivações que levaram o regime a não partilhar o poder político, ou fazê-lo de má vontade, quando afinal foi obrigado a isso. A corte, a burocracia e o corpo de oficiais eram dominados por um espírito patrimonial, considerando a Rússia domínio privado do czar. Essa mentalidade sobreviveu ao desmantelamento gradual das antigas instituições moscovitas, ao longo dos séculos XVIII e XIX; na realidade, não apenas nesses círculos, mas também entre os camponeses, que acreditavam numa autoridade forte e indivisível, considerando a terra como propriedade do soberano. Nicolau II considerava-se guardião da autocracia, a ser transferida para seu herdeiro; ele não podia dissipar a autoridade ilimitada que recebera de seus antepassados. Nunca pôde libertar-se da culpa por ter dividido o poder com os representantes eleitos da nação, em 1905, sem perceber que só assim salvara o trono.

Por outro lado, o czar e seus conselheiros temiam que a partilha de autoridade, ainda que beneficiando apenas uma pequena parcela da sociedade, desorganizasse o aparato burocrático, suscitando demandas ainda maiores, no sentido da participação popular e em proveito da *intelligentsia*. Adicionalmente, preocupava-os a possibilidade de os camponeses interpretarem mal tais concessões, enfurecendo-se. Finalmente, a burocracia sustentava uma férrea oposição às reformas; administrando o país a seu modo, não queria abrir mão dos numerosos privilégios que advinham dessa atividade.

Tudo isso explica, mas não justifica, a inflexibilidade da monarquia, mantendo os conservadores afastados do governo, tanto mais que a complexidade das questões nacionais já privava a burocracia de autoridade efetiva em muitas áreas. Na segunda metade do século XIX, a emergência de instituições capitalistas transferiu o controle de grande parte dos recursos do país para o setor privado, minando o que restara do patrimonialismo.

Em suma, o colapso do czarismo não era inevitável, mas converteu-se em algo provável graças a antigos desníveis culturais e políticos que impediram o ajustamento do regime czarista ao desenvolvimento do país, e que se tornaram fatais sob as pressões desencadeadas durante o conflito mundial. Decidida a derrubar o governo e usar a Rússia como trampolim da revolução mundial, a *intelligentsia* radical abortou toda e qualquer possibilidade de adaptação que porventura pudesse existir. Isso determinou o colapso do czarismo, muito mais do que a "opressão" e a "miséria". Não se pode esquecer que estamos diante de uma tragédia nacional cujas causas remontam ao passado mais longínquo. Antes de 1917, elas não contribuíram muito para a ameaça revolucionária que pairava sobre a Rússia. Quaisquer que fossem as circunstâncias adversas – reais ou quiméricas – as "massas" não careciam de uma revolução nem a desejavam; a *intelligentsia*, sim, mas só ela. Sua ênfase na suposta insatisfação popular e no conflito de classes derivava mais de preconceitos ideológicos do que de fatos da realidade. Em especial, da desacreditada teoria marxista segundo a qual desenvolvimentos políticos são invariavelmente motivados por conflitos de classe, não passam de "espuma" na superfície das correntes que realmente determinam o destino humano.

O PESO SECUNDÁRIO dos fatores econômico-sociais na Revolução Russa torna-se evidente a partir do exame dos acontecimentos de fevereiro de 1917, que não configuraram uma revolução dos "trabalhadores" – o coro das fábricas apenas repetia e amplificava as ações dos verdadeiros protagonistas, os soldados. O motim da guarnição de Petrogrado incentivou as desordens da população civil, descontente com a inflação e a escassez. Nicolau poderia tê-las reprimido com facilidade, caso optasse por agir com a mesma violência dos bolcheviques, quatro anos depois, no enfrentamento do levante de Kronstadt e das rebeliões camponesas. Mas, se Lênin e Trótski só estavam interessados em manter o poder, o czar preocupava-se com a Rússia. Tanto que se deixou persuadir pelos generais e políticos da Duma a abandonar o trono para preservar o Exército e evitar uma capitulação humilhante. Se permanecer fosse seu objetivo supremo, ele poderia ter firmado a paz com a Alemanha e voltado as tropas contra os rebelados. O registro histórico é indubitável: o czar não foi forçado à abdicação pelos trabalhadores e camponeses, como diz o mito. O czar não cedeu a um populacho rebelde, mas aos chefes militares e líderes parlamentares por sentimento patriótico.

A revolução social foi posterior, e não anterior à abdicação. A guarnição da capital, os trabalhadores, camponeses e minorias étnicas, polarizados por diferentes objetivos, tornaram o país ingovernável. Qualquer chance que houvesse de restaurar a ordem desapareceu, quando a *intelligentsia* exigiu que os sovietes assumissem o poder. A inépcia de Kérenski, bem como sua omissão diante dos inimigos à esquerda, aceleraram a perda de autoridade e a queda do governo provisório. O país – suas instituições políticas e todos os seus recursos – tornara-se alvo da pilhagem – *duván*, que ninguém tinha força suficiente para deter, até que parasse sozinho.

Alçado ao poder num contexto de anarquia que ele próprio fez de tudo para promover, Lênin prometeu satisfação plena aos diversos grupos descontentes, não importa o que reivindicassem. Para conquistar os camponeses, apropriou-se do programa SR de "socialização da terra", enquanto estimulou as tendências sindicalistas de "controle operário" nas fábricas, acenando aos homens de uniforme com a perspectiva de paz e às minorias étnicas com autodeterminação nacional. Todos esses compromissos contrariavam seu programa, mas contribuíram para minar os esforços do governo provisório e impossibilitar a estabilidade do país.

Lênin e Trótski encobriram sua estratégia com *slogans* que exigiam a transferência do poder aos sovietes e à Assembléia Constituinte, por meio da convocação de um fraudulento Congresso de Sovietes. Ninguém estava a par da verdade, a não ser um punhado de figuras proeminentes do Partido Bolchevique; poucos, portanto, perceberam o que acontecia em Petrogrado, na noite de 25 de outubro de 1917. A chamada "Revolução de Outubro" não passou de um clássico golpe de Estado preparado sob tão severa clandestinidade que, uma semana antes, quando Kámenev o denunciou aos jornais, Lênin declarou-o traidor e pediu sua expulsão. Revoluções genuínas não são agendadas nem podem ser traídas.

A facilidade com que os bolcheviques derrubaram o Governo Provisório – segundo Lênin, foi como "erguer uma pluma" – convenceu muitos historiadores da "inevitabilidade" do Golpe de Outubro. Mas assim ele aparece só em retrospecto. O próprio Lênin, entretanto, considerava o desfecho muito incerto. Em cartas ao Comitê Central, escritas do seu esconderijo, em setembro e outubro de 1917, ele insistia em que o sucesso dependia inteiramente da velocidade e coragem com que a insurreição armada fosse executada. "Atrasar o levante é morte", ele escreveu em 24 de outubro, "tudo está suspenso no ar." Não eram sentimentos de alguém que acreditasse nas forças da história. Mais tarde, Trótski afirmou – e quem estava em melhor posição para saber? – que se "nem Lênin nem [ele mesmo] estivéssemos em Petrogrado, não teria havido Revolução de Outubro". Que fato histórico "inevitável" pode depender de dois indivíduos?

E, se essa prova não for suficiente, basta olhar de perto os acontecimentos de outubro de 1917, na capital do país, onde as "massas" agiram como espectadoras, ignorando os apelos bolcheviques para tomar o Palácio de Inverno, ocupado apenas por uns poucos ministros idosos, defendidos pela juventude do partido cadete, um batalhão de mulheres e um pelotão de inválidos. Ainda conforme o testemunho de Trótski, a "revolução" de outubro, em Petrogrado, foi realizada por "no máximo" 25 mil a 30 mil pessoas – isso num país de 150 milhões e numa cidade em que viviam quatrocentos mil trabalhadores, com uma guarnição superior a duzentos mil soldados.*

De posse do poder ditatorial, Lênin partiu para destruir todas as instituições existentes e limpar o terreno do regime posteriormente rotulado como "totalitário". Muitos sociólogos e cientistas políticos ocidentais consideram essa linguagem típica da Guerra Fria. Todavia, o que não se pode deixar de reconhecer é que o termo passou a ser usado na Rússia assim que foram suspensas as proibições da censura contra seu uso. Esse tipo de regime, até então sem registro na história, impunha a autoridade de um "partido" onipotente sobre o Estado, e que se arrogava o direito de sujeitar todas as instâncias da sociedade, sem exceção, fazendo valer suas determinações por meio do terror maciço.

Visto em perspectiva, Lênin deve sua proeminência histórica não à sua habilidade de estadista, mas como general. Ele foi um dos grandes conquistadores – distinção nem um pouco deslustrada pelo fato de ter conquistado seu próprio país.** A razão inédita de seu sucesso foi a militarização da política. De fato, nenhum outro estadista antes dele tratou a política, doméstica e externa, como guerra, no sentido literal da palavra e com um objetivo não apenas de compelir o inimigo a render-se, mas de aniquilá-lo. Essa inovação deu a Lênin vantagens significativas sobre seus oponentes, para os quais a guerra era a antítese da política ou a política feita por outros meios. Militarizá-la e, como corolário, politizar a guerra habilitaram-no a tomar o poder e a mantê-lo, embora não tenha servido para construir uma ordem social e

---

*A ínfima influência do povo russo na determinação do seu destino político foi mais uma vez comprovada em agosto de 1991, quando um levante militar pretendeu restaurar o regime comunista e foi abortado por uns poucos milhares de manifestantes democratas; os fatos passaram-se em Moscou, cidade de nove milhões de habitantes, num país de quase trezentos milhões.

**Clausewitz já notara, no século XIX, a impossibilidade de se "obter a posse de um grande país de civilização européia, senão pela divisão interna". Carl von Clausewitz, *A Campanha de 1812 na Rússia.* Londres, 1843, p. 184.

política viável. Ele se acostumou tanto a atacar em todas as frentes, que acabou tendo de inventar novos inimigos contra os quais lutar – a Igreja, os socialistas-revolucionários, a *intelligentsia*. Essa beligerância converteu-se num traço característico do regime comunista, culminando na "teoria" stalinista, segundo a qual a aproximação da sua vitória final seria marcada pela intensificação dos conflitos sociais – noção que justificava um banho de sangue feroz e sem precedentes, e que fez com que a União Soviética nos sessenta anos seguintes à morte de Lênin se exaurisse em desnecessários conflitos internos e externos, que a evisceraram física e espiritualmente.

O fracasso do comunismo, inquestionável desde 1991, costuma ser atribuído às falhas humanas dos que não conseguiram cumprir seus pretensos ideais. O objetivo pode não ter sido atingido, dizem os apologistas, mas suas aspirações eram nobres e a tentativa foi válida. Em apoio a esse argumento, eles poderiam citar o verso do poeta romano Propércio: *In magnis et voluisse sat est* ("Para grandes objetivos, apenas querer é suficiente"). Mas que grande desígnio seria esse, tão em desacordo com os anseios humanos comuns que, para persegui-lo, foi preciso recorrer aos métodos mais desumanos imagináveis?

O experimento comunista é classificado também, com certa freqüência, como "utópico". O termo poderia ser aplicável, sim, mas no sentido que lhe deu Engels, ao criticar as correntes socialistas que não aceitavam as doutrinas "científicas", dele e de Marx, e que desprezavam as realidades históricas e sociais. No fim da vida, o próprio Lênin foi forçado a admitir que os bolcheviques ignoraram as realidades culturais da Rússia e sua inaptidão para suportar a ordem socioeconômica que tentaram impor ao país. Ninguém permanece utópico quando, diante de um ideal obviamente inalcançável, insiste na tentativa, recorrendo à violência desmedida. Embora as fantasias utópicas de Platão e de Thomas More, ou de seus imitadores modernos, postulassem disciplina policial e coerção, os comunistas utópicos sempre se apoiaram na concordância geral para tentar criar uma "comunidade cooperativa". Em contraste, os bolcheviques não apenas queriam obter tal anuência como rejeitavam todas as manifestações de iniciativa independente, ditas "contra-revolucionárias". Só sabiam lidar com opiniões diferentes das suas por meio de injúrias e repressão. Já que se recusavam a admitir a derrota mesmo quando ela os encarava, melhor seria considerá-los fanáticos, segundo a definição de Santayana – aqueles que redobram esforços depois de esquecer os próprios objetivos.

O marxismo e o bolchevismo surgiram num tempo em que a intelectualidade européia estava obcecada por violência. A teoria darwiniana de seleção natural traduziu-se numa filosofia social movida por conflitos intransigentes. "Ninguém que desconheça boa parte da literatura de 1870 a 1914", escreve Jacques Barzun, "poderá imaginar o quanto ela clamou por sangue, nem a variedade de partidos, classes, nações e raças foram apartados e invocados por cidadãos iluminados, filhos da antiga civilização européia." Violência "implacável", violência votada à destruição de oponentes reais ou potenciais, para Lênin, não era somente a forma mais eficaz de lidar com problemas, mas a única. Mesmo que alguns de seus seguidores recuassem ante tamanha falta de humanidade, não poderiam escapar da influência corruptora do líder.

OS NACIONALISTAS RUSSOS consideram o comunismo estranho à cultura e à tradição russas, algo semelhante a uma praga importada do Ocidente. Frágil percepção esta, a do comunismo como vírus, posto que o movimento alcançou o mundo inteiro, mas ocorreu primeiro na Rússia; antes e depois da Revolução, a composição social do Partido Bolchevique era predominantemente russa, sua primeira base situou-se na Rússia européia, entre colonos que habitavam a região de fronteira. Decerto, as teorias que deram base ao bolchevismo, notadamente as de Karl Marx, tinham origem ocidental, mas as práticas bolcheviques são nativas, pois em nenhum lugar do Ocidente o marxismo levou aos excessos totalitários do leninismo-stalinismo. Mais tarde, nos países do Terceiro Mundo com tradições similares, o marxismo voltou a germinar em solos áridos de tradições de autonomia, observância da lei e respeito à propriedade privada. Uma causa que gera resultados diferentes em circunstâncias diferentes dificilmente serve como explicação suficiente. Suas tendências libertárias ou autoritárias prevaleciam alternadamente, dependendo da cultura política do país. Na Rússia, os elementos autoritários da doutrina marxista ganharam ascendência, adaptando-se à herança patrimonial. Desde a Idade Média, o governante era o sujeito, e a "terra", o objeto. Não foi difícil fundir essa tradição e o conceito marxista de "ditadura do proletariado", permitindo ao partido dirigente o controle exclusivo sobre os habitantes e recursos do país. A noção que Marx tinha dessa "ditadura" era vaga o suficiente para ser preenchida com o conteúdo mais a mão, que na Rússia era o legado histórico do patrimonialismo. Foi o enxerto da ideologia marxista no galho robusto da herança patrimonial russa que produziu o totalitarismo. Este não pode ser explicado somente com base na doutrina marxista ou na história russa: é o fruto de sua união.

Apesar disso, não se deve exagerar a importância da ideologia no processo. As crenças servem como guia de conduta, mas quando são utilizadas para justificar a conquista do poder, por persuasão ou pela força, a questão se complica: não se pode determinar se o convencimento e a violência serviram às idéias ou se as idéias é que serviram para assegurar ou legitimar a dominação. No caso dos bolcheviques, há fortes motivos para sustentar que este último foi o caso, porque eles distorceram o marxismo de todos os modos possíveis – primeiro para obter poder político, depois para mantê-lo. O marxismo possui duas proposições básicas: o amadurecimento da sociedade capitalista acirra suas contradições internas e conduz ao seu fracasso, e a alternativa a esse colapso ("revolução") é apontada pelos trabalhadores industriais ("proletariado"). Um regime motivado pela teoria marxista teria, no mínimo, que aderir a estes dois princípios.

Ora, os bolcheviques realizaram a "revolução socialista" num país economicamente subdesenvolvido, em que o capitalismo mal aprendera a dar os primeiros passos, e tomaram o poder sem acreditar na capacidade revolucionária dos trabalhadores. Foi em conseqüência disso, em cada estágio de sua evolução, que o regime comunista russo repeliu seus oponentes sem qualquer consideração à doutrina marxista, ainda que disfarçando seus atos mediante *slogans* marxistas. Lênin foi bem-sucedido, precisamente porque estava livre dos escrúpulos marxistas que inibiram os mencheviques. À vista desses fatos, a ideologia era para ser tratada como um fator subsidiário – uma inspiração e um modo de pensar da nova classe governante, talvez, mas não uma série de princípios orientadores de suas ações nem um fator que as explique para a posteridade. Só um observador pouco informado a respeito do curso da revolução russa pode inclinar-se a admitir influência dominante às idéias marxistas.

APESAR DE MUITAS DISCORDÂNCIAS, os nacionalistas russos e muitos liberais concordavam em negar qualquer continuidade do czarismo sob a Rússia soviética. Os primeiros preferiam atribuir aos estrangeiros, sobretudo aos judeus, a responsabilidade por seus infortúnios, assemelhando-se aos conservadores alemães, para os quais o nazismo foi um fenômeno europeu geral, sem antecedentes autóctones. Tal abordagem é plenamente aceita pelo povo atingido, dispensado de entender e reparar qualquer coisa errada, em relação aos outros.

Da mesma forma, intelectuais liberais e radicais – nem tanto na Rússia como no exterior – negam as afinidades entre o czarismo e o comunismo, pois isso faria da revolução inteira um erro caro e sem sentido, centrando-se nos objetivos declarados dos comunistas e os comparam com a realidade da época do czar. Esse procedimento produz um contraste gritante. O quadro é claro, muda substancialmente logo que se comparam as realidades comunistas e czaristas.

As afinidades entre o regime de Lênin e a Rússia tradicional foram observadas por mais de um contemporâneo, entre eles o historiador Pavel Miliukóv, o filósofo Nikolai Berdiáiev, o veterano socialista Pável Ákselrod e o romancista Borís Pilniak. Segundo Miliukóv, o bolchevismo tinha dois aspectos:

> Um internacional, outro genuinamente russo. O primeiro vincula-se ao fato de originar-se de uma teoria européia avançadíssima. O aspecto puramente russo diz respeito sobretudo à sua prática, profundamente enraizada na realidade russa (...) reafirmando o passado do *ancien régime* no presente. Um abalo sísmico traz à superfície os estratos que testemunham as idades mais remotas de nosso planeta; assim, o bolchevismo, retirando a fina camada social superior, deixa exposto o substrato inculto e desorganizado da historicidade russa.

Berdiáiev, considerando basicamente os aspectos espirituais, nega que a Rússia tenha sequer atravessado uma Revolução: "O passado inteiro está se repetindo por trás de novas máscaras."

Mesmo alguém totalmente ignorante a respeito da Rússia deve achar inconcebível que num único dia, 25 de outubro de 1917, devido a um levante armado, o curso histórico milenar de um país enorme e populoso possa passar por total transformação. O mesmo povo, habitando o mesmo território, falando a mesma língua, herdeiro de um passado comum, dificilmente poderia transformar-se tanto em razão de uma súbita mudança de governo. Nem mesmo decretos impostos pela força física conseguiriam provocar mutação semelhante, tão drástica quanto inédita. Tal absurdo só poderia ser levado em conta se imaginássemos os seres humanos como matéria inerte, inteiramente moldada pelo meio.

Para analisar as continuidades entre os dois sistemas, devemos ter como referência o conceito de patrimonialismo, que deu base ao governo moscovita e sobreviveu em diversas instituições e na cultura política da Rússia, até o fim do Antigo Regime, apoiado em quatro pilares: autocracia – isto é, governo pessoal ilimitado, sem constituição nem instâncias eletivas; ausência virtual de propriedade privada – todos os recursos do país pertenciam ao autocrata; ausência de direitos coletivos e individuais – o soberano podia demandar serviços ilimitados de seus súditos; controle do Estado sobre a informação. A comparação do apogeu do governo czarista com o regime comunista, na época da morte de Lênin, revela afinidades que não deixam margem a erro.

Por tradição, o monarca russo concentrava em suas mãos todos os poderes de legislar e agir, exercendo-os sem interferência externa. Administrava com a ajuda da nobreza e da burocracia, obedientes não à nação ou ao Estado, mas a ele, pessoalmente. Lênin, desde o seu primeiro dia no cargo de presidente do Conselho dos Comissários do Povo, posto que a constituição e os sovietes desempenhavam funções meramente formais – a lei maior não se aplicava ao Partido Comunista, e os representantes à contrapartida bolchevique de parlamento não eram eleitos. Lênin parecia o mais autocrático dos czares – Pedro I ou

Nicolau I – insistindo em participar de todas as questões de Estado, imiscuindo-se em seus mínimos detalhes, como se o país fosse seu domínio privado.

O governo soviético, como qualquer de seus predecessores, reclamava a posse sobre toda a riqueza e as rendas do país. Os decretos que nacionalizaram a terra e as indústrias deram partida num processo de crescente controle, que acabou por só deixar de lado artigos de uso puramente pessoal. *De jure*, a propriedade pertencia ao "povo", mas esse termo tornara-se sinônimo de Partido Comunista, detentor de um poder discricionário, sujeito apenas à autoridade de Lênin, de fato, este não apenas governara, mas possuía os recursos materiais do país. As indústrias eram dirigidas para o Estado por gerentes designados pelo Estado. Sua produção e, até março de 1921, o produto da terra, era utilizado pelo Kremlin a seu bel-prazer. Os imóveis foram nacionalizados. Com o comércio privado fora da lei (até 1921 e depois novamente até 1928), o regime soviético controlava todo o atacado e varejo. Estas medidas iam além das práticas da Moscóvia, mas perpetuavam o princípio de que o soberano da Rússia não apenas governara o país, como também o possuía.

Também era dono do povo. Os bolcheviques restabeleceram o serviço público obrigatório, traço característico do absolutismo moscovita. Na Moscóvia, com poucas exceções, os súditos do czar trabalhavam diretamente para ele, nas forças armadas e na burocracia, ou indiretamente, cultivando sua terra ou a terra arrendada – escravizados à Coroa. Em 1762, os nobres conquistaram o direito de retirarse para a vida privada; 99 anos depois, acabou a servidão. Portanto, a chamada "obrigação universal de trabalho", introduzida em janeiro de 1918, e cumprida sob ameaça de morte, seria perfeitamente compreensível a um russo do século XVII. Os bolcheviques reviveram ainda a antiga prática do *tiáglo*, para impor trabalhos forçados aos camponeses, tais como derrubar árvores ou transportar carroças, sem nenhum tipo de pagamento. Como na Rússia do século XVII, ninguém podia sair do país sem licença.

A burocracia comunista, tanto a do partido quanto a estatal, com muita naturalidade enveredou pelos caminhos da predecessora tsarista. Uma classe funcional com deveres e privilégios, mas sem direitos inerentes, ela constituía-se numa casta fechada e minuciosamente escalonada que dava satisfações exclusivamente a seus superiores. Como a burocracia tsarista, estava acima da lei. Também operava sem *glásnost* – ou seja, fora da avaliação pública, agindo muitas vezes por circulares secretas. No tsarismo, o avanço para os postos mais altos da hierarquia burocrática conferia nobreza hereditária. Para funcionários comunistas, o avanço aos postos elevados era recompensado com a inclusão nas fileiras da *nomenklatura*, que trazia direitos além do alcance dos servidores comuns: era o equivalente comunista a uma nobreza de serviço público. A burocracia soviética, como a tsarista, não tolerava corpos administrativos fora de seu controle, e certificou-se de que fossem prontamente "estratificados" – ou seja, integrados em uma única cadeia de comando. Fez assim com os sovietes, supostamente os órgãos legislativos do novo regime, e com os sindicatos, agências de sua também supostamente "classe dirigente".

Não surpreende que a burocracia comunista adaptasse velhos hábitos com tanta rapidez, já que o novo regime continuava. Em tantos pontos, os velhos hábitos. Além disso, a alta percentagem de postos de trabalho administrativos ocupados por ex-funcionários czaristas acarretava a contaminação dos menos numerosos e recém-chegados comunistas.

Foi o que aconteceu com as forças de segurança – instituição central do totalitarismo adaptada do tsarismo pelos bolcheviques na ausência de outro protótipo. À diferença de qualquer outro país, a Rússia czarista tinha duas polícias, uma para defender o Estado de seus cidadãos e a outra para proteger os cidadãos uns dos outros. Os crimes de Estado eram definidos de forma muito vaga, valendo quase o mesmo, a intenção e o ato. Os agentes encarregados da defesa do Estado desenvolveram métodos sofisticados de vigilância, alcançando todos os interstícios do tecido social mediante informantes pagos e agentes profissionais, infiltrados nos partidos de oposição. O Departamento de Polícia czarista era o único com autoridade para impor exílio administrativo aos que praticavam atos que não seriam considerados criminosos em país algum europeu – por exemplo, expressar desejo de mudança do sistema político vigente. Por meio de prerrogativas que lhe foram atribuídas após o assassinato de Alexandre II, ela praticamente governou a Rússia, entre 1881 e 1905. As práticas da polícia czarista eram tão familiares e foram tão assimiladas pelos bolcheviques, que a KGB, na década de 1980, ainda distribuía a seus quadros um manual preparado pela Okhrána, quase um século antes.

Por fim, quanto à censura. Na primeira metade do século XIX, a Rússia era o único país europeu que praticava a censura preventiva. Em 1860, a censura foi abrandada e só foi abolida em 1906. Os bolcheviques prontamente reviveram as práticas czaristas mais opressivas e proibiram todas as publicações que não apoiavam o regime, sujeitando todas as formas de expressão intelectual e artística ao crivo do seu partido, além de estatizarem todos os jornais e as empresas editoriais. Esses procedimentos remetiam às práticas da Moscóvia; também não tinham equivalente europeu.

Nada disso tem referência nos escritos de Marx, Engels e outros socialistas ocidentais. Seu fulcro está na própria história da *intelligentsia* revolucionária, não aquela que aparece nas páginas dos livros, mas a que ela vivenciou, lutando contra o czarismo, durante o regime de salvaguarda reforçada e extraordinária instituído nos anos 1880 para deter a *intelligentsia* revolucionária. Justificando-se com argumentos tomados de empréstimo da literatura socialista, ela se sentia autorizada a agir com brutalidade e rigor acima de qualquer precedente czarista. Na realidade, pode-se entender isso como resultado da inibição que atingia o czarismo, interessado no voto favorável da Europa, que os bolcheviques em contrapartida consideravam inimiga.

É evidente que as imitações não foram intencionais, pelo contrário, os bolcheviques não queriam ter nada em comum com as práticas tsaristas. As cópias se impuseram por força das circunstâncias. Ao rejeitarem a democracia – e isso os bolcheviques fizeram de modo definitivo em 5/18 de janeiro de 1918, dispersando a Assembléia Constituinte – só lhes restou a via autocrática a qual o povo já estava habituado. O regime introduzido por Lênin remonta ao reinado mais reacionário da Rússia Imperial, o de Alexandre III, sob o qual Lênin crescera. É curioso como tantas de suas medidas reproduziram as "contra-reformas" das duas últimas décadas do século XIX, ainda que sob rótulos diferentes.

UM DOS TEMAS mais controvertidos suscitados pela Revolução Russa é a relação entre leninismo e stalinismo – em outras palavras, a responsabilidade de Lênin pelos fatos ocorridos após sua morte, quando Stálin já ocupava o poder. No Ocidente, comunistas, companheiros de viagem e simpatizantes negam qualquer afinidade entre os dois líderes, insistindo que, além de romper a continuidade, Stálin repudiou tudo o que havia sido realizado antes dele. Depois do XX Congresso do Partido, em 1956, palco do discurso secreto de Nikita Khruschóv, essa visão predominou, visando a dissociar o regime pós-stalinista de seu desprezado predecessor. Curiosamente, as mesmas pessoas que consideram inevitável a ascensão de Lênin ao poder definem Stálin como uma aberração histórica – incapazes de explicar como e por que a história faria um desvio de trinta anos no seu curso predeterminado.

A verdade é que Stálin tomou o poder antes da morte de Lênin, passo a passo e sob o seu patrocínio. Na administração do "aparelho", seu apoio tornou-se indispensável à realização dos negócios do governo, sobretudo após 1920, quando a heresia democrática desgastou o partido. Quando a doença forçou Lênin a deixar as rédeas do comando, Stálin era a única pessoa que pertencia aos três órgãos governamentais do Comitê Central – Politburo, Orgburo e Secretaria. Nessas funções, ele supervisionava as indicações para quase todos os cargos da administração do partido e do Estado. Devido às regras estabelecidas por Lênin contra a ascensão de uma oposição organizada ("faccionismo"), ele pôde reprimir as críticas à sua gestão sob o pretexto de não serem dirigidas a ele, mas ao partido, servindo à contrarevolução. As dúvidas manifestadas por Lênin, pouco antes de morrer, e que quase o levaram ao rompimento das relações pessoais com Stálin, não devem obscurecer o fato de que, até aquele momento, ele fizera tudo a seu alcance no sentido de promovê-lo. E que, ao decepcionar-se com seu favorito, só apontou-lhe defeitos de menor importância – rudeza e impaciência – relativos à sua personalidade, não à sua capacitação político-administrativa, e nada que pudesse nos levar a crer que via nele uma espécie de traidor da causa.

A única diferença entre eles – Lênin não matou outros comunistas, o que Stálin fez em escala maciça – não é tão significativa assim. Com relação às pessoas não pertencentes à sua ordem de eleitos – o que incluía 99,7% de seus compatriotas –, Lênin não demonstrava quaisquer sentimentos humanos, enviando-os à morte, não raro apenas para servirem de exemplo. I. S. Unshlikht, alto funcionário da *Tcheká*, em suas lembranças sentimentais de Lênin, escritas em 1934, enfatizou com orgulho como ele "implacavelmente despachava os membros filisteus do partido que reclamavam da impiedade da *Tcheká*, (...) ria e escarnecia do 'humanismo' do mundo capitalista". O que distinguia realmente os dois homens era sua concepção de "alheio". Ao contrário de Lênin, Stálin considerava "estranhos" todos os que se mantinham leais ao fundador do partido; encarando-os como rivais, tratava-os com a mesma crueldade desumana que Lênin usara contra seus inimigos.*

Além de fortes vínculos pessoais, Stálin era um verdadeiro leninista também por seguir à risca a filosofia e as práticas políticas de seu patrono. Todos os ingredientes do stalinismo – exceto assassinar outros comunistas – foram hauridos de Lênin, incluindo a coletivização e o terror em massa. A megalomania de Stálin, sua índole vingativa, a paranóia mórbida e outros odiosos atributos que marcavam sua personalidade, não excluem que sua ideologia e *modus operandi* eram idênticos aos de Lênin, seu modelo e fonte de inspiração. Homem de educação escassa, faltavam-lhe outros modelos ou fontes de idéias.

Pode-se conceber, teoricamente, um Lênin moribundo passando a tocha a Trótski, Bukhárin ou Zinóviev, que conduziriam a União Soviética numa direção diferente da seguida por Stálin. O que não se pode

---

*De fato, Viatcheslav Mólotov, líder soviético de mais longa carreira no Partido Comunista, declarou que Lênin era decerto "mais severo" – isto é, desumano – que Stálin. F. Tchuiev, ed., *Sto sórok biessied s Mólotovim*. Moscou, 1991, p. 184.

imaginar é como estariam em posição para fazê-lo, dada a estrutura do poder na época em que Lênin adoeceu. Com o estrangulamento dos impulsos democráticos internos e a imposição de um comando desequilibrado ao partido, Lênin fortaleceu a ditadura, assegurando que o homem que controlasse o núcleo partidário, controlaria toda a agremiação e, por meio dela, o Estado. Esse homem era Stálin.

A REVOLUÇÃO INFLIGIU à Rússia enormes perdas humanas. De tão chocantes, as estatísticas dão margem a dúvidas inevitáveis. Todavia, à falta de números alternativos, o historiador está compelido a aceitá-las, ainda mais que são partilhadas por demógrafos comunistas e não-comunistas.

A tabela a seguir indica a população da União Soviética, em milhões de habitantes, entre 1917 e 1922.

Outono de 1917: 147,6
Início de 1920: 140,6
Início de 1921: 136,8
Início de 1922: 134,9

O decréscimo de 12,7 milhões foi conseqüência das mortes em combate e epidemias – cada qual com cerca de dois milhões –; emigração – cerca de dois milhões –; e fome – mais de cinco milhões. Mas as cifras contam apenas metade da história, visto que sob condições normais, obviamente, a população não teria permanecido estacionária, mas crescido. Projeções feitas por estatísticos russos indicam que, em 1922, ela deveria ter alcançado mais de 160 milhões. Se assim for, deduzidos os emigrados, as perdas humanas decorrentes da Revolução na Rússia – reais e devidas ao déficit de nascimentos – atingem 23 milhões, ou cerca de duas vezes e meia mais do que sofreram todos os países beligerantes, durante a Primeira Guerra Mundial; algo como as populações somadas dos quatro países escandinavos, mais a Bélgica, naquela época. Antes da fome, 29% dos homens, entre 16 e 40 anos, faixa etária que sofreu as perdas mais pesadas, já haviam perecido.

Pode-se – e deve-se – considerar imparcialmente tal calamidade sem precedentes? Tão grande é o prestígio das ciências em nosso tempo que muitos estudiosos contemporâneos adotaram, afora os métodos científicos de investigação, o hábito de distanciar-se moral e emocionalmente, tratando todos os fenômenos como "naturais", eticamente neutros, sem levar em conta que, nos fatos históricos, em virtude do livre-arbítrio, a vontade humana torna-se imprevisível, escapando da análise científica. Para eles, a "inevitabilidade" histórica tem o mesmo peso das leis da natureza. Todavia, já está por demais estabelecida a diferenciação entre os objetos das ciências e o objeto da história. Esperamos que médicos diagnostiquem doenças e receitem remédios de uma maneira imparcial e fria. Um contabilista, analisando as finanças de uma companhia, um engenheiro, investigando a segurança de um equipamento, um oficial do serviço de inteligência, estimando as capacidades do inimigo, devem permanecer emocionalmente distantes, pois de suas investigações dependerá a segurança das decisões a serem tomadas por empresários, políticos e chefes militares. Mas o historiador debruça-se sobre as decisões tomadas, e seu distanciamento não acrescenta nada ao entendimento. De fato, prejudica, pois como se pode compreender imparcialmente fatos que foram produzidos no calor das paixões? "Sustento que a história deve ser escrita com fúria e entusiasmo" – *Historiam puto scribendam esse et cum ira et cum studio* –, escreveu um historiador alemão do século XIX. Aristóteles, que foi um exemplo de moderação, afirmou que há situações em que a "falta de irascibilidade" era inaceitável, "pois tolos são aqueles que não se enfurecem diante das coisas com que deviam se zangar". A coleta dos fatos deve certamente ser feita de modo imparcial, sem exaltação de ânimo ou entusiasmo; nesse aspecto, a tarefa do historiador não difere da do cientista. Mas esse é apenas o primeiro passo do seu trabalho, porque a seleção dos eventos mais "relevantes" requer julgamento e se apóia em valores. Acontecimentos isolados não têm significado, não fornecem pista alguma à sua seleção, ao ordenamento e à ênfase: para "dar sentido" ao passado, o historiador deve seguir algum princípio. Geralmente, mesmo os mais "científicos", conscientemente ou não, têm um princípio e operam à base de preconcepções, em geral enraizadas no determinismo econômico, posto que os dados econômicos e sociais prestam-se a demonstrações estatísticas, criando uma ilusão de imparcialidade. O não julgamento da ocorrência histórica também se fundamenta em valores morais – a premissa silenciosa de que, não importa o que ocorra, será sempre natural e certo; isso conduz à apologia dos vencedores.

JULGADO A PARTIR de suas próprias aspirações, e a par de permanecer no poder, o regime comunista foi um fracasso monumental. Só teve sucesso em uma coisa: ficar no poder. Mas uma vez que o poder não era o objetivo final dos bolcheviques, mas um meio, sua mera manutenção não qualifica a experiência como bem-sucedida. Os seguidores de Lênin nunca fizeram segredo a respeito de seus intentos: derrubar todos os regimes baseados na propriedade privada e substituí-los por repúblicas socialistas irmanadas. Até o término da Segunda Guerra Mundial, quando o Exército Soviético ocupou o vácuo provocado pela derrota da Alemanha na Europa Oriental, eles não tinham conseguido exportar sua ideologia além dos limites do que fora o Império Russo. Mais tarde, os comunistas chineses tomaram o poder dos japoneses, e em áreas coloniais recém-emancipadas, graças ao auxílio de Moscou, ditaduras comunistas lograram estabelecer-se.

Mas nos anos 1920, quando tudo isso parecia impossível, os bolcheviques dedicaram-se a construir o socialismo na Rússia. Isso também fracassou. Por meio de uma combinação de expropriações e terror, Lênin esperava que em poucos meses seu país se transformasse numa potência econômica de relevo mundial; ao revés, arruinou a economia que tinha herdado. Sua expectativa era de que o Partido Comunista fornecesse liderança disciplinada à nação, mas o que viu foi a discordância política, amordaçada por ele em todo o país, renascer no interior do próprio partido. Diante da oposição dos trabalhadores e das rebeliões camponesas, a conservação do poder exigia o recurso ilimitado a medidas policiais; a contrapartida foi o sacrifício da liberdade de ação do regime, obstaculizado por uma burocracia inchada e corrupta. A união voluntária de nações transformou-se num império opressivo. Em seus dois últimos anos, os textos e discursos de Lênin revelam, além da surpreendente exigüidade de idéias construtivas, uma fúria quase incontida ante sua impotência política e econômica; o próprio terror mostrava-se inútil contra os antigos hábitos, tão arraigados.

Mussolini, muito parecido com Lênin em seu início de carreira, e mesmo ao longo da ditadura fascista que instaurou na Itália, encarava o regime comunista com simpatia. Ainda assim, já em julho de 1920, concluiu que o bolchevismo – "experiência vasta e terrível" – tinha malogrado:

> Lênin é um artista que trabalhou os seres humanos como outros artistas trabalham o mármore ou o metal. Ocorre que seres humanos são mais duros que granito e menos maleáveis do que ferro. O artista não produziu nenhuma obra-prima, falhou. A tarefa estava além de sua capacidade.

Sete décadas e dezenas de milhões de vítimas depois, o sucessor de Lênin e Stálin na chefia do governo da Rússia, Borís Iéltsin, discursando para o Congresso norte-americano, admitiu:

> O mundo pode respirar aliviado. O ídolo do comunismo, que espalhou por toda parte o conflito social, animosidade e brutalidade sem paralelo, que incutiu medo na humanidade, ruiu. Ruiu, e nunca mais será erguido.

O fracasso era inevitável, pois deitava raízes nas premissas do regime. Em toda a história da humanidade, o bolchevismo foi a mais audaciosa tentativa na história para submeter a vida inteira de um país a um plano, para racionalizar todos e tudo. Tentou varrer, como lixo inútil, a sabedoria que a humanidade acumulou em milênios. Nesse sentido, correspondeu a um esforço único de aplicação da ciência aos assuntos humanos – perseguido com o zelo característico daquela espécie de intelectuais que avaliam a solidez de suas concepções em face da resistência que elas provocam. O comunismo não deu certo porque partiu da errônea doutrina do Iluminismo, talvez a idéia mais perniciosa já produzida pelo pensamento humano, e segundo a qual o homem não passa de um composto material, destituído de alma e idéias inatas, produto passivo de um meio social infinitamente maleável. Como inúmeras experiências confirmam, o homem não é objeto inanimado, mas criatura dotada de aspirações e vontade – não uma entidade mecânica, mas biológica. Mesmo quando submetido ao mais feroz adestramento, é incapaz de transmitir o que foi forçado a aprender, pois seus filhos nascem renovados, fazendo perguntas que devem ser respondidas de uma vez por todas. Para demonstrar esse truísmo, foram necessários dezenas de milhões de mortos, sofrimentos indescritíveis dos sobreviventes e a ruína de uma grande nação.

A indagação de como tal regime repleto de falhas conseguiu equilibrar-se no poder por tanto tempo não pode ser satisfeita pelo suposto apoio popular. Se a durabilidade de um governo, independentemente do mandato explícito de seus cidadãos, pudesse decorrer de sua popularidade, isso não só se aplicaria a todos os regimes autoritários duradouros, como ao próprio czarismo – que sobreviveu, não sete décadas, mas sete séculos. E ainda seria preciso encarar a ingrata tarefa indesejável de explicar como o czarismo, presumivelmente tão popular, ruiu em questão de dias.

ALÉM DE DEMONSTRAR a inviabilidade dos métodos científicos à condução dos temas humanos, a Revolução Russa suscitou profundas questões morais sobre a natureza da política, a saber: o direito dos governos de tentarem refazer pessoas e remodelar sociedades sem um mandato explícito, ou mesmo contra sua vontade, conforme o *slogan* comunista – "Conduziremos a humanidade à felicidade pela força!". Górki, amigo íntimo de Lênin, concordava com Mussolini, imaginando os seres humanos como um metalúrgico pensa nos minérios. Exprimindo de forma extraordinária a atitude comum dos intelectuais radicais, esse ponto de vista contraria os princípios moralmente superiores e mais realistas de Kant, para quem o homem é um fim em si mesmo e nunca deve ser usado simplesmente como meio para fins alheios. Com base neles, os excessos dos bolcheviques, sua presteza em sacrificar incontáveis vidas humanas, a fim de atingir os objetivos que perseguiam, consistiram numa monstruosa violação da ética e do senso comum. Os comunistas russos ignoraram que os meios – o bem-estar e a própria vida das pessoas – são reais, enquanto os fins, sempre nebulosos, são freqüentemente inalcançáveis. O princípio moral mais correto e aplicável foi formulado por Karl Popper: "Todos têm o direito de se sacrificar por uma causa que crêem merecedora. Ninguém tem o direito de sacrificar os demais ou incitá-los a se sacrificar por um ideal."

O historiador francês Hippolyte Taine afirmou que "a sociedade humana, sobretudo uma sociedade moderna, é algo vasto e complicado"; ele extraiu essa lição, que considerou "pueril", de seu monumental estudo a respeito da Revolução Francesa. Sentimo-nos tentados a suplementar essa observação com o que nos parece um corolário: precisamente porque a sociedade moderna é tão "vasta e complicada", tão difícil de entender, não convém nem é factível impor a ela padrões de conduta, muito menos tentar remodelá-la. O que não pode ser compreendido não pode ser controlado. A trágica e sórdida história da Revolução Russa – tal como foi, na realidade, não como parece ter sido, segundo a imaginação daqueles intelectuais que a consideram uma nobre tentativa de aperfeiçoar a humanidade – ensina que a autoridade política nunca deve visar aos fins ideológicos. Melhor não interferir com as pessoas. Conforme palavras atribuídas por Oscar Wilde a um sábio chinês, "pode-se pensar em algo como a humanidade caminhando sozinha – mas nunca em governar a humanidade".

fim

Glossário

agit-prop	agitação e propaganda
agit-súd/i	julgamento(s) público(s)
biesprizórnie	criança abandonada/crianças
bolchak	chefe de família camponesa
bunt	rebelião, motim
burjúi	burguês
Tcheká	polícia secreta Soviética (1917-1922)
tchervôniets/i	padrão-ouro introduzido em 1922
tchin	cargo público
tchinóvnik/i	funcionário(s); burocrata(s)
deriévnia/i	aldeia(s)
Duma	Câmara baixa do Parlamento Russo Pré-Revolucionário
duván	divisão de pilhagem
dvoievlástie	diarquia (poder duplo)
dvor	corte
dvoriânie	nobreza
dvoriânstvo	a classe dos nobres
Fabzavkom/i	Comitê(s) de Fábrica (1917-1920)
glásnost	abertura política
glavk/i	subdivisão(ões) do VSNKh
Glavlít	Comitê Central de Censura, criado em 1922
Gosizdat	Editora do Estado
GPU	sucessora da Tcheká
gubkóm/i	Comitê(s) Provincial(ais) do Partido Comunista
inogoródni	imigração camponesa estabelecida na região cossaca
intelligent/i	membro(s) da intelectualidade

Ispolkóm	Comitê Executivo
iúnker	cadete militar
Kavibiuró	Secretaria do Partido Comunista para o Cáucaso
kombiédi	Comitês dos Pobres, ou das Aldeias Pobres (1918)
Kompród	Comissariado dos Suprimentos
Konsomól	Liga Comunista da Juventude
Komútch	Comitê da Assembléia Constituinte
kulak	camponês proeminente, "explorador" rural
Milrevkóm	Comitê Militar Revolucionário
mir	comuna camponesa
mujik/i	camponês/es
Narkompros	Comissariado da Educação
Naródnaia Vólia	Vontade do Povo
OGPU	sucessora da GPU
Okhrána	polícia de segurança imperial
pieriedíchka	pausa para respirar, intervalo
Proletkúlt	movimento da "cultura proletária"
pud	unidade de peso igual a 16,38kg
Rabfak/i	"Faculdade(s) do Trabalho"
Ráda	equivalente de "Soviete" para Ucrânia
Rievvoiensoviét	Conselho Militar Revolucionário
soiúz	união, associação
Sovnarkóm	Conselho dos Comissários do Povo
STO	Conselho do Trabalho e Defesa
tiáglo	trabalho compulsório, em Moscou
tsentr/i	o mesmo que *glavk/i*
vlast	autoridade, governo
vólia	liberdade, licença
vólost	a menor unidade administrativa rural
VSNKh	Conselho Supremo da Economia Nacional
ziêmstvo/a	órgão(s) provincial de autogestão

Cronologia

Esta cronologia traz os principais acontecimentos deste livro. A menos que especificado, datas anteriores a fevereiro de 1918 correspondem ao calendário juliano ("estilo antigo"), 12 dias atrasado em relação ao calendário ocidental, ou gregoriano, no século XIX, e 13 dias, no século XX. De fevereiro de 1918 em diante, as datas são fornecidas no "novo estilo" e correspondem ao calendário gregoriano.

1899
Fevereiro-março: greve dos estudantes universitários

1902
Inverno de 1901-1902: fundação do Partido Socialista Revolucionário (PSR ou SR)

1903
Verão: fundação do Partido Trabalhista Socialdemocrata (RSDRP ou SD); divisão entre as facções menchevique e bolchevique
Julho: fundada na Suíça a União da Libertação

1904
Fevereiro: os japoneses atacam Porto Arthur, dando início à guerra russo-japonesa
Novembro: Congresso dos *ziêmstva*, em São Petersburgo

1905
9 de janeiro: "Domingo Sangrento", em São Petersburgo
5 de setembro: é assinada a paz entre a Rússia e o Japão, em Portsmouth, N. H.

Outubro: criação do Soviete de São Petersburgo; fundação do Partido Constitucional-Democrata (cadetes)
Meados de outubro: greve geral
17 de outubro: Manifesto de Outubro

1906
Abril: publicação das Leis Fundamentais (Constituição); convocação da Duma
Julho: Stolípin torna-se primeiro-ministro

1907
Junho: nova e mais restritiva legislação eleitoral para a Duma

1911
Setembro: assassinato de Stolípin

1914
19 de julho a 1º de agosto: começo da guerra com a Alemanha
Agosto: os russos são derrotados a leste da Prússia

1915
Primavera e verão: os alemães invadem e ocupam os territórios da Polônia sob domínio da Rússia
Agosto: Nicolau II assume o comando do Exército russo e parte para a linha de frente; o Bloco Progressista anuncia seu programa

1916
Novembro: o governo sofre ataques na Duma
Dezembro: assassinato de Raspútin

1917
23 a 27 de fevereiro: manifestações e motins, em Petrogrado
2 de março: forma-se o Governo Provisório, de comum acordo com o Soviete de Petrogrado; Nicolau abdica

3 de abril: Lênin chega a Petrogrado
21 de abril: primeiras manifestações bolcheviques, em Petrogrado e Moscou
4-5 de maio: forma-se o Governo de Coalizão
4 de julho: fracasso da tentativa de golpe bolchevique, em Petrogrado; Lênin cai na clandestinidade
11 de julho: Kérenski torna-se primeiro-ministro
22 a 27 de agosto: o caso Kornílov
10 a 25 de outubro: os bolcheviques se apossam do poder, em Petrogrado
26 de outubro: convocado pelos bolcheviques, o II Congresso dos Sovietes aprova seu Decreto da Terra e outros atos legislativos; forma-se um "Governo Provisório" bolchevique, chefiado por Lênin
21 de novembro: o metropolitano Tíkhon é entronizado como patriarca da Igreja Ortodoxa
12 a 30 de novembro: eleições para a Assembléia Constituinte
23 de novembro a 6 de dezembro: russos, alemães e austríacos acertam o armistício, em Brest-Litovsk
6 de dezembro: criação da *Tcheká*
final de dezembro: forma-se um Exército Branco, contra os bolcheviques, no sul

1918
5 de janeiro: a Assembléia Constituinte reúne-se e é dissolvida à noite
20 de janeiro: os comunistas baixam um decreto que regulamenta as relações entre a Igreja e o Estado
21 de janeiro: o Soviete Supremo repudia as dívidas internas e internacionais
28 de janeiro: os ucranianos proclamam sua independência
3 de março: uma delegação soviética assina o termo de paz com os alemães, em Brest-Litovsk
Início de março: o governo soviético transfere a capital de Petrogrado para Moscou
1º de maio: abolição dos direitos de herança
Maio: início da ofensiva soviética contra as aldeias

22 de maio: a Legião Tchecoslovaca rebela-se
Verão: os camponeses recusam-se a entregar os cereais e a Guerra Civil explode no campo
6 de julho: insurreição dos SRs de esquerda, em Moscou; fechamento de todos os jornais e periódicos não-bolcheviques
Noite de 16 para 17 de julho: em Iekatierinburg, Nicolau II é assassinado, junto com a mulher e filhos, o médico da família e serviçais
29 de julho: início do recrutamento militar obrigatório
27 de agosto: é assinado um tratado suplementar entre a Rússia e a Alemanha, com cláusulas secretas
30 de agosto: Fannie Káplan atira em Lênin
4-5 de setembro: iniciado o Terror Vermelho
17-18 de novembro: o almirante Koltchak é proclamado supremo governante da Rússia, em Omsk, na Sibéria

1919
Janeiro: taxas em gêneros são impostas aos camponeses
Março: criação do Politburo e do Orgburo; fundação da Internacional Comunista
Verão: os exércitos Brancos, sob o comando de Deníkin, ocupam a Ucrânia
Agosto e setembro: *pogroms* anti-semitas na Ucrânia
13-14 de outubro: as forças de Deníkin capturam Oriol
Novembro: o Exército Vermelho esmaga os Brancos, no sul e na Sibéria

1920
7 de fevereiro: Koltchak é executado em Irkutsk
25 de abril: poloneses e ucranianos invadem a Ucrânia Soviética
Maio: uma delegação soviética abre negociações comerciais em Londres
Julho: II Congresso da Internacional Comunista; o Exército Vermelho invade a Polônia
Agosto: explode em Tambov a rebelião de Antónov

Meados de agosto: o Exército Vermelho é derrotado às portas de Varsóvia, sendo forçado a uma completa retirada
18 de outubro: armistício com a Polônia
Novembro: remanescentes dos exércitos Brancos retiram-se da Criméia

1921
Fevereiro: o Exército Vermelho invade e conquista a Geórgia; greves em massa, em Petrogrado, são seguidas pelo motim da base naval de Kronstadt
15 de março: Moscou abandona a requisição forçada de alimentos; tem início a Nova Política Econômica
17 de março: tropas Vermelhas capturam Kronstadt
Maio: a rebelião camponesa de Tambov é esmagada
Verão-outono: a fome assola a maior parte da Rússia

1922
Fevereiro e março: ataque contra a Igreja
3 de abril: Stálin torna-se secretário-geral
Abril e julho: julgamentos públicos de clérigos em Moscou e Petrogrado
16 de abril: Tratado de Rapallo entre a Rússia e a Alemanha
Maio: Tíkhon é removido do patriarcado
6 de junho: criação do Departamento Central de Censura – *Glavlít*
Dezembro: Lênin dita seu "Testamento" e as "Notas sobre a Questão das Nacionalidades"

1923
10 de março: Lênin é vitimado pela paralisia

1924
21 de janeiro: Lênin morre

Referências bibliográficas

1. J. H. Elliott, *Imperial Spain, 1469 – 1716*, p. 73, Londres, 1963.
2. Richard Pipes, *Russia under the Old Regime*, pp. 303-304, Londres-Nova York, 1974.
3. A. A. Lopukhin, *Nastoiáschee i búduschee rússkoi politsi*, pp. 32-33, Moscou, 1907.
4. Aleksandr Herzen, *Sobrânie sotchiniênii v tridtsati tomákh*, VII, p. 74, Moscou, 1956.
5. A. Herzen, *My past and Thoughts*, III, p. 1215, Londres, 1968.
6. Centro Russo de Preservação e Estudo de Documentos da História Moderna (RTsKhIDNI), Fond 2, op. 2, delo 492.
7. RTsKhIDNI – Centro Russo de Preservação e Estudo de Documentos da História Moderna, Fond 2, op. 1, delo 11.800, escrito antes de novembro de 1919.
8. Zeev Sternhell, *The Birth of Fascist Ideology*, p. 5, Princeton, 1994.
9. F. Tchuiev, *Sto sórok biessed s Molotovim*, p. 176, Moscou, 1991.
10. Ibid., p. 181.
11. RTsKhIDNI, Fond 41, op. 1, delo 9.
12. Tchuiev, *Sto sorok besed*, p. 181.

Leituras adicionais

A Rússia às vésperas da Revolução está descrita em *Russia and Reform*, de Bernard Pares (Londres, 1907; reimpresso em 1973) e em *The Fall of the Russian Monarchy* (Londres, 1929; reimpresso em 1988). Um relato conciso dos últimos anos do czarismo é apresentado por Richard Charques, em *The Twilight of Imperial Russia* (Oxford, 1958; 1965)

Um relato geral da Revolução, com ênfase na história política e militar do período 1917-1920, está nos dois volumes de *The Russian Revolution*, de Henry Chamberlin (Londres-Nova York, 1935; reimpresso em 1987). A assim chamada Primeira Revolução foi recontada por Abraham Ascher, em *The Revolution of 1905*, 2 vols. (Stanford,1988-92).

A Rússia na Primeira Guerra Mundial constitui o assunto de Norman Stone em *The Eastern Front,1914-1917* (Londres-Nova York, 1975).

Obra de referência obrigatória sobre a Revolução de Fevereiro é *The February Revolution: Petrograd, 1917* (Seattle-Londres, 1981), de T. Hasegawa. As memórias de Nikolai Sukhánov, traduzidas e condensadas por Joel Carmichael sob o título *The Russian Revolution: A Personal Record* (Oxford, 1955; reimpresso em 1984) constituem fonte incomparável. As recordações mais longínquas de Aleksandr Kérenski, em *The Catastrophe* (Nova York-Londres, 1927; reimpresso em 1971), apresentam-nos sua versão dos fatos.

History of the Communist Party of the Soviet Union, de Leonard Schapiro (Nova York, 1960; ed. rev. 1971) é um relato autorizado das atividades do Partido Bolchevique, a partir de sua fundação. Das numerosas biografias do líder bolchevique, *Lenin*, de David Shub, (Nova York, 1948) tem mérito especial. *Impressions of Lenin*, de Angelica Balabanoff (Ann Harbor, Mich.,1964) é muito revelador. *Stalin*, de Boris Souvarine (Nova York, 1939) mantém-se insuperável como narrativa do início da carreira de Stálin.

Red October, de Robert V. Daniels (Nova York, 1967) trata do golpe bolchevique de 1917.

Leonard Schapiro, em *The Origin of Communist Autocracy* (Londres-Cambridge, Mass., 1965, 1977) esclarece a construção do Estado unipartidário na Rússia.

O Terror Vermelho é o tema de G. Leggett, em *Cheka: Lenin's Political Police* (Oxford, 1981, 1986).

Um resumo da luta entre Vermelhos e Brancos pode ser encontrado em *The Russian Civil War*, de Evan Mawdsley (Londres-Boston, 1987). O conflito entre o Exército Vermelho e o campesinato, nessa mesma época, é tratado por Vladímir Brovkin, em *Behind the Front Lines of the Civil War* (Princeton, 1994).

A questão das nacionalidades é tratada em *Formation of the Soviet Union: Communism and Nationalism, 1917-1923* (Cambridge, Mass., 1954; ed. rev. 1964).

Os esforços empreendidos pelos comunistas para exportar a revolução foram narrados em *The Communist International*, de Franz Borkenau (Londres, 1938; republicado como *World Communism*, 1962).

Infelizmente, em inglês, não existem livros confiáveis e abrangentes nem sobre os primórdios da cultura comunista, nem a respeito do tratamento dispensado à religião.

ATENDIMENTO AO LEITOR E VENDAS DIRETAS

Você pode adquirir os títulos da BestBolso através do Marketing Direto do Grupo Editorial Record.

- Telefone: (21) 2585-2002
  (de segunda a sexta-feira, das 8h30 às 18h)
- E-mail: mdireto@record.com.br
- Fax: (21) 2585-2010

Entre em contato conosco caso tenha alguma dúvida, precise de informações ou queira se cadastrar para receber nossos informativos de lançamentos e promoções.

Nossos sites:
www.edicoesbestbolso.com.br
www.record.com.br

EDIÇÕES BESTBOLSO

Alguns títulos publicados

1. *A marcha da insensatez*, Barbara W. Tuchman
2. *A condição humana*, André Malraux
3. *Carne e pedra*, Richard Sennett
4. *A corrosão do caráter*, Richard Sennett
5. *Lendo Lolita em Teerã*, Azar Nafisi
6. *Uma mente brilhante*, Sylvia Nasar
7. *As seis mulheres de Henrique VIII*, Antonia Fraser
8. *A arte da guerra*, Sun Tzu
9. *O abolicionismo*, Joaquim Nabuco
10. *O livreiro de Cabul*, Åsne Seierstad
11. *O último cabalista de Lisboa*, Richard Zimler
12. *Fera de Macabu*, Carlos Marchi
13. *Antes que anoiteça*, Reinaldo Arenas
14. *A queda*, Albert Camus
15. *A peste*, Albert Camus
16. *O estrangeiro*, Albert Camus
17. *O mito de Sísifo*, Albert Camus
18. *O Lobo da Estepe*, Hermann Hesse
19. *O jogo das contas de vidro*, Hermann Hesse
20. *Pedro Páramo*, Juan Rulfo
21. *O pêndulo de Foucault*, Umberto Eco
22. *Baudolino*, Umberto Eco
23. *O grande Gatsby*, F. Scott Fitzgerald
24. *O diário de Anne Frank*, Otto H. Frank e Mirjam Pressler
25. *A lista de Schindler*, Thomas Keneally
26. *Doutor Jivago*, Boris Pasternak
27. *As vinhas da ira*, John Steinbeck
28. *Exodus*, Leon Uris
29. *A grande travessia*, Pearl S. Buck
30. *O pianista*, Wladislaw Szpilman

EDIÇÕES
BestBolso

Este livro foi composto na tipologia Minion, em corpo 10/12,5, e impresso em papel off-set no Sistema Digital Instant Duplex da Divisão Gráfica da Distribuidora Record.